Franz Grillparzer

Grillparzer´s Briefe und Tagebücher

Zweiter Band: Tagebücher

Verlag
der
Wissenschaften

Franz Grillparzer

Grillparzer´s Briefe und Tagebücher

Zweiter Band: Tagebücher

ISBN/EAN: 9783957009005

Auflage: 1

Erscheinungsjahr: 2016

Erscheinungsort: Norderstedt, Deutschland

Hergestellt in Europa, USA, Kanada, Australien, Japan
Verlag der Wissenschaften in Hansebooks GmbH, Norderstedt

Grillparzers

Briefe und Tagebücher

Eine Ergänzung zu seinen Werken

———

Gesammelt und mit Anmerkungen herausgegeben

von

Carl Glossy und August Sauer

———

Zweiter Band: Tagebücher

Stuttgart und Berlin

J. G. Cotta'sche Buchhandlung Nachfolger

G. m. b. H.

Inhalt.

Grillparzers Tagebücher.

1808.

1.

Ich werde immer mehr und mehr überzeugt, daß Schiller bei weitem nicht das Ideal eines dramatischen Dichters ist, für das man ihn hält.

2.

Ich zweifle sehr oft, ob ich Anlage zur dramatischen Poesie habe; der erste Akt der Blanka von Kastilien überweist mich ziemlich deutlich vom Gegenteil. Oder sollte ich vielleicht etwa für diesen Zweig der Dichtkunst allzu jung sein?

3.

Auch fürs Lustspiel habe ich wenig Anlage, wie ich glaube, ich habe zwar den Dialog so ziemlich in meiner Macht, auch wird er manchmal sogar etwas witzig, aber mir fehlt das Erfindungsvermögen. Auch ist das Festhalten der Charaktere eben nicht meine Sache. Ich bin zu flüchtig, um hierin zu exzellieren; doch glaube ich, daß „Die Schreibfeder" so übel eben nicht gelungen sei.

4.

Ich bin unter einem unglücklichen Sterne geboren, ich kann keinen Freund finden! Es sagt irgendwo jemand, ich weiß nicht wer: der, der ein für Freundschaft empfängliches Herz habe, werde leicht einen Freund finden — ich

glaube dies nicht. Ich wenigstens bilde mir ein, daß mein
Herz für die Gefühle der wärmsten, innigsten Freundschaft
geschaffen sei, und dennoch finde ich keinen wahren Freund.
Ich glaubte einst einen in Mailler gefunden zu haben, aber
unser Gefühl war weniger Neigung für uns selbst, als
vielmehr Neigung für einen und denselben wissenschaftlichen
Zweig, für Poesie. Mailler konnte nie mein wahrer Freund
sein; denn er war nie im stande, mir seine Dichtereitelkeit
aufzuopfern, was ich doch oft tat. Maillers Grundsätze
harmonieren zu wenig mit meiner Denkungsart, als daß
wir Freunde sein könnten. Er fühlt selbst, daß ich mehr
Anlage zur Poesie habe als er, und dies erzeugt bei ihm
Kälte, und diese seine Kälte macht auch mich kalt. Mailler
war nie mein Freund und konnte es auch nie sein. —
Paumgartens Prahlsucht und wirklich allzu mittelmäßiges
Talent verdunkeln sein wirklich gutes Herz allzusehr. Er
will herrschen in der Freundschaft, und, dem Himmel sei
es gedankt, über Paumgarten fühle ich mich erhaben! Wenn
Altmütter und Wohlgemuth meine Freunde sein
sollten, so müßten sie gerade das nicht sein, was sie wirk-
lich sind! — Beinahe verzweifle ich, je einen wahren
Freund zu finden!

5.

Ich hatte neulich mit Wohlgemuth und Altmütter Streit
über den Satz, den ich aufstellte: „Nur der Dichter kann
den Dichter verstehen." Ich bin innig überzeugt und werde
es immer bleiben, daß der Satz wahr sei, daß nichts im
Stande ist, mich davon abzubringen, obwohl alle meine
Freunde sich verschworen zu haben scheinen, mir ihn streitig
zu machen. Ich glaube, die Ursache des Nichtübereinstimmens
liegt darin, daß sie unrichtige Begriffe mit den Worten
„Dichter" und „verstehen" verbinden. Unter Dichter
verstehe ich jeden Menschen, der eine genug lebhafte Einbildungskraft besitzt, um, wenn er Anleitung gehabt hätte,
ein Gedicht zu machen; dieser ist Dichter, und wenn er
auch nicht eine Zeile in Prosa oder Versen geschrieben hätte.
Und unter verstehen denke ich mir nicht etwa das Erraten
des Sinns, sondern ich will damit sagen: das fühlen, was
der Dichter fühlte, als er seine Dichtung schrieb. Ich glaube,
jeder Mensch von Herz und Gefühl wird mich verstehn und

mit mir einstimmen, ob ich gleich mich zu schwach fühle, es mit Gründen zu beweisen. Aber ich fühle, was ich sagte.

G.

Bin ich ein guter Mensch oder nicht? — Ich wage nicht, diese Frage zu entscheiden. Manchmal bilde ich mir zwar ein, gut zu sein, aber in der nächsten Minute belehrt meine Erfahrung mich des Gegenteils. Ich gebe oft Armen Geld, man könnte sagen: also bist du wohltätig! Aber das bin ich nicht, denn ich fühle, daß ich durch einen Dritten niemanden unterstützen würde — oder doch wenigstens sehr schwer. Ich gebe oft, um mir Überlästige vom Halse zu schaffen, ja sogar, um mich selbst zu betrügen, wenn ich mir Hartherzigkeit und Lieblosigkeit vorwerfe. — Ich bin nicht freigebig, obschon ich viel mehr vielleicht als hundert andere weggebe, denn ich gebe nicht unter allen Umständen; nicht jede Sache! Ich würde, ohne anzustehen, meinem Bruder die Hälfte meines Geldes geben, aber ich würde mich vielleicht nie entschließen, eine mir sehr angenehme Sache ihm zu überlassen. — Ich bin nicht aufrichtig, oder bin es nur dann, wenn ich es zuviel bin. Ich kann meinem Freunde manches hinterlistig verbergen, kann wohl gar in seiner Abwesenheit über ihn spotten, ihn lächerlich machen, und, ich schäme mich's zu sagen, ich habe schon sogar Mail= lern, der mir doch, einst wenigstens, sehr zugetan war — verleumdet, gegen einen Menschen, den ich kaum halb kannte, Mutmaßungen geäußert, von deren Grundlosigkeit und Falschheit ich völlig überzeugt war! — Würde ich vielleicht einem wahren Freunde, wenn ich einen fände, nicht so begegnen? — Ich weiß es nicht; aber selbst bei Mailler war es niederträchtig gehandelt. — Mir mangeln aber nicht nur die meisten guten Eigenschaften, nein, die bösen, die lasterhaften haben bei mir ein so großes Übergewicht, daß ich oft vor mir selbst zurückschaudere. — Ich lüge, und nicht etwa des Scherzes willen, nein, es ist Neigung, Wohl= gefallen an der Lüge. Ich habe einen beinahe unüberwind= lichen Hang zum Diebstahle, den nur mein Ehrgefühl, das so fein ist, daß es fast in Unsinn ausartet, bezähmen kann. Ich kann, wenn ich in Geldverlegenheit bin (doch auch nur in dem Falle) zu Hause nichts sehen, ohne daß

in mir die Lust erwacht, es zu entwenden.[1]) Ich bin rach=
gierig, und zwar so, daß ich außer mir selbst komme,
wenn ich diese Leidenschaft nicht in vollem Maße befriedigen
kann. Ich glaube, daß nach mir zugefügter Beleidigung
mich Unmöglichkeit der Rache töten würde. Diese Leiden=
schaft äußert sich besonders, wenn die Eifersucht ins Spiel
kömmt. Diese letzte ist trotz allen übrigen dennoch die
heftigste in meinem Herzen, so daß weder Liebe noch Wol=
lust, die doch von außerordentlicher Stärke sind, ihr die
Wage halten können. Eifersucht schließt bei mir ganz den
Gebrauch der Vernunft aus, und ich schäme mich, wenn ich
zurückdenke auf einige Beispiele, die mich wirklich zur Klasse
der wilden Tiere herabsetzen. Ein eifriges Gespräch der
Geliebten mit einem Fremden setzt mich in Wut; ihr Lob
aus einem fremden Munde macht mich den Lobenden hassen;
wenn sie eines andern Mannes mit einiger Wärme erwähnt,
ist es um die Ruhe meiner Seele geschehen. Ich weiß, was
ich litt, als ich Theresen liebte; jene Zeit war zwar die
süßeste, aber auch die qualvollste meines bisherigen Lebens.
Jeder Blick eines Fremden erfüllte mich mit Wut gegen
den sie Anblickenden. Nie aber zeigte sich diese Leidenschaft
bei mir fürchterlicher, verabscheuungswürdiger, als da einst
K** Antoinetten küssen wollte. Ich vermag es nicht, meine
Empfindung damals zu beschreiben. Ich bebte und zitterte
wie einer, den das Fieber schüttelt, meine Zähne waren
zusammengebissen, meine Hände geballt! — Ich wünschte
sehr, ich könnte das Andenken jenes Tags aus meinem
Gedächtnis verwischen! — Ich bin überzeugt, daß ich eine
Untreue der Geliebten blutig (obschon Mut nicht eben eine
hervorstechende Eigenschaft meiner Seele ist) rächen würde.
Unbegränzt wie meine Eifersucht ist mein Hang zur Liebe
und Wollust. Es ist sonderbar, wie sehr diese beiden
Triebe in meinem Herzen abgesondert sind; wo ich den
einen empfinde, ist für den andern kein Raum. Als ich
Theresen liebte (und sie liebte ich reiner, als ich vielleicht
je noch lieben werde), wußte ich nie, daß sie einen schönen
Busen habe, und das ist doch wahrlich viel bei mir gesagt.
Bei Antoinetten bemerkte ich dies allerdings, auch war
meine Leidenschaft nichts weniger als sehr geistig. Wenn
ich N** sehe, denke ich an nichts als an die — Schäfer=

---

[1]) Am Rande: „Das ist erlogen!“

ſtunde. — Wenn ich liebe, liebe ich ſo, wie vielleicht noch niemand oder doch nur ſehr wenige geliebt haben; mein Gefühl läßt ſich nicht beſchreiben, mit nichts vergleichen. Ich fühle wirklich körperliche Schmerzen dabei; mein Herz ſchmerzt, als ob es brechen wollte; und, ſonderbar, nur ſo lange ich unglücklich liebe, ſteht meine Leidenſchaft auf dieſem hohen Grade, bin ich einmal erhört (ich verſtehe hierunter nicht ſoviel als: habe ich genoſſen, nein, nur: habe ich Gegenliebe erhalten), dann nimmt meine Liebe ab, wie die Gegenliebe wächſt, und allmählig erkalte ich. Wie mit der Liebe geht es auch mit meinem Hange zur Wolluſt; nur ſo lange ich Widerſtand finde, iſt er brennend, findet er Erhörung, ſo iſt er ver- nichtet. Sonderbar! Der Wolluſt kann ich am meiſten unter allen meinen Leidenſchaften Widerſtand leiſten, wenn mich anders der Reiz dazu in unbefangener Stimmung antrifft; wäre aber bereits meine Phantaſie in Bewegung, dann — ſtünde ich für nichts. In den Monaten März und Mai wünſche ich um meinet- und ihretwillen keinem Mädchen, mit mir im Grünen, beſonders Abends, allein zu ſein. Mich ſtimmt überhaupt nichts mehr zu Liebe oder (je nachdem die Umſtände ſind) zur Wolluſt als ein ſchöner Abend im Freien, beſonders im Mondenſchein; an einem ſchönen Morgen iſt das ganz anders; dieſer begeiſtert mich und erhebt mich über alle Leidenſchaften. Ich glaube nicht, daß ich an einem ſchönen Morgen mit rachgierigen oder wollüſtigen Gedanken die Sonne aufgehen ſehen könnte. —

Einer meiner Hauptfehler iſt auch noch der Neid; und ſeiner ſchäme ich mich am meiſten. Der Neid äußert ſich beſonders dann, wenn ich ein gutes Gedicht eines anderen oder überhaupt eine vollkommene Schrift leſe; jeden Ge- danken, jedes Wort ſuche ich niedrig kleinlich zu ſchmähen — Ich will nun abbrechen, denn ich ſehe, daß ich warm werde.

7.

Man wundert ſich, wie zwei ſo verſchiedene Menſchen, als Wohlgemuth und Altmütter ſind, ſo enge Freundſchaft ſchließen konnten. Ich wundre mich nicht. Denn einmal iſt es noch eine große Frage, ob die Verbindung dieſer beiden Freundſchaft genannt zu werden verdient! — Ich glaube es nicht! Altmütter ist zu vielseitig, zu ränkevoll, zu sehr Egoist, als daß er je jemands wahrer Freund sein könnte. Er besucht Wohlgemuthen, weil er zu Hause Langeweile und außer dem Hause fast keine Bekanntschaften hat, weil er niemanden kennt, der so wie Wohlgemuth seine burlesken Einfälle, Inkonsequenzen, Paradoxen, Widersprüche, mit einem Worte seine Narrheit (er spricht wirklich sehr närrisch, ohne aber deswegen ein Narr zu sein) ertragen — aber nicht nur allein ertragen, sondern sogar anstaunen, bewundern und schafmäßig nachbeten würde. — Er erweist ihm kleine Gefälligkeiten, weil er wirklich von Natur gegen jedermann gefällig ist, weil Wohlgemuth ein guter Mensch ist, und ihm wieder entgegen Gefälligkeiten erweist. — Er nennt ihn wohl auch zuweilen Freund; weil es überhaupt gewöhnlich ist, jeden, den man dreimal in seinem Leben besucht hat, seinen „Freund" zu nennen. — Was die Ursache dieser ihrer wechselseitigen — Freundschaft, wenn man es schon so nennen will — ist, liegt am Tage. Altmütter ist ein sehr geschickter Mensch, der manche Kenntnisse hat und sich besonders gegen Schwachköpfe das Ansehen zu geben weiß, als hätte er noch einmal so viel. Sein Gehirn brütet nichts als Paradoxe; er findet ein Vergnügen darin, einer andern Meinung zu sein, als es andere sind (denn er glaubt dies mehr interessant, obschon es nichts als widerlich ist), er prahlt mit chemischen Kenntnissen, obwohl er bei weitem nicht so viele besitzt, wie ich glaube, daß es nur der Mühe wert wäre, ihrer zu erwähnen, prahlt immer mit neuen Entdeckungen in jedem Reiche des Wissens und ist überhaupt ganz dazu gemacht, einem oberflächlichen Kopf zu imponieren. Glücklicherweise ist, trotz seines Sträubens, dies nun Wohlgemuth gewiß, er verehrt daher Altmütter als einen Weisen, weil er mehr weiß, als er selbst, er bewundert Altmütters Paradoxen, weil er weder Mut noch Scharfsinn genug hat, sie zu Boden zu werfen, kurz, er huldigt in allem Altmütter. — Hier fällt mir eine Frage auf. Warum huldigt Wohlgemuth Altmütter mehr als mir, da ich doch, von vielen Seiten betrachtet, mehr weiß, mehr verstehe als jener? Die Ursache ist leicht gefunden: weil nämlich Altmütter, ohne etwas darüber gelesen zu haben, über Gegenstände schwadroniert, über die Wohlgemuth trotzdem, daß er ungeheure Werke unermüdet darüber gelesen hat, nichts, oder nur äußerst wenig zu stottern weiß. Altmütter kann

durch keinen Einwurf in Verlegenheit gesetzt werden, er verliert sich in Subtilitäten, wird dunkel und nie hat ihn sein
Gegner überwunden, wenigstens hat noch niemand über
ihn triumphiert; alles dies mangelt Wohlgemuthen; er
sieht daher Altmütter für unendlich mehr an, als er ist,
und hält das, was ihm in seinen Reden dunkel und unverständlich ist, weil es wirklich für jedermann dunkel und
nicht zu verstehen ist — weil es Unsinn ist — für Aussprüche
der höchsten Weisheit; dahingegen das, was ich sage, er zu
verstehen glaubt, obgleich er es nicht tut, da ich mich gewöhnlich auf das Gefühl berufe; und wo ist wohl ein
Mensch, der sich überzeugen ließe, daß sein Gefühl falsch
sei? Übrigens ist es auch nicht meine Art, mit Worten zu
prahlen, leeren Schall für Sinn auszugeben, ich will durchs
Herz überzeugen, nicht betäuben, und das ist denn freilich
hier am unrechten Orte.

Doch zurück von dieser Ausschweifung auf den alten
Vorwurf: Nämlich warum Altmütter und Wohlgemuth
Freunde sind, so glaube ich von Seite Wohlgemuths die
Ursache darin gefunden zu haben, weil er stets einer Stütze
bedarf, nicht allein fortschreiten kann. Er hat immer einen
neben sich nötig, der ihn leitet, denn durch frühes An-
gewöhnen an die Machtsprüche fremder Autorität hat er
die Selbständigkeit des Willens und des Denkens verloren.
An wen soll er sich nun anschließen? An mich kann er es
nicht, denn einmal harmonieren wir ein für allemal gar zu
wenig, im Gegenteile sind wir so disharmonierend als Feuer
und Wasser, andererseits schämt sich wohl auch Wohlgemuth,
sich von jemandem, der um ein Jahr jünger als er und
noch dazu auch um ein Jahr in seinen Studien hinter ihm
ist, gängeln zu lassen, obschon er es in vielen Stücken
dennoch tut. Auf wen soll er sich nun stützen? Etwa an
Kerschbaumer? Diesen verachtet er. An Kaufmann?
Den habe ich ihm, Gott sei Dank, lächerlich zu machen
gewußt, und daher ist von der Seite nichts zu denken.
Sonst kömmt niemand zu ihm, daher muß er sich wohl
an Altmütter halten, der froh ist, seine Herrschsucht einigermaßen befriedigen zu können.

8.

Ich habe gewiß Anlage zur dramatischen Poesie; die
beiden Akte aus „Robert von der Normandie" sind,
wie ich glaub', nicht sehr übel gelungen, obschon noch einige
harte Stellen darin sind.

9.

Ohne Zweifel ist die „Schreibfeder" das gelungenste
meiner Gedichte. Zeichnung der Charaktere, Haltung der=
selben und vielleicht auch Sprache vereinigen sich, dasselbe
zu einem nicht unangenehmen Ganzen zu machen. Ich
werde es nie aufführen lassen oder doch nur erst in einigen
Jahren, wenn mir ein früheres größeres Werk schon einiger=
maßen Ruf erworben hat; denn es ist jetzt ja doch Mode,
jedes Produkt der Muse bloß nach dem Namen des Autors
zu beurteilen, und dann fürchte ich auch, daß die Besetzung
der Rolle des Peter Moser vielen Schwierigkeiten unter=
worfen sein möchte.

10.

Ich weiß, ich bin beim ersten Anblicke nichts weniger
als interessant; doch ich wünsche es auch nicht zu sein, wenig=
stens nicht so, wie man dies Wort gewöhnlich nimmt. Man
nennt gewöhnlich den Menschen interessant, dessen Witz und
Vernunft eine solche Herrschaft über das Gefühl hat, oder der
so viel Verstand und so wenig Gefühl hat, daß man in
beiden Fällen das Dasein des letztern gar nicht bemerkt,
er muß stets kalt bleiben wie Eis, über alles, was andere
rührt, spotten, das verlachen, wobei andre fühlen, daß sie
Menschen sind, kurz, er muß ein Mensch sein, der kein Mensch
ist. — Gott bewahre mich vor einem solchen . . . .
Aufopferung des Gefühls ist nie ein . . .

11.

Es ist doch, ich weiß nicht . . . . obwohl letzterer es
gewiß nicht getan hätte, wenn er glauben könnte, daß Wohl=
gemuth seinen Rat befolgen werde, denn es schmeichelt doch
seiner Eitelkeit allzusehr, sich so sehr geschmeichelt zu sehen -

und nun entschloß er sich, selbständig zu werden, und um
dies zu werden, äfft er uns beide nach, schreibt Aphorismen,
liest sie uns zur Beurteilung vor, bekennt darin von sich
selbst, daß er der unselbständigste Mensch von allen sei, daß
er wohl einsehe, daß er nie anders werden könne; und
stolziert nun — in Gedanken wenigstens — mächtig erfreut
umher — daß er auf einmal, so gar auf einmal selbständig
geworden sei! —

12.

Ich habe mich schon oft darüber geärgert, daß bei verschiedenen Personen, an verschiedenen Orten, in verschiedener
Lage mein Charakter immer verschieden scheint. Woher mag
dies kommen? — Ich wage es nicht, dieses Phänomen zu
erklären? Meine Tante Therese und Wohlgemuth haben beide
dies versucht, und ich weiß nicht, wem ich glauben soll.
Therese meint, es rühre daher, weil ich sehr viele Talente
hätte, je nachdem nun die Objekte von außen auf mich ein-
wirken,[1]) erwecken sie dies oder jenes in mir liegende Talent,
und daher käme diese Verschiedenheit. — Wohlgemuth sagte:
Meine glühende Phantasie mache mich geschickt, mich in jede
Lage zu versetzen, ich stimmte mich daher leicht nach den
mich umgebenden Objekten, und so wäre die Erscheinung
erklärt. — Doch dieses letzte ist offenbar falsch; denn nicht
immer ist meine Stimmung harmonierend mit den äußeren
Objekten, und diese Verschiedenheit geht so weit, daß ich in
einer sehr rauschend lustigen Gesellschaft gewöhnlich stumm,
wenn alles witzig, abgespannt, wenn alles ernsthaft, am
fröhlichsten, mutwilligsten, witzigsten bin! — Sollten vielleicht beide Hypothesen zusammengenommen die Wahrheit
geben?

13.

Es ist doch eine sonderbare Sache um das menschliche
Herz. Ich liebte Ant** nie, oder wenn ich sie je liebte,
so waren es höchstens zwei Tage; sie ward mir mit jeder
Stunde gleichgiltiger, und die Liebe erstarb wie eine er-
löschende Lampe. Sie hatte mir öfter, ich ihr manchmal

---

1) Am Rande: „dumm!"

Bücher geliehen, und jedes, das ich von ihrer Hand erhielt, hatte einen sehr starken Bisamgeruch. Nun sind es all= bereits vier oder fünf Monate, daß wir einander ganz gleichgültig sind, und nun erst schickt sie mir Schillers „Dom Carlos", den ich ihr einst in jener frohen Stunde geliehen. Ich öffne ihn, und ein starker Bisamgeruch duftet mir entgegen! — Seit einigen Monaten habe ich nie an sie gedacht und — seltsam — kaum rieche ich diesen Duft, so kömmt mein Herz in Bewegung, ich denke nur sie; überall schwebt sie mir vor, und es hätte wahrlich in den ersten Momenten nur ihrer Anwesenheit bedurft, um meine Leidenschaft, zwar vermutlich nicht auf längere Zeit, aber gewiß flammender als je anzufachen. Jetzt, da ich dieses schreibe, ist zwar das Phantom schon halb und halb ver= schwunden, aber seltsam ist es doch, beim Himmel!

14.

Wohlgemuth las mir jüngst eine Schilderung meines Charakters aus seinem Tagebuche (wie er den Wisch nennt) vor. Es ist doch seltsam, was sich die Menschen für sonder= bare Begriffe von mir machen! — Es sind vielleicht in der ganzen Schilderung nicht drei oder vier Züge, die ganz falsch sind, und dennoch habe ich nie etwas Unwahreres gelesen. . . . . Der gute Mensch hat, was weiß ich wo! die De= finition von Witz so gefunden: Witz ist das Vermögen, Ähn= lichkeiten zu entdecken, und nimmt das Ding so buchstäblich, daß, obwohl er dies nicht eingesteht, am Ende Witz und Scharfsinn identisch sind, und nun behauptet er steif und fest: ich wäre ein guter Gesellschafter, denn ich hätte nicht allzuvielen Witz! Er lobt mich wegen meiner Verträglichkeit, fügt aber zugleich hinzu, daß ich alle Menschen zu über= sehen glaubte, und daß mein Stolz mich oft sogar unhöf= lich gegen andre machte, obgleich ich übrigens dennoch so ganz passabel höflich, zivilisiert sei. — Er maßt sich ein Urteil über meine poetischen Werke an, von denen er doch so viel versteht als der Esel vom Lautenschlagen, tadelt mich, daß ich in Gesellschaft mit Altmütter ihm in Hinsicht auf seine Abhängigkeit, die er doch ganz abgelegt habe, ziemlich grob mitspielte, und verspricht, da ich ihn auslachte, das Bessere werde folgen! — In Gottes Namen!

15.

Wir werden heute bei Wohlgemuths tanzen, beide Fräu=
lein W . . . l werden dort sein; mir gefällt keine von
beiden ausnehmend, und doch bin ich den ganzen Tag weit
unruhiger, als in den Tagen meiner innigsten Liebe zu
Theresen, wenn ich sie besuchen wollte. Woher mag das
kommen?

16.

Antoinette heuratet; heuratet einen Mann, bei dem
sie schwerlich glücklich sein wird. Ich bedaure sie, sie hätte
ein besseres Los verdient. Ihr künftiger Gemahl scheint
ein äußerst roher, ungebildeter Mensch zu sein; sie wird
sehr viel von einer Schwiegermutter abhängen; doch sie
kann sich kaum beklagen, sie kann selbst eine künftige Un=
treue ihres Mannes nicht ernstlich rügen. War sie treu
während der Zeit, da er heftig in sie verliebt war? Gerade
in der Zeit liebte sie mich, und sie würde mich vielleicht
noch lieben, wenn nicht meine Unbeständigkeit das Band,
das uns aneinander fesselte, zerrissen hätte. — Kurz nach
der Trennung aller unserer beiderseitigen Verhältnisse war
sie ausnehmend gespannt, affektiert, übertrieben kalt, doch
nun wird sie natürlicher. Vermutlich kömmt dies daher,
weil sie sich in den ersten Tagen vor mir schämte, da ich
eigentlich gebrochen hatte; nun aber, da sie ihrer Vermäh=
lung entgegensieht, fühlt sie eine Art von Triumph — das
arme Mädchen!

17.

Es ist doch in der Tat sonderbar, daß bei mir alles
anders ist als bei andern Menschen! Soll ich diesen Zug
als ein Beleg meines Wertes oder Unwertes ansehen? —
Alle Dichter (wie ich wenigstens glaube) freuen sich der un=
gestörten Muße, um dichten zu können; wenn sie unbeschäftigt
sind, entströmen gerade die feurigsten, schönsten Gedichte
ihrer Feder. — Bei mir ist dies gerade umgekehrt! Ich dichte
nie weniger, nie unlieber, als wenn ich Muße habe. Ich
schmiede nie gern Verse, aber dennoch am liebsten dann,
wenn ich ganz mit andern Dingen mich beschäftigen sollte.

Wenn ich, umringt mit Folianten und Scharteken, dem nahenden Examen entgegensehe, fühle ich mich am aufgelegtesten zur Poesie, da ich hingegen nun durch zwei Monate, die ich während der Vakanzen voll Überdruß und langer Weile zubrachte, mich nie entschließen konnte, auch nur einen Vers zu schreiben.

18.

Werde ich je ein mehr als mittelmäßiger Dichter werden, oder nicht? Dies ist eine Frage, an deren richtiger Beantwortung ich beinahe verzweifle. Für beide entgegengesetzte Behauptungen lassen sich wichtige Gründe anführen. Oft fühle ich innig, daß ich Dichter bin, oft zürne ich auf mich selbst, daß ich mich bei mir selbst eines Vorzugs freue, der doch wirklich nur in meinem Kopfe Realität haben kann. Es ist wahr, ich habe eine lebhafte, eine glühende Einbildungskraft, viele glückliche, viele traurige Stunden meines Lebens, die Zerrüttung meiner körperlichen Gesundheit, und meine näheren — Bekannten bezeugen dies, ich habe heftige Leidenschaften, was zwar mit dem vorigen fast alles eins ist, und gewiß, das muß ein Mensch besitzen, der nur einigermaßen Anspruch auf den Namen eines Dichters machen will. Aber qualifizieren sie auch allein zu einem Poeten, sind nicht andere Eigenschaften, die ich weder kenne, noch besitze, notwendig, um sich in die Zahl der Priester der Muse zu stellen? Gehört hiezu auch vielleicht der furor poeticus, der alles an einem Dichter, und den ich, wenn ich anders ehrlich reden will, — nicht habe. Andere Dichter macht das Dichten warm, mich macht es kalt. Das Haschen nach Worten, Silben, Reimen ermüdet mich, und das Feuer meiner Phantasie muß den höchsten Gipfel erstiegen haben, wenn ich im stande sein soll, ein Gedicht an einem Tage zu vollenden, wie ich es mit der Ballade: „Das Grab im Walde" tat. Damals, erinnere ich mich, waren meine Gefühle bis zum Ende in Bewegung, die Verse und Reime flossen leicht aus meiner Feder, so wie dies auch bei dem Gedichte „Der wahre Glaube" der Fall war und beim „Mädchen im Frühling". Alle übrigen, auch noch so kleinen Gedichte flickte ich mühsam und stückweise zusammen, und ich kann mit Recht sagen, daß ich sie im Schweiße

des Angesichtes „gearbeitet" habe. — Ich will auf=
hören, denn meine Eitelkeit regt sich!

19.

[Ende Oktober.]

Madame Roose ist tot und mit ihr meine schönsten
Hoffnungen! — Blanka von Kastilien kann nie aufgeführt
werden, auch Robert nicht, und was weiß ich, was alles!
— Es ist sehr traurig! Ich habe nie gerne an dem ersten
gearbeitet, nun wird es mir aber vollends zur Last.

20.

Neulich hatte ich Gelegenheit, einen (wie ich glaube)
charakteristischen Zug zu entdecken. Ich ging Abends nach
Hause. Plötzlich höre ich ein Geschrei, ich eile hinzu und
sehe einen Haufen Pöbel, der einen Menschen umringt,
von dessen Kopf das Blut stromweise fließt und der in
gebrochenem Deutsch mörderlich flucht. Es war ein Franzose.
Ich frage, was es gebe. Sogleich wendet sich der arme
Teufel zu mir und erzählt mir den Hergang der Sache.
Er sei im Weinhause in Händel geraten, und als er sich
entfernen wollte, sei sein Widersacher ihm gefolgt und habe
ihm einige Hiebe mit dem Stocke versetzt. Er überraschte
mich mit seinem ersten Streiche, sprach der Franzose, ich
wandte mich um, sehe ihn den zweiten Streich führen, und
schnell ergreife ich ein naheliegendes Stück Holz, um den
Hieb auszuparieren. Erlauben Sie doch, sprach er, indem
er meinen Stock nahm, er schlug so — ich parierte aber
sogleich so — er ergriff hier den Stock und zeigte mir die
Fechterstellung, die er dabei gebraucht hatte, zeigte sie mir
trotz seiner ziemlich tiefen Kopfwunde, trotz des Blutes, das
ihm aus Mund und Nase rann, damit ich ja nicht glauben
möchte — er sei ein Idiot in der edlen Fechtkunst. — Der
Franzose kann sich wohl nicht leicht deutlicher malen als in
diesem Zuge.

1809.

21.

Ich habe mich oft sehr unzweideutig und, wie ich selbst gestehen muß, sehr arrogant über mein Talent zur dramatischen Dichtkunst erklärt, und dennoch ist es gewiß, daß ich nicht vollkommen, wenigstens nicht zu allen Zeiten, über dieses mein Talent im reinen bin. Ist es ein Fehler jedes wahren dramatischen Dichters überhaupt, oder nur der meinige (und habe ich ihn vielleicht nur darum, weil ich wirklich keiner bin), ist es bloß mein Fehler, sage ich, daß alle Szenen, in denen keine heftige Leidenschaft herrscht, matt und unbeholfen sind, da hingegen die übrigen vielleicht zu feurig, zu heftig geraten? Ist dieser Zug der Stempel des großen Genies, oder des gänzlichen Mangels an Talent, oder vielleicht nur eine Folge meiner Jugend und Flüchtigkeit? Ich muß bekennen, ich weiß es nicht. In Gottes Namen, die Zeit wird lehren, wofür ich es halten soll. —

22.

Ich möchte eine Tragödie in Gedanken schreiben können. Es würde ein Meisterwerk werden!

23.

Die große Nation. So hör' ich groß und klein schreien. Groß? Lächerlich! — Ich möchte doch in der Tat wissen, wodurch die Franzosen dies prangende Beiwort verdient haben! Ich kenne keine Nation, die mir so verächtlich wäre, als gerade diese gepriesenen Franzosen! Was wissen, können, tun sie denn, was diesen Beinamen verdiente, was ihnen einen so unendlichen Vorzug vor uns mißhandelten, von unseren eigenen Landsleuten mißhandelten Deutschen gäbe? — Sie haben Charakter, hör' ich Tausende schreien. — Charakter? Man sehe doch! Ich wäre in der Tat sehr begierig zu wissen, was denn diese Leute unter Charakter verstehen. Das Charakteristische der Franzosen besteht eben darin, daß sie ganz und gar [keinen] Charakter haben! — Sie krochen

einst vor ihren gekrönten Tyrannen! — Also liegt Sklaven=
sinn in ihnen? — Nichtsdestoweniger, denn nach einigen
Jahrzehnten ermordeten sie den Enkel derjenigen, die sie
einst anbeteten, traten den Tempel des Despotismus, zu
dem sie einst selbst im Schweiße ihres Angesichtes die Steine
herzugeschleppt hatten, in den Staub und waren frei! —
Also Streben nach Freiheit, nach Unabhängigkeit? — Nicht
doch! Einige Jahre waren in zügelloser Ungebundenheit
verstrichen, da trat ein Mann aus ihrer Mitte auf und
schmetterte das Gebäu ihrer Träume zu Boden, warf ihrem
duldenden Nacken ein schwereres Joch auf, als das war, das
sie einst unter Würgen und Morden als unleidlich vom
Halse geschüttelt hatten, und der nämliche Franke, der unter
einem schmetternden „Ça ira" Verderben und Tod allen
Tyrannen geschworen hat, wird der schändlichste Tyrannen=
knecht, leckt den Staub von den Füßen seines Henkers und
schleppt sein ephemeres Dasein in weitentfernte Gegenden
über Flüsse und Meere, um für die ehrgeizigen Pläne seines
Beherrschers zu verbluten! — Und diese Nation nennen
wir die große? Aber ihre Tapferkeit! — Der tapfere
Kämpfer ist noch kein großer Mann, eine kriegerische
Horde noch keine große Nation, und dann, wer kann es
wohl, ohne die Namen aller großen Helden, die jemals für
die Ehre ihres Vaterlandes kämpften, zu besudeln, wagen,
diesen Abschaum von sklavischem Gesindel tapfer zu nennen!
Die Trophäen der gerühmten französischen Tapferkeit, geht
hin und sucht sie auf den Fluren Spaniens, in den Tälern
von Roncevaux, auf den Wällen von Zaragoza. Ihr
Schwindelgeist, der sie für alle Eindrücke empfänglich macht,
knechtischer Gehorsam, Furcht vor dem Henker ihres Despo=
ten trieb sie in die feindlichen Bajonette, ihres Führers
Genie, der Zufall, der ihre Unternehmung in einer Periode
geschehen ließ, wo Europas Throne mit kindischen Schwäch=
lingen besetzt waren, Schurken, Dummköpfe oder höchstens
sehr mittelmäßige Geister an der Spitze ihrer Kabinette
und Heere standen, errang ihnen leichte Siege, Uneinig=
keit unter den Bewohnern eines Landes, Neid und Miß=
gunst zwischen den Fürsten eroberte ihnen Provinzen, nicht
ihre Tapferkeit. Laßt einen Mann aufstehen, ausgerüstet
mit Geist und Kraft, laßt einmal weichen von ihnen der
Schlachten zweifelhaftes Glück, sie nur ein einziges Mal
erliegen unter den Streichen eines genievollen Mannes, und

diese gepriesenen Helden werden mit flüchtigen Sohlen die
Winkel aufsuchen, denen die Ruhmgier eines einzigen sie
entriß. — Groß! ja doch groß!

24.

Den 1. Juli d. J. träumte mir, ich sei im Theater,
und meine Blanka werde ausgepfiffen. Ich hörte nur den
ersten Akt, und unmöglich kann ich das Gefühl beschreiben,
das mich beim ersten Pfiff ergriff. Ich wachte darüber
auf, und stellte nun halbwachend Betrachtungen an, indem
ich mich damit tröstete, es könne nicht mein Stück gewesen
sein, da ich es noch unvollendet im Schranke liegen habe.

25.

Man kann sich nichts Sonderbareres denken als den
Gang, den meine Ideen über Gott und Religion von
meiner frühesten Kindheit bis in mein reiferes Alter nahmen.
Von Eltern entsprossen, die, wenn sie auch eben nicht streng
religiös dachten, doch wenigstens der Welt und ihrer Kinder
willen religiös handelten, unter Personen erzogen, die mit
ängstlicher Genauigkeit alles erfüllten, was nur immer die
geistliche Etikette ihren Verehrern vorschreiben kann, war
es nicht anders möglich, als daß eine innige Ehrfurcht vor
Gott und seinen Stellvertretern auf Erden in meiner jungen
Seele Wurzel faßte. Häufige Krankheiten, die in meiner
frühesten Kindheit, in den ersten Tagen meines Seins
meinen Körper zerrütteten, drückten das fortreißende Feuer
der Jugend, welches jene Jahre zu begleiten pflegt, da-
nieder, frühe Beschäftigung mit Büchern und daraus ent-
standene Altklugheit, ein eigenes Gefühl, das mir sagte:
ich könne und wisse mehr als andere Knaben meines Alters,
immerwährende Beschreibung von dem Glücke, das einen
Geistlichen erwartet, die Vorstellung der Ehrfurcht, mit der
man damals beinahe noch allgemein die Diener Gottes
behandelte, oftmaliges Besuchen der Kirchen an der Hand
meiner Wärterin, der Pomp, die Feierlichkeit, die in denselben herrschten, kurz alles bestimmte mich, den Stand des
Priesters zu meiner künftigen Bestimmung zu wählen.
Noch erinnere ich mich des Vergnügens, das ich fühlte,

wenn ich an einem Altar von Pappe Meſſe las, während
mein jüngerer Bruder als Küſter unabläſſig mit der Glocke
ſchellte, wenn ich dann den verſammelten Hausgenoſſen die
Kommunion reichte, oder wohl gar aus meines Vaters
Sorgenſtuhl herab mit lärmendem Pathos predigte, ſo daß
unſerer alten Dienſtmagd die Tränen in die Augen traten
und ſie verſicherte, daß ſie mich ſchon im Geiſte als Säule
der Kirche erblicke. Bisher trieb ich alles dies bloß aus
Nachahmungsſucht, und dieſe meine geiſtliche Geſinnung
hielt mich gar nicht ab, mit meinem Bruder auf gut ritter‐
lich mit Schild und Schwert zu kämpfen, oder wohl gar,
wenn er etwas im Dienſte der Meſſe verſah oder mich
während der feierlichen Handlung ſtörte, den Kelch und
das Skapulier in einen Winkel zu werfen und mich mit
ihm tüchtig herumzubalgen. Jetzt ereignete ſich eine wichtige
Veränderung. Ich bekam die Legende der Heiligen
zu leſen. Nun war es um das Meſſeleſen. Einſiedler
und Teufel, Marter und Tod in ſeltſamem Gemiſch durch‐
kreuzten ſich in meiner Seele. Nun erſt ward der Gedanke
feſt in mir, Geiſtlicher, und zwar Mönch zu werden. Ich
träumte ſchon von künftigen geiſtlichen Heldentaten. Ich
reiſte in ferne Weltteile, predigte, bekehrte zu Tauſenden,
ward gefangen, gemartert, auf Roſten gebraten, in glühende
Öfen geſteckt, getötet, und endlich ſichtbarlich in den Himmel
erhoben. Doch nie ſpielte ich einen ſolchen Roman, ohne
dabei zugleich auch kriegeriſche Heldentaten auszuüben.
Eh' man mich fing, ſchlug ich wacker mit dem Schwerte
drein, und erſt nachdem ich die Heiden zu Tauſenden ge‐
tötet, konnte man mich fangen. Ich fühlte einen heftigen
Widerwillen gegen alle jene, die ſich ſo gutwillig ohne
zu muckſen hinrichten ließen, wohl gar noch für ihre Feinde
beteten, was ich innig fühlte, daß es mir nicht möglich
wäre, im Gegenteil ſchloß ſich jede geiſtliche Ritterfahrt
mit einer verheerenden Peſt, mit Sturm, Hagel, Feuer,
welches meine Mörder verzehrte und meinen Tod rächte.
Ich las die Bibel fleißig und merkte ſo wenig als meine
Eltern, daß ich nur die Geſchichtsbücher las, die Pſalmen
und alles übrige aber ungeleſen ließ. Mich empörten
viele Taten von Männern und Frauen, welche dort ſo
ſehr geprieſen werden, ſie beleidigten mein ſittliches Ge‐
fühl und ich machte mir ſelbſt Vorwürfe, daß es ſo war,
da ich es für Verbrechen hielt, dieſe Männer zu tabeln.

Salomon war mir gleichgiltig, Jonathan, Gideon ent=
zückten mich, vor allen andern waren aber die Makkabäer
meine Helden. Diese schlugen doch drein, wenn's not=
tat, und gaben sich nicht so schafsmäßig ihren Henkern preis,
wie meine Märtyrer aus der Legende. Dies alles fühlte
ich, ohne mir desselben deutlich bewußt zu sein. Da saß ich
Abends in einem finstern Winkel stundenlang und spielte
meine Tragödien, und jede endigte sich damit, daß ich als
Judas Makkabäus aufsprang und mit einem Peitschenstiele
unter den Mohren und Heiden eine schreckliche Niederlage
anrichtete. Während dieser Zeit besuchte ich fleißig die
Kirche und ging zur Beichte, doch mit geheimem Wider=
willen, ich konnte die Langeweile nicht bezähmen, ich peinigte
mich selbst mit Vorwürfen, daß ich durch diese Unlust, die
Kirche zu besuchen, grob sündigte, zwang mich manchmal
zwei Stunden darin zu bleiben, aber umsonst, es wurde
mir immer lästiger, ich fühlte keine Andacht, und doch blieb
mein Entschluß, Geistlicher zu werden, fest und unveränder=
lich. Um diese Zeit fing ich an das Gymnasium zu be=
suchen. Ich trieb mit meinen Schulgespänen die wildesten
Spiele. Der Eislauf, Balgen, Städtebelagern, Schlachten=
liefern waren in ihrer Gesellschaft meine Lieblingsunter=
haltung, doch sobald ich allein zu Hause saß, kehrte ich
wieder zu meinen religiösen Spielen zurück, nur mit dem
Unterschiede, daß sie jetzt stürmischer als je ausfielen. Auf
dem Annäischen Gymnasium war es vorgeschrieben, sechsmal
des Jahres zur Beichte zu gehen, und zum Beweise der
Erfüllung dieser Vorschrift mußten wir zu den bestimmten
Zeiten Beichtzettel aufweisen. Ich erinnere mich noch sehr
gut, daß ich alle nur möglichen Wege einschlug mir solche
Zeugnisse zu verschaffen, und ich hatte mein einst so zartes
Gewissen schon bis auf den Punkt eingeschläfert, daß ich
mir hierüber gar keinen Vorwurf machte.

Ich fing an Romane zu lesen, oder vielmehr sie einiger=
maßen zu verstehen (denn gelesen oder vielmehr verschlungen
hatte ich sie schon seit meinem fünften oder sechsten Jahre),
und eine neue Welt öffnete sich meinem Blicke. Ritter und
Dirnen, Turniere und Schlachten im buntesten Gemisch er=
hitzten meine Einbildungskraft und beschäftigten jeden meiner
Gedanken. Ich focht, ritt und turnierte, spielte Liebeshändel,
befreite Fräuleins aus den Händen der Mohren und Riesen,
verliebte mich sogar einigemale recht ernsthaft, und, sonderbar,

gab doch meinen geistlichen Ideen deswegen nicht den Ab=
schied. Ich bin überzeugt, daß diese Verträglichkeit so ent=
gegengesetzter Bilder notwendigerweise von der Natur der
letzteren zeugen muß. Aber trotz allem hing ich noch
immer fest an den eingewurzelten Begriffen, und kein
Zweifel kam mir in den Sinn.

Endlich geschah ein Schlag, welcher mich auf einmal
aus allen meinen Phantasien gewaltsam herauswarf. —
Einst bewirtete man bei uns mehrere gute Freunde. Der
Raum an der einen Tafel war zu klein, daher setzte sich
mein Vater mit einigen ausgewählten Bekannten in ein
anderes Zimmer an meinen eigenen Tisch. Man aß und
trank und war guter Dinge. Gegen das Ende des Mahls
hob mein Vater sein Glas empor und rief: „Wir wollen
uns freuen, solange wir noch leben; wer weiß, ob wir in
einer anderen Welt so fröhlich sein werden!" Einer seiner
Freunde, den die übrigen als einen Mann von Geist
schätzten, und der gewöhnlich Streite durch seine Autorität
zu entscheiden pflegte, versetzte: „Wer weiß, ob es über=
haupt nach diesem Leben noch eines gibt!" Alle schwiegen
und sahen vor sich hin. Man bemerkte mich und suchte
durch andere Gespräche den Eindruck, den die vorigen
Reden etwa auf mich gemacht haben könnten, zu tilgen,
aber die wichtigen Worte waren wie ein Blitzstrahl in
meine Seele gefallen. Ich verließ den Tisch, setzte mich in
eine Ecke und überließ mich ganz den neuen Ideen, welche
mit reißender Gewalt meine Seele durchströmten. Ich
fühlte mich leicht, alle Fesseln, deren Druck ich jetzt erst
fühlte, waren gefallen, ich fühlte ein Licht in mir, das ich
schon vorher dunkel geahndet hatte. Von dieser Zeit an
rechne ich die traurigsten Tage meines Lebens. Veraltete
Vorurteile im Kampfe mit schimmernden Vorstellungen,
lange Gewohnheit streitend mit dem wohltuenden Stolz
des Erhabenseins über Volksmeinungen, Ringen nach Gewiß=
heit verbunden mit Unfähigkeit, Gründe richtig abzuwägen,
eine schwärmerische Phantasie bis zum Wahnsinn glühend,
Aufblitzen des dichterischen Talentes von unnützen Grübeleien
niedergedrückt, alles dies vereinigte sich, meinen ohnehin
schwachen Körper ganz zu zerrütten, meine Gesundheit zu
untergraben und den Grund zu allen meinen häufigen
Krankheiten zu legen, die durch lange Jahre meinen Körper
zerrütteten. Dieses Schwanken dauerte bis zu der Zeit,

als ich die Klasse der Poetik besuchte, nun erst fand mein
Feuer einen Ausweg, ich verlegte mich mit Leidenschaft auf
die Dichtkunst und zugleich warf ich alle jene Lasten, die
mich bisher gemartert, gewaltsam von mir, und die Folge
hievon war gänzlicher Unglaube, Unbekümmertheit um alles,
was Religion hieß, ich besuchte keine Kirche mehr, ging
nicht mehr zur Beichte, ohne mir beswegen Vorwürfe zu
machen, aber auch ohne mich dessen zu rühmen, und es be-
durfte mehrerer Jahre, bis endlich meine religiösen Begriffe jene Modifikation erhielten, die sie jetzt haben und
mit denen ich auch zu sterben hoffe.

26.

Ich kann nichts Vorzügliches schreiben, wenn nicht die
Feder, mit der ich schreibe, gut geschnitten ist.[1])

27.

Es hat nicht bald etwas einen so schmerzlichen Eindruck
auf mich gemacht, als Lichtenbergs Beschreibung von Sternes
Charakter in dessen vermischten Schriften. Seine empfind-
samen Reisen waren meine Lieblingslektüre, ich habe sie
wenigstens zwanzigmal ganz und in Stücken gelesen und
jedesmal mit so tiefer Empfindung, daß ich nicht anders
als mit innigem Schmerz an ihren [?] Verlust denken kann.
— Dieser Mann, der so schreibt, sollte nicht fühlen, sollte
ein niedriger, kriechender Schmeichler sein? In der Tat!
Nur ein Mann, den ich so sehr verehre als Lichtenbergen,
konnte mich dies glauben machen!

28.

Meine Nachahmungssucht übersteigt allen Glauben.
Alle meine Ideen formen sich nach jüngst Gelesenem. Ich
fürchte, ein neuer Beweis, daß ich nicht leicht jemals exzellieren werde.

―――――――

[1]) Am Rande: „Das ist nicht wahr!"

29.

Es ist für mich ein eigener Genuß, Abends beim Spazierengehen die Wolken zu betrachten. Meine Phantasie leiht ihnen die sonderbarsten Gestalten, und sind sie gar zu nichts bezeichnend, so stelle ich mir zum wenigsten vor, der blaue Himmel sei der Ozean, und die hin und wieder zerstreuten Wolkenmassen Inseln. Dahin baue ich mir Hütten, wohne dort mit meinem Mädchen, und so denn weiter.

30.

Ich besitze nicht im geringsten die Gabe, im Zeichnen Ähnlichkeiten aufzufassen. Jeder Versuch, ein Porträt zu kopieren, mißrät. Ob dies nicht überhaupt ein Beweis ist, daß ich keine Anlage zum Zeichnen habe?

31.

Es ist mir schon oft eingefallen, unsere Tonkünstler mit den Werken der Schöpfungstage zu vergleichen. Das Chaos — Beethoven. Es werde Licht! — Cherubini. Es entstehen Berge! (große aber sehr unbeholfene Massen) — Joseph Haydn. Singvögel aller Art — die italienische Schule. Bären — Albrechtsberger. Kriechendes Gewürm — Gyrowetz. Der Mensch — Mozart!

32.

Alles was ich bisher geschrieben ist erlogen, und bloß in der Absicht geschrieben, damit es einst jemand lesen, und mich daraus günstig beurteilen möge!

33.

Stoff zu Gedichten: Die Religion; die Musik. Arnold von Winkelried.

34.

Ist mein Verhältniß mit * * * wahre Freundschaft? — Ich suche mich davon zu überreden, und doch — Ich weiß es nicht.

35.

Den 10. November Abends um 4¼ Uhr starb mein Vater.

1810.

36.

Es wandelt mich immer ein Lachen an, wenn ich das Wort Philosophie höre. Es kann wohl nicht leicht etwas Arroganteres geben, als wenn wir in dem Zustande, in dem sich unser Wissen gegenwärtig befindet, von dieser Wissenschaft reden, die sich so weit erstreckt als das Universum und deren erste Elemente vielleicht erst künftigen Jahrhunderten, wenn anders der menschliche Geist fortschreitet, und nicht — wie es fast scheinen möchte — immer mehr zurücksinkt, deren Anfangsgründe, sage ich, vielleicht erst künftigen Jahrhunderten aufbewahrt sind. Wir haben keine Philosophie, das, was wir unter diesem Namen von platten Marktschreiern lobpreisen hören, ist nichts als ein schimärisches, zusammengestoppeltes, unhaltbares, erbärmliches Zeug, das der menschliche Geist, um den inneren Trieb, der ihn zur Universalität des Wissens unaufhaltbar hintreibt, in Ermanglung etwas Besseren damit, wenn auch nicht zu befriedigen, doch wenigstens zu beschwichtigen, ungefähr, wie ich als Knabe, da ich einen neuen Bücherschrank bekam und keine Bücher besaß, die Fächer mit alten Scharteken anpfropfte, um das Ding doch nicht leer stehen zu lassen. Unsere Philosophie fängt mit Hypothesen an, wird auf Hypothesen fortgebaut, und das Resultat ist wie natürlich ebenfalls Hypothese. Die Fragen, woran uns eben etwas liegt: Gibt es eine Gottheit? Sind wir frei, unsterblich? Ist Wahrheit in unserem Erkennen? u. s. w., werden immer unentschieden gelassen, indeß der Haufe Systeme schmiedender Scharlatane sich mit scholastischen Pedanterien, neuen barbari=

schen Terminologien mystischer Undeutlichkeit und mit nicht
nur unphilosophischer, sondern sogar inhumaner Brutalität
gegeneinander unterhält. Worin mag wohl der Grund von
dem allen liegen? Gewiß, der Hauptgrund in der gänzlichen
Vernachläſſigung der Psychologie. Ohne diese Wiſſenschaft
wird es jedem unmöglich bleiben, in dem Gebiete der Philo=
sophie bedeutende Fortschritte zu machen; wie will ich das
übermenschliche kennen, das überhaupt nur durch analogische
Schlüſſe von dem Menschlichen aus erkannt werden kann,
wenn mir der Mensch selbst ein Rätsel ist. In der Psycho=
logie sind wir aber so vollkommen unwiſſend, daß unter
tausend Erfahrungen, die ein schlichter Mensch an sich in
einem Tage macht, gewiß neunhundert unerklärt bleiben,
wenn er auch zu dem Ende alle sogenannten Philosophen
Deutschlands (des jetzigen Nestes dieser Mißgeburt) zusammen=
rufen würde. Woher mag wohl diese gänzliche Vernach=
läſſigung der Psychologie rühren? möchte mancher fragen.
Daher, mein Freund, weil, um in diesem Zweige des
Wiſſens Fortschritte zu machen, ein Mann im eigentlichsten
Verstande des Wortes gehört, in den übrigen Teilen der
Philosophie aber jeder Bube, der allenfalls genug Phantasie
hat, ein altes System durch eigenen Aberwitz zu entstellen,
pfuschen kann, wie es denn auch geschieht. Tiefer Beob=
achtungsgeist, eindringender Scharfsinn, anhaltendes Stu=
dium der körperlichen und geistigen Natur gehören dazu,
einen vollkommenen Psychologen zu bilden, da hingegen
ein Philosoph in der heutigen Bedeutung des Wortes nichts
braucht, als ein paar seiner wahnsinnigen Vorgänger durch=
blättert und ein paar Dichter gelesen zu haben, um in
diesem Fache ein Werk zu schreiben, das, wenn er nicht
ganz mit Dummheit geschlagen ist, gewiß nicht das aller=
elendeste unter diesen Subeleien ist. O Lichtenberg, Lichten=
berg, warum wurdest du deinem Vaterlande so früh ent=
riſſen!

37.

Es ist ein eigenes, herzerhebendes, stolzes Gefühl,
welches mich ergreift, wenn ich eine von mir (versteht
sich mit eigener Arbeit) beschriebene Seite vor dem
Umblättern mit Sand bestreue. Ich bin so geizig auf diese
Lust, daß ich das Blatt bestreue, wenn es auch wirklich
schon durch die Luft getrocknet wäre.

38.

Ich glaube bemerkt zu haben, daß verheuratete Weiber viel geiziger und schwerer zu wohltätigen Handlungen zu bewegen, auch wohl gegen Arme härter sind, als Männer.

39.

Den 16. Juni, Abends um 11 Uhr.

Ich kam heute zu Altmütter und besah, da er eben nicht zu Hause war, seine Bücher und Schriften. Als ich letztere durchsuchte, fand ich ein Heft seines Tagebuches, in dem einige Briefe von ihm an Karln N. (seinen eigentlichen Namen weiß ich nicht) und einige Bemerkungen über sein Verhältnis mit diesem letzteren. Ich habe wohl nie die Stärke meiner Freundschaft für A. so sehr gefühlt als in diesem Augenblick, aber zugleich trat meine leidige Eitelkeit, die ich schon so oft verfluchte, ins Spiel. Die Rede war von mir. Ich las mit Begierde fort und hoffte immer auf einen Ausdruck zu stoßen, der mir zur Ehre gereichte, aber leider hatte ich mich verrechnet, ich fand nichts, was sich zu meinem Lobe hätte auslegen lassen, und nun war mein Stolz in Aufruhr, aber noch weit schmerzlicher war die Empfindung, zu lesen, wie A. behauptet, er hätte sich bisher noch immer in der Freundschaft betrogen! Ich erinnere mich kaum einer Sache, die einen so heftigen Eindruck auf mich gemacht hätte! Gekränkte Eigenliebe, Scham und Eifersucht versetzten mich in eine Stimmung, die durch den Eintritt A[ltmütter]s, der eben jetzt nach Hause kam, nur noch vermehrt wurde. Ich war unentschlossen, was ich tun sollte, doch ich konnte nicht an mich halten. Ich machte ihm Vorwürfe über seine Falschheit, und statt der weiteren mündlichen Erklärung, denn, bei Gott, es wäre mir unmöglich gewesen weiter mich über den Grund meines Zornes zu äußern, warf ich ihm sein Heft auf den Tisch. Es läßt sich nicht rechtfertigen, ihn du, seinen lieben Karl zu nennen! Er sagte mir so oft, er sei auf Maillern eifersüchtig, was er doch nie Ursache hatte und nun! Der Gedanke, dem jungen Menschen nachgesetzt zu werden, ist mir von jeder Seite unerträglich!

Ich fange seit einiger Zeit an zu bemerken, daß die

Heftigkeit meines Gefühls beträchtlich nachläßt, eine Sache,
von der ich mich sehr ungern überzeuge, und deren Wahr=
heit mir doch unwiderleglich einleuchtet. Wie eines Traumes
erinnere ich mich nur noch der Zeit, wo ich in mondhellen
Nächten der ganzen Welt vergessen und mich zu einer Stufe
der Schwärmerei erheben konnte, bei deren Anblick ich nun
beinahe schwindle. Ich bin nicht mehr im stande, ein nur
mittelmäßiges Gedicht zu machen, und wenn bei der Dich=
tung Blankas mir immer eine Fülle von Gedanken zu=
strömte, so weiß ich nun, da ich mir doch einen Stoff ge=
wählt habe, an dem einst meine ganze Seele hing, nicht,
was ich schreiben soll, und das alltäglichste, platteste Ge=
schwätz, das ein gewisses, gesuchtes, geschraubtes Wesen noch
unerträglicher macht, läßt mich beinahe das Versiegen meiner
poetischen Ader befürchten. Überhaupt bin ich gar nicht
mehr im stande, mich für etwas so lebhaft zu interessieren
als einst; ich lasse ruhig meine Blanka bei der Theater=
direktion liegen, ohne mich seit einem halben Jahre nur
im geringsten um sie zu bekümmern; ich, der einst kein
hübsches Mädchen sehen konnte, ohne sich zu verlieben, sehe
nun mit gleichgiltigen Augen weit schönere vor meinem
Auge, ohne daß nur ein verliebter Gedanke mir einkäme, ja
sogar mein Ideal von einer Geliebten, das sonst immer so
lebhaft meiner Seele vorschwebte, beginnt sich mir in blässeren
Farben zu zeigen; zugleich nimmt meine üble Laune, deren
Grund ich nicht einsehe, meine Schwermut, deren Quelle
ich nicht begreife, von Tag zu Tag zu, ich werde meinem
Freunde unangenehm, denen, die mit mir umgehen, un=
ausstehlich und mir selbst verhaßt, ohne daß ich weiß,
warum, ohne daß ich Stärke genug besäße, mich aus diesem
ertötenden Gewühle von marternden Bildern, die mir jede
Freude vergällen, herauszureißen. Mit einem Worte, ich
bin ein unglücklicher Mensch, und wenn mich das Schicksal
nicht bald aus dieser quälenden Lage reißt, so schieße ich
mir eine Kugel durch den Kopf. — Ich kannte einst keinen
erhebenderen Gedanken als ben, an A[ltmütter]'s Hand Wien
und Österreich zu verlassen und in anderen Ländern ein Glück
zu suchen, das ich hier nicht finden kann oder doch wenigstens
nicht finden will, wenn je in meinem Zustande von Wollen
die Rede sein kann; in jeder unangenehmen Lage schwebte
mir diese Idee vor, und sie erheiterte mich; kein Zweifel
wegen des Fortkommens stieg in mir auf, oder meine

Phantasie mußte sie wenigstens sogleich zu beschwichtigen,
aber nun wage ich es kaum zu denken. — Doch pfui!
ich schäme mich, ein so verächtliches Bild von mir zu ent=
werfen. Himmel! Bin ich noch derselbe, der so voll Mut
und Kraft bastand, bereit, es mit dem Schicksale auf=
zunehmen, bin ich noch der feurige, tieffühlende Mensch,
der dahinschwelgte in den Gebieten der Poesie und in dem
Reiche seiner ungeheueren unermeßlichen Phantasie? Daß
mir doch Gott, da er mir alles, was mich einst so selig
machte, nahm, die Scham, die Selbsterkenntnis genommen
hätte, um mich, da ich nichts Außerordentliches werden
sollte, doch wenigstens zum rechtlichen Bürger nicht zu ver=
derben! Aber so kann's nicht bleiben, ich kann's nicht mehr
aushalten! Alles kann ich vertragen, aber Selbstverachtung
nicht. Es muß sich ändern, es gehe, wie es wolle. So
oder so! Zeigt sich kein gebahnter Weg meinen Blicken,
nun gut, so öffne ich mir einen selbst, und sollte der
Pfad aus diesem Labyrinthe auch aus diesem Leben führen;
ich muß hinaus, es koste, was es wolle! Noch ein Tag
wie der heutige und —. Es ist nicht möglich, ich kann
mir die verdammte Idee nicht aus dem Kopfe bringen!
Dies Verhältnis, das ich so lange als einen Teil meines
Glückes betrachtete, getrennt, getrennt von ihm, den ich
durch jedes vertraulichere Wort mit einem anderen zu ver=
raten glaubte, von ihm, den mein Außenbleiben verstimmen,
meine Kälte zur Schwermut treiben konnte! Ich aufgeopfert
einem fremden, unbekannten Jungen, von dessen Charakter=
losigkeit hinlänglich sein Aufbringen zeugt. A[ltmütter], den
mein oftmaliges, unbesonnenes, zurückstoßendes Benehmen
nicht abwendig machen konnte, sucht nun in dem Busen dieses
— Menschen [die Freundschaft], die er bei mir nicht finden
kann. Er sei bisher noch immer in der Freundschaft betrogen
worden, daher fliehe er zu ihm. — So mußte denn geschehen,
was ich mir immer als unmöglich dachte, und W[ohlgemu]th
hat recht, hat recht, nicht durch meine, was mir A[ltmütter]
immer vorwarf — durch A[ltmütter]'s eigene Unbeständig=
keit! — Aber wo hatte ich meine Augen! Warum bemerkte
ich nicht schon längst seine Gleichgiltigkeit! Er, in dessen
Arm ich in jenen heiligen Stunden gelegen hatte, der
allein, von allen Menschen allein, das Innerste meines
Herzens sah; er konnte schon vor einiger Zeit an jenem ara=
bischen Pedanten Interesse finden, er konnte nun wieder

diesen Burschen kennen, ihm schreiben, ihn du nennen. —
O jenes mir unvergeßlichen Abends, wo ich ihn zum ersten
Male du nannte und mit diesem Worte auf ewig meine
Freundschaft besiegelte, wie heilig war mir dies Wort und
wie mißbraucht er es nun! — Und dann vollends borgt
er von ihm zwanzig Gulden! Gerade das hat mich am
heftigsten ergriffen! Wie große Vertraulichkeit setzt das
voraus, oder —. O wie sehr habe ich dich verkannt, oder
wie sehr hast du mich hintergangen? — Ich muß zu ihm,
ich muß Aufklärung haben, in dieser Stimmung kann ich
nicht länger bleiben. Doch wozu Aufklärung in einer Sache,
die ohnehin schon klar genug ist! — Doch 's schlägt ein Uhr,
ich will zu Bette gehen und wenigstens auf einige Stunden
vergessen.

40.

17. Juni, 7 Uhr Abends.

Ich war bei ihm. Er ist unschuldig! Die Briefe, die
ich las, sind erdichtet, und unsere Freundschaft steht so
fest wie jemals! Ein anderer in meiner Stelle würde
gezweifelt haben, ja wohl gar Altmütter selbst hätte es
wohl getan, aber nein; kein Verdacht an der Wahrheit
seiner Worte komme in meine Seele! Er ist mein Freund,
und bei Gott, kein Schatten eines Mißtrauens ist in mir!
Ich fühle mich erheitert, leichter, aber dennoch ist noch nicht
alles, wie es sein sollte, meine Melancholie, die mir so
unerklärbar ist, ist leider noch nicht verschwunden.

41.

19. Juni, 5 Uhr Nachmittags.

Mein Geschmack hat sich seit kurzer Zeit außerordentlich
geändert. Noch vor einem halben Jahre konnten mich
Schillers Schriften entzücken, dahingegen Goethe eine sehr
untergeordnete Rolle bei mir spielte; nun ist es ganz umgekehrt, ich suche Schillern bei mir und sogar manchmal
bei anderen auf eine leidenschaftliche Art zu verkleinern,
indes Goethe mich ganz dahinreißt! Hat wirklich meine
Bildung in dieser kurzen Zeit um so viel zugenommen oder
— ich weiß nicht, was ich glauben soll. Was Schillern
bei mir so außer Kredit gebracht hat, ist mir wohl begreif=

lich. Turandot konnte das nicht, ich setzte sie in eine Reihe
mit Goethes Großkofta und dachte achselzuckend: aliquando
bonus dormitat etc., wohl aber seine Kabale und Liebe,
das elendste Machwerk, das je ein Mann, der doch, und
zwar nicht ohne Grund, Anspruch macht, unter die Matadors
seiner Nation gezählt zu werden, aus bunten, glitzenden
Lumpen zusammengeflickt hat, und an dessen breiten Worten
und hohen Stelzen man unmöglich die Absicht des Verfassers,
ein Meisterstück liefern zu wollen, erkennen kann; dieses
Stück, verbunden mit der lächerlichen, patzigen Sucht Schillers,
den Philosophen spielen zu wollen, die in seinen kleinen
vermischten Schriften am ekelhaftesten wird, stimmten mit
andern vermutlich in mir selbst und wohl zum Teile in
meiner Eitelkeit, Ruhmsucht liegenden Gründen, von deren
Dasein ich zwar überzeugt bin, die ich aber nicht anzugeben
vermag, dieses alles, sage ich, stimmte zusammen, um mir
Schillern in dem ungünstigsten Lichte zu zeigen, in dem
ihn noch je ein Deutscher wohl gesehen hat. Dazu kam
noch die Sage von seiner Arroganz, seinem entscheidenden
Tone, seine Unverschämtheit (ich widerrufe dies Wort
nicht), in Goethes Egmont einen Auftritt einzuflicken, der
die reine, ruhige Harmonie des Ganzen, die Schiller gar
nicht zu fassen vermochte, mit einem aus der Grundsuppe
der Menschheit heraufgeholten Zerrbilde verunstaltete; sein
bombastischer Wortschwall in der Braut von Messina, seine
Xenien, die Bemerkung, daß meine Blanka von Kastilien
Ähnlichkeit mit seinem Don Carlos habe, einige Gedanken,
auf denen ich mich ertappte, und die ich, ohne es zu wissen,
von ihm entlehnt hatte, dies und was weiß ich, was noch
alles, ist, wie ich glaube, der Grund meiner Abneigung,
meines Hasses, möchte ich beinahe sagen, gegen diesen ver-
götterten Dichter.

42.

20. Juni, 11½ Uhr Abends.

Was Goethen und die Achtung, die ich ihm zolle, betrifft,
so kann und mag ich nicht leugnen, daß zuerst der allgemeine
Ruf seiner Vortrefflichkeit und besonders die Lektüre des
Sonntagsblattes mich auf seinen Wert aufmerksam gemacht
haben (ohne daß sie jedoch mein Urteil geleitet oder wohl
gar bestimmt hätten). Dieses, sage ich, machte mich zuerst

auf seinen Wert aufmerksam, da ich vormals kaum den zwanzigsten Teil seiner Werke kannte, und das, was ich gelesen hatte, ich muß es gestehen, schien mir bei weitem nicht gut genug, um nur einige Vergleichung mit Schillers Schriften auszuhalten. Zwar gefiel mir Götz von Berlichingen, es entzückte mich sogar, aber die naive Ungezwungenheit, die in diesem Drama herrscht, machte mich, einen jungen Menschen von 14—15 Jahren, glauben, es gehöre eben kein so großes Genie dazu, um so etwas zu schreiben, besonders da ich [in] meiner Phantasie genug Materiale zu haben glaubte, um wohl auch etwas Ähnliches zu verfertigen. Werthers Leiden war es vorbehalten, mich zu bekehren. Ich las sie mit Entzücken, und hohe Begierde bemächtigte sich meiner Seele, die Werke dieses außerordentlichen Mannes, dessen Vortrefflichkeit ich nun einzusehen begann, in ihrem ganzen Umfange zu kennen, eine Sache, die in Wien nicht leicht ist. Die Franzosen kamen nach Wien, und ein Nachdruck seiner Schriften erschien, ich schaffte sie mir so schnell als möglich an und blickte mit unbeschreiblicher Wonne nun in die Tiefen seines unaussprechlich zarten Gefühls. Ich las „Fausten". Er frappierte mich, meine Seele war seltsam bewegt, doch wagte ich kein Urteil zu fällen, da dieses Drama so unermeßlich von der als einzig gut gedachten Form meines infalliblen Schillers ganz abwich, und wohl auch hauptsächlich darum, weil A[ltmütter], dessen Urteil ich schätzte, ihm beinahe allen Wert abgesprochen hatte. Doch eine zweite Lesung war hinreichend, alle Vorurteile zu zerstören. Fausts schwermütige und doch kraftvolle Züge, Margarethens reine himmlische Engelsgestalt gleiteten an meinem trunkenen Auge vorüber, der kühne, interessante Mann, in dem ich so oft mich selbst wiederfand oder doch wiederzufinden glaubte, setzte meine Phantasie in Flammen, riß meine Seele auf immer von Schillers rohen, grotesken Skizzen weg und entschied meine Liebe für Goethen, doch felsenfest gegründet ward sie durch Tasso'n. Konnte diese Dichternatur dem Dichter fremd sein? Ich selbst glaubte es zu sein, der als Tasso sprach, handelte, liebte, nur Worte, so schien es mir, hatte Goethe meinen Gefühlen gegeben, ich fand mich in jedem Gefühle, in jeder Rede, in jedem Worte. Iphigenie, Clavigo, Die Geschwister, Egmont vollendeten, was die vorigen begannen, und ich betete Goethe an. Und doch schreibt sich von dieser Zeit auch der Anfang meines Trübsinnes, meine Melancholie her, so daß, nach der gewöhnlichen Art der Menschen zu schließen, ich den Grund in diesem Ereignis zu finden glaubte, worin mich auch A[ltmütter] bestärkte. Es ließe sich auch wohl noch ganz leiblich eines aus dem andern erklären. Ich las Anfangs Schillern und schrieb dabei meine Blanka, und nie fiel mir ein, an der Vortrefflichkeit derselben, an meinem vorzüglichen Dichtertalente zu zweifeln, denn Schiller war mein Idol, mein Vorbild, und mein Gefühl (vielleicht auch meine Eitelkeit) sagte mir, ich sei auf dem Wege, ihn zu erreichen. Das erhob mich ganz natürlich und gab mir Mut und Kräfte, doch durch Goethe ward ich in eine ganz andere Welt versetzt. Es waren nicht mehr die zwar kräftigen, aber rauhen Pinselstriche, da war, möchte ich sagen, keine Freskomalerei mehr, die Zartheit des Miniatur= malers hatte ich mir zum Muster genommen, und — ich fühlte meine Hand zu schwach! Traurige Zufälle trugen das ihrige bei, kurz, alles, was ich bisher geschrieben hatte, kam mir unerträglich, plump, ungebildet vor, ... Blanka, in der ich einst ganz lebte, kam mir unerträglich vor, ich verwarf sie, und mit ihr war all' mein Glück, all' meine Ruhe dahin. Meine Ruhmsucht war in ihrem Innersten angegriffen, meine Phantasie, die mir nur Bilder lieferte, die mir abschreckend waren, verlor ihren vorigen Schwung, meine Laune, die nie angenehm war, ward unerträglich, kurz, ich geriet in den Zu= stand, in dem ich mich jetzt befinde, und aus dem ich mich nicht reißen kann, trotzdem daß ich seine Quelle ziemlich richtig kenne. O möchten doch jene seligen Stunden wiederkehren, in denen ich in den Armen der Poesie schwelgte, wo ich mich noch erhaben fühlte über die Welt um mich her, wo ich noch nicht meinen Freunden unausstehlich und mir selbst zur Last war! Eitle Wünsche!

43.

Es ist sonderbar, daß Schillers Werke mir nur dann so ganz unausstehlich vorkommen, wenn ich an sie denke, da mein Mißfallen sich beträchtlich mindert, wenn ich sie wirklich lese' (einige wenige Stücke ausgenommen), dahin= gegen Goethes Schriften mir bei der Lesung bei weitem nicht so gut gefallen, als wenn ich in der Folge die Bilder

aus denselben vor meiner Seele vorübergleiten lasse. Dies
ist besonders der Fall mit jenen Charakteren, die mich am
stärksten affizieren, wie Margarethe und Klärchen. — Ob
mir nicht etwa hierbei meine Phantasie einen Streich spielt!
Ich las heute einige Stellen aus der „Jungfrau von
Orleans", und sie haben mich bis zu Tränen gerührt, eine
Sache, die mir beinahe neu geworden ist. Sollte ich Schillern
unrecht tun?

44.

25. Juni, ½11 Uhr Abends.

Ich kann nicht länger mehr so fortleben! Dauert dieses
unerträgliche, lauwarme Hinschleppen noch länger, so werd'
ich ein Opfer meiner Verhältnisse. Dieses schlappe, geist=
ertötende Einerlei, dieses immerwährende Zweifeln an
meinem eigenen Werte, dieses Sehnen meines Herzens
nach Nahrung, ohne je befriedigt zu werden; ich kann es
nicht mehr aushalten. Darum fort, fort aus dieser Lage!
Hinaus in die Welt, um diesen Trübsinn, wenn auch nicht
zu stillen, aber doch wenigstens zu übertäuben. Im Ge=
tümmel der Welt, in anderen Gegenden, von anderen
Menschen umgeben, wird vielleicht mein Geist wieder die
glückliche Stimmung gewinnen, die mir die Tage meiner
früheren Jugend so selig verfließen machte, vielleicht daß
die Alpen der Schweiz in mir jenen Geist wieder wecken,
der mit vollen Strömen sich in Blanka von Kastilien ergoß,
und der jetzt, von der Last meiner Laune niedergedrückt,
auch nicht den kleinsten Versuch macht, sich wieder aufzu=
richten. Ja, hin nach der Schweiz! Himmlisches Land!
Ja, in deinen Tälern, auf deinen Felsen will ich die Ruhe
finden, die ich unter diesen ekelhaften, verkrüppelten, sauer=
süßen Geschöpfen verloren habe. Deiner Einwohner markichte
Kraftworte sollen mich des nichtigen Geschwätzes dieser
Halbmenschen vergessen machen; jene heiligen Stätten will
ich betreten, die ein Winkelried mit seinem Blute gefärbt,
die ein Erlach mit seinen Taten verherrlicht. Fliehen will
ich dies Land der Erbärmlichkeit, des Despotismus und
seines Begleiters, der dummen Stumpfheit, wo Verdienste
mit der Elle der Anciennetät gemessen werden, wo man
nichts genießen zu können glaubt, als was eßbar ist, und
wo ein Collin als Matador geachtet wird, wo Vernunft ein

Verbrechen ist und Aufklärung der gefährlichste Feind des
Staates, ... höchstens die kahle Mittelmäßigkeit keimen
lassen, das Ausgezeichnete aber ausrotten, weil sie fürchten,
von ihm überwachsen zu werden. Natur, warum ließest du
mich gerade in diesem Lande geboren werden! — Doch
was beklage ich mich! Wo sind die erträumten Vorzüge
anderer Länder? Ist verkannt werden nicht überall das
Los des Genies? Ist der Franzose nicht so sehr Sklave
als der Österreicher, und der Schweizer —! Ja, es ist so!
Auch der Schweizer, derselbe Schweizer, den der unsterb-
liche Müller malt, der in den Tagen bei Morgarten und
Sempach seinen Namen über alle Völker setzte, auch er ist
gefallen, auch er ist ein Sklave! Überall, wo ich mich hin-
wende, grinst mich das Gespenst der menschlichen Verworfen-
heit an, auch in deinen Tälern, paradiesische Schweiz, lebt
ein Volk, das Müllers Taten seiner Voreltern lesen kann,
ohne sich eine Kugel durch den Kopf zu schießen, das
egoistisch und politisch und hinterlistig und fuchsschwänzelnd
ist; es steckt in deinen Bergen, wie ein Affe in Alexanders
Harnisch, und trägt Ketten an den Händen, aus denen sonst
des Ahnherrn Schlachtschwert Verderben auf die Freiheits-
feinde herabblitzte! Auch du kannst mich nicht locken, Hel-
vetien, mit deinen Gletschern und deinem Rheinfall und
deiner Freiheitsmütze, an der die Schellen klingeln, wenn
du sie bewegst. Fahre wohl, du bist dahin! Du wirst
mich nicht sehen. Ich könnte das Beinhaus bei Murten
sehen wollen und ein französisches Wachthaus finden. Aber
du nimm mich auf, seliges Eiland, das nur selten des
Europäers verpestender Fuß betritt, an dessen Klippen die
Gefahr wacht; dich scheint ein Gott abgerissen zu haben
von der polizierten Erde, zur himmlischen Freistatt für den
Müden, den die Geißel der Konvenienz aus dem Schoße
seines Mutterlandes getrieben, nimm mich auf in deinen
stillen Schoß, Otaheiti, das wie ein Feenland meiner
Phantasie vorschwebt, nach dem alle meine Wünsche fliegen,
und das ich mir in einsamen Stunden der Melancholie mit
so reizenden Farben male. Gewähre mir eine Hütte für
mich und Georg und ein Weib, das, auf deinen Fluren
geboren, in ihres Gatten Glück ihre Seligkeit, in einem
Büschel Federn all' ihre Wünsche erfüllt findet. Gib mir
wenige Bäume, in deren Schatten ich ruhen kann, deren
Früchte meine einfache Nahrung sind, und ich will froh die

Hände zum Himmel heben und rufen: Ich bin glücklich!
Ja, es ist fest beschlossen, ich reiße mich los von allem,
was mich halten will. Kann man denn auf keinem anderen
Wege glücklich werden, als auf diesem kotigen Fahrwege,
auf den die Tritte aller dieser juridischen Lastesel ein=
gedrückt sind! Nein, nimmermehr! Ich kenne ein größeres
Glück als essen, und mein Leben ist mir kein zu hoher Preis
für meine Ruhe!

45.

28. Juni, ½12 Uhr Nachts.

Heute brach Charlotte mit P*. Ihr Betragen liefert ein
abschreckendes Bild zum Gemälde des weiblichen Charakters.
Nach allen Beweisen gegenseitiger zärtlicher Zuneigung bricht
sie, bricht um eines Nichts willen und erträgt den Verlust
eines Menschen, der ihr wirklich, wahrhaft gut war (wenn
ich ihr Verhältnis auch nicht Liebe nennen will), mit einer
Gleichgiltigkeit, die mich empört; und doch ist sie keine von
den schlimmsten ihres Geschlechtes, ihr Herz ist gewiß gut,
und gewiß wagt es keine ihrer Gespielinnen, ihr Bildung
abzusprechen. Und unter diesen Geschöpfen suchst du das
Ideal, das du dir in seligen Stunden schufst, das dir Trost
zuwehte in allen Leiden, und von dem meine Feder nur
einzelne matte Züge aufzufassen vermag. In diesen von
Gefallsucht und Eitelkeit geschwellten Busen willst du ein
Herz suchen, das den leisen Tönen deines Gefühls nach=
tönen soll, aus der Mitte dieser schnatternden, gezierten,
faden, ekelhaften Kreaturen soll das Wesen treten, das in
jenen geweihten Stunden, in denen dein sehnendes Herz
sich aus Verzweiflung über die trockene Wirklichkeit aus
zarten Wünschen eine Gestalt baute, in der du dein Glück,
deine Seligkeit finden wolltest! Nur zu deutlich seh' ich
ein, daß mich meine Phantasie betrog, nie werd' ich finden,
was ich suche. Wie oft hab' ich mich betrogen! Unschuld
schien mir hier von gesenkten Augenlidern zu winken und
sieh, die Dummheit senkte den blöden Blick! Gefühl schien
aus jenem schwermutsvollen Gesicht zu strahlen, indes
Empfindelei die ungesalzenen Tränen erpreßte, die mir
der Zoll der Wehmut zu sein schienen; hier trug man
Geist und Charakter zur Schau, doch prunkte Frechheit und
Arroganz nur zu kenntlich unter der ehrwürdigen Hülle.

Kurz, ich haſſe dieſes verächtliche Geſchlecht, das immer etwas anderes ſcheint, als es iſt, das weinen kann, ohne zu trauern, und lachen, ohne froh zu ſein, bei dem Eitelkeit die Achſe iſt, um die ſich all' ihr Denken und Wünſchen und Handeln unaufhörlich dreht, dem kein Opfer zu groß iſt, um es dieſem Götzen zu opfern, und die Freundſchaft und Liebe mit Freuden um ein kaltes Beifallslächeln der Bewunderung gäbe. Ich habe lange geſucht unter euch, um eine zu finden, die meiner Achtung wert wäre, aber umſonſt. Nur in jenen Gefilden, wo noch reine, ungeſchminkte Natur thront, wo Unſchuld kein Märchen und Treue kein leeres Wort iſt, dort lebt das, was ich ſuche, und meine eigene Verachtung treffe mich, wenn feige Bedenklichkeiten mich zurückhalten, es zu finden!

46.

30. Juni, 11 Uhr Morgens.

Ich las jüngſt Schillers „Jungfrau von Orleans" und ſie rührte mich in der Tat ſehr, ja ich konnte mich ſogar der Tränen nicht enthalten. Im erſten Augenblicke bereute ich beinahe, Schillern bisher unrecht getan zu haben, aber reiferes, kälteres Nachdenken hat mich auf eine Erſcheinung aufmerkſam gemacht, die mir nicht neu iſt, deren ich mir aber nie mit Klarheit bewußt war. In gewiſſer Stimmung nämlich, wo mich Melancholie befällt, aber nicht jene wilde, zerſtörende, die mich gewöhnlich plagt, ſondern eine ſanftere, das Herz öffnende, ein ſeltenes Überbleibſel beſſerer Zeiten, da greife ich oft zu einem Buche und leſe, Verſe am liebſten. Ich pflege Verſe, wenigſtens die beſſeren, laut zu rezitieren, und nun ereignet ſich eine ſonderbare Sache. Die Melodie der Verſe, das Steigen und Fallen, der ſanfte, ſchmelzende oder herriſche Ausdruck der Stimme bringt meine Phantaſie in Bewegung, vergangene, halbverlöſchte Bilder erneuern ſich in meiner Seele, reizende Ideale formen ſich, ich gerate in Enthuſiasmus, aber nicht für das, was ich leſe, nicht für die Ideen, die mein Mund ausſpricht, für andere ſchönere (da ein Gefühl im Herzen ſtets ſchöner iſt als eines auf dem Papiere), oft ganz fremdartige Bilder entſtehen, und dieſe rezitiert meine Seele möchte ich beinahe ſagen zu den Verſen, die ich leſe, ungefähr wie ich öfter

zu einer vor mir liegenden Musik, die gar nicht zum Singen
bestimmt war, Worte gesungen habe, die Verse, die ich
lese, sind mir nur das Akkompagnement für den Text in
meinem Kopfe. Dies geschieht mir (in gewissen Stunden
nämlich) mit allen Dichtern, Goethe ausgenommen — ob=
wohl ich gestehen muß, daß ich aus seinem „Egmont" z. B.
nicht sein, sondern mein Klärchen herauslese — und so
ging es mir auch neulich mit der „Jungfrau von Orleans".
Anfangs wollte ich mir dies selbst nicht eingestehen, denn
ich glaubte, meine Parteilichkeit (wenigstens wirft mir A[lt=
mütter] eine solche gegen Schiller vor) sei Schuld an dieser
Erklärung, doch reiferes Nachdenken hat mich völlig über=
zeugt, denn gerade wenn ich parteiisch wäre, könnte mich
Schiller gar nicht rühren, denn in einem solchen Zustande
fällt alle Empfänglichkeit für Rührung weg; wenigstens
bei mir ist dies der Fall.

47.

3. Juli, 12 Uhr Nachts.

A[ltmütter] bat mich heute, zu meinem Onkel zu gehen,
um mich wegen meiner Blanka zu erkundigen. Schon jüngst
versprach ich es ihm, doch es war mir unmöglich. Ich ging
schon oft hin in der Absicht, über diese Sache zu sprechen,
aber der Gedanke, um Aufnahme meines Stückes zu betteln,
fiel mir zu unerträglich, als daß ich eine Silbe hätte her=
vorbringen können. Aber heute, wahrlich nur A[ltmütter]
zu Gefallen, überwand ich mich und erklärte mich bereit,
mein Stück zurückzunehmen, wenn man Anstand nehmen
sollte, es aufzuführen. Aber mein Onkel erzählte mir, daß
er Graf Palffyn erst heute in Lesung desselben getroffen
habe, der auf sein Befragen, wie es ihm gefiel, antwortete:
es ist sehr lang, ich sehe kein Ende! — Ein Palffy soll
über mein Werk urteilen! Ein Kerl, der nicht im stande
ist, den simpelsten Gedanken darin zu fassen! Und das
dulde ich? Und ich stand gelassen, wie ein Schaf, und
erklärte wohl gar, ich hielte es selbst nicht mehr für so gut
wie ehmals, nur um Sonnleithner glauben zu machen, es
läge mir nichts an dem Schicksale desselben. Ach, es waren
Zeiten, wo man mir so etwas nicht ungeahndet sagen durfte;
aber das ist nun vorbei! Ich habe alles Selbstvertrauen

verloren und wäre wohl gar im ſtande, Graf Palffyn
ein paar Komplimente zu ſagen, um — pfui, ekelhafte,
niedrige Kotſeele!

48.

1. Auguſt, 11 Uhr Abends.

Es iſt ſonderbar, aber doch iſt's ſo. Es gibt Stunden,
in denen ich mich meiner kaum bewußt bin, und nicht etwa
zur Zeit einer Leidenſchaft, nein, gerade umgekehrt, dies
trifft ſich nur, wenn ich, ich möchte ſagen, in gar keiner
Stimmung bin. So z. B. war ich geſtern bei A[ltmütter]
und ſprach durch anderthalb Stunden, ohne zu wiſſen was
ich redete. Nur das weiß ich, daß ich ſo dumm ſchwäßte,
daß ich mich jetzt noch ärgere, wenn ich daran denke. In
ſolchen Augenblicken geſchieht es mir, daß ich auch das
deutlichſte nicht faſſe, kurz, ich werde zum ausgemachten
Dummkopf.

49.

14. Auguſt, Abends.

Hoy me rendio mi Tio José S[onnleithner] mi
B[lanka] d[i] C[astilla]. Ich war darauf gefaßt, daher
ich auch ziemlich gut den Unbefangenen ſpielte. Aber ich
fürchte, es wird mir noch manche ſchwere Stunde machen.

50.

18. Oktober, Abends 9 Uhr.

Es iſt ſonderbar, daß bei Leſung eines Romanes ich
mir das Haus, wo der Held geboren und erzogen wurde,
wenn er wieder dahin zurückkehrt, nachdem er ſich vorher
an vielen Orten herumgetrieben hat, immer dunkel und
finſter vorſtelle, wenn auch wirklich die Art, wie ſeiner
Erwähnung gemacht wird, gar nicht geeignet iſt, dieſe Idee
hervorzubringen.

51.

29. November, Abends 11 Uhr.

Mir begegnete heute ſehr etwas Außerordentliches. Gleich
anfangs, als der Kaſtrat Velluti nach Wien kam, hatte ich

mir fest vorgenommen, ihn nicht zu hören, weil ich alles
Widernatürliche scheue, und diese Art insbesondere ver-
abscheue. Ich hielt meinen Vorsatz bis heute. Unablässiges
Drängen einiger meiner Bekannten, Velluti'n zu hören,
und wohl meistens die Langeweile, die mich plagte, trieben
mich dazu an. Ich ging ins Theater, wo man eben „Ginevra
di Scozia" gab, aber wie ward ich bestraft. Kaum hörte
ich den ersten Ton aus dem Munde des Kastraten, als
mich · ein sonderbares unangenehmes Gefühl überfiel, ich
suchte es gewaltsam zu unterdrücken, aber es wuchs bald
zu einer solchen Stärke, daß ich auf dem Punkte war,
niederzusinken, und halbtot das Schauspielhaus verlassen
mußte. Ich erinnere mich mein ganzes Leben hindurch kein
so widerliches Gefühl gehabt zu haben.

1811.

52.

[Nach dem 6. Juli.]

Ich kann nicht beschreiben, welch' einen schauerlichen Eindruck das h in dem englischen ghost auf mich macht. Das
Wort, ausgesprochen, klingt eben nicht sehr feierlich, aber
seh' ich es geschrieben vor mir, so verfehlt es seine Wirkung
nie; ich glaube einen Geist vor mir zu sehen.

53.

Die unangenehmste Empfindung ist wohl, von einem
Einfältigen auf einer Lüge ertappt zu werden, der wohl
gar uns dummklug belächelt.

54.

Der erste Beweis, daß ein junger Mensch klug geworden,
ist, wenn er anfängt, Dinge, die ihm immer ganz begreif-
lich und natürlich vorkamen, nicht zu verstehen.

55.

Leute von Talent, wie man gewiſſe Leute zu nennen
pflegt, unterſcheiden ſich, außer manchen anderen Fällen, noch
darin von großen Köpfen, daß es ihnen ſehr leicht wird,
etwas Angewöhntes abzulegen. Z. B. ein ſolcher Menſch wird,
wenn er im Griechiſchen die Reuchliniſche mit der Erasmi-
ſchen Ausſprache vertauſchen ſoll, es leicht tun und in acht
Tagen ſo leſen, als ob er nie anders geleſen hätte. Ein
wahrer Kopf, der einmal eine Sache ſeinem Geiſte ein-
geprägt hat, nimmt ſehr ſchwer etwas Widerſprechendes auf,
und, wenn es ihm ja die Vernunft anrät, wird ihm das
Alte noch oft genug in den Nacken ſchlagen.

56.

Ich glaube, es wäre ſehr natürlich, einen Schüler aufzuführen, aber nicht gerade einen ganz jungen, der in allem
Ernſte glaubte, Kants Kritik zu ſchreiben ſei bei weitem
nicht ſo ſchwer, als eine Lektion aus Karpes Leitfaden zu
lernen.

1812.

57.

Wie weit das Räſonnement in der Geſchichte führen
kann, bemerkte ich neulich. Ich dachte über die Urſache von
Ägyptens früher Kultur nach und leitete all ihre Künſte
aus phyſikaliſchen und pſychologiſchen Quellen her. Ich war
ſo vertieft in meine Deduktion, daß ich endlich unwiderleglich bewies, die Ägypter müßten es in der Schiffahrt der
Lage ihres Landes wegen am weiteſten gebracht haben, bis
mir endlich einfiel, daß dies Volk vor Pſammetich gar nicht
die See befahren habe.

58.

Ich habe einen Mann gekannt, der es für Affektation
hielt, wenn man Lord Kleiv las und nicht Lord Klive.

59.

Wenn der Held eines Romanes nach mannigfaltigen Schicksalen wieder in das Haus zurückkommt, in dem er seine Jugend verlebt hat, so stelle ich mir dasselbe immer gotisch und finster vor, gesetzt auch, es wäre als ganz anders geschildert worden.

60.

Ich werde Johann Müllern immer als einen der ersten (vielleicht den ersten) Geschichtschreiber Deutschlands hochschätzen, aber lieben kann ich ihn nicht mehr, nachdem ich seine Briefe gelesen habe. Dies behagliche Wohlgefallen an sich selbst, dieses bis ins Lächerliche gehende Sparen der Zeit nebst einer gewissen gelehrten Affektation in einem Alter von zweiundzwanzig Jahren sind mir unerträglich. Ich habe überdies nicht die beste Meinung von seinem Charakter.

Aus Müllers Briefen merkt man, daß er manchen langweiligen Folianten nur darum durchgelesen, um sich dann selbstgefällig sagen zu können: „Du bist doch ein ganzer Kerl, auch das ungeheure Buch hast du durchstudiert; das mag dir einer nachtun.“ Er mag wohl, nachdem er den herrlichen Plutarch durchgelesen hatte, gedacht haben: „Gott sei Dank, wieder mit einem Buche fertig!“ Ich beneide ihn wahrlich nicht um eine Gelehrsamkeit, die er auf solche Art erlangte.

61.

Wenn ich was immer für ein Wort oft nacheinander ausspreche, kömmt es mir zuletzt sehr lächerlich und unbezeichnend vor.

62.

Wie die Phantasie täuschen kann, erfuhr ich heute besonders. Ich betrachtete ein Kupfer, auf dem unter andern ein die Achseln zuckender Mensch abgebildet war, und in dem Augenblicke schien es mir, als ob er wirklich die Schultern bewegte, sie auf und nieder zuckte; ich erschrak beinahe darüber, so lebhaft sah ich's.

63.

[November?]

Als mein Vater starb, glaubte ich die acht ersten Tage hindurch, es sei im nächst vergangenen Augenblicke geschehen; nach Verlauf von acht Tagen dünkte mich, es sei schon ein Jahr verstrichen, und jetzt, nach drei Jahren, sehe ich auf jene schmerzliche Begebenheit wie auf etwas, das im grauen Altertum geschah und das man mir in meiner Kindheit erzählte, zurück.

1813 (?).

64.

Ich muß mir's nur selbst gestehen, die Ursache, warum ich so lebhaft ein Amt suche, ist nicht, weil ich gerade ein tätiges Leben wünsche, nein, ich möchte mir nur mit einer Art von Unabhängigkeit schmeicheln durch die Möglichkeit, auch anderswo mein Glück machen zu können; ich bin überzeugt, daß ich sehr unglücklich sein werde, wenn ich mein jetziges behagliches Verhältnis verlassen muß.

1817.

65.

Aufschrift
auf ein östreichisches Dikasterium aus Logaus Sinngedichten Nr. 1728.
Was ist ein gölbner Kopf ohn' einen bleiern Sitzer!
Lessings Verm. Schriften 8. Bd. p. 218.

1819.

66.

[Nach der Rückkehr aus Italien.]
Ich hatte gestern zuviel Wein getrunken und Kopf und Magen war in Unordnung. Spät eingeschlafen träumte

mir, ich wäre zu Schiffe und hätte die Seekrankheit mit allen ihren Unbequemlichkeiten. Wenn das nicht Poesie ist, so gibt es keine.

67.

Wenn mich irgend einmal Müllner zwingen sollte gegen ihn zu schreiben, so würde ich zum Motto nehmen: „Wer sich aber rühmet, der rühme sich des Herrn. Denn darum ist einer nicht tüchtig, daß er sich selbst lobet; sondern daß ihn der Herr lobet." Paulus, 2. Brief an die Korinther, 11. Kap. 17. und 18. Vers.

68.

Kant schreibt in seiner Anthropologie die Seekrankheit hauptsächlich der Einbildungskraft zu. Es scheint fast auch so. Ich wenigstens, nachdem ich diese Krankheit einmal gehabt, darf mir nur das Schwanken eines Schiffes deutlich vorstellen und meine Gedanken einige Zeit fest auf diese Vorstellung richten, so fängt mir an beinahe übel zu werden.

69.

Du hast dir einen bequemen Armstuhl machen lassen, fast zu bequem. Erinnere dich, daß du die Ahnfrau auf einem elenden Rohrstuhl geschrieben, dessen geflochtener Sitz eingedrückt war, den du daher mit einem Brette bedecktest und dieses mit einer Decke, um nicht gar so hart zu sitzen. Du warst damals der Unbekannteste der Menschen, ohne Mittel, ohne Aussicht, ohne Freude, ohne Hoffnung — jetzt bekannt, berühmt fast. Deine Unzufriedenheit ist Verbrechen.

70.

Die neue Poesie und Philosophie gibt ihr Geld zu 100 Prozent in die Mississippibank auf Gewinn in einer neuen Welt; ich lege das meine lieber in die Bank von Old=England, nur zu 5 vom Hundert, aber sicher.

71.

Ist es denn nicht entsetzlich, daß kalte Füße die Phantasie kalt machen können und ein Paar wollene Fußsocken mir gute Gedanken zubringen?

1821.

72.

Jüngst gegen Mitternacht, als ich, im Bette liegend, die Lichter ausgelöscht hatte und, schon halb übermannt, den Schlaf erwartete, hörte ich auf einmal das sogenannte Zügenglöcklein anziehen. Sogleich kam mir, halb träumend, der Augenblick zurück, wie ich, vor dem Bette meines sterbenden Vaters stehend, dasselbe Glöcklein läuten hörte, alle Christen auffordernd zu beten für den im Todeskampfe ringenden geliebten Mann. Eine unbeschreibliche Wehmut überfiel mich. Am Bette meines Vaters hatte ich nicht mitgebetet, aber jetzt sagte ich zu mir selbst: „Wer weiß, ob es nicht doch hilft?" und fing an ein Vaterunser zu beten. Beim Ave Maria verwechselte ich die Gesätze, so daß ich mit dem zweiten Absatz begann und mit dem Anfang: Gegrüßt seist du u. s. w., eben schließen wollte, als ich die Verwechslung gewahr wurde. Ich weiß noch, daß ich mich schämte, bis zu einem solchen Grade der Vergessenheit gekommen zu sein, und daß ich das Ave Maria von neuem zu beten anfangen wollte, aber da schlief ich ganz ein.

73.

Neulich träumte mir von einem niedrigen, eigennützigen Streiche, den mir *** spielte, und der mich tief verletzte. Frühmorgens, als ich noch im Bette lag, kam er selbst zu mir ins Zimmer. Ich kann den Haß nicht beschreiben, den ich noch vom Traume her gegen ihn fühlte. Ich konnte ihn kaum ansehen. Wie absurd! Freilich lag die geträumte Unbild nicht ganz außer des Mannes Charakter im Wachen.

74.

Neulich, Nachts, vor dem Einschlafen, als ich einem
eifersüchtigen Zwist nachdachte, den ich mit Katti gehabt
hatte, stellte sich dieser mir unvermerkt nach und nach als
eine verwickelte Schachpartie mit einem Abzugschach dar.
Beide Vorstellungen hoben sich aber nicht eine die andere
wechselseitig auf, sondern ich dachte sie nebeneinander und
untereinander auf die wunderbarste Weise fort, so daß bald
eine, bald die andere die Oberhand behielt, bis sich alles
verwirrte und ich einschlief.

75.

She had the same lone thougts and wanderings,
The quest of hidden knowledge, and a mind
To comprehend the universe: nor these
Alone, but with them gentler power's than mine,
Pity and smiles and tears — w[h]ich I had not;
And tenderness — but that I had for her;
Humility — and that I never had.
Her faults were mine — her virtues were her own —
I loved her and destroy'd her!

Eben habe ich diese Stelle in Byrons gräßlichem Man=
fred gelesen. Sie passen auf eine furchtbare Art auf mich
und sie. Aber der letzte Vers paßt nicht; soll nie passen.

1822.

76.

Rousseaus Neigung zur Lüge (Verlegenheits= und Aus=
schmückungslüge) ist jener Person auch nicht fremd.

77.

A l'instant de cette lecture je vis un autre univers,
et je devins un autre homme. Quoique j'aie un souvenir
vif de l'impression que j'en reçus, les détails m'en sont
échappés depuis que je les ai déposés dans une de mes

quatre lettres à Mr. de Malesherbes. C'est une des singu-
larités de ma mémoire qui mérite d'être dite. Quand elle
me sert, ce n'est qu'autant que je me suis reposé sur
elle: sitôt que j'en confie le dépôt au papier, elle m'aban-
donne; et dès qu'une fois j'ai écrit une chose, je ne m'en
souviens plus du tout. Da ich nur dann zu schreiben pflege,
wenn mich ein bringendes Bedürfnis dazu gleichsam nötigt,
so ist es, wenn ich einmal meine Gedanken über eine Sache
niedergeschrieben habe, als ob das Bedürfnis befriedigt wäre,
und sie kommt mir, wenigstens in derselben Gestalt, nicht
leicht mehr in den Sinn. Daher muß ich mich z. B. hüten,
zu einem dramatischen Plan zu viele Vorarbeiten zu machen.
Ich tue mit diesen Vorarbeiten meinem Drange für die
Sache genug, und habe nun kein Interesse mehr für die
wirkliche Ausführung. — Eine andere Erfahrung ist, daß,
da die Ausführung matter als die Idee zu sein pflegt und
sich einem in der Folge das ausgeführte Werk an die Stelle
der ersten Idee setzt, die letztere ihre ursprüngliche Leb=
haftigkeit in der Erinnerung verliert. So konnte ich, als
ich einmal die Medea aufführen gesehen, die Vorstellung
der Person der Md. Schröder nicht mehr aus dem Gedächt=
nisse bringen, obschon ich mir ursprünglich die Medea ganz
anders gedacht hatte.

78.

. . . ich aber will lieber Bücher schreiben, die langsam
berühmt werden und lang dauern, als die plötzlich, aber
nur für einen Augenblick Ruhm erwerben.

Joh. Müllers Briefe V, 9.

79.

Ne vous laissez pas éblouir par ceux qui disent
que l'histoire la plus intéressante pour chacun est celle
de son pays. Cela n'est pas vrai. Il y a des pays dont
l'histoire ne peut pas même être lue à moins qu'on ne
soit imbécile ou négociateur. L'histoire la plus intéressante
est celle où l'on trouve le plus d'exemples de moeurs,
de caractères de toute espèce; en un mot, le plus d'in-
struction. Ils vous diront qu'il y a autant de tout cela

parmi nous que parmi les anciens. Cela n'est pas vrai.
Ouvrez leur histoire et faites les taire. Il y a des peuples
sans physionomie auxquels il ne faut point de peintres;
il y a des gouvernements sans caractère auxquels
il ne faut point d'historiens, et où, sitôt qu'on sait
quelle place un homme occupe, on sait d'avance tout
ce qu'il y fera. Ils diront que ce sont les bons
historiens qui nous manquent, mais demandez-leur pour-
quoi. Cela n'est pas vrai. Donnez matière à de bonnes
histoires, et les bons historiens se trouveront. Enfin, ils
diront que les hommes de tous les temps se ressemblent,
qu'ils ont les mêmes vertus et les mêmes vices, qu'on
n'admire les anciens que par ce qu'ils sont anciens. Cela
n'est pas vrai, non plus; car on faisoit autrefois de
grandes choses avec de petits moyens, et l'on fait aujourd-
hui tout le contraire. Les anciens étoient contemporains
de leurs historiens, et nous ont pourtant appris à les ad-
mirer. Assurément si la posterité jamais admire les nôtres,
elle ne l'aura pas appris de nous. [Rouſſeau, Heloise I, 12.]
Ehe ich das geleſen, habe ich das nämliche, mit den näm=
lichen Worten faſt, dem Hormayr und andern Eiferern für
die öſterreichiſche Geſchichte geſagt, ſie wollen es aber nicht
glauben.

80.

. . . car je suis tellement subjugué par la moindre
inquiétude qui m'occupe, que je ne le saurois cacher
aux moins clairvoyants.

Rouſſeau, Confessions IX, 303.

81.

Iſt's nicht ſonderbar? Der einzige Grund, warum ich
meine gegenwärtige Wohnung aufgekündet habe, iſt, weil
ein im nächſtbaranſtoßenden Zimmer ſtehendes Klavier mich,
ſo oft darauf geſpielt wurde, ſehr ſtörte. Jetzt, da ich weiß,
daß ich dieſer Unbequemlichkeit bald los ſein werde, ſtört
mich das Spielen des Klaviers gar nicht mehr und ich
könnte während desſelben die tiefſinnigſten Arbeiten machen,
ohne irgend zerſtreut zu werden. Wenn alles, was ſtört

und quält im Leben, es mehr durch die Vorstellungen, die
wir damit verknüpfen, tut, als durch sich selbst, sollte nicht
die Vernunft allein hinreichen, uns ruhig zu erhalten?

82.

Joh. Müller schreibt aus Wien (1793) V, 431: „Übrigens
war ich noch nie an einem Orte, wo man mich weniger gekannt hätte, wo ich so isoliert gewesen wäre, wo ich so wenig
wirken gekonnt und (erlaube mir den mystischen Ausdruck,
denn er ist wahr) mich im Geiste so gebunden gefühlt hätte
(es wäre mir nicht möglich zu schreiben) und doch bin ich
zufrieden." So muß sich notwendig jeder Literator in
Wien fühlen, und das Wunderbare dabei ist, daß man
wirklich zufrieden ist, wenn auch nicht mit sich, doch mit
der Stadt und den Leuten darin. Es ist eine Gutmütigkeit und Herzlichkeit in ihnen, daß man ihnen gut sein muß.
Sie bewundern und preisen nicht in einem fort, man wird
nicht gar oft von literarischen Zudringlichkeiten geplagt;
und wenn ihnen manches zur Bildung fehlt, so stößt man
dafür auch seltener auf Ver- und Überbildung. Ausgenommen auf dem Lande, möchte ich in Deutschland nirgends
leben als in Wien.

83.

. . . Ich wüßte kein Land, wo das Maß der Aufklärung
unter dem Landvolk, wo die Kultur, der Wohlstand, die
Jovialität des Charakters mir so ganz, wie in diesem, gefiele und zu sein schiene, was es soll.
[Joh. Müllers Briefe aus Wien.]

84.

Die Österreicher sind eine recht gute Nation, die gerne
genießt, gern sieht, wenn andere genießen, und die ich
überhaupt nicht anders wünsche, als sie ist. Sie ist auf-
geklärt genug, um glücklich zu sein, und nicht so superfein,
daß ihr nirgend wohl wäre.
Joh. Müllers Briefe aus Wien V. B.

85.

Je tombai dans le même inconvenient dont j'avais
senti l'effet auprès de maman, et cet effet fut le même
auprès de Therèse. N'allons pas chercher des per-
fections hors de la nature; il seroit le même auprès
de quelque femme que ce fût. Confessions IV, 214.
Sollte der Schlußsatz völlig wahr sein?

86.

Ich habe nichts von jenem unablassenden, sich in seinen
Gegenstand einbannenden Tiefsinn, der die großen Geister
und die großen Narren charakterisiert.

87.

[Ende Mai.]

Eben erhielt ich die Nachricht, daß ich bei Besetzung
einer Konzipistenstelle übergangen worden bin, die mir nach
allem Recht gebührte, und von der auch alle Wahrscheinlichkeit war, daß ich sie erhalten würde. Graf Stadion
und Hofrat Pillersdorf hatten sich meinetwegen alle Mühe
gegeben, aber alles scheiterte an dem Pedantismus des eben
vorsitzenden Vizepräsidenten Grafen Nadasdy, der, weil er
bemerkte, daß unter den Hofräten des Gefällensenates,
denen eigentlich die Besetzung zustand, für mich eine günstige
Stimmung herrschte, die Verhandlung in den Kameralsenat
verlegte, wo mich niemand kennt, und ich daher natürlich
auch durchfiel.

Noch vor kurzem schlug mir der Kaiser die Skriptorstelle
in seiner Privatbibliothek, zu der mich sein Bibliothekar
vorgeschlagen hatte, mit der Äußerung ab: „Ja, er taugte
wohl dazu; wenn er nur die Geschichte mit dem Papst nicht
gehabt hätte." (Anspielung auf den Verdruß wegen des
Gedichtes auf dem Campo vaccino.) Hier Landes scheint
kein Platz für mich zu sein, und doch wollte ich lieber alles
tun und leiden, als es verlassen. Mir widert das übrige
Deutschland in seiner gegenwärtigen kraftlosen Überspan-
nung unaussprechlich an, und Östreich, oder vielmehr dessen
Bewohner, sind mir so unendlich wert!

88.

Ein Gedicht an Goethe, die Empfindung auszudrücken,
wie seine Werke Ruhe und Klarheit verbreiten und zu sich
selbst bringen, aus dem Toben innerer Ungewißheit.

> Der Mensch kann alles, was er will,
> Denkt klimpernd manch ein Mann;
> Du aber sprichst vorsichtig-still:
> Er wolle, was er kann!

89.

Solange sie auf der Welt ist, hat sie sich noch nie
einfallen lassen, daß eine Sache zwei Seiten haben könne.
Bei ihrer Herzensgüte und ihrem eigentlich richtigen Verstande würde sie gewiß nach Überlegung handeln, wenn die
Lebhaftigkeit des ersten Eindrucks nur irgend dem Gedanken
Raum lassen könnte: es sei hier überhaupt etwas zu überlegen oder zu zweifeln. Bei dieser Einseitigkeit des Gefühls
scheint ihr alles im ersten Augenblicke so klar, daß Veranlassung, Wahl und Entschluß das Werk einer und derselben
Minute sind. Wenn ich nun das Gegenteil von dieser
Art zu sein und zu handeln nicht sowohl befolge, als zu
befolgen mich bestrebe, so kann ich mich hierbei nur sehr
unangenehm angesprochen finden.

90.

Ich kenne mich selbst; ich muß meine erste Hitze zu
nützen suchen, wenn ich etwas zu stande bringen will.
                    Lessing [Briefe an Nicolai] XXVII, 500.

91.

In Berlin liest ein Doktor Henning über Goethes
Farbenlehre.

92.

Wie Säufer in Wein, so betrinkt sie sich in Musik.
Sie ist ihrer selbst nicht mehr mächtig, wenn sie gute Musik
gehört hat.

93.

Multa miser timeo, quia feci multa proterve;
Exemplique metu torqueor ipse mei.
Ovid, lib. amor. I eleg. 4 als Motto
für die Eifersüchtigen.

94.

Es ist, als ob Ovid die jüngste Baumann beschriebe,
wenn er von seiner Atalanta sagt:
...... facies, quam dicere vere
Virgineam in puero, puerilem in virgine posses.
Metamorph. VIII, 322.

95.

Gibt es etwas schauderhafteres, die Menschheit mehr
herabsetzendes, als eine Kriminalprozeßordnung, die bei
Fällung des Urteils der intima convictio judicis keine
Stimme läßt?

96.

Ich habe mir immer wenig aus der Meinung einzelner
gemacht, aber viel aus der Meinung des Publikums.
Worte Napoleons auf St. Helena.

97.

Man hat als einen Einwurf gegen den Grundsatz der
Gleichheit angeführt: die Natur selbst, indem sie die Men=
schen mit verschiedenen Gaben ausstattet, sei die erste
Quelle der Ungleichheit. Gewiß! Aber eben weil es die
Natur schon von selbst tut, laßt die Natur nur fortmachen,
und spart euere Gesetze!

98.

Eine Wahnsinnige (eine Baronesse Hügel von hier), die,
gute Klavierspielerin und selbst gelehrte Musikkennerin noch
von ihren gesunden Tagen her, Rossinis liebliche Melodien

mit großem Wohlgefallen spielt, bis sie darin auf einen Kompositionsfehler stößt. Dann hält sie ein, springt vom Stuhl auf, hält das Notenblatt wiederholt vor die Augen, fängt an zu knirschen und zerreißt das Blatt mit den Zähnen. Immer aber nimmt sie wieder von neuem gerne Rossinis Kompositionen vor, bis ein neuer Fehler die alte Szene wiederkehren macht. Das Entstehen und die Ursache ihres Wahnsinnes ist mir nicht bekannt. Nur das weiß ich, daß sie, sonst ganz ruhig, doch alles Zerbrechliche zu zerschlagen pflegt. Sie ißt daher, sie trinkt von Silber, doppelt gut aber schmeckt ihr das Mittagsmahl von dem Porzellanteller ihres Arztes, den sie aber jedesmal, sobald sie abgegessen, auf den Boden wirft und zerbricht.

99.

Sollte ich jetzt hintreten, wie so mancher, und versuchen, den Leuten das Verständnis zu eröffnen und sagen: so hab' ich's gemeint, das habe ich mir dabei gedacht? Was heißt das? Eine Maschinerie, an die man nicht glaubt, ist schon darum schlecht, denn sie ist poetisch unwahr, wäre sie auch metaphysisch unwiderleglich. Es bleibt nichts übrig, als zu warten, ob die Leute nicht von selbst daran glauben wollen.

1824.

100.

Wie kommt das? Im Nebenzimmer, durch eine Türe von mir getrennt, springt ein neugekaufter Schrank. Im Lesen begriffen, werde ich durch eine plötzliche Empfindung unterbrochen, durch eine Nervenerschütterung, und nun erst, nachdem ich mir dieser Affektion vollkommen bewußt worden bin, mich darüber gewundert habe, höre ich den Krach des zerspringenden Möbels. Das war nicht der Zwischenraum von der Affektion des Sinns und dem Bewußtwerden derselben, denn, wie gesagt: der Affektion war ich mir schon vollkommen bewußt und später erst hörte ich den Knall.

101.

Merkwürdig und zum bessern Verständnis von Hobbes
Werken, besonders jenes de cive, führend, wäre es, wenn
es sich erweisen ließe, daß er sehr furchtsam gewesen sei,
und selbst der Gespensterscheu unterworfen gewesen sei.

102.

„Übrigens, Lieber! war ich noch nie an einem Orte,
wo man mich weniger gekannt hätte, wo ich so isoliert
gewesen wäre, wo ich so wenig wirken gekonnt und (erlaube
mir den mystischen Ausdruck, denn er ist wahr) mich im
Geiste so gebunden gefühlt hätte (es wäre mir nicht mög=
lich zu schreiben) und doch bin ich zufrieden."
J. Müllers Briefe aus Wien V, p. 431.

103.

'Tis melancholy, and a fearful sign
  Of human frailty, folly, also crime,
That love and marriage carely can combine
  Although they both are born in the same clime;
Marriage from love, like vinegar from wine.
Byron, Don Juan III, 5.

1825.

104.

Sie wäre ein Schatz für jemanden, der nach abspannen=
den Geschäften zu Hause Anregung brauchte; Einem, der
von seinem aufregenden Streben Abspannung sucht, muß
sie notwendig zur Qual werden.

105.

Sonnabend, den 19. Februar 1825.

Aufführung des Trauerspiels Ottokar. Wer sich unter
die volkstümlichen Kleien mischt, dem geschieht recht, wenn
ihn die patriotischen Schweine fressen.

1826.

106.

19. März.

Wie wäre es, jene schon einmal gefaßte Idee wieder aufzugreifen und ein eigentliches Tagebuch zu führen? Ich weiß wohl, daß ich es in früherer Zeit darum aufgab, weil unter dem Bestreben, den Ereignissen des Tages eine gewisse künstlerische Form zu geben, nur die Wahrheit zu leiden und der Selbsttäuschung Tür und Tor geöffnet zu werden schien. Aber diese Gefahr ist gegenwärtig nicht mehr so groß. Wenn damals die Seelenkräfte vornehmlich die Phantasie in ihrer ursprünglichen Stärke waren, und das Vermögen ihrer Richtung durch hypochondrische Grübeleien beeinträchtigt schien, so möchten jetzt im Gegenteile die Fähigkeiten selbst abgenommen, und gerade die sonst vorherrschende Phantasie große Einbuße erlitten haben. Ich bin so weit gekommen, daß mir ein gewisser Grad von Selbsttäuschung beinahe wünschenswert wäre, wenn er nur vermöchte mich zu erwärmen. Denn über Mangel an Wärme muß ich jetzt klagen, wie ehemals über zu viel. Einen Teil der Schuld trägt offenbar meine veränderte Lebensweise. Leibesübungen, Schwimmen, Fechten, Waschungen mit kaltem Wasser, in guter Absicht zur Stärkung des Körpers, zur Ableitung der allzu großen Reizbarkeit der Nerven unternommen, scheinen mehr geleistet zu haben, als sie sollten, und das Körperliche vorherrschend, die Nerven abgestumpft zu haben.

Es klingt freilich lächerlich, diese Bedenken auszusprechen, da man nur das Bedenkliche wegzulassen brauchte, aber einerseits ist die Angabe dieses Grundes nur Vermutung, und es wäre doppelt traurig, durch Aufgebung der Dinge, denen ich meine Gesundheit verdanke, auch das Wohlsein des Körpers zu stören, indes dadurch der Geist vielleicht doch nichts gewänne; anderseits aber könnte ja auch das Übel schon irreparabel geworden sein, und ich würde wieder geistig nichts gewinnen und körperlich unendlich viel verlieren. Denn meine Gesundheit ist jetzt gut, und es wäre ein entsetzlicher Entschluß, sich der Krankheit freiwillig wieder in die Arme zu werfen. Am Ende hofft man doch immer noch durchzudringen, und genau besehen kann ich den Versuch nicht aufgeben. In ähnlicher Unfähigkeit zu arbeiten und zu dichten habe ich mich zwar schon öfter befunden, aber das Charakteristische meines gegenwärtigen Zustandes ist, daß, indes ich sonst die Ursache meiner Untätigkeit in äußeren Umständen suchte und fand, mir jetzt ein inneres entsetzliches Gefühl sagt, es sei mit der Dichtergabe selbst zu Ende. Eine stufenweise Erkaltung der Phantasie läßt sich übrigens in meinen bisherigen Hervorbringungen bestimmt nachweisen. In der Ahnfrau ist sie in voller Glut der Jugend, in der Sappho schon ruhiger geworden, Medea schwankt zwischen zu viel und zu wenig, Ottokar ist ein berechnetes Werk (ja berechnet, bis ins kleinste berechnet, was man auch vom Gegenteile sagen mag), aber die Ausführung bleibt oft zurück. Was wäre der vierte Akt geworden, wenn dem Verfasser noch ein Teil der in der Ahnfrau verschwendeten Mittel zu Gebot gestanden hätte!

Auf der einen Seite also Abnahme, stufenweises Erlöschen der Herzenswärme, und auf der anderen durchaus kein Zunehmen von seiten des Denkens und Wollens. Die Phantasie wird nach und nach zum Greise, und der Verstand bleibt ewig Kind, oder Knabe besser zu sagen, denn Kind wäre noch allenfalls zu entschuldigen. Schon in der Zeit, da ich noch hoffte, in der Poesie etwas Tüchtiges leisten zu können, und ein vorschneller Wahn mich zu glauben antrieb, ich könnte mich dereinst an die ersten Dichter der Nation reihen, schlug das Gefühl einer inneren Insuffizienz, einer Unbedeutendheit als Mensch jede solche Hoffnung nieder.

Hätte ich nur den Mut, mir selbst treu zu sein, den unnennbaren Schmerz eines verfehlten Daseins in mir fortwalten zu lassen, bis er entweder das Dasein selbst verzehrt oder in höchster Steigerung ein Höheres hervorruft. Aber eine törichte Eitelkeit, eine übel angebrachte falsche Scham zwingt mir bei jeder Berührung mit Menschen eine gewisse Lustigkeit auf, die mich nicht froh macht, die mir nicht von Herzen geht, aber für mich das einzige Mittel ist, mit Menschen zu kommunizieren. Ich muß Scherz treiben oder ganz schweigen und meine innere Seelenmarter, meine Menschenscheu, meinen langweilend gelangweilten Mißmut zur Schau tragen, und das mag ich nicht, kann

ich nicht, will ich nicht. Allein, fern von Menschen, so
könnte ich mich vielleicht wieder finden und besitzen.

107.

Ad vocem Scherz treiben: gestern Abends die Ludlam
besucht. Was man da Spaß macht, wie viel ich gelacht
habe, und immer dabei des marternden Seelenzustandes
bewußt! Als ich mich in derlei Zerstreuung begab, schwebte
mir dabei Goethe, Shakespeare, Mozart vor, alles Menschen,
die das tiefste künstlerische Sinnen und Schaffen mit dem
Erfrischenden einer bewegten, frohen Umgebung zu vereinigen wußten, aber quod licet Jovi —. Ich sehe wohl,
mit derlei comptes rendus kommt nicht viel heraus. Und
doch will ich sie fortsetzen. Ich will die Gemeinheit ab-
halten wie ein Gestrandeter das Wasser von seinem lecken
Schiffe, solange es geht, und hilft endlich kein Schöpfen
mehr, dann spült mich fort, brausende Wellen, mein Tag-
werk ist getan!
So viel ist gewiß: ist einmal der Dichter über Bord,
sende ich ihm den Menschen auch nach.

108.

20. März.

Ich will fortfahren. Dieses Geschreibe wird mich wohl
nicht in die Stimmung bringen, die zu meiner schöpferischen
Arbeit erforderlich ist, es wird mich aber doch wenigstens
à la hauteur des Gedankens erhalten und mich zwingen,
die Gedanken zu fixieren, was bei mir in Stimmungen
gleich der jetzigen so wenig der Fall ist, daß die Vorstellungen mit der Abgerissenheit des Traums aufeinander
folgen, und ihr Entstehen und Verschwinden beinahe alle
Willkür ausschließt. Und das ist es eigentlich, was mich
empört, das ist's, was ich unter der Würde eines vernünf-
tigen Wesens finde. Man gebe mir die Fähigkeit wieder,
mich zu vertiefen, und ich will das Vermögen der Darstellung und Ausführung dafür hingeben.
Äußere Ursachen, die mir seit der Aufführung Ottokars
(19. Februar 1825) die Arbeit verleidet haben, waren:
Mißmut über das Nichtdurchgreifen des Stückes, über das

Unbeachtetbleiben desselben von seiten der Kritik und der Besseren in Deutschland. Nachwirken des Ärgers über die Zensurkämpfe vor der Aufführung. Ferner die gebrauchte homöopathische Kur gegen mein Halsübel, die mir den ganzen Frühling und Sommer raubte. Mein Verhältnis zu Lucien, das sich zum Bruche neigte und mir keine Ruhe ließ. Den Winter über Daffingers Polizeigeschichte und meine Verwicklung in dieselbe. Endlich mein Körperzustand, der ohne irgend ein bestimmt ausgesprochenes Übel auf eine stufenweis überhandnehmende Abstufung hinweist. Freilich war mein ganzes bisheriges Leben ein immerwährender Wechsel zwischen Überreiz und Abspannung, letztere war aber noch in keiner Periode so stark, so lange dauernd, so sehr mit dem Gefühle der Hilflosigkeit begleitet als jetzt. Freilich habe ich die Zeit von meinem 18. bis 25. Jahre in einer ähnlichen Dumpfheit und Tatlosigkeit zugebracht, damals waren aber auch die äußeren Umstände danach, und dann — der Henker hole alles Wissen und Schreiben, wenn dem Innern der Ausbildung als Mensch gar nichts davon zu gute kommt. Auch war ich damals wohl nach außen hin untätig, aber äußerst tätig nach innen. Es war ein eigentlicher Tiefsinn in mir, eine wahre Grundlage zu großen Dingen.

Wenn man sich ein so äußerst erregbares Nervensystem vorstellt, als das meine von Kindheit an war, und bedenkt, was Baden und Schwimmen im kalten Wasser, z. B. das Hineinspringen, den Kopf zuunterst, darauf für eine Wirkung machen kann und muß, so erschrickt man. Stärken, abhärten — abstumpfen vielleicht. Lord Byron tat das zwar auch, und die Wärme seiner Phantasie litt nicht darunter, aber seine Körperbeschaffenheit war eine andere, er war von Jugend auf daran gewöhnt, ich habe erst nach meinem dreißigsten Jahre die ersten Versuche gemacht, und — wer weiß!

Diesen Winter über beschäftigten mich nacheinander drei Stoffe zu Trauerspielen. Anfänglich Libussa. Hier konnte ich schon den Plan nicht zur Genüge ausbilden. Die Verwicklung war so spitz, so kaltwitzig, daß ich bald alle Lust verlor. Hierauf kam Hero und Leander an die Reihe. Den Plan dazu hatte ich schon aus früherer Zeit im Kopfe, und war er dunkel geworden, ich brauchte ihn nur aufzufrischen. Es gelang zum Teile, aber sobald ich die Feder ansetzte und die Ausbildung der einzelnen Teile dem Verfolgen der Arbeit vorbehalten wollte, gerieten gleich die ersten Zeilen so kalt, so leblos. Das was mich eigentlich an den Personen interessierte, kam in der Darstellung so wenig zum Vorschein, daß ich wieder ablassen mußte. Endlich verfiel ich auf die Geschichte des Palatin Bankbanus, dessen Frau der Bruder seiner Königin, Otto von Meran, entehrt. Unter dem Titel „Ein treuer Diener seines Herrn" brachte ich eine ziemlich glückliche Anlage zu stande, die mich sehr interessierte. Ich war schon soweit klar darin geworden, daß ich das Ganze eines Tages Fluryn von Anfang bis zu Ende mit allen Details erzählte und zwar so begeistert, daß ich ihn gleichfalls hinriß. Nun, glaubte ich, sei alles gewonnen, und ich fing an zu schreiben. Aber es ging wieder nicht. Das Leben fehlt, sogar die Worte fehlen. In den alten Bankbanus war ich ziemlich tief heruntergestiegen, der König und die Königin waren im reinen. Bankbanus' Frau konnte in allgemeinen Umrissen sehr gut dem Eindrucke der Begebenheit überlassen werden. Aber der Prinz mußte ausgemessen werden, und dazu fehlte die Lust, die Applikation. Dieser Libertin, der seine Leidenschaften als Spielzeug braucht, bei dem sie aber zugleich so heftig sind, daß sie zur Wahrheit werden und ihn im dritten Akte körperlich krank machen — diese letzten Worte habe ich hier geschrieben, ohne ihren Zusammenhang innerlich zu fühlen. Die Tragödie muß vorderhand also wohl unausgeführt bleiben.

109.

Ein weiteres Abhaltungsmittel von poetischen Hervorbringungen in der letzten Zeit war auch das Studium der Musik und des Kontrapunktes. Ich hatte es um die Zeit, als der Streit wegen der Aufführung des Ottokar und mein Mißmut darüber am lebhaftesten war, begonnen, und zwar hauptsächlich um meine Gedanken von einem Gegenstande abzuziehen, der mich unaufhörlich marterte, und worüber das Sinnen und Ärgern mich wohl gar krank zu machen drohte. Zugleich aber hatte ich immer eine große Neigung für dieses Studium gehabt, und es drängte mich, die Grundlage einer Kunst kennen zu lernen, die in ihrer

Wirkung auf mein Gemüt immer eine gewaltige Neben=
buhlerin der Poesie war. Das Mittel wirkte. Ich ertrug
die Kämpfe mit der Zensur, die Angst der ersten Auf=
führung. Die Mißverständnisse und absichtliche Mißdeu=
tung von seiten des Publikums und der Kritik ertrug ich
noch eins so leicht, aber zugleich bemächtigte sich der Ge=
danke an jene Tonverhältnisse meines Innern so über=
wiegend, daß ich bald selbst im Traume nur Musik und
Generalbaß trieb. Zwei Eigenschaften, die mir mitunter
von großem Nutzen waren, aber mir noch öfter auch den
empfindlichsten Schaden gebracht. Diese nämlich: daß in
meinem Kopfe immer nur für einen Gegenstand Raum
ist, der alle übrigen verschlingt, und dann: daß ich etwas
einmal mit festem Entschluß Begonnenes nur mit dem
äußersten Widerstreben fahren lasse. Die erste Eigenschaft
meines Wesens bewirkte, daß die Musik in mir bald das
allein Herrschende ward, die zweite, daß, obgleich ich den
Schaden bald einsah, den dieses außerordentliche Studium
mir brachte, ich mich doch nicht entschließen konnte, es auf=
zugeben, und immer hoffte, es in meine übrigen Beschäfti=
gungen einschieben zu können, was aber nie gelang. Ja,
aus Furcht, zu sehr davon eingenommen zu werden, fing
ich an, es lauer zu treiben, und verlor so die Frucht von
einem und dem anderen.

Auf eine so unsinnige Weise habe ich immer mit meinen
Kräften und Anlagen hausgehalten, so wenig hat die Er=
fahrung immer Einfluß auf mich gehabt, und wie ein Knabe
fange ich mit jedem Morgen ein neues Leben an, dessen
Resultate dem folgenden Tage nicht zu gute kommen. Ein
zuckendes Verlangen, in allen Fächern unterrichtet zu sein,
Äußeres und Inneres, Körperliches und Geistiges zu vereinen,
läßt mich eine Menge Dinge unternehmen, die mich zer=
splittern und zerstreuen. Ich weiß es und fühle es leb=
haft in den Momenten der Zerknirschung, aber ein durch
was immer zeitweilig hervorgebrachtes Gefühl von Kraft
und Präpotenz ist hinreichend, mich immer wieder von
neuem in ähnliche Bestrebungen zu verwickeln. So habe
ich Schwimmen, Fechten gelernt. Der Gedanke, körperlich
schwach, kränklich zu sein, war mir unerträglich, und ich
bedachte nicht, daß nur mein natürlicher [Zustand] vielleicht
derjenige ist, in welchem ich allein im Stande bin, als
Dichter zu leisten, was ich sollte und auch könnte.

110.

8. April.

Nach so langer Zeit wieder einmal die Feder zur Hand. Getan nichts, gedacht nichts; fast hätte ich gesagt, noch weniger, denn wahrlich, ich bin auf dem Punkte, etwas tun zu können, ohne zu denken. Die Fixierung der Gedanken ist mir in manchen Perioden eine so unsägliche Pein, daß ich mich um alles in der Welt nicht dazu entschließen kann. Ist es bloß Trägheit? Zum Teil gewiß. Ein Brief, den ich empfangen, macht mich unglücklich. Ich trage ihn acht Tage uneröffnet in der Tasche, ich lasse ihn von andern lesen, an Antwort ist nicht zu denken.

> Schilt mich nicht arbeitsscheu und träge,
> Weil ich zum Werke schwer mich rege;
> Dem Manne gleich' ich ganz und gar,
> Der Tonnen Goldes schuldig war;
> Das Ganze konnt' er ab nicht tragen,
> Was sollt' er sich um Groschen plagen!
> Auch einen Jäger stell' ich vor,
> Mit Kugeln lud er früh sein Rohr
> Und geht hinaus durch's tauige Feld,
> Dem Hirsche nach sein Trachten stellt.
> Der Hase läuft, es fliegt das Huhn,
> Er aber läßt die Büchse ruhn;
> Stellt nicht den Hirsch sein gutes Glück,
> Kehrt ohne Beut' er spät zurück,
> Die andern alle schwer beladen.
> Warum hatt' er nicht Schrot geladen?

111.

> Was je den Menschen schwer gefallen,
> Eins ist das Bitterste von allen:
> Vermissen, was schon unser war,
> Den Kranz verlieren aus dem Haar,
> Nachdem man sterben sich gesehn,
> Mit seiner eignen Leiche gehn.

112.

Das vor allem Erforderliche wäre wohl, einen angeborenen Hang zur Untätigkeit zu besiegen. Aber wie?

Indem man sich zu regelmäßigen Arbeiten zwingt. Zu
poetischen oder anderen Arbeiten? Im ersten Falle ist zu
fürchten, daß die Poesie immer mehr in ein leeres Formen=
werk ausartet, besonders aber das Gemüt daran endlich
gar keinen Anteil nimmt, was ohnehin schon zu sehr statt=
findet und überhaupt das eigentliche Grundgebrechen ist.
Das absichtliche Vertiefen in nichtpoetische Arbeiten aber
würde mich von der Poesie endlich ganz abziehen. — Ich
liebe solche Arbeiten nur zu sehr, sie gewähren einen ge=
wissen geschäftigen Müßiggang, der äußerst wohltut und
nicht fördert. Dies ist auch die Ursache, warum ich solche
Arbeiten vielmehr ganz entfernt und mich dadurch zu
zwingen gesucht habe, Gedanken und Neigung der Dicht=
kunst zuzuwenden. Lächerlich! Zwingen! Zur Dichtkunst
zwingen! — Wohl! Aber tue ich's nicht, so laufe ich Ge=
fahr, wie es schon einmal der Fall war, wieder sieben
Jahre (von meinem 18. bis 25. Jahre) ohne die geringste
poetische Tätigkeit zuzubringen. Überhaupt hat mich nur
zu zwei dichterischen Leistungen eine eigentlich innere Nöti=
gung gezogen. Zur Sappho nämlich und zur Medea. Bei
beiden war es aber offenbar hauptsächlich die durch den
Beifall der vorhergegangenen Stücke geweckte Begeisterung.
Mein natürlicher Zustand ist ein mit Zerstreuung ab=
wechselndes verworrenes Brüten. Am liebsten ohne Gegen=
stand mit hin und wieder aufzuckenden Gedankenblitzen.
Hat sich aber auch ein Gegenstand dazu eingestellt, so waltet
doch immer wieder die Lust vor, es mit ihm innerlich ab=
zumachen. Sobald ich daher etwas nach außen hinstelle,
wird es mir beinahe verhaßt, und ich mag nicht mehr
daran denken, so widerlich ist mir die Unähnlichkeit des
Ausgeführten mit dem Gedachten. Man glaube nicht, daß
ich mir darin zu viel nachgesehen. Ich bin von jeher gegen
diese Eigenheiten mit Erbitterung zu Felde gezogen, und
vielleicht war es gerade dieses unausgesetzte Kämpfen, was
meine innere Natur gestört und mir die Äußerung noch
schwieriger gemacht hat. Gewiß ist mein Gemüt dadurch
verdüstert und meine Empfindung abgestumpft worden.
Darin liegt gegenwärtig das Hauptübel. Mein Herz ist
anteilnahmslos geworden. Mich interessiert kein Mensch,
kein Genuß, kein Gedanke, kein Buch. Ich hätte vielleicht
versucht, allem ein Ende zu machen, wenn ich es nicht
unter diesen Umständen für feig hielte. So viel aber ist

gewiß, daß, wenn alle meine Bemühungen, mich ruhig und tätig zu machen, fruchtlos bleiben, ein unglückseligeres Dasein kaum gedacht werden kann.

113.

Am 19. April Morgens um 6 Uhr, da ich, spät zu Bette gegangen, noch im Schlafe lag, von drei Polizeibeamten überfallen worden, die mich aufstehen und alle meine Schriften zur Einsicht vorlegen hießen. Anfangs glaubte ich den Verdacht eines wichtigen Staatsverbrechens auf mich geladen zu haben; endlich zeigte es sich, daß die ganze Untersuchung sich auf die sogenannte Ludlamshöhle bezog, eine Versammlung froher Menschen, in der ich erst seit acht Wochen her einige Abende zugebracht hatte. Zum Scherze gewählte Abzeichen und Gesellschaftsnamen, einige Verhaltungsregeln, die man niedergeschrieben und mit Geldstrafen belegt, hatten die Aufmerksamkeit eines ... auf sich gezogen und die Gesellschaft ward als eine verbotene geheime aufgehoben, 32 Kommissäre um Mitternacht aufgeboten, erbrachen den Versammlungsort im zweiten Stocke eines Wirtshauses und verteilten sich sodann in die Wohnungen der vornehmsten Mitglieder, d. h. derjenigen, die als Schriftsteller bekannt waren. Untersuchung, Verhör, Hausarrest bis Abends. Gerade weil sie nichts Verdächtiges gefunden, werden sie genötigt sein, um ihre Dummheit zu bemänteln, etwas herauszusuchen. Wie ich höre, will man die Untersuchung als gegen eine schwere Polizeiübertretung anhängig machen. Wer mir die Vernachlässigung meines Talentes zum Vorwurfe macht, der sollte vorher bedenken, wie in dem ewigen Kampfe mit Dummheit und Schlechtigkeit endlich der Geist ermattet. Wie, um nicht immerfort verletzt zu werden, endlich kein Mittel übrig bleibt, als sich unempfindlich zu machen, wie kein Aufschwung möglich ist, wenn man bei jeder Flügelbewegung an den Plafond der Zensur anstößt, und die Arbeit aufhört ein Vergnügen zu sein, wenn das Hervorgebrachte die Quelle tausendfältiger Unannehmlichkeiten wird, wie es z. B. bei meinem letzten Stücke „Ottokar" der Fall war, wo, nachdem ich mich ein volles Jahr mit der Zensur herumgebalgt hatte, endlich vor und nach der Aufführung wohlbekannte Personen notorisch

die böhmischen Studenten zur Unzufriedenheit, als über einen
der böhmischen Nation zugefügten Schimpf, aufreizten.

114.

Mai.

Am Ende war es doch mein grillenhaft beobachteter
Vorsatz das Mädchen nicht zu genießen, was mich in
diesen kläglichen Zustand versetzt hat. Grillenhaft beob-
achtet, sage ich, denn es war kein eigentlich tugendhafter
Entschluß, er war erzeugt durch ein vielleicht bloß ästheti-
sches, künstlerisches Wohlgefallen an des Mädchens Rein-
heit, was mich zurückhielt, das zu tun, wozu alle Gefühle
und Gedanken mich beinahe unwiderstehlich hintrieben. So
kämpfte ich mich ab gegen die fast immerwährende Aufregung, und der schwüle Odem, der aus meinem Wesen
auf die Unschuldsvolle hinüberging, setzte auch sie, unbewußt,
in Bewegung, und brachte endlich bei ihr alle Wirkungen
der unbefriedigten Geschlechtsliebe hervor. Sie ward arg-
wöhnisch, heftig, zänkisch sogar, und so ward dieses Verhältnis uns auch in seinen geistigen Bestandteilen gestört,
die es so fabelhaft schön gemacht hatten.

Meine Phantasie kann sich übrigens von jener Niederlage noch immer nicht erholen. Es ist, als ob mir die
Darstellung aller innigen Gefühle unmöglich geworden wäre,
nachdem ich ein selbstempfundenes, so überschönes, in Kälte
und Gemeinheit übergehen gesehen hatte.

115.

21. Mai.

Das Gedicht auf des Kaisers Genesung, von dem ich
mir einige Wirkung bei hohen und höchsten Personen ver-
sprochen hatte, weniger um begünstigt, als vielmehr um
beschützt zu werden gegen die Bestrebungen jener Hunde,
die jeden meiner Schritte belauern und mich über kurz
oder lang doch unterbringen werden, dieses Gedicht hat,
wie ich höre, die Kaiserin zu höchstem Zorne gereizt. Weil
darin von zwei Frauen die Rede ist, die am Bette des
Kaisers sitzen, indes sie nur allein bei ihm wirklich ge-
wacht hat. O Poesie, wo bist du? Und o Land, wo bist
du, wo sie gedeiht und wo man sie erträgt!

116.

17. Juli.

Ich fange seit einiger Zeit an zu bemerken, daß der Körper eine gewisse Art Oberhand über den Geist gewinnt. Ich habe in den letzten drei Jahren so manches getan, um beide ins Gleichgewicht zu setzen, die Möglichkeit dazu scheint aber außer meinem Bereiche zu liegen, eines von beiden muß herrschen, und da sei Gott für, daß dies der Leichnam sein sollte. Daher von gestern eine neue Lebensart angefangen, das Abendessen aufgegeben. Ich fühle mich darauf heute zwar ziemlich matt, aber doch wirklich auch geistig erregbarer, und wenn man auf seinen Vorsätzen beharrt, wer weiß, ob nicht alte gute Zeiten wieder kommen können.

In diesen letzten Monaten war mein Zustand wirklich fürchterlich. Eine solche durch nichts zu beschwichtigende Überzeugung, daß es mit aller geistigen Hervorbringung zu Ende sei, ein solches Versiegen aller inneren Quellen, war mir noch nie angekommen. Der ganze übrige Tag ward in gedankenloser oder gedankenmischender Zerstreuung noch so ziemlich hingebracht, aber guter Gott, welcher Vormittag, welcher Morgen! In den verflossenen Wintermonaten blieb mir doch immer das Bewußtsein einer Möglichkeit, wieder etwas schaffen zu können, obschon sich nichts zu einem Ganzen gestalten wollte, aber nun selbst alle Hoffnung verloren. Ein unüberwindlicher Ekel ergreift mich bei allem, was mir vorkommt, selbst die Lektüre interessiert mich nicht. Das Theater erregt mir Abscheu, und kommt jemand auf das zu sprechen, was ich geschrieben, oder daß ich wieder etwas schreiben soll, so reißt sich ein so ungeheures Gefühl in meinem Innern los, ich sehe einen so ungeheuren Abgrund vor mir, einen so dunkel leeren Abgrund, daß ich schaudern muß, und der Gedanke, mich selbst zu töten, war mir schon oft nahe. Das sind nun freilich Läppereien, und so etwas zu tun wird niemanden einfallen, aber der Gedanke daran ist schon arg genug.

117.

Einer meiner Hauptfehler ist, daß ich nicht den Mut habe, meine Individualität durchzusetzen. Über dem Bestreben, es allen recht zu machen, und mich ja im Äußerlichen nicht zu sehr von den anderen zu unterscheiden, werde ich endlich wie die anderen, und die Gewohnheit macht gewöhnlich. Daran ist meine früheste Erziehung schuld. Mein Vater duldete durchaus keine Vorliebe oder Abneigung, selbst der physische Ekel erhielt keine Gnade und bei Tische durfte z. B. keine Speise unberührt bleiben. Ich führe daher ein eigentliches Philisterleben, das Bureau wird höchst regelmäßig besucht, die vorkommenden geistlosen Geschäfte ebenso geistlos, aber aufs pünktlichste besorgt. Bei dem unvermeidlichen Zusammentreffen mit anderen ergreift mich die ungeheuerste Langweile. Statt ihr aber nachzugeben und mit meinen Gedanken die Gesellschaft zu verlassen, suche ich aus unzeitiger Schonung der anderen dem Zustande die beste Seite abzugewinnen und da werde ich gewöhnlich spaßhaft, was mich selbst freilich am wenigsten amüsiert, aber die anderen des drückenden Gefühles zu ennuyieren überhebt. Diese Spaßmacherei, diese erkünstelte Lustigkeit kann aber endlich habituell werden und da hebt sie zuletzt allen Ernst, alles Vermögen, bei einem Gedanken zu verweilen, auf.

118.

Heute bei F[röhlich] gewesen, Klavier gespielt. Ich habe meine Lust zur Musik halb verloren oder vielmehr das Talent dafür ganz. In früherer Zeit war dieses Talent bei mir so bedeutend, daß es selbst das zur Poesie beinahe verdunkelte. Stundenlange am Klavier zu sitzen und unter dem Zuströmen von Melodien und Wendungen jedes Gefühl in Tönen auszudrücken, war mir ein leichtes. Jetzt vermag ich es nicht mehr. Gewiß hat mir das Studium des Systems der Musik hierin geschadet; da ich es früher wieder aufgab, ehe seine Lehren, zur halb unbewußten Gewohnheit geworden, die Phantasie unterstützt hätten, benahm es nun vielmehr meinen Harmoniefolgen alles Eigentümliche, und jeder Gedanke geht in regelrechter

Eintönigkeit unter. Dadurch wäre die Erscheinung zum
Teile erklärt. Aber auch meine Phantasie im allgemeinen
ist ungeheuer erkältet, und darin liegt wohl der Haupt=
grund von dem Nichtzuströmen musikalischer Ideen. Wohin
wird das führen? Im Theater erzählte man mir, der
Kompositeur Weber sei gestorben. Der Mensch ist glücklich.
Trotz des Lärmens in ganz Deutschland von seinem über=
menschlichen Genie war er doch im Grund ein armer
Teufel. Viel Verstand, Kunst anzuwenden, reproduktive
Phantasie, aber keine Eigentümlichkeit, kein innerer Born
strömender Gedanken. Mit jeder neuen Arbeit hätte er
sich, ein musikalischer Müllner, tiefer in der Achtung des
Publikums herabgeschrieben; nun aber ist er tot, in der
Blüte seines Ruhmes gestorben, er ist glücklich!

1827.

119.

Es hat fast den Anschein, als wollte es zu Ende gehen.
Ich will aber sterben mit den Waffen in der Hand. Nur
nicht den Gedanken aufgegeben, das jederzeit Herrsein seiner
selbst. Niemanden sich vertraut! Niemanden geklagt! Ich
will sterben mit den Waffen in der Hand.

120.

Zum Traum ein Leben.

Durch die Mißstimmung bei der Ausführung haben die
mittleren Akte das Traumartige verloren, das in der ur=
sprünglichen Intention lag. Das Ganze bekommt immer
mehr die Farbe einer Kriminalgeschichte.

121.

Ein Weib an den Dreißigen und ein Dichter nach den
Vierzigen sind ungefähr in einer ähnlichen Lage. Aber

käme es nicht bloß darauf an, einige Prätensionen aufzugeben, um wieder von neuem, wenn auch auf eine andere
Art, liebenswürdig zu sein?

122.

Ich war gestern Nachmittag bei Charlotten, die beinahe
rettungslos krank ist, und jetzt schon aussieht wie eine
Tote. In einem Augenblicke, wo sonst niemand im Zimmer
war, wendete sie sich zu mir und sagte: „Ich möchte lieber
nicht leben, als der Verursacher eines solchen Zustandes
sein." Mich griff aber das Ganze nicht sonderlich an.
Außer einer grimmigen Abscheu, die ich über meine eigene
Teilnahmslosigkeit empfand, fühlte ich keine große Bewegung, und ging bald wieder fort. Himmel! kann man
dahin kommen, die Menschen nur als Figuren einer Komödie
zu betrachten, die nur durch ihre Übereinstimmung oder
Nichtübereinstimmung mit der Idee anziehen und abstoßen,
ohne Rücksicht darauf, daß sie ein lebendes Selbst sind,
mit Liebe und Freude, mit Wille und Gemüt? Kann man
sein ganzes Wesen zur Passivität, zur Stumpfheit ver-
dammen, weil man eigensinnig und auf eine Art tätig
sein will, und diese eine Art sich uns versagt? Ich brauche
eine große Krankheit, oder ein großes Unglück, die bis aufs
Lebendige durchdringen, und den Menschen wieder erwecken,
sonst ist auch der Dichter verloren.

Für mich gab es nie eine andere Wahrheit als die
Dichtkunst. In ihr habe ich mir nie den kleinsten Betrug,
die kleinste Abwesenheit vom Stoffe erlaubt. Sie war
meine Philosophie, meine Physik,- Geschichte und Rechts-
lehre, Liebe und Neigung, Denken und Fühlen. Dagegen
hatten die Dinge des wirklichen Lebens, ja seine Wahrheit
und Ideen für mich ein Zufälliges, ein Unzusammen-
hängendes, Schattenähnliches, das mir nur unter der Hand
der Poesie zu einer Notwendigkeit ward. Von dem Augenblicke an, als ein Stoff mich begeisterte, kam Ordnung in
meine Teilvorstellungen, ich wußte alles, erkannte alles,
ich erinnerte mich auf alles, ich fühlte, ich liebte, ich freute
mich, ich war ein Mensch. War dieser Zustand vorüber,
trat wieder das alte Chaos ein. Mein ganzer Anteil blieb
immer der Poesie vorbehalten und ich schaudere über meinen

Zustand als Mensch, wenn die immer seltener und schwächer
werdenden Anmahnungen von Poesie endlich ganz auf=
hören sollten.

123.

Charlotte ist tot. 16. September 1827, 12 ½ Uhr
Mittags. Hätte ich je ahnen können, daß diese scheinbar
äußerliche, ja kokette Natur zugleich so stark von so innerer
Ausdauer wäre, manches wäre nicht geschehen, und manches
stünde besser. Ich habe sie verlassen, mißhandelt. Ich war
vielleicht Miturfache ihres Todes. Aber weiß Gott, ich
hatte keine Vorstellung davon, daß diese Leidenschaft so
tiefe Wurzeln geschlagen hätte. Der einzige poetische Punkt
in ihrem Leben war diese Liebe — und daran starb sie.

Ich wollte was schuldig sein, um einen Schmerz, ein
Unglück, eine Verzweiflung, die — und wär's nur für eine
Stunde — mein Wesen ganz aufgehen machte in eine
Empfindung, und mich — nur für eine Stunde — von
dieser dauernden Verstandeskälte frei machte, die wie ein
hohnlachender Narr hinter jedem Vorhang hervorguckt.

124.

Wenn ich je dazu kommen sollte — aber ich werde es
nie tun — die Geschichte der Folge meiner inneren Zu=
stände niederzuschreiben, so würde man glauben, die Krank=
heitsgeschichte eines Wahnsinnigen zu lesen. Das Un=
zusammenhängende, Widersprechende, Launenhafte, Stoß=
weise darin übersteigt alle Vorstellung. Heute Eis, morgen
Feuer und Flammen. Jetzt geistig und physisch ohnmächtig,
gleich darauf überfließend, unbegrenzt.

Und zu dem allem noch nicht im stande, sich von etwas
anderem bestimmen zu lassen, als von der sprungweisen
Aufeinanderfolge des eigenen verstockten Ideenganges. So
war es bei mir auch immer mit dem, was andere Leute
Liebe nennen. Von dem Augenblicke an, als der teil=
nehmende Gegenstand nicht mehr haarscharf in die Umrisse
passen wollte, die ich bei der ersten Annäherung voraus=
setzend gezogen hatte, warf ihn auch mein Gefühl als ein
Fremdartiges so unwiderruflich aus, daß meine eigenen

Bemühungen, mich nur in einiger Stellung zu erhalten,
verlorene Mühe waren. Ich habe auf diese Art bei Weibern
schon oft die Rolle des Betrügers gespielt, und ich hätte
doch jederzeit mein alles gegeben, wenn es mir möglich ge=
wesen wäre, ihnen zu sein, was sie wünschten. Ich habe
auf diese Art das Unglück von drei Frauenzimmern von
starkem Charakter gemacht. Zwei davon sind nun bereits
tot. Aber ich habe nie eine Neigung betrogen, die ich
hervorgerufen hätte. Vielmehr näherte ich mich nie einem
Weibe, das nicht vorher sich mir genähert. Damit kann
ich mich trösten; und damit, daß ich nie durch fremden
Schmerz mein eigenes Wohlbefinden zu erkaufen gesucht
habe und auch nichts erkauft habe, als eigenen, nur ver=
änderten Schmerz.

<h3 style="text-align:center">125.</h3>

Ich bin eine elegische Natur. Von dem Augenblicke
an, als es mir kein Vergnügen mehr macht, vor dem Publi=
kum zu klagen, macht es mir auch keine Freude, für das=
selbe zu dichten. Von diesem Elegienhaften zeigt sich aber
nichts in meinem Äußeren, meinem Betragen. Dieses ist
(besonders in der letzten Zeit) schroff, kalt, zurückstoßend,
spottend, verhöhnend und wächst im umgekehrten Verhält=
nisse mit der Widerstandsfähigkeit der Personen, die in
mein Bereich kommen. Wenn ein Weib Ausdauer und
Selbstgewältigung genug hätte, diese Rinde zu durchdringen,
sie würde mehr finden, als sie hoffte.

<h3 style="text-align:center">126.</h3>

Er war zugleich Zuseher und Schauspieler. Aber der
Zuseher konnte nicht Plan und Stoff des Stückes ändern,
noch das Stück den Zuseher zum Mitspieler machen.

<h2 style="text-align:center">1828.</h2>

<h3 style="text-align:center">127.</h3>

Mir liegt im Grunde an der Produktion nichts mehr.
Ich habe nur ein Bedürfnis, mich in Ideen zu berauschen.
Auf welche Art das geschieht, und was dabei herauskommt,
ist mir gleichgültig.

128.

Ich kann meinen gegenwärtigen Zustand, obwohl er sich vornehmlich am Gemüte äußert, wohl eine Krankheit nennen, und zwar um so mehr, als auch ein nur mir bekanntes körperliches Übelbefinden damit verbunden ist. Das traurigste Symptom dieses Zustandes ist, daß alles, was ich schreibe, mir im höchsten Grade mißfällt, ja unerträglich ist. Ich werde dadurch ganz von dem Urteile anderer abhängig. Auch vermag ich nichts von größerem Umfange auszuführen, weil in der Mitte der Arbeit schon jenes Gefühl der Insuffizienz erwacht und jede Begeisterung zerstört. Wird das wieder anders werden? Ich hoffe, ja. Denn ich war schon einmal in meinem Leben in einem ähnlichen Zustande, von meinem 18. bis in mein 25. Jahr nämlich. Freilich unter anderen Modifikationen, dann liegt in meiner jetzigen Zukunft keine Jugendstärke mehr, wie in der damaligen. Der Wille des Herrn geschehe! Von Ehrgeiz weiß ich nichts mehr, seit sich das höchste Ziel als mir unerreichbar gezeigt hat; alles übrige ist gleichgültig.

129.

5. März.

Gestern Vormittags ließ mich der Polizeiminister zu sich entbieten. Um zwei Uhr ging ich hin. Ich hatte früher schon vernommen, daß der Kaiser sich höchst günstig über Den treuendDiener seines Herrn ausgesprochen; ich machte mich daher auf eine Belobung gefaßt. Doch war ich schon zu oft in der Höhle gewesen, zu der viele Fußstapfen hinführen, wenige aber zurück, als daß sich nicht unheimliche Besorgniß in meine Stimmung gemischt hätte. Ich trat ein. — Seine Majestät, hieß es, hätten mein Stück mit großem Wohlgefallen gesehen und befohlen, mir Deren volle Zufriedenheit anzukündigen. Nur hegten Sie in Bezug auf dasselbe noch einen Wunsch. — Welchen? — Das Stück ausschließlich zu besitzen. — Ich war wie vom Donner gerührt. — Ich möchte angeben, welche Vorteile ich mir von der Aufführung außer Wien, von dem Honorar für den Druck erwartete, Seine Majestät seien bereit, mir jeden Schaden zu vergüten. Sodann aber würde die Handschrift

in Dero Privatbibliothek aufgestellt werden, keine Kopien
genommen, nirgends außer Wien aufgeführt, niemanden
mitgeteilt, der Druck bis auf weiteres untersagt. In Wien
selbst werde es in längern und längern Zwischenräumen
wieder gegeben werden, dann aber allmählich verschwinden.
Nicht Zensurrücksichten verlangten dies, denn da brauchte
man ja nur geradezu zu verbieten, sondern — es sei der
Wunsch Seiner Majestät, alleiniger Besitzer dieses Ihm
wohlgefallenden Stückes zu sein. — Meine erste Einwen=
dung brachte die Antwort, daß es sich hier nicht um das
Ob handle, sondern nur um das Wie. Ich möchte meine
Bedingungen nicht ängstlich ansetzen, Seine Majestät seien
zu Opfern bereit. Sie hätten sich mit väterlicher Güte
über mich und mein Stück geäußert, das Ihnen sehr ge=
fallen; aber Ihr Wunsch bleibe derselbe. Man gab mir
einen Tag Bedenkzeit und ich ging. Das ist die mildeste
Tyrannei, von der ich noch gehört.

Was sollte ich tun? Die Erfüllung verweigern? In
ihren Händen waren alle Mittel, sie zu erzwingen. Ich
schrieb daher einen ostensiblen Brief an den Polizeiminister,
in dem ich alles anführte, was Menschlichkeit und Billigkeit
gegen einen solchen Wunsch einwenden können. Ich setzte,
nachdem ich beteuert hatte, die freie Schaltung über mein
Werk jedem erdenklichen Gewinne tausendmal vorzuziehen —
die Entschädigung so hoch an, daß die bekannte Sparsamkeit
des Kaisers davor zurückschrecken konnte. — Sie wollten mich
doch nicht plündern, hoffte ich! — Ich erklärte, daß, wenn
der Kaiser auf seinem Verlangen bestünde, nur der Gedanke,
daß nach dem Vorübergehen gebietender, mir verborgener
Umstände die Bekanntmachung meines Werkes ohne weitere
Umstände werde erfolgen können, mich zu einer notgebrun=
genen Einwilligung bewegen könnte. Und so gab ich das
Blatt heute dem Minister in die Hände. Er schien zu=
frieden, und fand die angesetzte Entschädigungssumme mäßig.
Begreife das, wer kann! Ich muß nun abwarten, was
erfolgt. Ende die Sache aber auch wie immer, die unsicht=
baren Ketten klirren an Hand und Fuß. Ich muß meinem
Vaterlande Lebewohl sagen, oder die Hoffnung auf immer
aufgeben, einen Platz unter den Dichtern meiner Zeit ein=
zunehmen. Gott! Gott! wird es denn jedem so schwer
gemacht, das zu sein, was er könnte und sollte.

130.

Ich bin ein dorischer Dichter. Ich kümmere mich den Henker um die Sprache der Leipziger Magister und des Dresdener Liederkreises. Ich rede die Sprache meines Vaterlandes.

131.

Sie sind auf ihrem Theater an den prächtigen Wortschwall gewohnt: die Handlung mit unbedeckter Blöße ärgert ihr keusches Auge. Ich fühle mich aber gerade jenes Mittelding zwischen Goethe und Kotzebue, wie ihn das Drama braucht. Die Deutschen könnten vielleicht ein Theater bekommen, wenn mein Streben nicht ohne Erfolg bleibt. Mir selbst ist die Schaubühne verhaßt. Was das Theater leisten kann, ist für mein individuelles Gefühl zu wenig zugleich und zu viel. Ich bin Deutscher genug, um mich daran zu ärgern, wenn ich den Theatereffekt erreicht habe. Und doch kann ich nicht anders; eine innere Notwendigkeit hält mein Wesen auf diesen Bahnen. Wenn jene, die mir Streben nach Effekt vorwerfen, wüßten, wie ich gerade von diesem Effekt machenden dritten Akt glaubte, er könne nur eine widerliche Wirkung hervorbringen, wie gerade er und der ähnliche vierte die Ursache waren, daß ich mein Stück ein Jahr lang im Pulte behielt und der Aufführung mit eigentlichem Widerstreben entgegensah, wenn sie wüßten, wie dieser wirkungslose fünfte Akt bestimmt war, jene widrigen Eindrücke wieder gut zu machen, und die Handlung wieder in das menschliche Geleise zurückführen sollte. Wenn sie wüßten! Aber sie wissen nichts.

132.

So absurd ist die Zusammensetzung meines Wesens, daß, wenn jemand mir meine letzte dramatische Arbeit als das Meisterstück der Poesie gepriesen hätte, es mir kaum so viel Vergnügen gemacht haben würde, als daß heute der Regens chori der Kirche am Hofe mir versicherte, ich hätte eine klingende Stimme und sänge sehr gut. Es steht meiner Entwicklung als Dichter unendlich im Wege, daß die Ausübung der Poesie mir nur ein Nebenzweck oder vielmehr ein Teilzweck ist. Ich bin ein Geistes- und Gemütsegoist, wie es Gewinn- und Vorteilsegoisten gibt. Die harmonische Ausbildung der eigenen Empfänglichkeit für das Gute und Große ist der Zweck und das Bedürfnis meines Lebens; seit ich durch einige gelungene Arbeiten mich einmal nach außen von dem Gemeinen und Gewöhnlichen abgesondert habe, was der glühende Wunsch meiner Jugend war, fühle ich kaum wohl ein Bedürfnis zu produzieren. An die Stelle der Begeisterung droht immer mehr und mehr sich ein gewisses Gefühl zu setzen, daß es Pflicht jedes Menschen sei, nach Kräften tätig zu sein. Dieses Gefühl wird noch lebendig sein, wenn vielleicht das Vermögen der Ausübung längst erschlafft ist, und ich bin daher in größerer Gefahr als jemand, nach und nach vom Kulminationspunkte immer tiefer herabzusteigen. Ein ungetrübter Beifall hätte mich sicher zum großen Dichter gesteigert; das ewige Markten und Quärgeln der Kritik aber läßt meiner Hypochondrie einen zu großen Spielraum und führt mich nur wieder von neuem einer mit Mühe bekämpften Neigung zum passiven Geistesgenuß in die Arme.

133.

Freitag, 9. Mai 1828.

Trennung von K. wahrscheinlich für immer.

134.

Dieser Theatersekretär Schreyvogel hat mir zum Teile großen Schaden gebracht. Ich hatte niemanden in meiner Umgebung, dessen Urteil über meine Arbeiten ich befragen konnte, als ihn. Er glaubte immer den Kritiker spielen zu müssen, und ich brauchte einen Aufmunterer. So kam ich aus dem Zuge zu produzieren, damals als noch alles vor Lust dazu in mir glühte, und die äußern lähmenden Verhältnisse gewannen die Oberhand über die gewaltsam zurückgehaltene Kraft. Kritik fand ich genug in meiner Hypochondrie, nebstdem daß ich auch die Sache besser verstand als er. Loben hätte man mich müssen, aneifern, die Grillen bekämpfen, statt sie zu vermehren.

135.

Ich habe eine halbe Stunde gelesen: nichts Anstrengendes; den ersten Akt von . . . ., meine Sinne vergehen, ich muß aufhören. Das ist ein körperliches Übel! Der Geist trägt nur die Folgen davon: es geht nicht von ihm aus.

136.

Die mehrern meiner Liebhabereien, die mich jetzt so störend beschäftigen, rühren noch von der Zeit der ersten Aufführung des Trauerspieles Ottokar her. Obwohl nämlich das Stück bei der Aufführung sehr gut zu gefallen schien, so wendete sich doch die Meinung der sogenannten Gebildeten mit solcher Wut gegen das Stück, daß ich kaum über die Gasse gehen konnte, ohne mich aufs bitterste verletzt zu finden. Ja, die bisher für meine warmen Freunde gegolten hatten, stellten sich als Anführer an die Spitze der Partei. Es war damals ein Zeitraum, wo ich die unbesuchtesten Speisehäuser zu der ungewöhnlichsten Essenszeit besuchte, um nur vor dem ewigen Gerede sicher zu sein. Da aber nichts helfen wollte, und die innere Bitterkeit mich aufzureiben drohte, verfiel ich darauf, das System der Musik zu studieren, um nur durch ein Fremdartiges der gewalttätigen Gedanken los zu werden. Es gelang nur zu gut. Meine alte Vorliebe für die Musik erwachte und machte sich so herrisch Raum, daß für die Poesie kaum die Winkel übrig blieben. In der Folge verleitete mich Khüeny zur Wiederaufnahme des Griechischen. Die Gelegenheit war zu verführerisch und — ich war einmal bestimmt, zu irren bis ans Ende meiner Tage.

137.

Sie haben ihm das ganze Reich des Denkbaren vergiftet, so daß jeder Gedanke, der kommt, seinen Teil Tod mit sich bringt, und für ihn kein Heil ist, als in der Zerstreuung.

138.

Sie haben mir angeraten, diese Launenhaftigkeit meiner Natur zu bekämpfen, das Schreiben zur Gewohnheit zu machen und die Poesie zum Gewerbe. Die Tüchtigen aller Zeiten hätten das gekonnt! Ich habe es versucht, und ich kann es nicht. Für mich war die Poesie immer ein Heiliges, eine Feiertagsfeier und kein Werktagsgeschäft.

139.

Ich bin im einzelnen inkonsequent, aber eisern konsequent im ganzen. Drum haben schon viele zu ihrem Schaden nicht geglaubt, wenn sie mich von Minute zu Minute die Entschlüsse nachholen sahen, daß ich am Ende des Jahres, ja des Jahrzehnts, unabänderlich auf dem Punkte stehen würde, auf dem ich, scheinbar so beweglich, von Anfang her stand.

140.

Die Klage des Tasso. Gedicht. Hier sitz' ich zwischen schwarzgedämpften Mauern, wo kaum der Tag durch trübe Scheiben bricht.

141.

Motto zur Hero.

Je ne connois rien de si difficile qu'un dialogue où les choses dites et répondues ne sont liées que par des sensations si délicates, des idées si fugitives, des mouvements d'âme si rapides, des vues si légères, qu'elles en paroissent décousues, surtout à ceux qui ne sont pas nés pour éprouver les mêmes choses dans les mêmes circonstances.

Diderot, Discours sur la poésie dramatique.

142.

An die deutsche Kritik.

Ce ne sont plus des raisons, c'est une production
qu'il nous faut. .

Diderot, Entretiens sur le fils naturel.

143.

Je pratique trop peu la vertu, me dit Dorval, mais
personne n'en a une plus haute idée que moi. Wie
bezeichnend für die ganze französische philanthropische Philo=
sophenschule, die Liberalen aller Zeiten und — noch einen!

144.

Lorsqu'une action est simple, je crois qu'il faut
plûtôt la représenter que la réciter. . . . . Mais si
l'action se complique, si les incidents se multiplient, il
s'en rencontrera facilement quelques-unes qui me rap-
pelleront que je suis dans un parterre: que tous ces
personnages sont des comédiens; et que ce n'est point
un fait qui se passe.

Troisième entretien.

1829.

145.

Wie sonderbar, ja beinahe eigentlich mechanisch die Ein=
mischung der Erinnerung in die Träume ist, erfuhr ich
heute wieder. Ich träumte gegen Morgen, daß ich Verse
lese, die mein Bruder Karl auf eine „Frau Martine“ ge=
macht hätte. Unmittelbar darüber aufgewacht, kam mir an
dem Traume nichts sonderbar vor, als der Name Martine,
den ich niemals weder gehört zu haben mich erinnerte, noch
als irgend in der Welt vorkommend mir wahrscheinlich
machen könnte. Noch über den Gang der Phantasie bei
Erfindung dieses Namens nachgrübelnd, setzte ich mich zum
Frühstück, während dessen ich im Tacitus las. Einen ver=

gessenen Umstand nachzuholen, schlug ich eine gute Anzahl
Blätter zurück, bis zum Tode des Germanicus, den ich vor
mehreren Tagen gelesen, und siehe da! Die Frau, deren
sich Piso zur Vergiftung von Augustus' Enkel bedient haben
soll, hieß — Martina. Ich hatte, bei meinem schlechten
Gedächtnisse diesen Umstand so rein vergessen, daß selbst
die Wiederholung des Namens im Traume mir nicht einmal die dunkle Erinnerung zurückführte, ihn schon einmal
im Leben gehört zu haben, und — der Traum wußte, was
mir selbst unbekannt war.

146.

18. Februar.

Zu versuchen, was für eine Wirkung ein regelmäßig
fortgesetztes Tagebuch auf das Gemüt und den gegenwärtigen
Seelenzustand zu machen vermag.

Morgens gleich nach dem Aufstehen ein paar Seiten in
der Odyssee mit den Scholien gelesen. Während des Frühstückes mehrere Auftritte von Lope de Vegas La mal casada mit derselben Erquickung, die dieser Dichter mir jedesmal verschafft. Merkwürdige Szenen, wo sie sich gegen den
Rechtsgelehrten, der zugleich einer ihrer Werber ist, über
die Impotenz ihres Mannes äußert.

Nach dem Frühstück versucht, mich in den vierten Akt
von Hero und Leander hineinzudenken. Vergebens. Die
Gemütslage Heros, die mir so deutlich war, als ich sie
niederschrieb, ist mir nun verschlossen.

Besuch von Schmiedebauer, dann zwei Stunden im
Bureau. Vor Tisch bei Fröhlichs Singübung gehalten.

Nach Tisch bei Daffinger. Die Frau scheint ganz geheilt.
Sie erzählte, auf dem gestrigen Balle, von dem ich wegblieb,
hätte jemand geäußert, es täte irgend etwas not, mein Blut
in schnellere Bewegung zu bringen. Der Mann hat recht.

Abends mit Khüeny im Thucydides gelesen, das Wechsel-
gespräch der Athener und Melier vollendet. Der Übermut
der Athener auf dem höchsten Punkt als Vorspiel der bald
darauf folgenden Unglücksfälle. Sie spielen mit den armen
Inselbewohnern ungefähr wie Katze mit der Maus.

Später bei Fröhlich, dann ins Gasthaus unter die ge-
wöhnliche, halb unbedeutende, halb wahrlich schlimme Gesellschaft.

147.

19. Februar.

Tiefer langer Schlaf. Mit schwerem Kopf aufgestanden. Wenig in der Odyssee gelesen. Ebenso karg kam Lope de Vega zu teil. Hero und Leander unklar. Zu dem Brouillon von „Traum ein Leben" gegriffen. Besseres Glück. Das Vorhandene hat mich mehr befriedigt als sonst. Einiges im dritten Akt schicklich verändert. Der letzte Akt hat sich noch nicht aufgetan. Übles Zeichen. Wenn eine Arbeit gelingen soll, muß sie mir gleich von vornherein mit der bestimmtesten Notwendigkeit dastehen. Wann wird wieder die Lust zu poetischen Hervorbringungen in mir erwachen? Ein österreichischer Dichter sollte höher gehalten werden, als jeder andere. Wer unter solchen Umständen den Mut nicht ganz verliert, ist wahrlich eine Art Held.

Um zwölf Uhr ins Bureau. Keine Arbeit vorgefunden. Im Thucydides die Rede des Archidamos (I. Buch) gelesen. Sie hat mich wahrhaft begeistert. Wenn das nicht Staatsklugheit ist, so gibt es keine. Ungemein charakteristisch die drei aufeinander folgenden Reden der Korinther, der Athener und die des Archidamos. Die erste bringend, heftig, oft beinahe plump, die des Atheners fein, verschlungen, von weitem andeutend, ordnerisch. Des Archidamos Worte ruhig, klar, besonnen, weise. Hätte doch Napoleon immer das vorletzte Kapitel (das 84.) vor Augen gehabt.

Mittags bei Appel gespeist, die oberflächliche, unerquickliche Unterhaltung mit Gleichmut, teilweise sogar mit Vergnügen hingenommen. Wenn man nicht Kraft genug hat, derlei Äußerlichkeiten nach seinem Bedürfnis zu gestalten, sollte man ihnen lieber aus dem Wege gehen.

Daffinger und Frau begegnet. Sie nach Hause begleitet, ehelichen Zwist angehört und nach Vermögen geschlichtet. In dieser Frau liegt offenbar mehr, als Anfangs scheint. Ihres Mannes Rohheit wird sie aber zu Grunde richten.

Mit Khüeny geplaudert, statt zu arbeiten. Der gute eifrige Mann sprach, ich dachte indes an etwas Anderes. Mein alter Naturfehler.

Erst gegen zehn Uhr ausgegangen. Im Gasthause matte Unterhaltung, wie gewöhnlich. Es schlägt zwölf Uhr. Schluß des Tages. Wo soll das hinführen?

148.

20. Februar.

Ein Tag, von dem eigentlich nichts zu schreiben ist.
Odyssee; Lope de Vegas mal casada vollendet, doch eigent=
lich trotz mancher guten Eigenschaften eines seiner schwächeren
Stücke. Über eigene Hervorbringungen gesonnen, ohne
Gelingen.

Bureau, Spaziergang, bei Fröhlichs gesungen. Ist es
nicht Wahnsinn, daß ich mich dem Gesange mit solcher
Leidenschaftlichkeit ergebe und mir darüber alles gleichgültig
wird, was eigentlich nottäte.

Abends im Theater. Eine Oper von Auber gehört.
Höchlich ennuyiert.

Diem perdidi.

149.

21. Februar.

Zu Tages Anfang ein Stück aus der Odyssee. Beim
Frühstück eine Comedia famosa: El loco en la penitencia
begonnen, als deren Verfasser ein Ingenio de esta corte
erscheint. Offenbar die bekannte Geschichte des „Robert
Teufel", welche ich selbst einmal die Absicht hatte dramatisch
zu bearbeiten. Der Anfang verspricht aber nicht viel. Der
Gracioso Vexiga, als bandolero ridiculo von Verfolgern
gedrängt, tritt auf, indem er klagt, daß das Übermaß der
Furcht dem gehäuften Vorrat nach unten zu Luft gemacht
habe. Er bittet die Zuseher, ihm beizustehen, da die Ge=
wässer aller spanischen Flüsse nicht hinreichten, ihn zu
reinigen.

Hierauf zur Arbeit. Hero und Leander will sich auf=
hellen, wenn der Schimmer nicht bloß vorübergehend ist,
den Gedanken der Aufführung wieder ertragen können.
Mehreres berichtigt und verbessert, der zu theatralische
Schluß ist denn nun schon so mit dem Ganzen verwachsen,
daß er sich nicht mehr nach der ursprünglichen Idee wird
herstellen lassen. Ich rechne auf die große Bildlichkeit des
Stückes.

Bureau. Bei Fröhlichs Singübung. Dieser kleine Wil=
helm wird mir einst viel zu danken haben, ohne mich würde
er ja doch durchaus verzogen.

Nachmittags Spaziergang, dann zu Hause. Delavignes

Princesse Aurélie begonnen. Das französische Publikum
hat doch große Vorzüge vor jedem deutschen. Das Stück
ist eine Satire auf das Ministerium Villèle, kam aber erst
zur Aufführung, als dieses bereits gestürzt war. Delavigne
ist jetzt der beliebteste Dichter Frankreichs und doch mißfiel
sein Lustspiel allgemein, denn das Publikum fand es un=
würdig, bereits Gefallener zu spotten. Edel! Jedes deutsche
Parterre hätte unter gleichen Umständen getrampelt.

Mit Khüeny zum zweitenmal Platos Theaitet ange=
fangen. Auf einen Augenblick im Theater. Abendessen,
doch einige leibliche Reden gewechselt. Finis!

150.

22. Februar.

Müßiger Tag. Die kostbaren Momente der wieder
erwachten Lust an Hero und Leander zum Redigieren be=
reits ins Reine gebrachter Szenen verwendet, statt die noch
unvollendeten Partien zu bearbeiten.

Im Thucydides die kurze Rede des Ephors Sthene=
laibes gelesen, durch die er die Lakedämonier zum Kriege
gegen die Athener stimmt. Echter Spartaner. Kurz, trocken,
derb. Gesungen. Bei Geymüller gegessen. Besser unter=
halten als gewöhnlich.

Abends im Theater. Webers Oberon. Empfindungs=
arme, langweilige Musik, erbärmliches Buch, elende Aus=
führung. Als Webers Freischütz erschien, wollte mir nie=
mand glauben, wenn ich sagte, diese seine erste Oper werde
auch seine letzte sein. Es ist so gekommen. Ich kann nicht
mehr deutlich angeben, was mich eigentlich zu jener Vorher=
sagung bestimmte, es lag aber dabei eine feste Überzeugung
zu Grunde. Weber ist der musikalische Müllner. Beider
künstlerischer Vorrat entlud sich, durch einen treibenden
Stoff begünstigt, mit einem Male, und es blieb kein Rest
für künftige Tage. Auch bei Müllners Schuld hatte ich
dieselbe Vorahnung, als ich sie das erste Mal sah.

151.

23. Februar.

In der Odyssee fortgefahren, ebenso in Loco en la
penitencia, der nicht sehr viel verspricht. Eine lange Rede

des Roberto, die voll des entsetzlichen Bombastes ist, in der er die Umstände seiner Geburt und Erziehung, dann die Details über seine grausame Anlage dartut. Am Schluß derselben öffnet sich ein Vorhang, und es zeigen sich die Köpfe von sieben alten Herren, die er abgetan.

In der Verbesserung von Hero und Leander fortgefahren. Es ist die höchste Zeit, daß ich mir das Zeug vom Halse schaffe.

Bureau. Thucydides. Ursachen der vermehrten Macht der Athener nach den persischen Kriegen. Wie die Lakedä= monier nicht wollten, daß die Athener ihre zerstörten Mauern wieder aufbauen sollten, diese aber, während sie eine Gesandtschaft deshalb nach Sparta schickten, indes ihre Befestigungen schnell wieder herstellten.

Fröhlichs Singübung. Abends im Theater, wo Mad. Pasta sang. Als Sängerin vielleicht von mancher über= troffen, als singende Schauspielerin gewiß von keiner er= reicht. Dem Publikum kam die alte Musik zu Romeo und Julie von Zingarelli offenbar gar zu einförmig vor, ich war entzückt. Dieser Vortrag des Rezitativs, das schöne ausdrucksvolle Gesicht, die Stellungen, wie den Antiken abgesehen!

Bald nach ihrem Auftreten im letzten Akt ließ sie in drei Absätzen das Haupt sinken, bis es fast mit ganz wag= rechtem Nacken herabhing. Ich habe nie so etwas Edles gesehen. Ich wollte, ich hätte sie gemalt in der Stellung, wie sie das Gift nimmt.

152.

24. Februar.

Dies Abhaspeln ewig sich gleichbleibender Tagesbegeben= heiten fängt nun schon an, mich gewaltig zu ennuyieren. Ich will aber doch damit fortfahren, denn erstlich habe ich es mir vorgenommen, zweitens ist es denn doch ein Damm gegen eine gewisse mißmutige Zerstreutheit, die täglich ge= fährlicher um sich greift. Ich schreibe zwar auch diese Notaten ohne Sammlung und kurz vor dem Schlafengehen mit der Absicht nieder, mich nicht zu weit einzulassen, aber es kann doch vielleicht für die Folge nützlich werden, und daher fortgefahren.

Der Morgen wie gewöhnlich: Homer und Lope de Vega.

Die gebliebenen Eindrücke der gestrigen Opernvorstellung und ein dort geholter Schnupfen machen mich zur eigenen Hervorbringung untüchtig. Daher üble Stimmung. Im Bureau leeres Stroh gedroschen.

Nachmittags bei Daffinger. Die Frau wunderschön. Habe mich doch gelangweilt. Eine zerstörte Empfindung stellt sich bei mir nicht wieder ein. Auch sie scheint durch mein brüskes Benehmen von ihrer früheren Neigung ziemlich zurückgekommen zu sein. Der Mann malträtiert sie im eigentlichsten Verstande. Wie weit ganz mit Unrecht, weiß ich nicht. Ich traue nicht leicht derlei unschuldigen Mienen. Diese Frau vollends ist wie ein Rätsel. Entweder ihre Unbefangenheit ist wahr, und dann hat mein vorschneller Unsinn das Einzige verscherzt, was mich aus meiner gegenwärtigen widerlichen Lage vielleicht noch hätte reißen können; oder es ist Lüge, und dann, dann freilich ist alles in Ordnung.

Bis neun Uhr zu Hause geblieben, auf dem Klavier phantasielos phantasiert. Das andere ut supra.

153.

25. Februar.

Der Morgen wie gewöhnlich. Beschlossen, mit Hero und Leander kurzweg einen Abschluß zu machen. Dieser herrliche Stoff ist ohne die erforderliche Liebe ausgeführt worden. Mehr, um überhaupt etwas zu machen, als weil ein innerer Drang gerade zu dieser Hervorbringung nötigte. Ja, im Ärger über die nicht zu bezwingende Unlust und gleichsam mit herausforderndem Trotze hatte ich unter mehreren Stoffen gerade denjenigen gewählt, dessen Ausführung die meiste Innigkeit forderte. Häufig bei einzelnem begeistert, fehlte im Ganzen der Stimmung die eigentliche Folge, und ich fürchte, eine verfehlte Arbeit gemacht zu haben. Es soll sich zeigen. Ich selbst habe kein Urteil mehr darüber. Ich ändere und ändere, ohne daß das Geänderte besser wäre als das Vorige. Jetzt müssen fremde Augen urteilen. Hinaus damit!

Wie war das einmal anders! und wohin soll das noch führen?

Khüeny hat mich auf mein Versprechen hinsichtlich seiner Anstellung [aufmerksam] gemacht. Wie herz- und gemütlos vergaß ich, was ich dem wackern Manne wahrlich schuldig bin.

Abends die Pasta wieder in Romeo und Julie gehört.

154.

26. Februar.

Das erste Buch der Odyssee mit den Scholien vollendet. Dieses Betreiben des Griechischen ist auch eine Art geschäftigen Müßiggangs, um sich selbst über das Unterlassene des eigentlich Nötigen zu täuschen.

Hero und Leander zum Abschreiben gegeben. Bureau. Thucydides. Singübung.

Nachmittags der Theaterdirektor Schmidt bei mir gewesen, der aus Weimar kommt. Traurige Erinnerungen. So muß einem Verurteilten zu Mute sein, der zum Richtplatze geführt wird, wie mir war, als ich vor zwei Jahren Weimar betrat. Es kam mir vor, als ob die Geister aller dort Verstorbenen und noch Lebenden sich dagegen auflehnten, daß ich mich unter sie stellen wolle. Ein solches Gefühl der Insuffizienz war mir noch nirgends gekommen. Die Auszeichnung, mit der ich dort behandelt wurde, war mir beinahe fürchterlich. Ich habe überhaupt nie als höchstens in einzelnen Augenblicken eine hohe Meinung von mir selbst gehabt. Immer schien es mir und scheint mir noch, ein bedeutender Mensch müsse anders im Innern beschäftigt sein, als mein eigenes Bewußtsein aussagte, vollends jetzt —

155.

27. Februar.

Leerer Tag. Ich habe mich diesen Winter über so anhaltend und mit so mancherlei Dingen beschäftigt, daß nunmehr schon seit längerer Zeit eine bis zur Stumpfheit gehende Abspannung eingetreten ist. Ich muß mir Ruhe gönnen, sonst geht es weiter, als gut wäre.

Alte Papiere geordnet, nichts hervorgebracht.

Abends im Theater. Samson von Händel. Die Freude über das herrliche Werk hat ein bedeutendes Kopfweh zurückgelassen, das mich zu schließen zwingt.

156.

28. Februar.

Gewöhnlicher Tag. Des Morgens, durch die gestrige Aufführung des Händelschen Oratoriums angeregt, den Samson als tragischen Stoff zu betrachten versucht. Keinen Brennpunkt gewonnen, die Händelschen Chöre könnten dem Dinge eingewebt werden.

Nachmittags bei D[affinger], die Frau schön, schön, schön.

Abends Kinderball bei Tante Therese. Charlottens Kinder mit ihrer Stiefmutter gesehen, ohne sonderliche Anregung. Es sind zwei Seelen in mir. Die eine ist empört, daß die andere unempfindlich ist.

157.

— vous le verrez dans bien des circonstances diverses, et toujours la victime de ce mélange d'égoïsme et de sensibilité qui se combinoit en lui pour son malheur et celui des autres; prévoyant le mal avant de le faire, et reculant avec désespoir après l'avoir fait: puni de ses qualités plus encore que de ses défauts, parce que ses qualités prenaient leur source dans ses émotions, et non dans ses principes; tour à tour le plus dévoué et le plus dur des hommes, mais ayant toujours fini par la dureté, après avoir commencé par le dévouement et n'ayant ainsi laissé de traces que de ses torts.

Benjamin Constant. Adolphe.

158.

11. März.

Vor Ekel über die Leerheit der jüngst vergangenen Tage nicht schreiben mögen und können.

Gelesen: Adolphe von Benjamin Constant. Mit einem Einblick in das menschliche Herz geschrieben, der denjenigen schaudern macht, der sich in einer ähnlichen Lage befunden hat oder befindet. Am Schlusse gibt er sich das Ansehen, als Dichter kurzweg das Urteil über derlei Vorgänge auszusprechen; im konkreten Falle selbst aber dürfte doch schwer sein zu entscheiden, ob man durch eine fortgesetzte Verbindung sich und das Weib unglücklich machen soll, zu dem eine jugendliche Unvorsichtigkeit uns hingeführt, oder ob man sie geradezu töten soll, indem man sie verläßt. Es gibt Tage, wo der Mensch mit Recht die Entscheidung dem Gottes= urteile der Zeit und der Begebenheiten überläßt, und die moralische Kraft ist mir verdächtig, die den Weg der Stärke wählt, wenn er zugleich der des eigenen Vorteiles ist. Wenn derjenige, den ich im Auge habe, die Trennung wiederholt angeboten, ja ausgeführt hat, er aber jedesmal die Erfahrung machte, daß ein Menschendasein bedroht wurde, das Dasein des liebevollsten, vortrefflichsten Ge= schöpfes, wenn — Schwachherzigkeit ist ein Fehler, Hart= herzigkeit aber keine Tugend.

159.

Und wenn die Innigkeit des Gefühles abnähme, so müßte man Stoffe wählen, zu deren Ausführung diese köst= liche Eigenschaft minder notwendig wäre.

1830.

160.

Diese Memoiren über Byron (von Moore) verlieren offenbar ungemein in der französischen Übersetzung, wäre sie auch noch so treu. Die englische Sprache hat schon in ihrem Bau etwas so derbes, um nicht zu sagen rohes, daß das englisch gesagte sich durchaus im Französischen nicht wiedergeben läßt. Aber ich muß froh sein, nur die Über= setzung geliehnt bekommen zu haben.

161.

Puis, sa haine de l'hypocrisie commençait et le jetait dans l'excès opposé. Il exagérait ses fautes par mépris de ceux qui les cachaient.

Mém. de Byron.

162.

Etant jeune garçon je ne pouvais souffrir la poésie,
et ne la lisais qu'avec ennui et répugnance.

Mém. de Byron.

Mein eigner Fall.

163.

Sonderbarer Gemütszustand. Eigenes Mißbilligen des
kaum Hervorgebrachten. Sonst pflegte diese lästige Selbst-
kritik sich doch bis zur Vollendung einer Arbeit hinaus-
zuschieben, nun aber drängt sie sich allmählich schon während
derselben ein. Wo soll das hinaus? Worin liegt die Ursache? Ist sie körperlich? Ist es das, was die Leute
Hypochondrie nennen? Und wenn es körperlich ist, hat
man dagegen Mittel? Oder geht es vom Geiste aus? Ich
habe es immer redlich gemeint und doch bin ich vielleicht
nicht ohne Schuld. Unterlassungen sind so sträflich als
Handlungen.

Gestern Abends nicht bei F[röhlichs] gewesen. Sie
halten sich von mir beleidigt, ich mich von ihnen. Ich habe
immer den Fehler gehabt, daß, indes ich ohne Achtung von
Seite der Menschen nicht leben kann, ich mir doch immer
alle Mühe gab, die Menschen des Lästigen dieser Achtung
zu überheben. Wenn sie mir nun endlich gar zu nahe gekommen sind, wird mir die Lage plötzlich unleidlich, und
ich breche ungestüm mit Ansprüchen hervor, in die sich die
anderen kaum mehr zu finden wissen. Ich weiß sehr gut,
wie viel Fehlerhaftes dabei zu Grunde liegt, es ist aber
auch ein guter Zug darin: mein Widerwillen gegen das
Komödiespielen jeder Art, vorzüglich aber gegen das im
gewöhnlichen Leben. Ich gebe mich gern minder, als ich
bin, weil mir das Sich-höher-geben gar so unleidlich ist.

164.

Gestern in der Physiologie nicht fortgefahren, die mich
doch die letzte Zeit so höchlich interessierte, weil — ich mich
von P. beleidigt glauben konnte, der mir das Werk darüber geliehen, und ich den Widerwillen gegen den Eigen-

tümer des Buches auf das Buch selbst übertrug. Ja die ganze Wissenschaft ist mir fast unangenehm geworden, weil mir die Erinnerung an sie ein paar erbärmliche Streitworte zurückruft, die ich mit dem gewechselt, der mich gewissermaßen auf dieses Studium aufmerksam gemacht. Jämmerlich.

165.

Den gestrigen Tag recht erbärmlich zugebracht, ohne Gedanken, ohne Erhebung, ohne Sammlung. Abends in der Irre herumgegangen, weil ich zu F[röhlich]s nicht mochte, die Theater nichts Interessantes darboten, und meine Lebensart mich aus allen freundschaftlichen Verhältnissen, aus allem Umgange gesetzt hat. Gewiß! es ist an keine Änderung in meinem Innern zu denken, wenn nicht diese Verbindung mit F[röhlichs] ganz aufhört. Das kann aber ohne Atrozität nur durch eine Aufenthaltsveränderung geschehen. Ich war schon einigemal willens, den Fürsten Metternich um eine Stelle bei einer Gesandtschaft anzugehen, nach Italien oder Spanien etwa. Aber nebst der mangelnden Geläufigkeit im Französischen ist mir auch alles Praktische so fremd geworden, daß ich mit einer Art Schauder an jede eigentliche Amtsführung denke. Zu einer länger bauernden Reise auf eigene Rechnung, die ungefähr die nämlichen Dienste leisten würde, fehlt mir das wesentliche Erfordernis: Geld. Ein großer Teil meiner Mißstimmung rührt offenbar von diesem letzteren Mangel her. Durch eine längere Reihe von Jahren war ich gewohnt, aus dem Ertrag meiner poetischen Arbeiten mit diesem Universalhebel immer versehen zu sein, und nun, da er fehlt, und ich auf meinen Gehalt beschränkt bin, weiß ich oft nicht, wie auslangen. Ich kann entbehren, ja es fällt mir leicht, aber das Vorausberechnen und Überlegen, das immerwährend Sich-bewußt-bleiben, daß man kein Geld habe und sparen müsse, bin ich entwohnt worden. Es empört mich, daß, wenn ich in der ersten Hälfte dieser schönen Sommermonate zu viel Geld ausgegeben habe, ich nun in der zweiten Hälfte wünschen muß, daß sie doch ja recht schnell vergehen möge, indes ich sie sonst aus Abscheu vor dem Winter verlängern möchte bis zur Jahresdauer. Kurz: ich bin herabgekommen in jeder Beziehung, das ist so ziemlich der Inbegriff meiner Lage, und daß das nichts angenehmes ist, weiß wohl jedermann.

166.

Ich bin heute eigentlich erschrocken. Ich las in Boswells
Ausgabe von Shakespeare (ein Buch, das ich neu gekauft,
und niemand in der Hand gehabt hatte als ich) unter den
gesammelten Vorreden die des Johnson und zwar mit
einem Vergnügen, einer von Schritt zu Schritt auftauchenden
Billigung, wie man sie nur beim ersten Lesen eines geist=
reichen Werkes hat. Plötzlich sehe ich einen Druckfehler
mit Bleistift verbessert. Das konnte nur ich getan haben.
So hatte ich also den Aufsatz wirklich schon einmal gelesen,
und diesen Umstand, ja die letzte Erinnerung an all das
Gute und Schöne, was darin vorkommt, so wie verloren,
daß einzelne Züge mit einer Art Überraschung auf mich
wirkten. Wozu liest man aber, wenn die Spuren des Ge=
lesenen so aus der Wurzel vergehen? Mein Leben war
immer ein Traum und zwar nicht nach jenem griechischen
Spruche der eines Wachenden, sondern in der Tat eines,
der schläft.

167.

5. August.

Die Franzosen haben ihren König verjagt, der, ihnen
in die Zähne, versucht, die Verfassung zu brechen, und sie
zu einer Art — Österreicher zu machen, was denn, bürger=
lich und politisch genommen, offenbar das schlimmste ist,
was man irgend werden kann. Ich wollte, ich wäre in
Frankreich und ein Eingeborner, ich wäre eben jetzt in
Stimmung, mich für eine interessante Sache totschießen zu
lassen. Obwohl das Ganze auch seine schlimme Seite hat.
Gibt der König nach, oder setzen sie ihn ab, und nehmen
sich etwa den Herzog von Orleans, so gewinnt der Demo=
kratismus eine so furchtbare Oberhand, daß bei der Beweg=
lichkeit des französischen Charakters an gar kein Aufhören
zu denken ist. Und doch! immer besser, als der Geist unter=
liegt und die edelsten Bedürfnisse des Menschen werden
einem scheußlichen Stabilitätssystem zum Opfer gebracht.
Überhaupt gibt's wohl kein anderes Mittel, die Zeit zu
reinigen und dem vorherrschenden Egoismus die Wage zu
halten, als den Staat, und die Teilnahme aller an seinen
Interessen. Die Macht der Religion, die sonst in dieser

Beziehung wohltätig wirkte, ist erschöpft; ja der Bürger=
sinn würde vielleicht die Religion entbehrlich machen, was
um so besser wäre, da ihr positiver Teil doch zu . . . .
führt. Die ganze Welt wird durch den neuen Umschwung
sich erkräftigen, nur Österreich wird daran zerfallen. Der
schändliche Machiavellismus der Leiter, die, damit die
Herrscherfamilie das einzige Staatsverband ausmacht, die
wechselseitige Nationalabneigung der einzelnen Provinzen
hegten und nährten, hat indes die Schuld. Der Ungar
haßt den Böhmen, dieser den Deutschen, und der Italiener
sie alle zusammen, und wie widersinnig gekuppelte Pferde
werden sie sich in alle Welt zerstreuen, wenn der fort=
schreitende Zeitgeist die Gewalt des klemmenden Joches
schwächt oder bricht. Dieses Band allein wird nicht be=
stehen, wenn der erfrischende Morgen für die andern
hereinbricht, und ich bin so albern, mich darüber zu kränken,
der ich durch alle meine Neigungen darin festgehalten werde,
obwohl ich sehe, daß mein besserer Teil unter dem Andrang
ihrer Geistesverräterei zu Grunde geht. Ich hätte dieses
Land, halb ein Kapua und halb eine Frohnfeste der
Seelen, zeitig verlassen müssen, wenn ich ein Dichter hätte
bleiben wollen. Nun ist's zu spät, mein Inneres ist zer=
brochen. Aber wahrlich! wahrlich! Ich war der Anlage
nach bestimmt, eine bedeutende Stelle unter den Dichtern
der Deutschen einzunehmen. Der Anlage nach? Als ob
Charaktereigenschaften nicht ebenso gut dazu gehörten, als
Geistesfähigkeiten.

168.

[6. August.]

Vorgestern den Tag mit Schlechta auf der Jagd in
Reisenberg zugebracht. Fürchterliche Hitze; die ersten Schüsse
gefehlt, darüber mißgestimmt geworden und bald wieder
umgekehrt. O Stimmung, Stimmung! Du Göttin der
Schwachen, muß ich dir auch auf der Jagd untertänig
sein? Im Zurückfahren zu Achau angehalten, durch einen
Bauernjungen eine Karte ins Schloß geschickt, wo Luzie
wohnt. Wie sie sich freuen wird, die Arme, über dies
Zeichen der Nähe des Erbärmlichen!

169.

Gestern Nachmittags bei Monimia gewesen. Ich verstehe sie nicht. Sie versuchte ein paar mal zu spotten im
Beisein ihrer Schwestern und des Vormundes, bat aber
doch am Schlusse recht bald wiederzukommen. O, sie hat
recht, recht, recht! Alle Welt hat recht, nur ich nicht.

170.

7. August.

Ich weiß wohl, was mir fehlt: ich habe nicht arbeiten
gelernt. Von Kindheit auf mir selbst überlassen, in den
Schulen elenden Lehrern hingegeben, die weder für sich noch
für ihren Gegenstand Interesse zu erwecken wußten, überließ ich mich einer desultorischen Lektüre, einem launenhaften
Studium, einer abgerissenen Verwendung, die unter diesen
Umständen noch das möglichst beste war, mir aber die
eigentliche, die standhaft verfolgte, folgenrechte Arbeit fremd
machte, die eigentlich doch die Bedingung zu allem Bedeutenden ist. Ich bin dadurch der Mensch der Stimmung
geworden, die, obgleich das wirksamste von allem, doch ihrer
Natur nach nicht immer da sein kann und, wenn sie fehlt,
mich zum Untüchtigsten aller Menschen macht. Diese luthe-
rischen Pastorssöhne sind von Kindheit auf an andauernde
Verwendung gewöhnt worden, und die in Gang gebrachte
Mühle mahlt fort, wenn auch das aufgeschüttete Getreide
weniger wird, ich aber — du mein Gott! die großen An-
lässe wären ja nicht groß, wenn sie immer zur Hand wären.

Heute Morgen im Bureau mit Hofrat und Hofsekretär
über die Ereignisse in Frankreich disputiert. In die auf-
brausendste Hitze verfallen, den werten Vorgesetzten Grob-
heiten aller Art gesagt, und zuletzt von der Anstrengung
in jene physische Unmacht geraten, die bei mir gewöhnlich
die Folge solcher Anstrengungen ist. Ich kann aber nicht
disputieren; ich erhitze mich, darüber verwirren sich meine
Ideen und ich weiß kaum mehr, was ich spreche. Das
Bewußtsein hiervon und das hierdurch veranlaßte Bestreben,
jedem Streite auszuweichen, trägt einen großen Teil der
Schuld an meiner gegenwärtigen Apathie.

Es heißt, sie haben den Herzog von Orleans zum
Generallieutenant des Königreichs ernannt. Sonderbar!

Ich habe dieses grauenhafte Ereignis beinahe mit allen Umständen vorausgesagt. Als die Ordonnanzen erschienen, sagte ich, sie würden dem Herzog von Orleans einen Thron eintragen.

171.

9. August.

Gestern den Tag in der Brühl bei Hartmut zugebracht. Eigentlich entzückt gewesen von dem Anblick seiner vier hübschen, gesunden, lieben Buben. So hätte ich's auch haben können. Man ist denn doch nur ein vagierender Räuber und Spitzbube, wenn man das dreißigste Jahr überschritten hat, ohne verheiratet zu sein. Aber wenn es mißlingt wie es bei mir aller Wahrscheinlichkeit nach der Fall gewesen wäre! Wenigstens wußte ich nun, daß es mir nicht taugt, und das wäre immer ein Gewinn. Die Einladung zu diesem Besuche unüberlegt angenommen; mich darauf gefürchtet; gehofft, es werde darauf vergessen werden, selbst darauf vergessen, wieder daran erinnert worden, aus Entsetzen halb ein Fieber bekommen; nun doch dort gewesen und mich im Ganzen recht gut unterhalten. Wenn die Leute nicht glaubten, man ennuyiere sich, und darüber ängstlich würden, so oft man hie und dann an dem Gespräche keinen Anteil nimmt und für sich hinschweigt; ich würde der Gesellschaft weniger ausweichen, als ich jetzt tue, besonders aber nicht unter drei und nicht über sechs. Das Bedürfnis der Einsamkeit ist bei mir so vorherrschend, daß ich wie wahnsinnig werde, wenn ich einen ganzen Tag unter Menschen zubringen muß, ohne mich von Zeit zu Zeit zurückziehen zu können. Auch strengt mich das Reden an, das bei mir immer eine Versetzung in einen ungewohnten Zustand, eine Art élan ist und daher von Zeit zu Zeit Erholung braucht. Statt daß Schweigen in solchen Fällen bei mir ein Zeichen der Langweile wäre, ist es vielmehr die Wirkung eines behaglichen Berührtseins, das ich gern im stillen nachgenießen möchte. Meine Meinung mag ich noch allenfalls mitteilen, nicht aber mein Gefühl, und ich muß vergessen, daß ich nicht allein bin, meine Umgebung muß genau die Temperatur meines eigenen Wesens angenommen haben, wenn mein Inneres sich ergießen soll. Katty hatte es schon dahin gebracht, mich vergessen zu lassen,

daß sie ein äußeres sei, warum mußte sie selbst die Diffe=
renzierung herbeiführen! Unglückliches Geschöpf! aber, bei
Gott! unglücklicher ich selbst! Ich komme mir als ein
Verräter an allem Gefühl vor, weil ich das ihrige miß=
handelte; meine Begeisterung für ein Gedachtes scheint
eine Lüge, weil ich die für ein Wirkliches hinterging. Ah,
there's the rub! Das zerstört mein Leben und meine
Poesie!

Bei Hartmut seine Schwägerin getroffen, die mich bei=
nahe in Bewegung setzte, weil sie in Stimme und äußerem
der G . . b . . . e gleicht und zwar, wie diese letztere jetzt
ist, da sie mir mißfällt; mich dabei aber an dieselbe er=
innerte, wie sie einst gewesen ist, da sie anders war und
mir gefiel. Lächerlich!

1831.

172.

20. April.

Nach langer Zeit komme ich wieder zu diesen Blättern
zurück. Am 5. dieses Monats Hero und Leander aufgeführt;
nicht gefallen. Die ersten drei Akte wütend applaudiert,
die letzten zwei ohne Anteil vorübergegangen. Traurig,
daß die Stimme des Publikums mit meinen eigenen Zweifeln
so sehr zusammentrifft. Der fünfte Akt ist zwar leider nur
zu wirksam, zu theatralisch (weshalb ich ihn auch immer
ändern wollte), er litt aber offenbar unter der Wirkungs=
losigkeit des vierten Aktes, denn auf einmal Zerstreute
wirkt nichts mehr. Sonderbar, diesen vierten Akt schrieb
ich gerade mit der meisten Innigkeit, dem nächsten Ein=
leben, und er schien mir im ersten Augenblicke sehr ge=
lungen; aber schon bei der zweiten Überarbeitung, ein Jahr
später, konnte ich mich selbst nicht mehr darein finden. Das
Ganze ist offenbar mit zu wenig Folge, abgerissen und
mehr mit einer allgemeinen, als mit einer besonderen, mit
einer Stoff=Begeisterung geschrieben. Mehr Skizze als
Bild. Die Aufgabe war ungeheuer. Wenn die Lösung
gelang, war der Gewinn groß für die Poesie. Sie gelang
nicht. Und doch, und doch! Wenn ich durch ein paar noch
folgende, gelungene Leistungen mich in der Zahl der bleiben=

den Dichter erhalten kann, möchte leicht eine Zeit kommen, wo man den Wert des wenn auch nur Halberreichten in diesem vierten Akte einsehen dürfte.

Sonderbar die Wirkung, die dieses Mißlingen auf mich machte! Anfangs höchst unangenehm, wie natürlich, aber schon den zweiten Tag gewann ein höchst beruhigendes Gefühl die Oberhand. Aus der Knechtschaft des Publikums und des Beifalls gekommen zu sein, wieder mein eigener Herr, frei zu schreiben oder nicht, zu gefallen oder zu mißfallen, kein obligierter Schriftsteller mehr, weil ein Mensch, ein innerlicher, stille Zwecke verfolgender, nicht mehr an Träumen, an Wirklichkeit Anteil nehmender Mensch. Ja, wenn ich es wieder dahin bringen könnte! Jede Demütigung der Eigenliebe sollte mir für den Preis willkommen sein!

173.

[Juli.]

16. Hilderich. Giraffe.
Abend. Heiligenkreuz. Kollation.
17. Meierling (Kircheneinöde).
Reisermarkt. Frühstück.
Schwarzensee.
Neuhaus.
Weißenbach. Mittag. Salettel.
Steinwandgraben.
Greuth.
Mukendorfer Fall. Regenmantel.
18. Pernitz. Regen. Nachtlager.
Julie. Nanni.
Gutenstein. Wirtsbarometer.
Altes Schloß.
Schwindelprobe
Schreckensmoment im Klosterthale
Klosterthal
Jägerhansjörgel
Eine Stunde zur Höchbäuerin
Noch immer keine Höchbäuerin
Schulmeisterfamilie. Tochter. Hut.
Höchbäuerin. Nachtlager. Stroh. Lazarus.
Alpenschmalz. Händel. Heißhunger.
19. Unendlicher Kaffee.

Regen. Aufbruch. Schwarzau, Naßwald-Thal,
  marod. Kinderleiche.
Dillitsch, Diebitsch, falscher Spaßmacher.
Grobe Wirtin. Fettes Händel nicht abzustechen.
  Darmreißer.
Spindlerisches länger als lieber.
Verwalter. Delta, Tau?
Fortsetzung des Naßwaldthales.
Totenthal.   Rosen.
Naß!!!
Alpenwiese.   Verzaubertes Dorf.
Bauernstunde.   Drei Kinder.
Kapellen.
Nachtlager. Wirtsfamilie. Ich kleide die Nackten.
20. Zu Wagen abgefahren. Schöne Wirkung der Nebel
  in den Bergen. Schöner Tag.
Neuberg.
Mürzsteg.   Zu Fuße weiter.   Schönes Thal.
  Schlucht zum Wasserfall. Mürz. Forellen. Das
  tote Weib. Der Wasserfall nicht reich, aber einer
  der schönsten, die man sehen kann. Bauernfeld
  stürmt die Felsen, wird aber zurückgeschlagen,
  verliert zweimal das Griesbeil.
In der Frein. Mittagmahl. Drohendes Ge-
  witter. Über den Freinsattel. Absteigen über
  den Auslauf des Studenten, mit dem wunder-
  schönen Anblick des Hallthales. Holzbauer. Elf
  Bergreihen.
Maria Zell.

174.

26. August.

Von einer nach Gastein unternommenen Reise heute
zurückgekommen. Krank abgegangen, krank heimgekehrt.
Den ersten Teil des Weges, von Wien bis Ischl, zu Fuß
gemacht und mich besser befunden, als jemals seit zehn
Jahren. Durch dreizehn Tage jeden Tag sechs, sieben
bis acht Stunden gegangen ohne Anstoß, beinahe ohne
Ermüdung. Hätte ich mich des Bades enthalten, ich wäre
jetzt gesund. Aber die Ärzte meinten, und ich gab nach,
jeden Morgen fühlte ich mich schlimmer, und als endlich

kaltes Wetter eintrat, kehrte sich gewissermaßen meine eigenste
Natur um. Sonst zu Verstopfungen geneigt, überfiel mich
eine Diarrhöe, die noch jetzt anhält, mir höchst widerlich
ist und mich offenbar wie eine im voraus zubereitete Speise
der herannahenden Cholera vorsetzen muß, deren Symptome
so ziemlich mit den bereits bei mir vorhandenen überein=
stimmen. Jede Krankheit erzürnt mich, aber ich scheue keine.
Diese Cholera aber widert mich an, weil sie gar so unsauber
ist und ekelhaft. Beim Eintritt des letztverflossenen Winters
hatte ich ein Vorgefühl, daß es einer der traurigsten meines
Lebens werden würde, und es kam so. Dasselbe Vor=
gefühl klammert sich auch jetzt an mich an. Ob es Wort
halten wird?

Die Fußreise nach Ischl ward mir durch die Reise=
gesellschaft verleidet. Der Maler Beyer, Karajan, Bauern=
feld. Beyer war krank. Karajan, sonst ein gutartiger,
unterrichteter Mensch, identifizierte sich gar zu sehr mit der
umgebenden Natur und streifte auch jenen Rest von Firniß
ab, ohne den nur bedeutende Persönlichkeiten noch genießbar
sind. Bauernfeld fängt an, durch das Komödienwesen und
den Umgang mit Schauspielern verdorben zu werden. Die
Innigkeit seines Wesens, die ihn liebenswürdig machte, räumt
einer Art .... Leichtfertigkeit und spitzigen Bestimmtheit
den Platz, die mir an jedermann widerlich ist, an ihm aber,
des Kontrastes wegen, ärgerlich. Daß ich ein schlechter
Gesellschafter bin, ist gewiß. Ertragen, um ertragen zu
werden, ist das Hauptprinzip jeder Gemeinschaft. Bei mir
aber wirken die üblen Eindrücke so gewaltig nach, daß sie
mich bestimmen, und da eine gewisse Schwäche oder Gut=
mütigkeit meiner Natur mich abhält, das Störende bestimmt
zurückzuweisen, so ist der Verstimmung kein Ende, und das
ganze sieht endlich aus wie üble Laune. Ja, wenn ich
endlich losbreche, so geschieht es nicht beim eigentlichen
Anlaß, sondern erst, wenn mir die Nachwirkung unerträg=
lich wird, so daß ich wohl gar als der eigentliche Angreifer
erscheine.

Man kann sich überhaupt nicht läppischer gegen Be=
leidigungen benehmen als ich. Da ich wohl oft im Zorn,
nie aber mit Überlegung jemand ein bitteres Wort gesagt
habe, so fällt mir auch im ersten Augenblicke bei kränkenden
Reden anderer nicht ein, daß dabei eine Beleidigung beab=
sichtigt sei. Ich habe in hypochondrisch=argwöhnischen

Augenblicken schon so oft da Feindseligkeiten gesehen, wo am Ende nichts übles gemeint war, daß ich seitdem den ersten Eindrücken und meiner Empfindlichkeit mißtraue. Erst in der Folge, wenn das Störende, nach allen Seiten betrachtet, keine andere als üble Auslegung gestattet, halte ich mich für wirklich beleidigt. Von da an bin ich in Verfassung, und die Angriffe werden, wenn auch nicht Fall für Fall, doch um so derber zurückgewiesen. Aber auch nun vergesse ich in meiner Zerstreuung oft das Zugefügte, und der Beleidiger kann nach einiger Zeit sein Spiel wieder von neuem anfangen und findet mich wieder wehrlos bis auf einen gewissen Punkt. Zeigt sich der Gegner endlich als schlecht, dann ist an keine Aussöhnung mehr zu denken, und er findet einen stets kampffertigen Widerpart.

Bauernfelds Vorzüge gehen alle aus der Empfindung hervor; wenn er ihr untreu wird, ist auch sein ganzer Wert verloren. Er mag gegen den Egoismus auf seiner Hut sein!

Auf einer zwölftägigen Fußreise bis Admont gelangt; von da zu Wagen nach Ischl. Dort trennte sich die Gesellschaft.

Ein paar Abenteuer: Versuchte Besteigung des Hochschwab. In dunkler Nacht die Voralpe: das Gollrad erreicht. Zu dreizehn Personen in einer Ochsenhütte übernachtet, deren Flächenraum sechzehn aufrechtstehende Personen völlig ausgefüllt hätten. In der Mitte ein Herd mit einem die ganze Nacht unterhaltenen Feuer. Kein Rauchfang, kein Fenster. Man mußte liegen oder sitzen, auf einer Höhe von fünf Fuß erstickte man in Qualm, Regen die ganze Nacht. Des Morgens um ½3 Uhr aufgebrochen. Dichte, undurchdringliche Nebel, beinahe der auf Büchsenschußweite liegende Hochschwab selbst nicht zu sehen. Der Apotheker Hölzl, unser Führer von Maria-Zell aus, bringt auf Besteigung des Berges. Wir erklären den Versuch als Unsinn, was es auch gewesen wäre. Hölzl setzt seine Reise fort, wir kehren um. Der Nebel verwandelt sich in Regen, in Wasserguß. So steigen wir vier Stunden abwärts nach Weichselboden. Der Weg oder vielmehr der Ort, wo wir gehen, denn Weg gibt es keinen, durch den Regen schlüpfrig gemacht. Abstürze, die beim Aufwärtssteigen die Dunkelheit der Nacht verborgen, nunmehr offen vor Augen liegend. Ich falle mehr [als] ein dutzendmal. Einmal ein ungeheurer

Baumstamm quer über unsern Pfad gestreckt, von solchem Umfang, daß, wenn man ihn, wie man mußte, rücklings überschritt, kaum die Zehenspitzen jenseit den Boden erreichten, und zugleich war er schlüpfrig wie Glatteis und ragte mit dem äußeren Ende in den Abgrund hinaus, so daß beim Abglitschen die Strafe der Ungeschicklichkeit nicht zweifelhaft war. Bis auf die Seele naß langten wir in Weichselboden an. Die Kleider mußten ausgezogen werden, um am Feuer zu trocknen, in doppelt übereinander gezogenen Hemden und Unterhosen erwarteten wir das Mittagmahl bei einem — Spiele Karten. Trauriger Notbehelf! aber mein Denk- und Gefühlsvermögen schwieg auf der ganzen Reise, und meine Gesellschaft fühlte sich nicht zum Wecken berufen. Sie mögen mit Recht mir denselben Vorwurf gemacht haben! Ich bin nur ein Mensch, wenn ich allein bin, und dann nicht immer! Die Gesellschaft findet an mir nur zu häufig einen Klotz!

In Gastein den Erzherzog Johann getroffen. Wenn ich je meinen Rudolf II. ausführen sollte, so wird dieser Erzherzog wohl darin als Erzherzog Matthias figurieren. Auch Oberst Heidegger war da, derselbe, der eine Rolle in Griechenland spielte. Er hat mir nicht sonderlich gefallen, vielleicht aus keinem anderen Grunde, als weil ich ihm offenbar auch nicht sonderlich gefiel. Daß er eitel ist; wer steht mir dafür, daß ich es nicht auch bin? Diese meine ausschließende Vorliebe für Einfachheit und anspruchslose Herzensgüte kann eben so wohl ein Wunsch zu gelten sein, verbunden mit Unfähigkeit sich geltend zu machen.

Unter den Badegästen die recht interessante Madame Duport und eine wunderhübsche Frau von Miglitz aus Klagenfurt. Sie gefielen mir beide, ich habe sie aber beide durch meine widerliche Laune von mir entfernt.

Es war eine Zeit, wo die Weiber das von mir ertrugen. Werde ich alt? Bin ich noch unschöner geworden als sonst? oder? Einige liebenswürdige Frauenzimmer, die sich geduldig von mir mißhandeln ließen, haben mich verwöhnt. Ich nähere mich nicht leicht, ohne daß man mir entgegenkommt; beim geringsten Mißvergnügen breche ich das Verhältnis ungestüm ab, und die Weiber lassen es nunmehr dabei bewenden, was sonst nicht der Fall war. Es beginnt Abend zu werden. Während der ganzen Reise, während des langen Aufenthaltes in Gastein nicht einen

poetischen Gedanken gehabt; ja kaum begriffen, daß ich je
wieder in Stimmung kommen könnte, einen Vers zu machen.
Entsetzliches Gefühl!

Die Wände meines Zimmers in Gastein mit Lobes-
erhebungen des elenden Baldamus auf den Erzbischof von
Erlau befleckt gefunden. Ich schrieb einige Schimpfzeilen
darunter, da ich sie doch sonst vergesse:

Den Bischof und den Dichter vergleich' ich ohne Müh',
So Ein' als Andrer dichtet, auf Glauben rechnen sie.
Doch glaubt man nicht dem Bischof, so bleibt ihm doch sein Amt —
Der ungeglaubte Dichter ist darum schon verdammt.

> Ovidius, Virgilius,
> Horatius, Baldamus,
> Es klingt doch alles gleich auf us,
> Oremus wie laudamus.

Dem klugen Manne schmeicheln hat Vorteil oft gebracht,
Und schmeichelst du dem Thoren, ist er in deiner Macht;
Allein dem Schmeichler schmeicheln ist höchlich unbedacht:
Wer selber Netze stellet, nimmt sich vorm Netz in acht.

175.

19. September.

Kaum von Gastein zurückgekehrt, mit Schlechta und
den beiden Hartmut zum Besuch nach St. Christoph am
Fuße des Schneeberges gegangen. Dort sieben Tage zugebracht. Mein körperliches Übel bessert sich. Große Fati-
guen mitgemacht, gleich nach der Ankunft zu Christoph eine
Nacht auf dem Gamsberge biwakiert. In einer Laubhütte,
mit Heu zugedeckt, außen ein großes Feuer. Schöne Nacht,
die Sterne gar so groß am Himmel. Um halb drei Uhr
Morgens Aufbruch. Die letzte Spitze erstiegen. Jagd.
Beim zweiten Triebe schon am Glück verzweifelnd, auf
einem Baumstamm sitzend eingenickt. Plötzlich Lärm der
Hunde, ein Schuß ober mir. Aufgewacht. Bock und Geiß
hart vor mir. Vorüber wie im Sturm. Nachgeschossen;
gefehlt. Mißlaunig.

Ich muß trachten ins Currens zu kommen. Ich will,
so lang es mir beliebt, eine Art Tagebuch fortsetzen. Mittel
gegen die Gedankenlosigkeit. Wenn diesen Winter die

Cholera überhand nimmt, wird man doch viel zu Hause
bleiben müssen, da ist denn jeder Zeitverderb willkommen.
Auch habe ich beschlossen, die Abendgesellschaften im Gast=
hause aufzugeben. Ich erhalte mich viel reiner; hehrer
würde Khüeny sagen. Da werde ich denn frühzeitig zu
Hause sein und kann eine halbe Stunde vor dem Schlafen=
gehen mit derlei Geschreibsel ausfüllen. Schlafe ich auch
über der Anstrengung des Schreibens schlechter, so ist es
ja eben nicht durchaus notwendig, gut zu schlafen. Dann
ist bei mir der völlig ungereizte Zustand eigentlich so gut
als apathisch, was das Übel ärger macht. Darum nur darauf
los geschrieben! Es ist ohnehin, als ob sich seit der Rück=
kehr. von Christoph ein poetischer pruritus einigermaßen
wieder regen wollte.

<h2 style="text-align:center">176.</h2>

21. September.

Die Cholera ist in Wien. Als sie entfernt war, fürchtete
man sich; als sie zögerte zu kommen, warb man leichtsinnig,
als sie eintrat, und von einzelnen wenigen Erkrankungs=
fällen mit einem ungeheueren Sprunge an einem Tage
anderthalbhundert erkrankten und verhältnismäßig viele
daran starben, und noch dazu fast alle aus den besseren
Ständen, warb das Entsetzen allgemein. Ich verhielt mich
ziemlich gleichgültig. Aber als ich im Gasthause mich an
den Tisch setzend plötzlich höre, daß der Advokat Dr. Götz,
mit dem ich seit fünf Jahren täglich zu speisen gewohnt
war und auch noch den Tag zuvor gespeist hatte, denselben
Morgen nach einem kurzen Übelbefinden gestorben sei,
schlug es plötzlich grauenhaft in mich. Ich konnte nicht
essen, und die folgende Nacht bekam ich selbst einen Anfall,
der, obschon nicht heftig, doch schon ein bedenkliches Symptom
zeigte. Die rechte Hand nämlich war für einige Augen=
blicke eiskalt und bewegungslos geworden, sie erwärmte
und belebte sich aber bald wieder. Mit diesem Anfalle
war aber auch mein bewegter Zustand vorüber. Widerlich
war mir eigentlich nur gewesen, daß ich glaubte, der
Choleratod trete infolge ungeheurer, unleiblicher Schmerzen
ein, und die Idee, wie ein verwundetes Tier sich krümmend,
sinnlos, im Schmutz ekelhafter Leibesentleerungen aus der
Welt zu gehen, empörte mich. Aber als der Arzt, über

meinen Krankheitsanfall viel mehr erschreckt als ich selbst,
die irrige Idee über die den Tod begleitenden Zufälle genommen hatte, schien es mir gar nicht mehr so schlimm,
mitten in einer allgemeinen Kalamität, unbemerkt, kaum
bedauert, das Los vieler zu teilen. Ja, als ein neuer Anfall, obwohl unendlich schwach und bald vorübergehend, mich
verflossene Nacht aus dem Schlafe weckte, dehnte ich mich
mit einer Art Wollust bei dem Gedanken eines so schnellen
Überganges in das unbekannte Land. Ich hegte gleichsam
die Empfindung des erwachten Grimmens im Unterleibe,
schlief aber darüber ein und erwachte gesund und diesseits.
Ich glaube nicht, daß ich an dieser Krankheit sterben werde;
sie nimmt wohl nur die, die noch gerne da bleiben möchten.

177.

17. Dezember.

Wie lange ist es her, daß in dieses Buch nichts einge-
schrieben worden! Kann ich mich denn durchaus an die
Idee eines Tagebuches nicht gewöhnen? Von heute an,
da ich die gewöhnlichen Abendzusammenkünfte im Gasthause
aufgegeben habe, bliebe vor dem Schlafengehen Zeit genug,
ein paar Zeilen niederzuschreiben. Und es wäre doch so
nützlich! In guten Zeiten spinnt sich die geistige Existenz
von selbst fort; aber bei quälenden Ereignissen ist ihre
erste Wirkung, daß sie mir das Denken verleiden, da jedem
Gedanken sich die Erinnerung an das bestehende Traurige
beimischt, wodurch bei meiner großen Empfindlichkeit das
Gefühl der Lage bis zum Unerträglichen gesteigert wird.
Das Schreiben ennuyiert mich jetzt schon; daher schnell zum
Schluß. Tagesbegebenheiten keine. Morgens versucht an
der Libussa zu bosseln, aber ohne Erfolg, da das Ganze
nicht interessiert, und der ganze Plan schlecht ist. Bloßes
Gedankenzeug, nicht einmal streng abgegrenzt, beinahe ohne
Gefühls-, wenigstens ohne Leidenschaftsmotive. Ich schreibe
daran fort in dem Bewußtsein, daß dabei nichts herauskommt, bloß um dem inneren Krieg eine Diversion zu
machen und die Vormittagsstunden zu töten, die mich töten
würden, wenn ich mich mir selbst überließe. Zu Mittag
gegessen, unmittelbar darauf nach Hause, in dem dürren
Zschokkischen Alamontade gelesen. Klavier gespielt, zu
Fröhlich gegangen. Sitze hier — und schließe.

178.

19. Dezember.

Von so vielen Seiten das Geschick den Menschen ver=
wunden kann, von so vielen hat es mich angegriffen. Kein
Punkt ist, wo ich anhalten könnte und tiefer Atem holen
und sagen: hier will ich Fuß fassen. Wenn der Mensch
jemals ohne Unsinn sagen könnte, ich mag nicht mehr leben,
so könnte ich es jetzt. Und ich sage es auch; aber es ist
Unsinn. Und jeder Tag fügt eine neue Qual hinzu, jede
Nachricht ist eine üble, jeder Schritt führt abwärts. Ohne
ein hinzukommendes Günstiges von Außen, weiß ich wohl,
werde ich mich nicht aufrichten können. Nicht, daß ich mut=
los wäre! Ich kann noch mehr ertragen; aber mein Geist
mattet sich im Widerstande ab und über der Notwendigkeit,
die Fersen fest gegen den Boden zu stemmen, kann er seine
Flügel nicht brauchen. Deß allen bin ich nicht ohne Schuld.
Ich habe die Menschen aus allen Kräften von mir fern ge=
halten, und sie halten sich nun fern. Die Menschen lassen
sich noch allenfalls von Hochmütigen verachten, denn, wer
sich selbst einen Riesen dünkt, läßt die andern in ihrer
natürlichen Größe, wenn er sie für kleiner hält als sich
selbst. Wer aber die andern gering schätzt, ohne sich selbst
hoch zu setzen, rebuziert die Verachteten auf Null, und das
erträgt niemand. — Alle Literatoren Deutschlands sind
gegen mich, denn ich habe sie nicht gesucht, sie vermieden,
ja selbst die Briefe nicht beantwortet, die sie an mich
schrieben. Wer von ihnen braucht es zu wissen, welch' ein
Feind vom Briefschreiben ich bin, wie ich die Antworten
so lange aufschiebe, bis es zu spät wird, oder ich darauf
vergesse? Sie nehmen es für Eigendünkel und Verachtung
und rächen sich. Wie widerlich mir dieses lamentable
Wiederkäuen ist! und doch kann ich nur klagen. Das hat
mir auch die beharrliche Fortsetzung meines Tagebuches
immer unmöglich gemacht.

Heute und gestern in der Libussa nicht fortfahren kön=
nen. Das Ganze drückt gegen den Boden zu und müßte
lange in der Luft gehalten werden. Nicht die Phantasie
fehlt; das Herz ist tot; und das Gefühl ist die eine Hälfte
der Phantasie, so wie auch der Verstand nur halb im Kopf
liegt und halb in der Brust. Einige Oden von Manzoni
gelesen. Zu sichtliche Nachahmung der Alten und des

Dante, übrigens vorzüglich. In Diderots Memoiren fort=
gefahren. Er ist der Lessing der Franzosen. Ihre Gaben
halten sich so ziemlich die Wage. Diderot feiner und be=
weglicher, begabt mit dem glücklichen Takt der Franzosen.
Lessing aber ist mehr Mann. Ich weiß nicht, ob Diderot
hätte einen Nathan schreiben können, Lessing gewiß weder
eine Religieuse, noch einen Jacques fataliste. Als Kunst=
richter und Kenner steht Lessing weit über jenem. Diderots
Vorschläge zu einem Monument für den Dauphin versieren
so in der unbildsamsten Sentimentalität, daß man gleich
merkt, wie weit es mit ihm her ist, dagegen: wie lange
erhält sich der Franzose frisch! Schwärmerischer und zu=
gleich vollkommen bastanter Liebhaber mit fünfzig Jahren.
Lessing — doch halt! auch er heiratete spät, und wenn auch
ohne Glut, die Wärme war ihm noch nicht abhanden ge=
kommen.

Mittags im Konzert des Musikvereins. Darauf zu
Fröhlich. Über die Vorzüge einer Sängerin und eines
Violinspielers eines Schlages in einen so heftigen Streit
mit Katty geraten, daß die sonst überschwänglichen Schwestern
sich ins Mittel legen mußten. Das Mädchen ist durch Liebe
und Achtung lenksam bis zur Willenlosigkeit, aber gleich
auf gleich die größte Rechthaberin von der Welt und, so=
lange die Aufregung dauert, nicht im Stande zu schweigen,
oder den Streit liegen zu lassen, wenn es auch alles gälte,
was zu erhalten sie sonst das Übermenschliche tut und duldet.
Warum mußte dieses Wesen in meine Hände geraten oder
je darauf verfallen, sich gleich auf gleich mir gegenüber zu
stellen!

Heute Mittags bei Fröhlich. Sie versuchte zu trotzen,
konnte es aber nicht zu Ende bringen. Versöhnung. Die
wievielte seit unserer Bekanntschaft? Nachmittags in For=
kels Geschichte der Musik gelesen. Auszüge gemacht. Ich
sollte mich an diese Auszüge gewöhnen. Abends bei
Demelschen Quartette gehört. Dazwischen ein Trio von
Beethoven. Er quält einen mitunter wie ein launisches
Mädchen, und wenn man im Begriffe ist zu brechen, fühlt
man sich plötzlich durch ein herzliches Wort wieder versöhnt.
Es ist Nacht. Ich will mir den Schlaf nicht wegschreiben.

179.

20. Dezember.

Gewöhnlicher Tag. Morgens nichts gearbeitet. Fast möchte ich sagen: Gott sei Dank! da die Arbeit vor der Hand doch so selten zu Dank gerät. Dafür in Hormayrs historischem Taschenbuche gelesen, das mir frühmorgens Karajan brachte. Viel Gutes in der Biographie Stadions gefunden. Gott wollte diesen Hormayr zum Geschichts= schreiber machen, er selbst aber hat sich lieber zu dem eigensüchtigen, klatschenden, charakterlosen, chamäleontischen Zwitterding gemacht, das er wirklich ist. Abends bei Doktor Schäfer verschiedenes von den Arbeiten unseres gemein= schaftlichen Schulkameraden Doktor Hornpostel von ihm selbst vorlesen gehört. Wirklich ausgezeichnet. Manches so gut als bei Tieck, manches, besonders das Versifizierte, besser. Ich habe in ihn gedrungen, ein paar Bände heraus= zugeben, obwohl man dazu eigentlich niemand auffordern sollte, denn es ist das Grab der Innigkeit, des Einlebens in den Gegenstand, der Empfindung der Unschuld, was weiß ich? Wenigstens mich hat die Publizität alles das gekostet. Indes mag es bei andern anders sein. Dieser Mann ist beinahe um fünf Jahre älter als ich und hat sich in seiner Zurückgezogenheit so innerlich jung und frisch erhalten, daß mir ganz weh ums Herz wurde bei der Ver= gleichung. Und doch soll er dran! Es ist einmal Pflicht des Menschen, sich der Menschheit hinzugeben mit dem, was er vermag. Im Grunde steht es auch den züchtigen Fräu= leins nicht wohl, zu heiraten und sich dann allerhand sonst verabscheute körperliche Dinge gefallen zu lassen, aber der Mensch ist einmal nicht da, um rein zu sein, sondern zu nützen, zu wirken.

180.

21. Dezember.

Muß ich immer wiederholen: ein leerer Tag? Morgens ein wenig gearbeitet, es war, als wollte es sich etwas auf= hellen. Durch einen Besuch des Kapellmeisters Kreutzer gestört. Mittags Klavier gespielt, gegessen. Bei Sellier gewesen. Im Theater Schwarzens Tochter spielen gesehen. Kein Talent. Nihil est intus. „Die Fürsten Chawansky"

von Raupach. Miserables Stück. Gefällt dem Publikum
sehr. Recht au niveau mit ihm. Nach dem britten Afte
nach Hause gegangen. In den Briefen eines Verstorbenen
gelesen. Amüsant. Bei einer Stelle erschrak ich. Es ge=
schah meiner Erwähnung. Ich las den Namen wie den
eines Fremden, eines Verstorbenen. Ich muß mich oft
recht besinnen, um mir bewußt zu werden, daß ich derselbe
bin, dessen Werke einiges Aufsehen in der Welt gemacht
haben. Der Dichter Grillparzer. Der verfluchte Name
hat mich immer geärgert. Geschrieben kann ich ihn sehen,
gedruckt entsetzt er mich. Derlei Namen kommen nicht auf
die Nachwelt, Lord Byron mag sagen, was er will. O
weh, o weh der verflossenen Zeiten! und der kommenden,
setz' ich hinzu.

181.

22. Dezember.

Aufgestanden. Wie seit längerer Zeit alle Tage, vor
dem Frühstücke im Aristoteles (Analytica), während des
Frühstückes einige Szenen aus einem spanischen Stücke ge=
lesen. (Diesmal die erste Hälfte des britten Aftes von
Cifuentes „Vengada ántes de ofendida", herzlich matt.)
Ein wenig gearbeitet. Wieder durch Kreutzer gestört wor=
ben. Besuch von Karl Hartmuth. Einladung zu Eskeles
für Montag Mittag, begleitet von Viktor Hugos feuilles d'au-
tomne zum Durchlesen. Ein wackerer Mensch, dieser Eskeles,
wenn nicht etwa der hinkende Bote hintennach kömmt. Ich
bin vorsichtig geworden. Im Bureau Xenophon. Die Art,
wie Derkyllides dem Kerl (Manias heißt er, glaube ich)
mitspielt, recht gut in einem Stücke zu brauchen. Mich
doch halb gefreut, daß der gute, aber etwas abstruse Berger
mir versichert, daß, wenn er mit mir zwei Minuten spreche,
es ihm Stoff zum Durcharbeiten auf zwei Monate gäbe.
(O weh! ich selber habe die Ausbeute von zwei Monaten
in ebensoviel Minuten verzettelt!) Im Wirtshause gegessen,
mich mit dem ältern servilen C*, bann mit A. und E.
unterhalten, von denen der letztere vielleicht ein Kuppler,
der erstere wahrscheinlich ein Mouchard ist.

Die Nachricht bestätigt gehört, daß die Theaterbirektion
beabsichtigt, den Treuen Diener wieder aufzunehmen, nach=
bem man ihn brei Jahre liegen gelassen, und baß Schwarzens

Tochter die Königin spielen soll. Will man diese Schau=
spielerin unter dem Deckmantel eines halbneuen Stückes
durchschlüpfen machen, oder soll das Stück an dem Wider=
willen des Publikums gegen die Schauspielerin teilnehmen?
Ich weiß es nicht. Die Sache ist aber entweder boshaft
oder ungeschickt.

182.

27. Dezember.

Mehrere Tage dies Schuldbekenntnis nicht fortgesetzt.
In eine Masse von Zerstreuungen und übler Laune hinein=
gezogen worden, in denen doch endlich jene dieser wunder=
barerweise ein Ende machten. Ich sollte mehr Takt haben
in der abwechselnden Wahl der Gesellschaft und Einsam=
keit, jedes für die Zeit, wo es nottut, es ginge offenbar
besser.

Einen Christbaum bei Fröhlich mitgemacht und Be=
scherungen erhalten, wobei mich die Oberflächlichkeit und
Geschmacklosigkeit des von Katti mir bestimmten Geschenkes
äußerst unangenehm berührte. Zweimal im Begriffe ge=
wesen, den Stein des Anstoßes geradezu auf der Straße
wegzuwerfen, nur um des widerlichen Eindruckes los zu
werden. Ich habe es nicht getan. Es war ein allerdings
nicht zu verwerfendes Gefühl, was mich daran hinderte.
Kann nicht weiter schreiben, weil ich keinen brauchbaren
Faden zu stande bringe.

1832.

183.

20. Jänner.

Wie lange habe ich diese Blätter nicht berührt! Teils
darauf vergessen, teils war nichts aufzuzeichnen.

Inzwischen das mechanische Fortbosseln an dramatischen
Stoffen eingestellt, weil denn doch offenbar dabei nichts
herauskam. Sonderbares Verhalten des Innern. Unfähig=
keit einen Stoff als Ganzes zu überschauen. Die Teile
bei einzelner Beschäftigung mit den Details allerdings bis
zu einem gewissen Grade von Anschaulichkeit zu bringen,

die aber beim Ansetzen der Feder alsobald verschwindet. Daß auf diese Art alles steif und lahm geraten mußte, und das Ganze nichtig geworden wäre, nur allzuklar, daher vom Frevel abgelassen.

In dieser resignierten Verzweiflung am selbst künftigen Gelingen schönerer Dinge um die erledigte Archivdirektors=stelle angesucht; fest entschlossen, das Geschäft bis zum Wiedereintritt der Poesie eifrig zu betreiben, und selbst froh, dem dumpfen inneren Schmerz für den Augenblick ein äußeres Gegengewicht zu finden. Für mich gilt näm=lich das lyrische sorrow is thought nur dann, wenn ich nicht von herabziehenden Außendingen umgeben bin; dann wird mein Kummer kontemplativ, poetisch: im entgegen=gesetzten Falle artet er in Stumpfheit und Gedankenscheue aus. Meine Gedanken sind potenzierte Empfindungen und meine Empfindungen halbe Gedanken.

184.

25. Jänner.

Habe die Archivdirektorsstelle erhalten und so des Men=schen Sohn um dreißig Silberlinge verkauft. Ich werde ein volles Jahr verwenden müssen, das Geschäft kennen zu lernen; ein volles Jahr, ohne auf Poesie anders als in verlorenen Augenblicken denken zu können. Dann freilich nach diesem Probejahre, wenn die Poesie käme, würde ich sie aufnehmen können. Aber wird sie kommen? Ein be=stimmtes Gefühl, daß es mit mir aus ist, hat mich diesen Platz suchen und annehmen lassen. Dieses Gefühl, das freilich in meiner Jugend schon einmal da war, hat sich zum zweitenmale ungefähr ein Jahr nach der Aufführung des Ottokar wieder eingestellt und seitdem, mit kurzen Unterbrechungen, mich nicht wieder verlassen. Meine über=spannte Reizbarkeit, durch das Hervorstoßen der Ahnfrau auf einmal zur Tätigkeit gekommen, trug alle Lasten mit siegreicher Kraft, forderte überschwänglich die Welt heraus und stand allen inneren und äußeren Feinden. Aber an jenem zweiten Zeitpunkte ward die Last der Dinge und Ereignisse zu mächtig, die Kraft ließ nach; zweimal erhob sie sich noch halb, aber ohne inneres Zeugnis, ohne Sieges=hoffnung, und brach endlich zusammen und wird nie wieder erstehen, fürchte ich. Nein, nein, nein. Ich weiß, daß

nichts zu hoffen ist und doch gebe ich die Hoffnung nicht
auf. Wie sagt Dante? Che fece per volta il gran rifiuto.
So soll's von mir nicht heißen. Die Hartnäckigen gewinnen die Schlachten, war Napoleons Grundsatz, und, weiß
Gott, ich bin hartnäckig!

Gut! Ich will mein neues Amt antreten, ich will die
Amtsstunden halten, ich will fleißig sein, aber — es kommt
jemand —, aber ich nehme mir zugleich vor, jeden Tag
und zwar gerade im Amtslokale etwas Poetisches zu arbeiten,
um nur den Gedanken an die Bestimmung nicht zu verlieren, und — die Hoffnung, oder wenigstens den erstern
nicht, denn die letztere gebe ich auf.

185.

11. März.

Das Amt will sich nicht geben. Nicht als ob mir die
Arbeit uninteressant wäre. Dieses Herumstören in alten
Akten, dieser geschäftige Müßiggang des Beamtenlebens
hat mir im Gegenteil in meiner gegenwärtigen Stimmung
etwas Erquickliches. Aber nur die Nebendinge sprechen
mich an, das Geschäft selbst, fürcht' ich, bleibt unbesorgt.
Dazu die Untergebenen, über die ich die Aufsicht führe, die
ich zur Arbeit anhalten, denen ich Arbeit zuteilen soll. Ich,
der ich mein Lebenlang mich nur mit mir selbst beschäftigt
habe, und selbst damit nicht zu stande kam. Dazu noch:
welche Art von Menschen! Ich habe sie mir feindseliger,
ich habe sie mir unwissender, unbrauchbarer gedacht. Aber
es ginge besser, wenn sie schlimmer wären. Ich sehe ihr
Lauern, aber da sich kein Widerstand zeigt, kann ich nicht
Front gegen sie machen. Nebstdem: alles was ich bisher
gearbeitet habe, fühle ich wohl selbst, daß es nicht taugt.
Ich kann nichts verrichten, ohne mich bis auf einen gewissen
Grad dafür zu begeistern. Da mischt sich denn aber so viel
Phantasie zu den wirklichen Données, daß das Ganze leicht
ein Spiegelgefecht gegen einen idealen Gegenstand wird.
Mich negativ gegen die Aufgabe verhalten, kann ich nicht.
Durch nichtssagende Floskeln ausweichen, liegt nicht in
meiner Macht, da schneide ich denn ins ganze Holz bei
Dingen, die ich offenbar nicht genug verstehe. Die Übel-
wollenden werden das aufgreifen und — —

186.

7. April.

Gestern Mittags, wo ich allein im Archiv war, und ein Dokument aus einem Faszikel in der obersten Reihe der Akten fast am Plafond herausnehmen wollte, fiel ich, von der Schwere des beinahe fünfzig Pfund schweren, über meinem Kopf stehenden Faszikels aus dem Gleichgewichte gebracht, von der obersten Sprosse der Leiter und stürzte die ganze Höhe des Archivsaales, also doch mindestens fünf Klafter hoch herunter, ohne mich, was einem Wunder gleicht, außer einigen Hautabschiebungen und Quetschungen, sonst irgend bedeutend zu beschädigen. Beim Falle und während desselben stellte ich die ruhigsten Betrachtungen an. Ich ließ den Aktenbündel los und dachte oder sagte vielmehr schon im Falle zu mir selbst: Nun, das kann gut werden! Darauf erinnerte ich mich der Höhe, die ich hinangestiegen, und die ich daher auch wieder herabfallen mußte. Während= des fiel ich immer. Endlich nahm ich mir vor, mich ja doch so zu halten, daß ich auf die Füße zu stehen käme. Ich machte daher während des Herabsturzes, ohne daß ich begreife, wie es möglich ist, die Bewegung eines der springt und kam in dieser Stellung auch wirklich mit einer heftigen Erschütterung zusammengekauert auf die Fußballen zu stehen. Ich konnte verloren sein, und faßte auch nicht, wodurch mir's erspart wurde!

187.

12. September.

Wie lange ist es, daß ich nichts zu Papier gebracht habe! Ich wollte neulich eine Bemerkung niederschreiben und erschrak, da ich die Tinte in meinem Schreibzeuge ein= getrocknet fand. Das ist mir seit Jahren nicht geschehen. Ich sollte die so oft aufgegebene Idee eines Tagebuches wieder vornehmen und beharrlich dabei aushalten. Täglich, wenn auch nur ein paar Worte niederschreiben. Die Ereig= nisse der letzten vierundzwanzig Stunden und, wenn es gut geht, ein paar Betrachtungen dazu. Es setzte doch wenigstens dieser gänzlichen Spurlosigkeit ein Ziel, mit der seit einem halben Jahre ungefähr alles an mir vorüberrauscht. Meine Augen schmerzen, ich kann die Weiße des Papiers beim Kerzenlicht nicht ertragen.

Was ist denn heute geschehen? Nichts. Morgens im Homer gelesen, wie man eine Grammatik liest. Im Archiv der Adjunkt Weibel, der Lust zeigte zu trotzen, ist zu Kreuze gekrochen. Hat mir eine angenehme Empfindung gemacht. Gegen Mittag Besuch von einem Autor, dessen Namen ich vergessen habe. Er meinte, ich sei der beste Dichter in ganz Wien. Großen Dank! Mittags ein paar Konzerte von Mozart gespielt. Wunderschöne, heitere, klare, melodien= reiche Musik, obwohl nicht frei von Gemeinplätzen, aber auch diese mit graziöser Wendung. Mich mit meinem Bruder Kamillo geärgert und darüber sogar unbillig ge= worden. Zeitungen. Seit des Herzogs von Reichstadt Tode scheinen die Napoleonisten und Republikaner in Frank= reich ihre Absichten zu vereinigen. Das könnte gewaltige Resultate geben. Einen französischen Roman von Vigny, Cinq-Mars, begonnen. Ein anderer von demselben Ver= fasser hatte mir gefallen; der gegenwärtige eine eigentliche Schülerarbeit. Die Memoiren der Zeit geplündert und die aufgelesenen Züge hölzern nebeneinander hingestellt. Will Abends nicht mehr ausgehen.

<h2 style="text-align:center">188.</h2>

16. September.

Habe vier Tage nichts geschrieben; und wäre doch gut, wenn ich meinem Vorsatze treu bliebe, besonders jetzt, da meine alberne Archivsanstellung mich so sehr beschäftigt, und mir selbst den Gedanken an das nimmt, was sonst das Geschäft meines Lebens war. Ich habe nun durch ein halbes Jahr wie vergessen, daß ich derselbe bin, der einst Miene machte, sich unter die ersten Dichter seiner Zeit zu stellen, und sage ich's nur! sich von demselben Stoffe glauben durfte, aus dem Erfolg die Byrons u. s. w. macht. Guter Gott!

Was habe ich denn in den vier letzten Tagen getan? Mein Bruder Kamillo ist hier, und wahrhaftig mir sehr zur Last. Der Mensch scheint unverbesserlich. Ich habe kaum ein Herz zu ihm; laß ihm uns hilfreich sein, wenn es geschehen kann und damit basta! O verkehrte Söhne eines Vaters, so muß denn jeder auf eine andere Art sich zwecklos abmartern!

Vorgestern sprach ich gegen zwei Stunden mit Franzosen, die den auteur de Sappho kennen lernen wollten, und habe mich ihnen schlecht genug, aber, weiß Gott! natürlich präsentiert. Die Anstrengung eines so langen Gespräches und das Französischreden ermüdete mich so, daß ich, nach Hause gekommen, in einen tiefen Schlaf sank und erst nach ein paar Stunden wieder erwachte. Wahrlich, mein Übel ist dem größern Teile nach körperlicher Art. Die Kraft ist nach so vielen innern und äußern Kämpfen erschöpft. Eine Reise könnte mich vielleicht wieder spannen.

Bauernfeld schickt mir Bücher zurück. Der halb natürliche, halb gemachte Leichtsinn dieses Menschen, den ich sehr geliebt habe, wird mir nachgerade widerlich. Ich betrachte ihn für verloren. Er könnte nur mit eigentlicher Applikation etwas werden. Sein ganzes Talent geht vom Gemüt aus, die dramatische Anlage ist ohnehin schwach. Er muß in dieser ... zu Grunde gehen.

Habe Hegels objektive Logik begonnen. Das Buch ist sehr schlecht geschrieben. Auch das System scheint mir hohl. Man muß übrigens abwarten. Alles, was ich Philosophisches lese, vermehrt meine Achtung für Kant. Zwar gibt er genau genommen kaum Resultate, aber der Stand unseres Wissens scheint mir noch gar nicht dahin gediehen zu sein, um eigentliche Resultate zu erwarten. Laßt sie noch tausend Jahre die Natur beobachten, aus dem armen Ich ist nicht mehr herauszupressen, und das Objektive ist vor der Hand auch ein Buch mit sieben Siegeln.

Auch Norvins Portefeuille de 1813 und den ersten Band von seiner Geschichte Napoleons gelesen. Das erste gefällt mir besser, das letzte mißfällt mir ganz. Ein gesuchter, aufgeblasener, in seiner Gedunsenheit oft falscher Stil. Ein Enkomiast, kein Geschichtsschreiber. Die Franzosen kommen doch über die Memoirenmanier nirgends hinaus.

189.

25. September.

Es sind wieder mehrere Tage vergangen, eigentlich entgangen; es ist nichts geschehen. Ein vor der Zeit kaltes Wetter macht die Tage unangenehm und ein heftiger hämorrhoidalischer Anfall hindert mich, die wenigen erträglichen Stunden zu genießen.

Die deutschen Naturforscher sind hier angekommen.
Große und Größte beeifern sich um die Wette, ihnen die
größte Aufmerksamkeit zu erweisen und dieselben, die das
ganze Jahr Künste und Wissenschaften mit Füßen treten,
möchten gar zu gern durch vierzehn Tage als Gönner und
Beschützer angesehen werden. Man bewirtet, huldigt, buhlt
beinahe um jeden Einzelnen. Es ist als ob sie die Satur=
nalien der Wissenschaften feierten, wo die Knechte und
Mägde, so lange der Mummenschanz währt, mit ihrem
Herrn an einem Tische sitzen und auch ein Wort dreinreden
dürfen. Ich habe aus Ekel keiner der Versammlungen
beigewohnt. Mit Unrecht! Ich sollte mich [nicht] so ganz
allen literarischen Annäherungen entziehen

> All' oblio non sono
> Ne barche ne cavalli da ritorno,

sagt Salvator Rosa. Ich vergesse gar zu sehr, daß ich auch
einmal ein Schriftsteller war. Die andern haben es schon
vergessen.

Gestern war ich bei dem Vizepräsidenten Eichhof und
dem Grafen Klebelsberg, ersterer begehrte von mir drei
Trinksprüche zum heutigen Mahle der Naturforscher in
Laxenburg. Ich machte sie. Sie schienen ihm nicht zu
gefallen. Desto besser! Mir war es ohnehin widerlich,
konnte aber nicht ausweichen. Habe um die versprochene
Vermehrung meines Gehaltes nachgesucht und die besten
Versprechungen erhalten. Wie gerne wollte ich mich mit
der Hälfte dessen begnügen, was ich jetzt habe, wenn ich
dafür Herr meiner Zeit bliebe.

Dieses Archiv wird mich unter die Erde bringen, be=
sonders dadurch, daß es mir die kostbaren Vormittagsstunden
raubt. Als ich neulich dem kleinen Wilhelm ein paar
Strophen zum Namenstage seines Großvaters machen sollte,
geschah es nicht ohne Mühe; so sehr bin ich des Vers=
schreibens entwöhnt.

Gelesen Norvins Geschichte Napoleons. Der zweite
Band ist bedeutend besser als der erste. De Vignys Cinq-
Mars vollendet. Mitunter doch viele Darstellungsgabe,
ein Anflug von eigentlicher poetischer Auffassung, oft aber
an Effektmacherei und noch öfter an Karikatur streifend.
Im Hegel fortgefahren. Der Embryo des ganzen Werkes
scheint der erste Satz in Okens Naturphilosophie: Gott ist

das seiende Nichts. Seine Theorie möchte ich ein Postulat
der theoretischen Vernunft nennen im Gegensatz von Kants
praktischer. Der Unsinn als Weg zum Sinn.

190.

3. Oktober.

Habe meine Wohnung geändert und sitze nun in meinem
neuen Quartier, das hübsch genug aussieht und sonst auch
ganz bequem wäre, nur daß es beinahe rein gegen Norden
liegt und daher so kalt ist, daß ich nicht weiß, ob ich werde
ausdauern können. Das ist um so unangenehmer, da meine
Gesundheit in der letzten Zeit sehr gelitten hat und einen
so bedenklichen Charakter annimmt, daß ich notwendig einen
Arzt werde zu Rate ziehen müssen. Wütende Hämorrhoidal=
schmerzen haben mich fast untüchtig zu allem gemacht, der
Abend kommt, das Alter. —

Vorgestern, da ich eben im Begriffe war, meine alte
Wohnung zu verlassen — nein, es war doch am letzten
September — kam D[affinger] und holte mich ab, den
Schiedsrichter zwischen ihm und seiner Frau zu machen, von
der er sich eben auf immer zu trennen im Begriffe stehe.
Ich ging hin, zu ihr, die mir selbst einmal wohlgefiel, und
die mich vielleicht damals geliebt hat. Die Ursache der
gegenwärtigen häuslichen Zerwürfnisse aber ist — ein neuer
Liebhaber. Ja, neu, ich habe kein Recht, mich darüber zu
beklagen. Ich war auch wirklich jetzt gleichgültiger, als
mir lieb ist, obgleich damals, als sich mein Verhältnis mit
ihr zerschlug, es mir schwer aufs Herz fiel, schwerer, als
ich nach dem Grabe meiner Neigung zu ihr glaubte. Es
war eben die Trennung von dem letzten wohltuenden Lebens=
gefühl. Ich setzte der Frau den Kopf zurecht, las dem
Manne ein Kapitel, versprach in ihrem Namen Aufgeben
der Liebschaft, mit der es übrigens nicht viel auf sich hatte,
versöhnte das Ehepaar (freilich wird's nicht lange währen)
und ging endlich wie ein Komödienvormund, ich, der ich
noch vor Jahr und Tag selbst der Liebhaber war und die
nämlichen Trennungsvorbereitungen um meinetwillen erlebt
hatte.

Die erste Liebesperiode mit dieser Frau war wirklich
ungemein reizend. Aber dasselbe, was anfangs an sie zieht,

stößt unendlich zurück. Ihre Vorzüge und Fehler vereinigen
sich in einer Eigenschaft: sie ist ein Kind.

191.

10. Oktober.

Ich kann mich einmal nicht an eine Regelmäßigkeit in
diesen Blättern gewöhnen. Was ist in dieser letzten Zeit
geschehen? Soviel als nichts. Doch halt! Die Arbeitslust
hat sich zum Teile wieder eingestellt. Überhaupt gibt mir
jeder Wohnungswechsel neue Entschlüsse und ist insofern
nicht so übel. Ich fange an vor sieben Uhr aufzustehen
und — habe Hero und Leander wieder vorgenommen. Ich
möchte gern damit zu einem Abschlusse kommen und das
Ding, neu durchgegangen, entweder noch einmal aufführen
oder doch drucken lassen. Ohnehin mahnt mich meine
Schuld an Wallishausser, an Mittel zur Zahlung zu denken.
Ich mag fast meine Bücher nicht mehr lesen, weil ein Teil
davon noch auf Rechnung steht.

Habe mich in eine Lesegesellschaft aufnehmen lassen, um
leichtere Lektüre zu haben, da die schwere mich auf die
Länge zu sehr anstrengt und Abends mich wohl gar schlafen
macht. Ich gedenke diesen Winter alle Abende zu Hause
zuzubringen. Der Anfang dieser neuen Lesungen ist übri=
gens nicht sehr aufmunternd. Man hat mir einen franzö=
sischen Roman von Alfons Karr gegeben: sous les Tilleuls.
Ich mußte ihn eben aus der Hand legen, weil er mich
gar zu sehr ennuyierte. Mein Kopf erträgt die Anstrengung
nicht mehr und, was mich nicht anstrengt, interessiert mich
nicht.

Man hat vor ein paar Tagen ein neues Lustspiel von
Bauernfeld gegeben: das letzte Abenteuer. Zum Teil be=
zaubernder Dialog, aber Anlage und Erfindung doch ein=
mal gar zu ärmlich. Ob es der Mann je im Lustspiele zu
etwas bringen wird? Ich verzweifle beinahe. Er hat
wenigstens diesmal die Gebrechen selbst eingesehen.

192.

10. Oktober.

Habe Katti wegen — wie heißt er nur? Er singt —
nicht etwa Vorwürfe zu machen, sondern nur zeigen zu

müssen geglaubt, daß ich merke, er interessiere sie. Sie
war im höchsten Grade unwillig über die Zumutung und
leugnete heute unter den bittersten Tränen. Ich glaube
fast, ich habe ihr Unrecht getan. Ein Umstand frappierte
mich und ließ mich endlich ihr glauben, sie hätte früher
nie Haydns Jahreszeiten gehört und, was ich für Hin=
gerissenheit über den Sänger hielt, war denn doch nur
Entzücken über das Werk gewesen. Sehr plausibel. Es
war übrigens nicht Eifersucht von meiner Seite, vielmehr
hätte es mich halb erfreut, ihre unglückliche Neigung etwas
herabgestimmt zu wissen. Zuviel muß man ihr übrigens
nicht glauben, sie vergißt alles ihrer Natur nicht gemäße
auf der Stelle wieder, und der Eindruck könnte dagewesen
sein, obgleich sie selbst jetzt vom Gegenteile überzeugt ist.

193.

11. Oktober.

Habe im Bureau mehrere Geschäfte abgetan. Ich bin
ziemlich fleißig, aber Lust und Liebe, der eigentliche prak=
tische Sinn wird immer fehlen; das Materiale des Archivs
wird mir ewig fremd bleiben. Die Beamten fühlen das
wohl. Sie gehorchen äußerlich, stecken aber die Köpfe zu=
sammen und sind falsch.

Mittags bei F[röhlich]. Es erwachte, wie jedesmal nach
jeder Versöhnung eine Art Verlangen in mir. Ich nahm sie
auf den Schoß und liebkoste ihr; das erstemal seit langer
Zeit. Aber die Empfindung ist erloschen. Ich möchte sie
gar zu gern wieder anfachen, aber es geht nicht. O, des
Abstandes der frühern Zeit. Sie ist verwelkt. Wir sind
beide älter geworden.

Mein Bruder Karl hat mir geschrieben. Er ist auf
eine andere Stelle befördert worden und verlangt nun
Reisegeld von mir und die Erlegung seiner Dienstkaution.
Ich habe kein Geld. Das wenige ist ausgegeben. Ich
kann jetzt noch gar nicht denken, woher nehmen.

Das Zuhausebleiben des Abends und zwar ohne Musik
zu machen, wird mir wohl bekommen. Ein bißchen Lange=
weile schadet nicht, die Tage rollen sonst gar so entsetzlich
schnell dahin. Überdies langweile ich mich nicht. Das
Klavier steht jetzt nicht mehr in meinem Schreibzimmer.
Das ist gut und kann der Poesie zu statten kommen, ich

werbe sonst der innern Anregung gar zu leicht durch die
Töne los.

In der Revue britannique die Überzeugung geschöpft,
daß Byron bei Schaffung der dunkeln Charaktere seiner
ersten Epoche weniger sich selbst schildert, wie man allgemein
glaubt, als seine Individualität mit der seines Freundes
Trelawny vermischte und mit dem Mengbilde vielleicht bis
zur Selbsttäuschung zufrieden war.

Sous les Tilleuls fortgesetzt, das Ding wird besser und
besser. Viel Talent, selbst der langweilige Anfang gewinnt
Haltung durch die Folge. Aber auch Inkohärentes, Outriertes.
Ohne Not abscheulich die Szene mit dem Sterbenden, der
den Helden des Romans anfaßt und von ihm zurückgeschleudert
den Kopf am Boden zerschmettert. Pfui!

Graf Mailaths Zwillingsschwestern aufgeführt. Komplett
durchgefallen. Ich habe es ihm vorausgesagt. Eine ab-
geschmackte, unwahre Natur, dieser Autor.

<h2 style="text-align:center">194.</h2>

13. Oktober.

Mein Zustand bessert sich etwas. Die Gesundheit zwar
noch immer schlecht, die Goldader mit all ihren Unannehmlichkeiten, aber nach innen zu beginnt es sich aufzuheitern.
Ich fange an, wieder poetisch denken zu können. Diese
letzten neun Monate gehören unter die furchtbarsten meines
Lebens. Es war mir durchaus unmöglich, die seit zehn
Jahren zum erstenmal wieder ernstlich betriebenen Amts-
geschäfte mit meinen sonstigen innern Beschäftigungen nur
einigermaßen auszugleichen, und die letzteren zogen sich
darüber so ganz zurück, daß ich mir selbst zum Grauen ward
und der Gedanke eines gewaltsamen Abschlusses einigemale
ganz nahe trat.

Die Wohnungsveränderung hat dem Durchbruche tüchtig
nachgeholfen, und ich denke dies erprobte Hausmittel in
ähnlichen Lagen öfter zu gebrauchen.

Ich habe Hero und Leander wieder vorgenommen und
will sehen, was sich tun läßt. Auch für meine Geldverlegen-
heiten wäre das ein guter Ausweg. Ich brauche wenigstens
300 Gulden KM. als Kaution für meinen Bruder, des
Reisegeldes nicht zu gedenken, und den Wallishausserschen

Erben bin ich noch an 800 Gulden für Bücher schuldig, um die ich alle Tage gemahnt werden kann.

Sous les Tilleuls vollendet. Abscheulich, gesucht=wahnsinnig, abgeschmackt. Die neueste französische Literatur ist bei allen Vorzügen des Talentes doch eigentlich monströs, die Immoralität hat sich bei ihnen aus den Extremitäten auf die inneren Teile geworfen, aus den Sitten auf die Betrachtung, aus dem Praktischen aufs Spekulative. Ihre Romane lesen sich, als wären sie von Schurken für Narren geschrieben.

195.

27. Oktober.

Nach langer Zeit wieder einmal zu diesen Blättern zurück. Ganz will ich sie nicht leicht wieder aufgeben. Es ist nur so schwer eine Zeit zu finden. Der Morgen soll von nun an für immer zusammenhängenden, wenn möglich poetischen Arbeiten gewidmet [sein]. Spät Abends, habe ich gefunden, raubt mir das Schreiben den Schlaf. Es bleibt daher, da es bei meinem späten Zutischgehen für mich keinen Nachmittag gibt, für derlei Notaten nur der frühere Abend, den ich gar zu gern mit Lesen zubringe, und wenn ich im Zuge bin, mich auch geflissentlich darin nicht stören mag.

Die letzten drei Tage gehören zu den glücklicheren. Ruhe und Sammlung, so lange Fremdlinge in meinem Gemüte, kehren zurück. Ich habe meine Revision von Hero und Leander fortgesetzt; ob mit Glück, weiß ich nicht. Der Erfolg wird's lehren. Ich gedenke sodann den Traum ein Leben vorzunehmen und sogar an Rudolf II. zu gehen, wenn die Götter zustimmen. Noch ist die Gemütsverfassung wenig poetisch und mehr fleißig als gehoben. Aber wir wollen sehen.

Eine Schauspielerin Fournier aus Berlin hat mich in meinem Vorhaben in Bezug auf die Hero sehr bestärkt. Sie kam zu mir, das Stück für die Berliner Bühne zu begehren, und ihr Äußeres entsprach den Forderungen der Rolle so völlig, daß ich mich plötzlich in Gang gesetzt fühlte. Ich habe sie seitdem in einzelnen Szenen spielen gesehen (denn ein ganzes Stück auszuhalten hindert mich mein heftiger Widerwille gegen das Theater), aber das Innere der guten Per=

son entspricht der äußeren Ankündigung nur wenig. Diese könnte Heron nur zu einem zweiten Falle verhelfen. Gleichviel, ich will es vollenden.

Finde mich endlich so ziemlich in meine Wohnung, die kalte Temperatur abgerechnet. Habe heute zum erstenmal einheizen lassen. Die Kälte des Morgens stimmt mich zum Arbeiten, aber die Gesundheit leidet.

Viele Besorgungen vollbracht. Wenig Kluges. Ich will eine Zeitlang leichtere Lektüre treiben, vielleicht besiegt dies die schwerfällige Leere. Sarrans über Lafayettes politische Laufbahn, besonders sein Anteil an der Juli-revolution. Ganz gut geschrieben, obgleich unreif gedacht und mit übertriebener Verehrung für den wackeren, aber unpraktischen, phantasierenden, ewig jungen Alten.

Ein Novellenbuch: Dur- und Molltöne angefangen und weggelegt. Schlecht, schlecht, schlecht. Diese Deutschen können nun einmal nicht schreiben.

Die Neigung zu Lucien wieder einigermaßen erwacht. Ich wollte, es ließe sich viel herstellen, wie es einmal war.

196.

15. November.

Wieder lange Zeit verstrichen. Was ist denn geschehen? Ich war unwohl. Meine neue Wohnung behagt mir nicht. Das Schlafzimmer ist groß und kalt. Ich verkühle mich des Nachts. Das Arbeitszimmer ist, übrigens angenehm genug, so klein, daß die Hitze des Ofens auf jeden Punkt im ganzen Umfange strahlend hinwirkt. Dazu riecht dieser Ofen. Kurz, ich bin unwohl mit Husten, Schnupfen, Anlage zum Zahnweh u. s. w.

Ich fahre in Hero und Leander fort und schreibe das Ding ab, da ich sonst keine Art weiß, mich wieder lebhaft zugleich ins Ganze und in die Einzelheiten zu versetzen. Manchmal gefällt mir das Ding ungemein, manchmal macht es gerade die entgegengesetzte Wirkung. Der vierte Akt wird immer die Hauptschwierigkeit bleiben. Ich habe die ersten drei Aufzüge dem Hoforganisten Sechter (gegen meine Gewohnheit) vorgelesen. Er weinte bei den kalten Partien; die warmseinsollenden schienen ihn nicht besonders anzu-sprechen. Doch vollendet muß es werden. Der vierte Akt ist absichtlich etwas unförmlich, ja gedehnt angelegt; er soll ja auch zugleich einen großen Zeitverlauf ausdrücken. Aber die Leute wollen sich durchaus nicht ein bißchen ennuyieren. Geistreich gelangweilt ist auch unterhalten!

Ein Herr Molitor gibt gewöhnlich alte Quartettenmusik. Schon sind drei vorüber; vier Quartetten von Händel, fugenartig, von unendlicher Schönheit und so voll Geschmack, als wären sie gestern geschrieben. Die Bekanntschaft des Boccherini gemacht, ein Quartettenkomponist, etwas vor Haydn, großenteils dessen würdiger Nebenbuhler. Dittersdorf mitunter gar zu pikant und daher gesucht. Roselli, geb. zu Leutmeritz 1750, † 1792, weniger bedeutend. Sacchini, geb. zu Neapel 1735, † Paris 1786, wunderschön, häufig fugenartig hinreißend, Adagio schmelzender Gesang.

Ein Trio von J. J. Rousseau mußte leider bis jetzt aufgeschoben werden.

Gestern waren die Tabakrevisoren bei mir und nahmen mir ein Pfund französischen Tabak, den mir Sieber zum Geschenk gemacht hat. Der weggejagte Bediente desselben hatte uns angezeigt. Ich hätte das Paket so leicht über die Seite bringen können, versäumte es aber aus Mangel an Geistesgegenwart, obgleich ich, wie natürlich, gar nicht erschrocken war.

Die Abende recht angenehm mit Lektüre zugebracht, absichtlich leichtes Zeug. Die Franzosen empören mich zugleich und interessieren mich. Les deux cadavres von Soulié leistet beides im hohen Grade. La Fée aux miettes von Ch. Nodier, geistreich, aber langweilig. Einigen deutschen Quark angesehen und weggeworfen. Die Revue de Paris ein höchst anziehendes Journal. Merkwürdig der Unterschied verglichen mit den englischen Reviews.

Etwas griechisch. Die moralischen Schriften des Plutarch ungemein schwer verständlich.

Ich klimpere wieder manchmal etwas auf der Guitarre. Mein Klavier ist mir verleidet, da es in einem Zimmer steht, wo ich gehört werde, wenn ich spiele.

Im ganzen bringe ich meine Zeit, trotz des Winters, leiblicher zu, als es nunmehr seit beinahe zwei Jahren geschah. Ich sollte schon darum des Winters arbeiten, um mir dadurch den Rest des Tages erträglich zu machen.

1833.

197.

11. April.

Gestern nahm ich Audienz beim Kaiser, das erste Mal in meinem Leben. Ich fand mich schon vor sieben Uhr ein, der diensttuende Kammerherr aber, ein Husarenrittmeister, Graf Meraviglia, machte sich den Spaß, mich bis auf dreiviertel auf ein Uhr warten zu lassen, so daß ich der drittletzte an die Reihe kam, als die Audienz schon beinahe zu Ende und der Kaiser offenbar so erschöpft war, daß er wohl kaum mehr im Stande war, dem eine Aufmerksamkeit zu schenken, was man ihm vorbrachte. Ich bemerkte, daß der Kammerherr, der Türhüter und der wachthabende deutsche Garbist sich von mir unterhielten und sich das Wort gaben, mich nach Möglichkeit hinauszuhalten, übrigens auch der Hoffnung waren, der Kaiser werde mich hart empfangen, was für die an der Türe Stehenden leicht zu unterscheiden ist, da er, wenn er aufgebracht ist, sehr laut und polternd zu sprechen pflegt. Als ich schon an der Türe stand, um eingelassen zu werden, sprach der Garbist, auf den Burgplatz hinaussehend: „Da kommt ja der Profoß! Wahrscheinlich hat er eine Ahnung, daß man ihn hier braucht." Ich begnügte mich, den Tröpfen ein verächtliches Gesicht zu machen und kehrte ihnen den Rücken. Offenbar dachten sie den Kaiser sehr erzürnt auf mich wegen jenes Gedichtes auf die Genesung des Kronprinzen. Dies kam übrigens nicht so. Ich trat ein, nannte meinen Namen und trug mein Gesuch um die Nachfolge und die Gehaltszulage meines Vorgängers im Archive vor. Der Kaiser hörte mich außerordentlich wohlwollend an. Sind Sie der nämliche, frug er, der Autor ist? Ich bejahte und sprach weiter von meinem Geschäfte. Er schien die Billigkeit meiner Forderung anzuerkennen. Haben Sie etwas Schriftliches bei sich? war seine weitere Frage. Ich hatte kein Gesuch. Er sprach von der Wichtigkeit des Archivs, lobte meinen Vorgänger, forderte mich auf, fleißig zu sein und „meine Untergebenen zusammen zu halten" und entließ mich mit einer leichten Kopfneigung. Das Ganze mochte etwa fünf Minuten gedauert haben; aber wie gesagt, es war am

Schlusse einer sechsstündigen Audienz, und wenn ich von meiner Ermüdung des Wartens auf seine des Zuhörens schließen soll, so wundert mich, daß er überhaupt nur noch ein Wort vorbringen konnte. Sein Ausdruck war vollkommen gutmütig. Man spricht sich leicht, ohne übrigens angezogen zu werden. Seine Güte beruhigt, aber rührt nicht. Es ist eigentlich zu wenig Ehrfurchtgebietendes in seinem Äußeren. Wenn er zürnt, soll er völlig Gefaßte schon erschreckt haben. Ich kann mir das nicht denken. Es muß die Furcht vor den Folgen des Zornes gewesen sein. Der Kaiser ist ganz mager und scheint kleiner als er ist. Das Alter hat ihn nicht gekrümmt, sondern verkürzt, mumifiziert, würde ich sagen, wenn das nicht einem spottenden Ausdruck ähnlich sähe, dergleichen ich von ihm nicht gebrauchen möchte, denn wahrlich, die Unterredung mit ihm hat einen wohltuenden Eindruck hinterlassen. Er war eigentlich gutmütig und ich liebe ihn dafür. Bei mehrerer Muße hätte er sich vielleicht mehr um meine sonstigen Verhältnisse gekümmert und die Audienz wäre nicht so erfolglos geblieben, als sie es jetzt wohl eigentlich ist. Denn die Entscheidung meiner Sache kommt nicht zu ihm, mein Besuch ist somit eine bloße Sache der Form gewesen.

198.

12. April.

Ich will doch auch ein paar Worte von jenem Gedichte sagen, das mir in der letzten Zeit so viel Verdruß zugezogen hat.

Der Kronprinz wurde von einer lebensgefährlichen Krankheit befallen. Man gab schon alle Hoffnung auf. Da wurde er wieder hergestellt. Meine Freude darüber war aufrichtig, ja groß. Ohne aber eine besondere Meinung von ihm zu haben, da ich ihn gar nicht kenne, hörte ich doch, daß er gar keiner Partei angehöre, ein Feind mancher, mir widerlicher einflußreicher Personen und vor allem außer dem Einflusse der Pfaffenclique sei. Man schreibt ihm allgemein sehr viel Herzensgüte zu. ... Ich warf in der Freude meines Herzens einige Strophen hin — welche, die geistigen Eigenschaften keineswegs bezweifelnd, aber die Enthüllung der Zukunft überlassend, die Güte zum Thema einer Auseinandersetzung machten, deren Endpunkt der Satz war, daß die wahre Güte der höchste aller menschlichen Vorzüge, ja der Inbegriff und das Surrogat aller übrigen sei; ein Satz, der für jeden außer Zweifel liegt, der weiß, was Güte im wahren Sinne des Wortes sagen will. Ich schrieb das Gedicht, wie aus dem Stegreife, ohne daran zu denken, es drucken zu lassen. Perfetta überraschte mich bei der Arbeit und erzählte unsern gemeinschaftlichen Freunden davon. Ich ward bestimmt, das Ding zu lesen, ich tat es, und es gefiel, es rührte. Man will, ich soll es drucken lassen. Die Zensur wird es nicht erlauben. Dieser Zweifel empört beinahe, das Gedicht wird mir halb mit Gewalt genommen und Witthauer spricht es für die Modezeitung an. Ich füge mich endlich.

Des anderen Tages trägt es der alte Schick zum Zensor Deinhardstein. Der liest es und meint, er könne die Druck= bewilligung nicht auf sich nehmen. Da begehrt Schick das Gedicht zurück und wiederholt diese Bitte zehnmal. Dein= hardstein aber meint, das ginge auch nicht an, siegelt es ein und sendet es an die Staatskanzlei. Dort fällt es dem grimmigen Dummkopf Baron Br.....lb in die Hand und nun ist der Lärm auf den Beinen. Br.....lb trägt auf die Hinrichtung des Verfassers oder doch wenigstens auf einen öffentlichen Verweis an. Die ganze Stadt kommt in Aufruhr und am nächstfolgenden Tage kursieren bereits mehrere hundert Abschriften, von denen einige boshafterweise durch Hinzufügen von Gedankenstrichen, Frage= und Aus= rufungszeichen zu ärgerlichen Pasquillen geworden sind. Ein Zensor Rupprecht macht einen Gassenhauer dagegen, der aber zum Glück so elend ist, daß er die Meinung wieder auf die Seite des anfangs ziemlich allgemein angefeindeten Dichters bringt. Verse dafür und dagegen von allen Seiten, der besungene Prinz und der ganze Hof höchst entrüstet, und, um das Unglück voll zu machen, geht an demselben Tage, wo der Lärm losbricht, der Vortrag der Hofkammer an den Kaiser ab, in dem für mich auf die Nachfolge in dem Gehaltszuschuß meines Vorgängers im Archive ange= tragen wird. Die Staatsräte bekommen Mut, sich der Gemeinheit anzuschließen. Baron Lederer trägt auf Ver= minderung der Zulage an. Staatsrat Purkhart stimmt ihm bei. Bei dem Sektionsminister Graf Nadasd ist mein Antagonist Rupprecht der Freund vom Hause; der Staats= rat Mikos pflegt sich immer der Meinung des Referenten

anzuschließen, und so ist von den fünf Mitgliedern der
Sektion, deren Stimmenmehrheit über mich entscheiden soll,
höchstens Baron Kübeck für mich und meine Sache.

Der Staatsminister Graf Kolowrat hatte mich anfangs
sehr gut aufgenommen, bei einem zweiten Besuche fand ich
ihn schon ziemlich abgekühlt, obgleich noch immer recht wacker
und gut. Man muß eben sehen! Die Schreibersknechte in
seinem Bureau, meine ehemaligen Kameraden, hatten sich
bei jenem zweiten Besuche schon sehr zu meinen Ungunsten
verändert und der Vizepräsident v. Eichhoff, der mir so
freundlich entgegengekommen war, kannte mich nicht, als
ich ihn im Vorzimmer beim Minister traf. Ich aber habe
im Interesse der Bildung beschlossen, nichts unversucht zu
lassen, um meine Angelegenheit durchzusetzen. Trotz meiner
sonstigen Gleichgültigkeit und Trägheit habe ich es selbst
bis zur Audienz beim Kaiser getrieben, nur um dem Lumpen=
volk die Freude zu verderben. Ich fühle mich aber zerstört;
durch jenes unselige Gedicht habe ich es nun auch mit dem
Nachfolger des Kaisers verdorben und der Quälereien wird
kein Ende sein.

199.

13. April.

Furchtbar ist mein Zustand. Jeder Gedanke an Poesie
verschwunden, selbst die Lektüre verleidet. Ich mag nicht
denken. Von quälenden Gedanken wie von Hunden ange=
fallen, weiß ich nicht nach welcher Seite mich wenden. Ich
bin körperlich häßlich geworden aus einem Nichtschönen,
der ich immer war, welches letztere mich übrigens gar nicht
kümmerte, Beweis genug, daß mein gegenwärtiger Verdruß
über das erstere nicht aus eigentlicher Eitelkeit herrührt.
Aber es ist peinlich, einen widerlichen Eindruck zu machen.
Auch sonst ist meine Gesundheit zu Rande. Ich muß
Flanell auf der bloßen Haut tragen, wenn ich nicht immer
von Flüssen geplagt sein will. Meine Zähne, sonst so gut,
sind angegangen und drohen unausgesetzt mit Schmerzen.
Ich bin zweiundvierzig Jahre alt und fühle mich als Greis.
Ich bin der Steigerung begierig, die das eigentliche Alter
mit sich bringen wird. Der Wunsch, etwas Poetisches her=
vorzubringen, verfolgt mich allenthalben, und ich bin's wahr=
haftig nicht im stande. Und doch ist's nur die Unlust und

deshalb auch die Unfähigkeit, anhaltend auf einem Gegenstande zu verweilen, was mich daran hindert, mich, dessen vorzüglichste Eigenschaft in früherer Zeit gerade dieses Verweilen, dieses Ergründen, dieses Durchdenken war. Wird das wieder anders werden? Ich zweifle. In dieser Zerworfenheit habe ich meine Jugend zugebracht, in ihr wird sich mein Alter endigen. Ich wüßte wohl sie zu bekämpfen. Sich in irgend einen Wissenszweig vertiefen, ein eigentliches Studium anfangen. Aber das würde mich von der Poesie unwiderruflich abziehen, die doch der Zweck meines Lebens ist. Es ist gleichgültig, ob ich mich abquäle, aber es ist notwendig, daß etwas verrichtet werde.

1834.

200.

Heute, 28. Jänner 1834, blühen einzelne Mandel- und Pfirsichbäume, und ich habe eben eingefangene lebendige Maikäfer gesehen. Schon vor vierzehn Tagen hat man Veilchen im Freien gepflückt.

201.

11. März.

Was war das für ein Winter, der letztzugebrachte? Gedankenlos, ohne Fähigkeit zur Applikation. Ich fühle, eine Beschäftigung konnte mich heilen, aber ich komme nicht dazu. Beschäftigung? Ich beschäftige mich ja; aber es ist doch nur die Poesie und höchstens Vorbereitungsarbeiten dazu, was die beabsichtigte Wirkung hervorbringt. Die Poesie aber hat sich mir ganz verschlossen, jede folgenrechte Gedankenreihe ist mir versagt. Indem ich dieses niederschreibe, ist es nur so möglich, daß ich bei jedem Satze den darauffolgenden noch nicht voraus weiß und indem ich den letzten niederschreibe, mir des früheren schon nicht mehr deutlich bewußt bin. Was ist das? Wohin will das? Ich lese nichts mehr, wenigstens nichts mehr mit Folge. Die griechische Literatur interessiert mich am meisten, weil ich bei dem Langsamen des Fortschreitens den Inhalt des Ein-

zelnen vollzügig genießen kann, nur zu oft ohne Rücksicht
aufs Ganze. Mir ist alles gleichgültig geworden, nur die
politischen Begebenheiten interessieren mit einer absurden
Lebhaftigkeit. Ich möchte jetzt ein periodischer Schriftsteller
sein. Sowohl in politischer als literarischer Beziehung. Die
Last, die ich auf dem Herzen trage, drückt mir eigentlich
das Herz ab. Da ist der Tieck, der Menzel, diese Elenden,
diese Tröpfe, von denen das nächste Jahrzehnt nicht be-
greifen wird, wie das frühere sie nur beachtet, die ihre
Sprüche ergehen lassen und ich muß zuhören von Κρατος
und Βια an Felsen geschmiedet, mir selbst die Leber aus-
fressend, statt des Geiers.

202.

12. März.

Verflossenen Sonntag bei Hofrat Kiesewetter ein Stabat
mater von Astorga für vier Singstimmen gehört. Seit
lange nicht so im Innersten ergriffen gewesen. Was haben
für Männer gelebt, wenn ein solcher kaum dem Namen
nach mehr bekannt sein kann. Überhaupt zieht mich diese
ältere Gesangmusik vorzugsweise an. Daß der Text darin
nur im allgemeinen beachtet und die Musik daher nicht
gehindert wird, einen ihr eigentümlichen Reichtum nach
Genügen zu entfalten. Die neuere Gesangmusik ist doch
immer nur ein Gemisch aus Poesie und Musik, und ich
mag die Mischgattungen nicht leiden, obwohl auch darin
Vortreffliches geleistet worden ist. Mich hat deshalb in
letzterer Zeit Meyerbeers Robert der Teufel vorzugsweise
angezogen, weil darin das Bestreben erkenntlich ist, die
Opernmusik auch in ihren Gesangteilen der Kammermusik
wieder näher zu bringen, von der sie in früher Zeit ohnehin nur sehr wenig verschieden war.

Im übrigen nichts geschehen. Habe mir vorgenommen,
obgleich ich des Mißlingens gewiß bin, um die erledigte
Stelle eines Universitätsbibliothekars einzukommen, kann
aber mit dem Gesuche nicht fertig werden. Nicht bald hat
mich eine Arbeit so angeekelt, ja ich treffe gar den rechten
Ton nicht. Halb ohnmächtig, halb demütig, halb stilisiert,
halb Aktengewäsch.

Wie? wenn man versuchte, verständig zu werden! Die
Poesie dem Zufall überlassen, ob sie sich wieder einstellen

will oder nicht, und dies ewige Verzweifeln eines von ihr
vergessenen Liebhabers in ein besonnenes verständiges Verfolgen sonstiger Lebenszwecke umstimmen und, wie gesagt,
dem Glücke überlassen, was sich sonst noch dazu fügen wird.
Obzwar — da ist wieder der Teufel! Aber man soll es
probieren.

203.

14. März.

Meine Wohnung ist zu kalt. Habe gestern einen höllischen
Abend mit Frost, Fieberschauder und Zahnschmerzen zugebracht. Letztere kommen hauptsächlich daher, daß ich Vormittags eine ganze Abteilung Händels Judas Makkabäus
durchgesungen. Das häufige Einziehen der Luft beim Singen
regt mir das Leiden in den schadhaften Zähnen auf. Ich
weiß das und unterlasse es doch nicht.

Habe neulich Marie gesehen mit ihrem Manne und
Kinde. Sie ist älter geworden, freilich erst fünfundzwanzig
Jahre, man merkt aber doch die Veränderung. Das sonst
eigentlich himmlische Gesicht hat menschliche Beimischungen
erhalten. Obgleich, wie ich überzeugt bin, sie jetzt vollkommen
gleichgültig gegen mich ist, ließ [sie] doch ein wenig ihre
Augen spielen, ich hütete mich aber einzutauchen, obgleich
auch die Erinnerung dessen, was ich ihr vorzuwerfen habe,
ziemlich verwischt war. Sonderbare Eigenheit meiner Natur!
Ich verzeihe Beleidigungen nicht leicht, aber ich vergesse
sie. Nicht etwa als ein Großmütiger; vielmehr (ohne je
die Rache bis auf die Zufügung oder nur den Wunsch einer
Beschädigung auszudehnen) peinigt mich nach jedem Angriffe eine so quälende Begier, wenn auch nur durch ein
Wort mir Genugtuung zu verschaffen, daß es mir Schlaf
und Eßlust nimmt; geht aber einige Zeit ohne Gelegenheit
zur Retorsion vorüber, und der Begegner wiederholt die
Beleidigung nicht, so entschwindet das Ganze meinem Gedächtnis, und ich setze das durch das unangenehme Ereignis
unterbrochene Verhältnis fort, als ob nichts dazwischen gekommen wäre. Auf diese Art begrüße ich Leute freund-
lichst, spreche mit ihnen, und nach dem Weggehen fällt mir
erst ein, daß ich mir nicht nur vorgenommen, wie das Vernunft und Würde fordert, gegen sie kalt, ja zürnend zu
sein. Das ist albern, läppisch und hat mir auch in literarischen Zwisten nur zu sehr geschadet.

204.

15. März.

In der von ihm selbst gerühmten Weichheit der Empfindung bei Jean Paul mag wohl eigentlich mehr Weichheit gewesen sein als Empfindung. In dem Brief an seine Mutter (Wahrheit aus Jean Pauls Leben 3. B.) herrscht ungeachtet der schweren Lage der bekümmerten Frau eine an Härte streifende Spaßhaftigkeit, ja Geringschätzung vor, so daß man von den patriarchalischen Idyllen im ersten Bande sich ziemlich enttäuscht findet.

205.

17. März.

Gestern Aufführung des Oratoriums Judas Makkabäus von Händel durch die Mitglieder des Musikvereins im großen Redoutensaale. Herrliches Werk. Nicht ohne Formenwesen, viele Reminiszenzen aus andern Händelschen Werken. Manche Solosachen können wohl in der Zeit kaum gefallen haben, aber besonders die Chöre über allen Ausdruck schön. Mich entzückt in diesem Händel, daß er so ganz Musiker ist, nie bloß auf Wiedergebung des Textes hinarbeitet, sondern den poetischen Ausbruck ganz zerstört, um an seine Stelle den vollen musikalischen hinzusetzen. Erbärmliche Menschen, die ihr glaubt und lehrt, die Vokalmusik müsse streng die Gesetze der Deklamation befolgen! Hört jenen Chor in Jephta, glaube ich, „alles, was ist, ist recht". Wie er da auf das letzte Wort losschlägt, daß das Mark in den Knochen zerrinnt. Wen würde man nicht auslachen, der deklamierend so spräche: erst ganz leise: „Alles, was ist, ist" und dann herauspolternd „recht". Es wäre auch lächerlich, aber musikalisch ist es ganz vortrefflich deklamiert, oder vielmehr gesungen, denn ich kann das Übertragen der Worte aus einer Kunst in die andere nicht ausstehen, die Hälfte aller ästhetischen Irrtümer entsteht daraus oder pflanzt sich wenigstens dadurch leichter fort.

Titze hat ganz kannibalisch schlecht gesungen. Die Chöre gingen sehr gut. Die arme Pepi Fröhlich stand aber weit voran, aber ihre Stimme beginnt sich ganz zu verlieren. Ich bin in der ....

206.

12. April.

Ich habe Zedlitz Hero und Leander zu lesen gegeben. Es gefällt ihm nicht. Er findet, daß der Ausführung Wärme fehle. Ich bin seiner Meinung. Und doch ist seitdem wieder eine Art Bosheit in mir entstanden, mir das Werk doch gefallen zu lassen. Mangel an Wärme. Das wäre es: der Plan ist gut, ich möchte kein Haar daran geändert. Aber Mangel an Wärme in der Ausführung. Ich erinnere mich noch, daß ich nichts mit größerer Anschaulichkeit gearbeitet, als dieses Stück, aber das Äußere, die aufeinanderfolgenden Tableaux: ward mir dadurch gewissermaßen die Hauptsache, wo noch besonders dazu kam, daß ich in der ersten Figur immerfort Marie vor mir sah in aller ihrer damals wirklich himmlischen Schönheit.

207.

15. April.

Komische Verlegenheit. Jessika besteht durchaus darauf, mich zu besuchen. Sie ist unvorsichtig wie alle Teufel. Eigene Albernheit, jenen Brief, mit dem sie mir das Buch schickte, in dem Buche liegen zu lassen und so dieses zurückzusenden, wo dann auch wirklich die — den Zettel fand. Wenn ich Interesse daran finden könnte, keine üble Diversion für den Mißmut.

1835.

208.

Ich habe mir zum Spazierengehen auf dem Lande einen dunklen Rohrstock gekauft, etwas plump, aber höchst bequem. Er gefiel mir beim Kaufmann sehr wohl, und ich bin mit seinem Dienste sehr zufrieden, und doch überfällt mich eine unangenehme Empfindung, ein widerliches Gefühl in der Magengegend, wenn ich ihn in die Hand nehmen will. Ist es seine Derbheit, oder daß er dunkel ist, während mein voriger Spazierstock licht war? Was ist das für ein Unsinn? Wenn ich an Ahnungen glaubte, da wäre Anlaß.

1836.

209.

Die Engländer sind roh bei allen öffentlichen Gelegen=
heiten, wenn sie sich als Teil einer Masse fühlen, einzeln
gibt es keine gefälligeren, keine höflicheren, keine herzlicher
dienstfertigen Menschen.

Der gemeine Mann ist mehr auf seinen Kreis und auf
den gerade vor ihm liegenden Gegenstand beschränkt als
irgendwo. Was du ihn fragst, wird er dir beantworten,
aber über das deiner Frage zuallernächst Liegende erwarte
keine Auskunft. Ich fragte einen gemeinen Menschen im
Angesicht eines herrlichen Palastes: Is this the pallaco of
St. James? Er antwortete mit der größten Freundlichkeit,
das wäre der Palast des Herzogs von Southerland, erzählte
mir eine Menge Partikularitäten über den Herzog, seine
Whims und dergleichen, aber, daß der St. James=Palast
gerade dahinter lag, sagte er mir nicht, denn ich hatte
ihn um den gerade vor uns liegenden gefragt.

Um das schwere englische l auszusprechen, muß man auf
den unmittelbar vorhergehenden Buchstaben appuyieren, und
mit dem l gleichsam eine neue Tonreihe beginnen.

Das i am Ende einer Silbe fast wie a. Ähnlich mit
der österreichischen Aussprache dieses Buchstabens. Das eng=
lische dear fast wie das österreichische dir, mir, here, hiear.

210.

Freitag, 19. August.

Morgens durch eine zerbrochene Kaffeemaschine in üble
Laune gesetzt, verspätet. Ehe noch die Lust und Fähigkeit
zum Arbeiten sich einstellte, durch einen Besuch Prechtlers
gestört. Erzählt mir den geringen Erfolg von Leben ein
Traum in Gräz. Hat mich mehr verstimmt als vernünftig
ist. Einen Gang zur Gefällenverwaltung wegen Figdors
Kiste getan. Ins Bureau. Statt des Kaisers Geschäfte zu
besorgen, aus dem Deutschen ins Englische übersetzt. Ja,
wenn ich das vor meiner Reise nach London getan hätte.
Zu Tisch. Mehr Wein getrunken als gewöhnlich mit Siber,

Ruffel und Erbinger. O würdige Gesellschaft! Spaziergang durch die Jägerzeile. Bei Figdor vorgesprochen, den ich auf der Stiege traf. Nach Hause. Da mein schwerer Kopf anstrengendere Lektüre nicht erlaubte, den ersten Teil von Paul de Kocks Pucelle de Belleville gelesen. Unanständig und doch nicht schlecht, obwohl ich Besseres von ihm kenne. Singübung aus Hartnäckigkeit. Abends Blumenstöckel. Um halb elf Uhr nach Hause. Proficiat.

211.

Die Angelegenheiten von Spanien interessieren mich bis zum Lächerlichen. Ich bin krank und zu allem unfähig, ehe ich weiß, daß Bilbao entsetzt, und Gomez zu Paaren getrieben ist. Ich habe diese Nation immer geliebt, und die Möglichkeit, sie unter die alte Brutalität rückkehren zu sehen, macht mich schaudern.

Ich leide überhaupt unter den Weltbegebenheiten. Was geht es mich an, und es ist Unsinn, darüber das nötige Eigene zu vergessen.

212.

Ich kann mich kaum der Freudentränen enthalten, daß Bilbao entsetzt und die Sache des Karlismus in Spanien sich zum Untergange neigt. Das wäre rein lächerlich, hätte ich nicht die Überzeugung, daß die Sache meines eigenen Vaterlandes dort verfochten wird. Wie nämlich Österreich in religiöser Hinsicht, ohne selbst reformiert zu werden, doch, durch die Fortschritte der Reformation in den Nachbarländern gezwungen, auf die gegenwärtige Stufe der Duldung und Brüderlichkeit gestellt wurde, so kann auch nur das Fortschreiten der politischen Regeneration in dem übrigen Europa dieses Land aus seinem gegenwärtigen niederträchtigen Zustand herausnötigen.

1837.

213.

[Sommer.]

Es gibt einen zweifachen Hochmut. Einen, der aus Wertschätzung seiner selbst, und einen zweiten, der aus Geringschätzung der andern entsteht. Der erste wird leicht lächerlich, der zweite ist immer beleibigend. In meiner Natur ist nur vom letzteren; tant pis!

1838.

214.

In jenem Gedichte: Die Poesie an die Deutschen, der Poesie einen lebendigen Charakter von Gutmütigkeit und Einfachheit zu geben.

215.

[März.]

Die Geier in Schönbrunn sollen mit ihrem Wärter sehr unzufrieden sein, weil er ihnen frisches Fleisch gegeben hat, indes doch Aas ihre Lieblingsspeise ist. Sie sagen, und zwar mit Recht, er hätte sich nach ihrem Geschmacke richten sollen.

216.

Gegen was sie sich in Deutschland am meisten verwahren, sind die Gemütswirkungen.

217.

[März ?]

Sonderbare Schlafzustände. Ich schlief heute Abends unterm Lesen ein, erwachte oder war mir wenigstens des Wachens bewußt. Dachte, beschloß die Hand, den Fuß zu rühren und war es nicht im stande. Quälte mich unter

ben Verſuchen ab und vermochte es doch nicht. Endlich
gelang es und ich richtete mich auf, ſank aber gleich wieder
zurück, und dieſelben Erſcheinungen traten wieder ein.

218.

[Anfang April.]

Was nun mein Vorſatz iſt: der Verſtandes- und Mei-
nungspoeſie unſerer Zeit nicht nachzugeben. Das Bild, die
Geſtalt, Gefühl und Phantaſie feſtzuhalten; und der Un-
mittelbarkeit der Anſchauung zu gehorchen, die ſplitter-
richtende Kritik mag dazu ſagen was ſie will.

1839.

219.

Die Magd bei Fröhlich erzählt, daß, als ihr Vater
geſtorben, „den ſie gar ſo lieb gehabt", und ſie beim Waſchen
und Ankleiden des Leichnams mitgeholfen, ſei ihr die ſtarre
Kälte desſelben entſetzlich geweſen. Da habe ſie gedacht:
wenn eine „junge und geſunde Perſon" ſich zu ihm lege,
vielleicht könne die Wärme ihn wieder zu ſich bringen. Als
daher Nachts alles ſchlief, ſei ſie aufgeſtanden, habe ſich zu
ihrem Vater ins Bett gelegt und ſo die ganze Nacht bei
ihm ausgehalten. Am Morgen vermißt und überall geſucht, wurde ſie endlich bei dem Leichname halb erſtarrt
gefunden. Eine tüchtige Tracht Schläge war der Lohn für
den allopathiſchen Heilverſuch. Es liegt etwas Gräßliches,
aber auch Heroiſches in dieſer liebevollen Albernheit.

1840.

220.

[Ende November oder Anfang Dezember.]

Berta S .... iſt geſtorben. Die Frauenzimmer, die je
Intereſſe an mir genommen, haben ſich alle frühzeitig aus
der Welt gemacht.

1842.

221.

Daß die Zeiten sich immer gleich waren, zeigt unter andern ein Brief Mozarts (Biographie von Nissen pag. 473), wo er an seinen Vater schreibt: Das Mittelding, das Wahre in allen Sachen, kennt und schätzt man jetzt nimmer. Um Beifall zu erhalten, muß man Sachen schreiben, die so verständlich sind, daß es ein Fiaker nachsingen könnte, oder so unverständlich, daß es ihnen, eben weil es kein vernünftiger Mensch verstehen kann, gerade eben deswegen gefällt.

1844.

222.

* * * hat mir heute (14. Jänner 1844) meinen kranken Fuß verbunden, ein Hembe geflickt und einen Zahn ausgerissen. Letzterer war freilich schon wacklig.

223.

Ich hatte heute nacht einen sonderbaren Traum. Ich befand mich als Supplikant um die Bibliotheskustosstelle im Vorzimmer des Hofrates Löhr, wo man mich warten ließ und ich im Arger über solche Geringschätzung Betrachtungen über das Selbstverschuldete meiner Stellung im Leben aneinander reihte mit einer logischen Schärfe und Überzeugungskraft wie niemals im Wachen. Unter den gleich mir Wartenden war auch der verstorbene Hofrat Floch. Sein Gesicht, das mir längst undeutlich geworden ist, steigerte sich im Traume zu einer solchen Porträtähnlichkeit, daß es mir auch unmittelbar nach dem Erwachen noch lebendig vor den Augen stand. Jetzt, zwei Stunden darnach, ist mir der gute Hofrat Floch wieder so undeutlich als je zuvor. Was schläft wohl im Schlafe, und was wacht? Oder ist der Traum ein halber Schlaf, in den schon das

Wachen hineinspielt? Aber auch das erklärt die Verdeut=
lichung längst vergessener Dinge nicht, auch der magnetische
Schlaf gibt eher eine Parallele als eine Erklärung.

224.

Was die großen Anforderungen betrifft, die man jetzt
an den Dichter macht, so glaube ich auch, daß sie nicht leicht
einen Dichter hervorbringen werden. Die Dichtkunst ver=
langt ein Subjekt, das sie ausüben soll, eine gewisse gut=
mütige, ins Reale verliebte Beschränktheit, hinter welcher
das Absolute verborgen liegt. Die Forderungen von oben
herein zerstören jenen unschuldigen produktiven Zustand und
setzen für lauter Poesie an die Stelle der Poesie etwas,
das nun ein für allemal nicht Poesie ist, wie wir in un=
seren Tagen leider gewahr werden; und so verhält es sich
mit den verwandten Künsten, ja der Kunst in dem weitesten
Sinne. Goethe an Schiller, V, 257 und 258. Meine
eigene, so oft ausgesprochene Überzeugung.

225.

Für den tragischen Dichter stecken noch die herrlichsten
Stoffe darin (im Hyginus), doch ragt die Medea vor, aber
in ihrer ganzen Geschichte und als Zyklus mußte man sie
brauchen. Schiller an Goethe, IV, 283. Merkwürdiges
Zusammentreffen. O der vergangenen Zeit!

1846.

226.

Ich kann das für keine Poesie halten, wozu die parties
honteuses der Menschheit: Widerspruchsgeist, Reiz des Ver=
botenen, Pöbelbeifall und Modeton den Wärmestoff her=
geben. Die Freiheitsdichter unserer Tage gemahnen mich
an die Dienstmägde und Bauerndirnen, die von nichts zu
reden wissen, aber beinahe witzig und graziös werden, wenn
verdeckte Zweideutigkeiten ins Spiel kommen.

1847.

227.

[25. September.]

In Berlin mit Alexander Humboldt zusammengekommen. Er hat nichts als gute und gescheite Dinge gesagt. Aber es fehlt die geistige Atmosphäre. Man fühlt nicht die Gegenwart eines bedeutenden Mannes.

1848.

228.

Mitten unter den Konstitutionsagitationen sah ich drei Burschen von 12 bis 15 Jahren, die sich, wohl nur im Scherz, balgten. Während der eine den Arm zum Schlag emporhob, zeigte sich darunter ein großes Loch in seiner Jacke. „Du," rief der Bedrohte zu dem dritten, „der hat die Freiheit unter den Irxen" (Achseln).

1849.

229.

[Anfang März?]

Quae est autem in hominibus tanta perversitas, ut, inventis frugibus, glande vescantur? [Cicero] Orator IX (den Mittelhochdeutschen).

230.

[Mitte März.]

Bittschrift der Zigeuner wegen Erhaltung ihrer Nationalität.

231.

[September.]

Bin beim Marschall Radetzly gewesen und nichts weniger als befriedigt fortgegangen. Nach all dem Geschreibe, Gepreise und Gerede über jenes, für Österreich wenigstens,

hiftorifch gewordene Gedicht, hatte ich mir ihn wenigftens
warm vorgeftellt. Er hat mich auch wirklich umarmt, ge=
füßt, hat geweint, aber troß diefes Rührungsbeiwerkes war
die Mitte leer und kalt. Hat fich auch während feines
übrigen Aufenthaltes nicht mehr um mich gekümmert. So
bequem mir das war, fo hat es mich doch auch unange=
nehm berührt. Ich hatte mir ihn als einen echten Menfchen
gedacht und muß ihn nun, unbefchadet der Dankbarkeit für
feine Verdienfte, als einen Schlaukopf betrachten, der alles
zu feinen Zwecken benußt, felbft die Poefie, folange er fie
braucht.

Auch die übrigen Staatsmänner hatten wohl geglaubt,
mich mit Orden und Achtungsbezeigungen recht ins Feuer
zu jagen, daß ich wie ein geblendeter Finke patriotifche Er=
gießungen ausftrömen follte. Aber weh unferem Staate,
wenn ich mich je wieder poetifch mit ihm befchäftigen follte,
es wäre nämlich ein Zeichen, daß er wieder am Rande des
Untergangs ftünde. Zum Schmeichler hab' ich mich nie her=
gegeben und felbft in jenem Gedichte war Radeßky mehr
der Anlaß als der Inhalt.

232.

Es macht mich traurig, daß mir alles im Leben miß=
lingt, lächerlich wäre es, wenn ich das auf eine Art Vorher=
beftimmung, auf ein unglückliches Schickfal fchöbe, ich weiß
vielmehr, es kommt daher, daß ich alles ungefchickt anfange,
und darüber kann der Menfch wohl traurig fein. Auch da
gäbe es für einen Deutfchen noch ein Rettungsmittel, wenn
er nämlich fich an die Anficht klammerte — die die Bio=
graphien der Ausgezeichneten zum Troft der Eingebildeten
urgiert haben —, daß geniale Menfchen überhaupt kein Ge=
fchick für die Angelegenheiten des Lebens haben; denn
meine Unbehilflichkeiten haben durchaus nichts Genialifches,
vielmehr etwas Enges und Ängftliches, und das ift, worüber
ich mich am meiften fchäme. Wäre ich immer geiftig tätig,
fo könnte ich es einen Widerwillen über die Störung
nennen, und wäre ich immer produktiv, einen Ekel vor den
wirklichen Dingen gegenüber dem Idealen; da ich aber
beides nicht bin, fo fehlt die Entfchuldigung, wenn auch
der Grund richtig wäre. Manches ift mir auch im Leben
gelungen und ich habe es nicht benußt.

1850?

233.

In einem stimmt die Welt jetzt ziemlich überein, und sie müßte blinder sein als die Blindheit selbst, wenn sie nicht einsähe, daß es unserer Zeit an Talenten und Charakteren fehlt. Selbst der früher so oft wiederholte und eigentlich aus der Sache selbst fließende Satz: daß die Revolutionen große Männer an den Tag bringen, hat unser Armutszeugnis besiegelt und unterschrieben. In ganz Europa war die Revolution und kein großer Mann hat sich gezeigt. Natürlich! Wo nichts ist, kann auch nichts erscheinen. Woher kommt also diese Dürftigkeit? Man kann es einen Zufall nennen; aber ein Zufall, der gleichzeitig sich in allen Ländern wiederholt, ist doch gar zu sehr allen Zusammenhang der Dinge verspottend. Ein Teil wird wohl immer Zufall bleiben: daß selbst nicht einzelne sich der allgemeinen Ansteckung entziehen konnten, aber die Entgeistigung der Menschen, als Grund der Ansteckung, ist denn doch kein Zufall; um so mehr, wenn sich Ursachen nachweisen lassen, die die Erscheinung halb oder ganz erklären.

Andere mögen in der immer zunehmenden Gewinn- und Genußsucht, im Egoismus, in der Übertreibung des Handels- und Industriestrebens die Gründe für die soziale und politische Mattigkeit nachsuchen, mich interessiert die Literatur, und da sich unsere Zeit vor allem eine gebildete nennt, so dürfte die Literatur als das Organ der Bildung am wenigsten ohne Einfluß sein und wohl gar einen großen Teil der Schuld tragen u. s. w.

1851.

234.

[Frühjahr.]

In einigen Staaten ist infolge der erlebten heftigen Bewegungen fast in allen Richtungen eine gewisse Übertreibung im Unterrichtswesen eingetreten, dessen Schädlich-

keit in der Folge allgemeiner wird eingesehen werden, aber
jetzt schon von tüchtigen redlichen Vorstehern vollkommen
anerkannt ist. Treffliche Männer leben in einer Art Verzweiflung, daß sie dasjenige, was sie amts- und vorschrifts-
mäßig lehren und überliefern müssen, für unnütz und schäd-
lich halten. Goethe Sprüche in Prosa. Bd. III S. 232.
Dem Unterrichtsminister zu empfehlen.

235.

Der holde Frühling kommt auf seiner Bahn,
  Die Schöpfung scheint willkommen ihn zu heißen,
Auch bei den Menschen kündigt er sich an
  Durch Zahnschmerz und durch Ohrenreißen.

236.

[Mitte Juli — Ende August.]

Jener buntgekleidete Hanswurst, ein Herr Pichelmeier
(wahrscheinlich aus Pest), der einen gar so großen Widerwillen gegen die Wiener Luft an den Tag legt.

237.

Mein größter Schmerz in Szliacs ist, obwohl mir die
Badekur nichts weniger als gut bekommt, daß es den Athe-
niensern in Sizilien so schlecht ergeht. Ich lese nämlich
eben das siebente Buch des Thucybides.

1852.

238.

Tatzmannsdorf [Mitte Juli — Mitte August].

Wie weit noch die Ungarn von einem Stande der
Kultur sind, bemerkt man nicht, wenn man mit den Un-
gebildeten spricht, denn da scheint die Sache natürlich,
sondern im Gespräch mit jenen, denen man einen nicht un-
beträchtlichen Grad von Bildung nicht absprechen kann. So

erzählte mir heute ein solcher klagend, daß ihm die Gerichte seinen Schweinehirten aufgehängt hätten, einen Hirten, so vortrefflich, wie er nie einen gehabt. Die Tiere seien fett und schwer gewesen, um die höchsten Preise verkäuflich, und nie habe ein Stück gefehlt. Wohl habe er bemerkt, daß jener den Schweinen Garben von den Äckern (von fremden nämlich) zu fressen gegeben, daß er öfter zu Nacht weggeblieben und überhaupt besser gelebt, als sein Lohn möglich machte, auch sei er öfter von unbekannten Burschen besucht worden. Er habe ihn darum gewarnt, sich aber doch mit der Antwort befriedigt, daß doch von seinen, des Herrn, Schweinen nie etwas abgängig sei. Da kommt plötzlich die Nachricht, daß der Hirte eingefangen worden. Er hatte sich (offenbar nicht zum erstenmal) mit mehreren Gesellen verbunden und den Schweintreibern aus Bosnien und Serbien aufgelauert, diese beraubt und mißhandelt, wobei er gefangen und später gehangen worden sei. Der Erzähler hatte nicht übel Lust, das als eine sehr harte Maßregel zu bedauern, und konnte [mit] der Klage nicht fertig werden über den Verlust seines ausgezeichneten Schweinehirten. Es sei eben, meinte er und ein städtischer Beamter aus Ödenburg, mit den Räubern in Ungarn ein ganz anderes Ding als mit denen in den Erblanden. Sie täten niemand etwas zu Leide, nur die Juden und Raizen schlügen sie tot, sonst begnügten sie sich, von den Herden der Schafe und Schweine wegzunehmen, in die Keller einzubrechen und einzelnen Geld abzunehmen. Die Gendarmerie sei eine unbillige und daher billig verhaßte Anstalt.

239.

Tatzmannsdorf.

Heute ist mir etwas Wunderliches geschehen: ich habe im Gehen geträumt. Ich war früh aufgestanden, hatte Wasser aus dem Sauerbrunnen getrunken, gebadet, darauf wieder einen Becher Wasser getrunken und ging im Garten spazieren. Da kam ich auf einmal in einen bisher unbetretenen Teil desselben. Er war so schön, die Baumpartien so reizend, daß ich mich nicht genug wundern konnte, ihn früher nie bemerkt zu haben. Nur waren leider keine Bänke da, indes alles mich einlud mich niederzulassen. Meine Aufgabe war noch, einen Becher Wasser zu trinken, ich kehrte daher um, mit dem festen Vorsatze, den Platz gleich nach dem Trinken wieder aufzusuchen. Es geschah, ich hatte mir den Weg durch eine früher oft betretene kurze Allee von kleinen Bäumen gemerkt, die Gartenpartie war aber nicht mehr aufzufinden, denn — sie hatte nie existiert. Daß nun dieser Traum — denn für das muß ich es halten — im Gehen sich ergab, ist das Wunderliche. Sonst ist mir eine Art Träumen oder Entstehen von unwillkürlichen Bildern, besonders Abends, vom Lesen ermüdet, nichts Seltenes; aber im Gehen und mit dieser die Wirklichkeit lügenden Stärke ist es mir noch nie vorgekommen.

240.

Tatzmannsdorf.

Ich war gestern in Oberschützen bei der öffentlichen Prüfung eines Privatinstitutes, das aber jetzt die Rechte eines Gymnasiums erhalten hat. Es wird von Protestanten besorgt. Unglaublich ist, was die Zöglinge, durchaus Kinder unter 12 Jahren, leisten, und das Institut dürfte einzig in Österreich sein. Deutsche, lateinische und die Anfangsgründe der französischen Sprache, Naturgeschichte, Geographie in eigentlicher Ausdehnung, Kopfrechnen und die Lehre von den Dreiecken aus der Geometrie mit aller Bündigkeit der Beweise. Der Eifer der Knaben ist ohne Beispiel. Am besten hat mir gefallen, daß außer den Zöglingen auch die Bauernknaben des Ortes an dem Unterrichte teilnehmen, aber nur in den Gegenständen der Realschule. Zwei von den gegenwärtigen Lehrern sind solche herangebildete Bauernknaben. Bei den geistlichen Liedern, mit denen die Prüfung begonnen und beschlossen wurde, sangen solche Bauernjungen in bloßen Füßen mit. Das Ganze wurde von einem Pastor Wimmer gegründet, der, was das merkwürdigste von allem ist, die durchaus aus Landbauern bestehende Gemeinde zu bestimmen wußte, die ersten Errichtungskosten zusammenzusteuern. Wegen Anteil an den politischen Regungen mußte er fliehen und lebt nun in Bremen. Sein Schwiegersohn, der gegenwärtige Pfarrer, setzt es fort. Er scheint ein sehr unterrichteter Mann, obschon ein kleiner Beigeschmack von modischer Geckerei ihm nicht fern sein dürfte, obschon vielleicht nur, um sich von der bäurischen Plumpheit der katholischen Geistlichkeit zu

unterscheiden. Auffallend waren mir diese Protestanten,
deren Wesen durch den Zustand der Gedrücktheit schärfer
hervortritt als in eigentlich protestantischen Ländern. . . .
. . . .
. . . . Sie glauben, die Wahrheit ihrer Sache
schwarz auf weiß zu haben. Hier wirken sie segensreich,
und Oberschützen ist ein merkwürdiger Punkt auf der heimi-
schen Erde.

241.

Was F. Schlegel im Anfange des Jahrhunderts gesagt
hat, gilt noch jetzt in der Mitte desselben: „Es gibt Schriftsteller in Deutschland, die Unbedingtes trinken wie Wasser,
und Bücher, wo selbst die Hunde sich aufs Unendliche beziehen."

1855.

242.

Heute war A* bei mir und eröffnete mir seinen Kummer,
daß er in einer schon unter der Presse befindlichen Schrift
sich gegen die materialistischen Richtungen der Zeit ausgesprochen habe. Ich fragte ihn: ob er denn selbst materialistisch gesinnt sei? Er meinte nein, aber Doktor F. habe
ihm gesagt, daß der gegenwärtige Standpunkt der Wissenschaft materialistisch sei, und da fürchte er, als nicht auf der
Höhe der Zeit stehend betrachtet zu werden. Da er von
dem, was man Überzeugung nennt, keine Vorstellung zu
haben schien, tröstete ich ihn, daß es doch viele Anhänger
der spiritualistischen Richtung gegeben habe und noch gebe,
so daß er für jeden Fall auf eine Partei zählen könne.
Damit befriedigte er sich.

243.

Ich erinnere mich aus meiner frühesten Knabenzeit, daß
ich und mein um ein Jahr jüngerer Bruder Karl in Enzersdorf bei Brunn, wo wir mit unseren Eltern wohnten,
unterm Billard saßen und spielten. Plötzlich schrieen wir

beide zu gleicher Zeit auf. Als man herbeieilte und uns um die Ursache fragte, versicherten wir einen Geist gesehen zu haben. Auf die weitere Frage, wie er denn ausgesehen habe? sagte ich: wie eine schwarz verschleierte Frau; mein Bruder aber: wie ein Hörnbler (Hirschkäfer).

244.

Wenn die Athener die Chorgesänge ihrer Tragiker beim ersten Anhören verstanden haben, so haben sie offenbar besser Griechisch gekonnt als ich.

1856.

245.

Die spanische Inquisition
Taugt nicht in unsern Tagen.
Ihr müßt euch begnügen schon
Die Andersgläubigen sonst zu plagen.

Ich schreibe derlei dummes Zeug, weil mir die Ärzte das Lesen verboten haben, oder vielmehr meine Augen es von selbst verbieten. Da sitze ich denn, denke über dies und das und schreibe ein paar Worte als Abschluß meiner Gedanken.

1859.

246.

[Anfang.]

Preußens Stellung scheint rätselhaft; das Wort ist aber leicht gefunden. Es vertritt die Interessen Deutschlands, aber vor allem Englands. England will die Scheinallianz mit Frankreich vorderhand beibehalten, zugleich aber die Verträge schützen. Daher soll es zu keinem Ausbruch kommen, aber auch der Eigendünkel Ludwig Bonapartes und des gesamten Frankreichs nicht berührt werden. Daher Vermittlung mit Aufopferung der Ehre Österreichs und des gesamten Deutschlands.

247.

[November.]

Die Greuel der letztverflossenen drei Jahre und die Albernheiten der letztverflossenen zwanzig oder dreißig haben in jedem ehrlichen Manne die Überzeugung hervorgerufen, daß man sich der Regierung anschließen müsse, und zwar nicht nur so wie es auch in gewöhnlichen Zeiten die Pflicht jedes ehrlichen Mannes ist, sondern auf eine bestimmtere, ausgesprochenere Art.

1861.

248.

Wie man Recht und Unrecht zugleich haben kann. Als die russische Bauernemanzipation mit so empfindungsvoller Übereilung aufs Tapet kam, sagte ich mir, daß da gewiß ein Weib im Hintergrund stecke, und da die Kaiserin eine deutsche Prinzessin und daher gewiß höchst sentimental war, schloß ich, daß die Sache von ihr ausgehe. Ich hatte mich geirrt. Die Kaiserin war unbeteiligt. Auf einmal kommt heraus, daß die Großfürstin Helene die Hand im Spiele hatte. Also doch ein Weib!

1862.

249.

Bussy Rabutin, als er in der Bastille eingesperrt war, wurde krank. Man rief Ärzte, die ihn wieder herstellten. Jetzt erst, sagte er, langweile ich mich recht, denn die Krankheit ist selbst eine Unterhaltung. Fiat applicatio.

250.

Eötvös — für jeden Fall ein ausgezeichneter Mensch — spricht in seiner sehr guten Erzählung: ein Ungar in der Schweiz, von dem Nationalgefühl der Ungarn, und bemerkt, daß es bei ihnen weniger eine Anhänglichkeit an die Scholle, als eine Sympathie an die Stammesgenossen sei. Unter den Gründen, die er dafür anführt, ist auch einer, der mir sehr treffend scheint. Die Ungarn (S. 4) seien nämlich ursprünglich ein asiatisches Nomadenvolk, die der Stamm und nicht das Land zusammenhalte. Dadurch sind sie aber auch für alle Kultur unempfänglich. Der Müßiggang ist ihr Hauptlaster. Es fehlt ihm an Geschicklichkeit und Ausdauer für alle bürgerlichen Beschäftigungen. Nur als Hirte, Reiter und Räuber fühlt er sich in seiner Bestimmung.

1864.

251.

Briefe aus Rom von Flir. Merkwürdige liebenswürdige Persönlichkeit. Strenger Katholik (wie es scheint), ehrlicher Mann, Enthusiast für die Kunst, Verehrer der Antike und der klassischen Literatur. Unter anderen eine Stelle:

Die Gebrüder Schlegel haben das Schlagwort in die Welt geworfen, die antike Poesie sei objektiv, die moderne sei subjektiv. Eine Poesie, die nicht subjektiv ist, gilt mir gar nicht als Poesie; der Unterschied im Subjektiven schwankt nur zwischen dem Übergewicht der Phantasie und dem des Gefühls hin und her. Die Phantasie wird durch die Kultur abgeschwächt: was natürlich nicht mehr gelingt, will man erzwingen und erkünsteln; man affektiert die Kunst, man schraubt sich zur poetischen Stimmung hinauf: diese Selbsttortur mag eine Hauptursache sein, wenn die Verrücktheit bei modernen Dichtern öfters vorkommt, als bei antiken. Aber der prosaischen Wirklichkeit gegenüber ist jeder Poet und Künstler mehr oder minder närrisch, „in holdem Wahnsinn das Auge rollend".

1865.

252.

Jänner.

Pensionäre der Schillerstiftung: Julius Mosen, Eduard Mörike, Willibald Alexis, Otto Ludwig, Karl v. Holtei, Töpfer und Zahlhaas.

Periodische Gewährungen: Karl Beck, Hermann Lingg, R. E. Prutz, Leopold Feldmann, Elise Schmidt, Ludwig Storch, Hermann Schiff, Julius Bacher, Alexander Jung, Melchior Meyr, Adolf Zeising, Braun v. Braunthal, Frau Pfannenschmidt (Burow), Frau Luise Otto.

Wiener Abendpost, 10. Jänner 1865.

Zu wie vielen würde wohl Schiller selbst seine Einwilligung gegeben haben?

1866.

253.

Eine krebsartige Wunde in der Leistendrüse entzog seinem Blute allmählich und schmerzlos die Lebenskraft.

Laube im Nachruf für Anschütz.

Östr. Revue 1866 II. Heft.

Geht's vielleicht auch andern Leuten so?

Anmerkungen.

Die Zitate aus „Grillparzers sämtlichen Werken" beziehen sich auf die von A. Sauer besorgte 5. Ausgabe in 20 Bänden, Stuttgart, Cotta.

Unter Jahrbuch ist das „Jahrbuch der Grillparzer-Gesellschaft", Wien, Verlag von Karl Konegen, verstanden.

I. Briefe.

1. **An seinen Vater, 1803.** Original im Grillparzerarchiv. Erster Druck: Jahrbuch I, 3.

Wenzel Grillparzer, der Vater des Dichters, gest. 10. November 1809 (im Hause Nr. 888 in der inneren Stadt, Grünangergasse), war Hof- und Gerichtsadvokat in Wien. Eine Umfrage bei sämtlichen Pfarren Wiens nach dem Geburtsjahre Wenzel Grillparzers ist ohne Erfolg geblieben. Aus den Angaben des Trauungsscheines geht hervor, daß er 1762 oder 1763 geboren wurde. Die bisherigen Nachforschungen über ihn führen bis in das Jahr 1769 zurück. In der allgemeinen Universitätsmatrikel (1747—1778) begegnen wir folgenden Stellen (S. 572): „1769 Grillparzer Wenceslaus Viennensis Parvista in Collegio"; (S. 575): „1772 Grillparzer Wenceslaus Viennensis Principista." Am 7. September 1785 erwarb Grillparzer das Doktorat der Rechte, am 26. Mai 1786 erfolgte seine Aufnahme in die juristische Fakultät, am 11. November 1788 in die Witwensozietät. Wenzel Grillparzer war Zögling des gräflichen Windhagschen Aluminats, welches 1682 in Wien errichtet und im Jahre 1784 aufgehoben wurde. Grillparzers Dissertation „Von der Appellation an den römischen Stuhl, Wien, Baumeister 1785" wurde mit Dekret vom 4. Juni 1787 in den Index librorum prohibitorum jussu sanctissimi domini nostri eingetragen. Noch ist ein Tobias Grillparzer aus Gutenbrunn zu erwähnen, der 1768 in die Universitätsmatrikel als Parvista eingetragen wurde. Wenzel Grillparzer war der Sohn des Joseph und der Katharina Grillparzer, über welche sich im k. k. Haus-, Hof- und Staatsarchiv folgender Bericht des Rates Greiner aus dem Jahre 1787 befindet: „Dem Josef Grillparzer, gewesenen Gastgeber in der Windhagischen Stiftung, und dessen Ehewirtin, so 15 Jahre in diesem Stift sehr gut gedienet, und ihres Alters und Schwachheit wegen nichts mehr verdienen können, wäre eingeratener Maßen ein tägliche Portion von 5 kr., mithin beiden zusammen 10 kr. aus dem Stiftungsvermögen anzuweisen, wie ein solches für die

Klosterbedienten, benen sie ganz gleich sind, vorgeschrieben ist."
Kaiser Joseph II. entschied hierauf von Cherson aus am 24. Mai
1787: „Können dem Grillparzer und seinem Weibe die ange=
tragenen 10 kr. als ein Almosen abgereicht werden." Später
war Joseph Grillparzer Ausspeiser im Stadtgerichte am Hohen
Markt, wo er am 11. Juli 1790 starb. Totenprotokoll des Wiener
Magistrates: „Den 11. Juli 1790 Grillparzer Joseph, Traitteur
am Stadtgerichte, ist allda Nr. 528 in der Stadt am abzehren=
den Fieber verschieden, alt 67 Jahre," ferner Verlassenschafts=
abhandlung im k. k. Landesgerichte in Wien Nr. 2478 ex 1790.
Als Kinder sind angeführt: „Wenzel Grillparzer, beiber Rechte
Doctor, auch Hof= und Gerichtsabvocat, Nr. 531 am Bauern=
markt (heute O.=Nr. 10) und Frau Marie Kollin, Magistrats=
rats=Ehegemahlin, geb. Grillparzerin, Nr. 343 am Salzgrieß."
Das Nachlaßvermögen betrug 41 Gulben. Katharina Grill=
parzer, bie Großmutter des Dichters, starb am 2. Juni 1795
im Alter von 77 Jahren an Entkräftung. Über Wenzel Grill=
parzers Schwester und beren Gatten Andreas Koll sind folgende ur=
kunbliche Nachrichten erhalten: „Toten=Protokoll 1791: 22. März,
Kohl Anna, Magistratsrats=Ehefrau von Kazareckischen Hauß
aus der Stadt ist im allgemeinen Krankenhause am Faulfieber
verschieden. Alt 33 Jahr." (Magistrat Wien.) Verlassenschafts=
abhandlung (k. k. Landesgericht Wien) „Andreas Koll, Magi=
stratsrat, Nr. 329 in der Stadt, gestorben am 10. April 1791 bei
ben barmherzigen Brübern. Kinder 6, bei der Großmutter Katha=
rina Grillparzer, Traiteurswitwe im allgemeinen Gefangenhause.
Zum Vormund wird vorgeschlagen: Dr. Wenzel Grillparzer,
Bauernmarkt, im Wagner'schen Hause. Nachlaß 48 fl. 22 kr." Die
auf Wenzel Grillparzer bezüglichen urkunblichen Beiträge vgl. Jahr=
buch der Grillparzer=Gesellschaft I, 359 ff. und VIII, 244 ff.
Über den Namen Grillparzer vgl. bie Notizen in Frankls „Sonn=
tagsblätter" vom Juli 1846; Theaterzeitung 1846, S. 714;
Wiener Courier 1857, Nr. 1817; Dibaskalia 1871, Nr. 53; ferner
A. Sauer, Studien zur Familiengeschichte Grillparzers: Symbolae
Pragenses (Prag 1893), S. 196. Im „Diennst Register ober
Pellendorf bit XLV jars (1545)" (Hoffammerarchiv) findet sich
folgende Stelle: „Noch bienen Sy Jarlichen von VII halben be=
hausten lehn zu Grillenparz so lang bieselben zu borf nit
werden gestifft vnnd aufgenommen laut des grunbpuchs von
yebem halben behausten lehen 111 t vnnd zwo hennen." In
Grillparzers Nachlasse finden sich auf mehreren Studienblättern
Aufzeichnungen über die Ableitung seines Namens.

Grillparzer war bamals Schüler am Gymnasium zu St. Anna.
— Fast sämtliche Zeugnisse über den Studiengang Grillparzers
sind in seinem Nachlasse aufbewahrt. Das erste Zeugnis ist vom
24. März 1797 batiert und von Joseph Spendou unterzeichnet, der
1788 an Stelle bes zum Bischof von Linz ernannten Joseph Anton

Gall Schuloberaufseher wurde. Grillparzer hat an diesem Tage
die Prüfung über den ersten Kurs der ersten Klasse unterer Abteilung mit Vorzug bestanden. Weniger günstig war der Fort-
gang im zweiten Semester, er erhielt ein Zeugnis der ersten
Klasse, in sämtlichen Gegenständen „gut", nur im Schreiben
„mittelmäßig". Am 4. Dezember 1799 wird er als Privatschüler
der dritten Klasse an der Hauptschule in der Josephstadt geprüft
und ihm ein Zeugnis „erster Klasse" ausgestellt. Am 31. Aug. 1800
erhielt er als Privatschüler der ersten Gymnasialklasse „primam
cum eminentia" (Professor Martin Span, bekannt als „Ver-
besserer" von Goethes Gedichten). Von 1801—1804 ist Grillparzer öffentlicher Schüler am Gymnasium zu St. Anna. Außer
Span sind auf den Zeugnissen noch die Professoren Anton Stein,
Franz Walpert und Ab. Brinl unterzeichnet. 1804—1807
philosophische Studien. Zeugnisse: Psychologie und Logik
(Prof. Samuel Karpe), Mathematik (Prof. Remigius Döttler),
Religion (Prof. Jakob Frint), Philologie (Prof. Hammer),
Naturgeschichte (Prof. Blaha), Geschichte (Prof. J. W. Ribler
und Prof. Leeb), Institutiones practicae ad eloquentiam (Prof.
Anton Stein). — 1808—1811 Studium der Rechts- und
Staatswissenschaften. 1808 Natürliches Prozeßrecht, Staats-,
Völker- und Kriminalrecht (Prof. Egger), Europäische Staaten-
kunde (Prof. Zizius), 1809 Römisches Recht (Prof. Anton Zam-
lich), 1810 Kirchenrecht (Prof. Thomas Dolliner), Lehenrecht
(Prof. Fölsch), 1811 Österreichisches Privatrecht (Prof. Georg
Scheiblein), Gerichtliches Verfahren (Prof. Anton Zamlich),
Politische Wissenschaften (Prof. Heinrich Watteroth). — Am
16. November 1813 bezeugt der k. k. Direktor der juridischen
Studien, „daß Herr Franz Grillparzer, aus Wien gebürtig, an
der k. k. Universität zu Wien den vorgeschriebenen juridischen
Lehrkurs geendigt und in den öffentlichen Prüfungen folgende
Klassen erhalten habe:" nun folgt die Aufzählung der vorstehen-
den Gegenstände und als Prüfungsergebnis: 1. Klasse mit Vorzug mit Ausnahme der Note „Erste Klasse" in den politischen
Wissenschaften. Kurz nach dem Eintritte in das Gymnasium bezog Grillparzer ein Phillipinisches und seit 1803 ein Goldbergi-
sches Stipendium, das ihm bis zur Anstellung im Staatsdienste
belassen wurde. Das Stipendium wurde von Hans Goldberg
errichtet, der als Rektor der Universität (1479) Studenten, welche
sich durch Bettel und Singen ernähren mußten, freie Wohnung
gab; später wurde es vorzüglich Söhnen unbemittelter Dok-
toren verliehen.

2. An seine Mutter, Donnerstag den 10ten 7bris [1807].
Original im Grillparzerarchiv. Erster Druck: Wiener Extrablatt,
28. April 1889. Adresse: A Madame de Grillparzer à Vienne,
abzugeben in der Grünangergasse Nr. 888, 3. Stock.

Marianne Grillparzer, die Mutter des Dichters, geb. 1767, Tochter des Christoph Sonnleithner, vermählt mit Wenzel Grillparzer am 12. Januar 1789, gest. am 23. Januar 1819. — Im Totenprotokoll des Jahres 1819 folgende Stelle: „Frau Marianne Grillparzer, Advocatens-Witwe, hier gebürtig in Nr. 436 Stadt, welche in ihrer Wohnung todt gefunden, und im allgemeinen Krankenhause gerichtlich beschaut. Alt 51 J. NB. Hat sich erhängt." — Vgl. über sie die Selbstbiographie an verschiedenen Stellen und das Gedicht „An die vorausgegangenen Lieben", Sämtl. W. II, 20, ferner die am Schlusse dieser Anmerkung abgedruckten Stellen aus ihren Notizbüchern und den an ihren Sohn Camillo gerichteten Brief.

Greillenstein, Schloß im Viertel Obermannhartsberg bei Horn, seit 1570 im Besitze der Herren v. Kuefstein (Steinius: Topographischer Landschematismus, Wien 1822; Weißkern: Topographie von Niederösterreich, Wien 1769). Ein im Nachlasse aufbewahrtes Gedicht, betitelt: „Hekabes Klage", ist nach einer Randbemerkung des Dichters am 13. Mai 1807 in Greillenstein entstanden.

St. Bernhard, Dorf mit einem herrschaftlichen Schlosse unweit Horn (Steinius, S. 56).

Da der Florianstag auf den 4. Mai fällt, so scheint hier die Benennung irrig zu sein.

Altenburg, Dorf in Niederösterreich am linksseitigen Steilrande des Kamptales; an der Südseite die gleichnamige Benediktinerabtei, gestiftet 1144 von der Gräfin Hildeburg Buige (vgl. Cölestin Wolfsgruber, Abtei Altenburg, in Seb. Brunners: „Ein Benediktinerbuch" Würzburg, o. J.).

Ignaz Joseph Mailler, Jugendfreund Gr.'s, Sohn eines Müllers in Ebersdorf. Aus den Universitätskatalogen geht hervor, daß Mailler im Jahre 1804/1805 18 Jahre alt und Student im 1. Jahrgange der Philosophie war. Nachdem er die philosophischen Studien 1807 absolviert hatte, wurde er Theolog, Univ.-Mat. XI. B. p. 67: „1807: Ignaz Mailler, Theol. 1.anni. Ebersdorf." In dem Schuljahr 1808/1809 erscheint Mailler als Hörer der Theologie im zweiten Jahre. Im nächsten Jahre kommt sein Name nicht mehr vor, was die Nachricht, daß er im Jahre 1810 gestorben sei, bekräftigt. Im Jahre 1804 erschien von ihm bei Anton von Haykul in Wien eine Rede, welche er damals als Schüler der Poetik zum Namenstage des Professors Stein verfaßt hatte. Über Mailler, der, wie Grillparzer bemerkt, „lange seinen einzigen Zusammenhang mit der schönen Literatur gemacht hatte", vgl. Selbstbiographie, Sämtl. W. XIX, 27 f., 38 f.

In den Jugendjahren nennt sich Gr. häufig: Seraphin Clobius, auch Seraphin allein oder Franz Seraphin.

Die zwei Einschreibebücher der Mutter enthalten u. a. folgende bemerkenswerte Stellen:

Das Buch bekomen Anno 1784.

Den 12. Jener auf die Nacht um 7 Uhr kobohliret wor=
den 1789.

Franz Serfikus den 15. Jenner vormitag um halb 11 Uhr
Anno 1791 gebohren worden. Seyn Taufbat war der Herr
Magist. Rath Bauer.

Kamilo geboren Anno 1793 ben 15. Augusti in der Früh
um halb 3 Uhr seyn Taufbath war der Ignatz Sonnleither.

Adolph geboren Anno 1800 den 12. October auf die Nacht
um 11 Uhr sein Tauf Bath war der Ignatz Sonnleithner.

Karl den 1. Marzi Vormittag 9 Uhr gebohren Anno 1792
sein Taufbath war der Ingnatz Sonnleithner.

Der Franz den 25. May gefirmet worden von dem Doctor
Vogelhuber Anno 1801.

Den 28. August Anno 1813 ist der Kamilo nach Neubischein
gekommen.

Der Franz ist ben 18. März Anno 1812 zu den Grafen
Seilern gekommen.

Der Franz ist Anno 1813 ben 18. März in die Bibliotek
gekommen.

Der Franz ist Anno 1813 den 20. Dezember daß erstemahl
auf die Hauptmauth gegangen.

Der Franz ist ben 8. März Anno 1815 das erstemahl zur
Hofstehl gegangen.

Den 21. April Anno 1818 war die Sapho zum erstenmahl
mit sehr großen Beyfahl.

Der Franz hat seyn stipendium bekommen 1801 im October,
und Februar erhoben zu Ende des Monat.

Den 11. April hat der Franz die erste Lexion gegeben Anno
1810.

Anno 1814 der Franz hat mir 2 fl. ben 23. May auf
Baumwohl gegeben.

Der Franz hat mir ben 24. Junij 2 Gulden auf Baumwohl
gegeben.

Marie Anna Grillparzers Brief an ihren Sohn Camillo
lautet:

Am 27. April (1817).

Lieber Kamilo

Ich muß dir berichten, daß du in zukunft deine Briefe im
Schottenhof zu der Paumgarten atresirst, bann wir haben unß zu
ihr gezogen, weil man uns aufgesagt hat und wir kein Quatier
vor schröcklicher teurung gefunden haben. Auch hast du geeisert
ben Sommer nach Wien zu kommen, glaube gewiß daß wir eben
so sehr wünschen dich zu sehen als du uns, überdenke daß dich
die hin und herreise ziemlich Geld kostet, und wir keinen kreutzer
beytragen können, auch hast du hier deine Kost unbentgeltlich, und

hier macht es uns Unkästen dann glaube jeder Gulden kommt uns sehr schwer an herzugeben, ich halte mir keinen Dienstbothen, koche selbst und mache alle Arbeit, waß mich ziemmlich zu grunde richt, dann ich bin schon sehr schwächlich. Der Franz hat wohl vor seyn Trauerspiel 5 Hundert Gulden bekommen, aber da waren wir der Nigkel ein paar Hundert Gulden schuldig die sie uns vergangenes Jahr geliehen hat, dann der Franz war 4 Monath elend kranck, dann hat er sich von den Hemmten angefangt equi= biren müssen, er konnte sich zwey Jahre schon nichts mehr schaffen, weil seyn Geld bloß auf Zinß Holz und Kost aufgegangen, sey versichert es thut mir sehr leib dir daß schreiben zu müssen aber du must selbst einsehen, daß es besser ist biß künstiges Jahr zu verschieben, es ist doch sehr wahrscheinlich daß es etwas wohl= feiler wird, und dann können wir uns vergnügter sehen. Lebe wohl und vernünftig. Von Franz, Abofl und Kohl einen Gruß.

Mariana Grillparzer.

3. An seinen Vater, Burgschleiniß, den 25. 7^{bris} [1808]. Original im Grillparzerarchiv. Erster Druck: Neue Freie Presse, 14. September 1884, Nr. 7202.

Burgschleiniß, Dorf im Viertel Obermannhartsberg, un= weit der Stadt Eggenburg, mit einem herrschaftlichen Schlosse. Die Ortsobrigkeit besaß die Herrschaft Greillenstein (Steinius, Topographischer Landschematismus, Wien 1822).

4. An die niederösterreichische Regierung. Wien, 2. Dezember 1809. Original im Grillparzerarchiv. Erster Druck: Jahrbuch II, 3.

Die Aufschrift dieses Gesuches lautet: „Franz Grillparzer, Hörer der Rechte im 3ten Jahrgange, wohnhaft Nr. 888 in der Grünangergasse, bittet um Bewilligung der Beibehaltung seines Stipendiums." — Über das Stipendium Grillparzers sind einige Aktenstücke im Universitätsarchiv aufbewahrt. Die erste Erwäh= nung geschieht im Konsistorialprotokoll vom Jahre 1803, Nr. 191: „Wird der Vorschlag des Grillparzer zur Goldbergischen und des Schmidbauer zur philippinischen Stiftung bestättiget. Ex consist. Reg. inf. Austr. 6. Aug. 1803." (Vgl. Anm. zu Nr. 1.)

Das Privatstudium war unter der Bedingung zulässig, daß der Bewerber von einem Dr. juris Unterricht empfange und halbjährig eine Prüfung an der Universität ablege. Vgl. hier= über „Schattenrisse aus Österreich", Leipzig 1844, S. 119.

Auf der Rückseite des Gesuches folgender Bescheid: „Dem Bittsteller wird die Bewilligung mit Beibehaltung seines Stipen= diums, die ihm noch übrigen Gegenstände der Rechte privat zu studieren, unter der Bedingung erteilt, daß er sich bei der öffent= lichen Semestralprüfung über jeden vorgeschriebenen Lehrgegen=

ſtand jedesmal einfinde, und gute Fortgangszeugniſſe verdiene.
Von der k. k. n. ö. Regierung. Wien den 4. Januar 1810." In
den Katalogen aus den Jahren 1810 und 1811 wird Grillparzer
unter den Privatſtudierenden angeführt.

5. An den Oberſthofmeiſter Ferdinand Fürſten
zu Trauttmannsdorff [Wien, 12. Jänner 1811]. Entwurf
im Grillparzerarchiv. Erſter Druck: Jahrbuch II, 4. Auf der
Rückſeite des Geſuches, das anfänglich an den Hofbibliotheks-
präfekten Grafen Oſſolinski gerichtet war, ſteht mit Bleiſtift der
volle Titel des Oberſthofmeiſters Fürſten Trauttmannsdorff geſchrieben. — Die Reinſchrift (zuerſt bei Wolf, Grillparzer als
Archivdirektor S. 8, gedruckt) enthält nur geringe ſtiliſtiſche Abweichungen.

Ferdinand Fürſt Trauttmannsdorff-Weinsberg,
geb. zu Wien 12. Jänner 1749, geſt. daſelbſt 27. Auguſt 1827,
Oberſthofmeiſter des Kaiſers Franz I. von 1807—1827.

Wie aus Nr. 6 und 8 hervorgeht, erfolgte keine Erledigung
des Geſuches.

6. An den Fürſten Trauttmannsdorff, Wien, 4. Ok-
tober 1811. Entwurf in der k. k. Hofbibliothek. Erſter Druck: Wolf
S. 10. Vgl. Nr. 5 und 8.

Auch auf dieſes Anſuchen erfolgte keine Erledigung, doch
hatte der Oberſthofmeiſter (vgl. Jahrbuch II, 7) die beiden Bitt-
ſchriften an den damaligen Präfekten der Hofbibliothek Joſeph
Oſſolinski Grafen v. Tenczyn (geb. 1748 zu Wola Mielecka, geſt.
zu Wien 1826) zur Begutachtung geleitet. Oſſolinski äußerte ſich
über die erſte Bewerbung Grillparzers: „Was den beſagten
Bittſteller Franz Krillparzer betrifft, ſo glaube ich, daß, nachdem alle ſeine Zeugniſſe ſowohl in Anſehung ſeiner wiſſenſchaft-
lichen Verwendung als ſeiner ſittlichen Aufführung einſtimmig
ein beſonderes Lob ausſprechen, und ich ihn ſelbſt empfehlens-
wert gefunden habe, demſelben allerdings der Zutritt in dieſe k. k.
Hofbibliothek als Konceptspraktikant geſtattet werden könnte." Auch
der in franzöſiſcher Sprache abgefaßte Bericht Oſſolinskis über
das zweite Anſuchen Gr.s (Jahrbuch II, 7) lautete für dieſen ſehr
günſtig; er nennt ihn darin Mr. Grimbitzer, an einer anderen
Stelle Grimbatzer. Der Name Gr.s wurde auch ſonſt häufig
falſch geſchrieben. In den Akten kommt er als Krillparzer, Grin-
batzer, Griebitzer und noch im Hof- und Staatsſchematismus des
Jahres 1821 in der Rubrik k. k. oberſte Hoftheatraldirektion als
Dichter Franz Grillpatzer vor.

Über die damalige Beſchaffenheit der Hofbibliothek berichtet
Grillparzer in der Selbſtbiographie XIX, S. 58. — Klagen über
den ſchlechten Zuſtand der Hofbibliothek drangen bereits unter
Kaiſer Joſeph II. an die Öffentlichkeit. In der „Realzeitung" des

Jahres 1781 wurden die Beamten der Nachlässigkeit, Unwissenheit, Prahlsucht und Bequemlichkeit beschuldigt. ... Die Bibliothek sei eine Raritätenkammer, nicht zum Genusse, sondern nur zum Ansehen bestimmt. Auch in späteren Schriften fanden sich Klagen, besonders in den Reiseschilderungen der Ausländer und in auswärtigen gelehrten Zeitschriften. Ausführlicher spricht sich Johannes Müller über die Hofbibliothek in seinen Briefen aus, worin er auch die Notwendigkeit eines Materienkataloges betont; ebenso hat der Kustos Abbé Pöhm einen Vorschlag wegen Anfertigung eines systematisch-wissenschaftlichen Kataloges erstattet, der jedoch unbeachtet blieb.

7. **An seine Mutter**, Kralitz, 2. August 1812. Original im Grillparzerarchiv. Erster Druck: Jahrbuch I, 6.

Adr.: A Madame de Grillparzer née de Sonnleithner, abzugeben beim Portier im gräfl. Wilbzeckischen Hause.

Fideikommißherrschaft **Kralitz**, in Mähren, 2 Meilen gegen SSW. von Olmütz entfernt, von dem k. k. geh. Rat und Hofvizekanzler Johann Friedrich Freiherrn (bald nachher Grafen) von **Seilern** 1725 angekauft. Zu dieser Herrschaft gehörte auch Lukov im Hrabischer und Alttitschein im Prerauer Kreise. Vgl. Die Markgrafschaft Mähren. Topographisch, statistisch und historisch geschildert von Gregor Wolny. Zweite Ausgabe von Dr. Schenkl, Brünn 1846. V. Band: Olmützer Kreis, S. 526. Grillparzer war damals Hofmeister bei Seilern und brachte den Sommer mit der gräflichen Familie auf deren Gütern zu.

Joseph Graf von Seilern und Aspang, geb. 25. August 1752 zu Wien, Besitzer der Herrschaften Kralitz, Lukov, Alttitschein, Zieranowitz und Przilepp in Mähren, ehemals Gesandter am bayrischen Hofe, wirkl. geh. Rat und Kämmerer, vermählt seit 11. Juni 1795 mit **Maria Fürstin von Öttingen**, gest. 26. März 1838 in Wien. Vgl. die Charakteristik des Grafen in Grillparzers Selbstbiographie, Sämtl. W. XIX, 50 ff. In das Haus Seilern kam Grillparzer am 18. März 1812 anfänglich als Lehrer, später als Erzieher des **Joseph August Grafen Seilern**, eines Neffen des **Joseph Johann Grafen Seilern**. Über den Aufenthalt Grillparzers in Kralitz und seine Beziehungen zur Familie Seilern vgl. Selbstbiographie, Sämtl. W. XIX, 50 ff. Im Nachlasse Grillparzers einige Manuskripte aus der Zeit seines Aufenthaltes in Mähren auf den Gütern des Grafen von Seilern, darunter auch das Fragment Heinrich IV., Sämtl. W. XI, 239 bis 252.

Adolf Grillparzer, der jüngste Bruder des Dichters, geb. 12. Oktober 1800 (vgl. Franz Grillparzers Selbstbiographie, Sämtl. W. XIX, 12). Nach Besuch der Volksschule erhielt er im k. k. Konvikte in Wien einen Stiftungsplatz, der ihm nach einem Vortrag des Grafen Joseph v. Dietrichstein in Anbetracht, daß die vermögenslose Witwe des Hof= und Gerichtsadvokaten Wenzel Grillparzer vier noch unmündige Kinder zu ernähren hat, mit kais. Entschließung vom 4. Mai 1811 verliehen wurde (k. k. geh. Hof= und Staatsarchiv, Staatsratsakten). Adolf kam nicht über die erste Grammatikalklasse hinaus; trotz dieser geringen Vorbildung wurde er im I. Semester des Jahres 1816 zu den Vorlesungen des Professors Paul v. Prosky über Staatsrechnungswissenschaft an der Universität zugelassen. Im II. Semester erscheint er nicht mehr unter den Hörern. Ein Jahr danach hatte Adolf seinem Leben freiwillig ein Ende gemacht.

Das Verzeichnis der Verstorbenen in der Wiener Zeitung vom 26. November 1817 enthielt folgende Bekanntgabe:

„Den 14. November 1817. Eine unbekannte Mannsperson, welche in der Donau ertrunken gefunden, von mittler schlanker Statur, vollem länglichtem Gesichte und braunen Haaren, mit einem grünen Kaput, blauen Frack, eine ripsene Weste, seidenen Hosenträger, struckenen Pantalon, einem wollenen Nachtleibl, und einem gemerkten Hemb bekleidet war, alt bey 20 Jahr.“

Der Brief, den Adolf Gr. vor seinem Selbstmorde an seine Angehörigen richtete, lautet:

„Lieber Franz oder Mama wer es findet.

Da ich immer mehr und mehr in das stellen hineingekommen wäre, so habe ich denn Entschluß gefaßt mir selbst das Leben zu nehmen.

Viel gelogen und betrogen haben ich die Mama und den Franz, doch bitte ich um Verzeihung, und mir nicht fluchen. O! Gott vielleicht werde ich in der andern Welt noch viel läuden müssen, und wenn einstenz der Franz sich verheurathen sollte und Kinder bekommt, so soll er ihnen warnen, daß sie nicht mir gleich werden. Wenn ich um eine Gnade noch bitten darf, so ist es die, daß der Kögel Bepi von meinen Gewand etwas bekömt. Lebe die Mama und der Franz recht vergnügt, und denket öfter auf mich unglüklichen

Adolph Grillparzer.“

Der Nachlaß Grillparzers enthält ein Fragment, betitelt: Sobenberg der Leidende oder die Erlösung, ein Ritterschauspiel in 4 Aufzügen von A.(dolf) G.(rillparzer).

Albert Roll, ein Vetter Grillparzers.

Franziska Sonnleithner, Grillparzers Tante, hatte sich am 16. November 1790 mit Dr. J. S. Rizy vermählt.

Dr. Sensel, damals der älteste Beamte der Hofbibliothek, wurde 1819 nach einer 45jährigen Dienstzeit in den Ruhestand versetzt. Sensel hat in allen Abteilungen der Hofbibliothek gedient, einen Katalog über die Handschriften verfaßt, in vielen Klösterarchiven Urkunden gesammelt, welche im Jahre 1851 an das Hof= und Staatsarchiv übergeben wurden. Bei der feindlichen Invasion im Jahre 1809 hatte er an der Bergung der

reichen Schätze dieser kaiserlichen Sammlung tätig mitgewirkt.
Als erster Kustos bezog er einen Gehalt von 2000 Gulden. Als
er 1818 um eine Zulage einschritt, bemerkte der Referent in dem
Vortrag an Kaiser Franz: „Die Fälle, wo sich eine Beförderung
bei der Hofbibliothek ergeben kann, sind so selten, daß es nicht
Wunder nehmen darf, wenn die größere Zahl der Kustoden vergebens einer Verbesserung ihres Schicksals auf diesem Wege entgegensieht" (Staatsarchiv).

Grillparzer trat den Dienst in der Hofbibliothek am 18. März
1813 an. Gr.s Mutter wohnte damals Herrengasse Nr. 26.

8. An den Fürsten Trauttmannsdorff [Wien,
17. Februar 1813], vgl. 5 und 6. Entwurf im Grillparzerarchiv.
Erster Druck: Jahrbuch II, 9.

Leykams Aufnahme erfolgte mit Rücksicht auf die Verdienste
des Franz Georg Freiherr v. Leykam, Konkommissarius bei der
allgemeinen Reichsversammlung in Regensburg.

Es waren seit dem Berichte Ossolinskis nahezu drei Jahre
verflossen. Die Angelegenheit kam sogar an den Staatsrat und
hierauf an Kaiser Franz, der folgende Entscheidung traf:

„Ich genehmige, daß unentgeltliche Praktikanten in meiner
k. k. Hofbibliothek angestellt werden, jedoch muß sich vorher überzeugt werden, daß sie die hiezu erforderliche moralische und wissenschaftliche Bildung besitzen und daß ihnen bei ihrer Anstellung
ausdrücklich zu bedeuten, daß sie als solche nie auf eine Besoldung, oder ein Adjutum Anspruch machen können."

Danach erfolgte endlich mit Dekret vom 26. Februar 1813
die Anstellung Gr.s als „unentgeltlicher Praktikant" mit dem
ausdrücklichen Beisatz, daß „diese Anstellung nicht als eine Ex-
pektanz auf eine wirkliche Hofbedienstung zu betrachten sei" (vgl.
Jahrbuch II, 11).

Außer Grillparzer wurden noch zwei unentgeltliche Praktikanten aufgenommen: Baron Weidenthal und Joseph von
Eichenfeld. Vgl. über letzteren Grillparzers Selbstbiogr. XIX,
S. 59. Auch Ossolinski hob Eichenfelds Vertrautheit mit der
lateinischen und griechischen Literatur hervor und daß er in alten
Handschriften wohl bewandert sei. Eichenfeld, neun Jahre älter
als Grillparzer, trat nach erworbenem Doktorat der Medizin in
die Hofbibliothek ein, wo ihm später, gemeinschaftlich mit dem
gelehrten Kopitar, die Aufsicht über die Handschriften anvertraut
wurde; er hat sich auch als Verfasser mehrerer Werke und durch
gründliche Rezensionen auf dem Gebiete der klassischen Sprachen
verdient gemacht.

9. An Gräfin Seilern. Entwurf im Grillparzerarchiv.
Erster Druck: Jahrbuch I, 54.

Maria Crescentia Josepha Notgera, Gräfin von
Seilern und Aspang, geb. Fürstin von Otlingen, Sternkreuz-

Ordens- und Palaſtdame, geſt. am 24. Juli 1828 im Alter von 63 Jahren. Vgl. Nr. 15.

10. An ſeine Mutter, Lukov, 16. Auguſt [1813]. Original im Grillparzerarchiv. Erſter Druck: Jahrbuch I, 7.

Adr.: A Madame de Grillparzer à Vienne. Abzugeben in der Herrengaſſe im Graf Wilzekiſchen Hauſe im 4. Stock.

Fideikommißherrſchaft Lukov im Hrabiſcher Kreiſe. Der Hofvizekanzler Friedrich Freiherr v. Seilern errichtete 1750 auf Lukov und Kralitz ein Primogeniturfideikommiß und hinterließ die Herrſchaft ſeinem Sohne Chriſtian Auguſt, dem 1801 deſſen Sohn Joseph Johann als Beſitzer folgte. Urkundliche Nachrichten über die Burg Lukov reichen in das 14. Jahrhundert zurück (Wolny IV. Bd.). In der Nähe von Lukov die ſtark beſuchte Wallfahrts-kirche Maria Schtip und das Dorf Koſtelez, „ein Ort, zum Sterben mehr als zum Leben“ (König Ottokars Glück und Ende). In einer der Badekammern des dortigen Schwefelbades am Nerven-fieber krank daniederliegend, ſchrieb Grillparzer im Spätherbſt des Jahres 1813 das Gedicht „An eine matte Herbſtfliege“ (Sämtl. W. I, 204), das erſt nach dem 11. Oktober 1813 entſtanden ſein kann, da Grillparzer an dieſem Tage ſeiner Mutter mitteilte, daß er ſich „immerwährend ſehr wohl befinde“.

11. An ſeine Mutter, Kralitz, 26. September 1813. Original im Grillparzerarchiv. Erſter Druck: Jahrbuch I, 8.

Herrſchaft Neutitſchein ſamt dem Gute Stramberg. Bis 1533 bildet Alt- und Neutitſchein eine Herrſchaft. Nach Viktorin v. Zirotins Tod teilten ſich ſeine Söhne Wilhelm und Friedrich in das Erbe. 1701 kam die Herrſchaft in den Beſitz der There-ſianiſchen Ritterakademie (Wolny I, 335 Prerauer Kreis).

Allod-Herrſchaft Alttitſchein (Stary Gyczen), deren Beſitzer im 16. Jahrhundert die Grafen Zirotin waren. Im Jahre 1772 wurde die Herrſchaft ſamt der alten Burg von Chriſtian Auguſt Graf von Seilern angekauft.

Camillo Grillparzer, geb. 15. Auguſt 1793, geſt. 1. Juni 1865, Schreiber bei der Herrſchaft Neutitſchein, ſpäter Gerichts-kanzliſt in Korneuburg. Von Camillo Grillparzer iſt bei Haslinger erſchienen: Rhapſodie für das Pianoforte, 1. Werk (ſiehe Caſtellis Allgemeinen muſikaliſchen Anzeiger, III. Jahrg. [1834], S. 32). Im Nachlaſſe Franz Grillparzers ſind noch acht Briefe des Bruders Camillo aus den Jahren 1817—1865, ferner ſechs Briefe an die Schweſtern Fröhlich aus den Jahren 1859—1864 und ein Brief an Wilhelm Sonnleithner vom 4. Oktober 1864 vor-handen.

Gr. hatte ſeine Lehrtätigkeit in der Familie v. Kirchmayers nach den Aufzeichnungen ſeiner Mutter am 11. April 1810 be-gonnen.

Gr. hatte am 25. September 1813 an den Präfekten der

Hofbibliothek, Grafen Ossolinski, die Bitte um Verlängerung des Urlaubs gerichtet. Ossolinski schrieb ihm persönlich am 13. Oktober 1813 einen Brief in französischer Sprache, welcher die Urlaubsverlängerung enthielt mit dem Zusatze: „espérant que, de retour à Vienne, vous continuerez à vaquer aux affaires de la Bibliothèque avec le même zèle que je vous connois déjà, et que vous y avez toujours montré."

12. An seine Mutter, Kralitz, 11. Oktober 1813. Original im Grillparzerarchiv. Erster Druck: Jahrbuch I, 80.

Graf Pepi ist Joseph August Graf von Seilern und Aspang, geb. 22. Juni 1793, ein Sohn des Karl Jakob August Graf Seilern (gest. 1806), der Schüler Franz Grillparzers (vgl. Anm. zu Nr. 7), der in der Selbstbiographie bemerkt, daß aus seinen Studien mit dem Grafen „wohl aus beiderseitiger Schuld" nicht viel herauskam. Gr.s ehemaliger Schüler trat 1816 bei der Stadthauptmannschaft als Beamter ein, wurde 1817 Konzeptspraktikant bei der Hofkammer, 1818 überzähliger Hofkonzipist, 1822, zu einer Zeit, als Grillparzer noch Praktikant war, „Hofsekretär mit freiwilliger Verzichtleistung des entsprechenden Gehaltes". Er war also schon nach kurzer Dienstzeit in höherem Range als sein Lehrer. In einem Berichte des Präsidenten der Hofkammer, Grafen Chorinsky, vom 29. April 1822 wird bemerkt, daß Seilern sich durch Diensteifer, Fleiß und Bescheidenheit auszeichne, und wenn er gleich keinen Anlaß gegeben habe, wegen vorzüglicher Talente die Aufmerksamkeit auf sich zu ziehen, so gebühre ihm doch das Zeugnis, daß er die ihm zur Bearbeitung anvertrauten Geschäfte brauchbar zu liefern bemüht sei. Graf Franz war dessen jüngerer Bruder.

13. An die Bankohofdeputation, Wien, 26. November 1813. Original im Grillparzerarchiv. Erster Druck: Jahrbuch II, 13.

Das Rubrum des Gesuches lautet: „Franz Grillparzer, Konzepts-Praktikant bei der k. k. Hofbibliothek, wohnhaft in der hinteren Schenkenstraße Nr. 58, bittet untertänigst, ihm eine Konzeptspraktikantenstelle bei der k. k. löbl. Bancalgefällen-Administration in Österreich unter der Enns, vorzüglich bei der Examinatur gnädigst zu erteilen." Über die Ursachen von Grillparzers Bewerbung um eine Stelle bei der Zollbehörde vgl. Selbstbiogr. XIX, S. 63.

Der Wirkungskreis der Bankalbehörden wurde mit Patent vom 16. Januar 1810 bekannt gemacht. Die Examinatur war die Abteilung zur Untersuchung von Gefällsübertretungen.

Ossolinski stellte Gr. am 20. Dezember 1813 ein Zeugnis aus, wonach er „sehr geschickt und fleißig sich bezeuget, auch sonst sich sehr bescheiden verhalten habe" (vgl. Jahrbuch II, 13). Bereits am selben Tage trat Grillparzer als Manipulationspraktikant bei der Bankalgefällenabministration ein; am 27. Januar 1814

erfolgte deſſen Beeidigung. Vgl. das Gedicht „Abſchied von der
Hofbibliothek", Sämtl. W. II, 163; über den in der vorletzten
Strophe genannten Senſel vgl. Anmerkung zu Brief 7.

14. An die Bankohofdeputation, Wien, 4. Februar 1815.
Original im Hofkammerarchiv. Erſter Druck: Wolf, S. 14.
Nach einer zehnmonatlichen Dienſtleiſtung als Manipulations=
praktikant wurde Gr., nachdem er ſich einer Prüfung über den
Geſchäftsgang der Bankaladminiſtration mit Erfolg unterzogen
hatte, von Bernhard v. Anders Ritter v. Porodin, Admini=
ſtrator der Bankalgefällenadminiſtration, am 7. November 1814
für eine Konzeptspraktikantenſtelle vorgeſchlagen (vgl. Jahrbuch II,
14). — Unter den Papieren Grillparzers befinden ſich auch einige
Blätter mit der Aufſchrift: „Notizen im Aufſchlagsfache", un=
zweifelhaft aus der Zeit der Vorbereitung für dieſe Prüfung.
Die Bankohofdeputation entſchied hierauf am 23. November
1814, „daß der Beförderung des bisher unentgeltlichen Prakti=
kanten Franz Grillparzer zum erſten Konzepts=Praktikanten
gar kein Anſtand obwalte und ebenſo wenig jener des Daniel
v. Managetta zum zweiten Konzepts=Praktikanten ein Hindernis
entgegenſtehe, daß jedoch nach der beſtehenden Vorſchrift keinem
derſelben das Adjutum eher angewieſen werden dürfe, bis ſie die
ſechsmonatliche Prüfungszeit beſtanden haben werden, und das
Adjutum durch den Austritt des Vorgängers erledigt worden iſt".
Am 7. Dezember 1814 leiſtete Grillparzer als Konzeptspraktikant
den Eid der Verſchwiegenheit und Treue.
Das Adjutum von 300 fl., das nach einem Regulativ vom
26. Juli 1810 erſt ſechs Monate nach Aufnahme als Konzepts=
praktikant erfolgen ſollte, wurde Gr. auf ſeine Bitte ſchon vom
7. Dezember 1814 an bewilligt.
Erſt nach einer einjährigen Verwendung bei einer unter=
geordneten Finanzbehörde konnte die Aufnahme in die Hofkammer
angeſucht werden, die Gr. mit dem Geſuche vom 4. Februar 1815
erſtrebte. Auf die warme Empfehlung der Bankaladminiſtration
hin wurde er mit Dekret vom 2. März 1815 zum Konzepts=
praktikanten der k. k. allgemeinen Hofkammer mit einem jähr=
lichen Adjutum von 400 fl. ernannt.
In dieſer neuen Stellung wurde er dem Zoll= und Konter=
bandereferenten Felix Leicher (geb. 23. Juli 1763, geſt. 24. Mai
1836) zugewieſen, der 1831 nach einer 42jährigen Dienſtleiſtung,
ausgezeichnet mit dem Leopoldsorden, in den Ruheſtand trat.
Leicher war einer der vorzüglichſten Beamten der Hofkammer, der
ſich durch tüchtige Geſchäftskenntniſſe und einen ſehr bündigen
Vortrag auszeichnete. Präſident der Hofkammer war damals
Joſeph Graf v. Herberſtein, geb. 13. November 1757, der Erbe
des Feldmarſchalls Grafen v. Moltke, weshalb er ſich Herberſtein=
Moltke ſchrieb. Herberſtein trat anfänglich bei der n.=ö. Regierung

ein, später zur Hofkammer über, deren Präsident er 1816 wurde. Österreichs Pantheon (Wien 1830—1831) bemerkt über ihn: „Sein menschenfreundliches, gefühlvolles Herz nahm die innigste Teilnahme an den Schicksalen der Menschen, und er war überall, wo Not und Elend ihn um Hilfe und Unterstützung ansprach, ein wohltätiger Engel, der viele Tränen der Armen trocknete" (Bd. II, S. 92). Der Nekrolog in den „Vaterländischen Blättern" (1816, S. 255) rühmt Herbersteins technische Kenntnisse im Fabrikwesen und seinen regen Kunstsinn.

Ein anderer Vorgesetzter Gr.s bei der Hofkammer war Hofrat Joseph v. Fritz. Auf ihn bezieht sich ein satirisches Gedicht Grillparzers (Sämtl. W. III, 87).

15. An die Gräfin Seilern [1816]. Entwurf im Grillparzerarchiv. Erster Druck: Jahrbuch I, 54. Vgl. Nr. 9.

Der „gegenwärtige Aufenthaltsort" war wohl Lukov, wo die Gräfin einst den kranken Dichter, als er von allen verlassen war, in der Krankenstube besuchte. Vgl. Selbstbiogr. XIX, S. 56.

16. An den Grafen Pálffy [1817]. Entwurf zu einer Widmung der „Ahnfrau", im Grillparzerarchiv. Erster Druck: Jahrbuch I, 187.

Ferdinand Graf Pálffy v. Erböd, geb. zu Wien 1. Februar 1774, gest. 4. Februar 1840, Direktor der Hoftheater und des Theaters an der Wien. Pálffys Name bedeutet in der Theatergeschichte eine der glänzendsten Epochen der Wiener Bühne. In dem Bestreben, die Schaulust des Publikums zu befriedigen, scheute er keine materiellen Opfer. Die Ausstattung der damals beliebten biblischen Dramen erfolgte mit einem Aufwande, wie einen solchen die Wiener bis dahin noch nicht gesehen hatten. Beispielsweise wird berichtet, daß bei der Aufführung von „Noah" allabendlich Spezereien im Betrage von mehr als 100 fl. verbrannt wurden. Nicht minder staunte man über die Pracht der Opern und Kinderballette. Als diese aus mannigfachen Ursachen mit kaiserlicher Entschließung vom 31. Oktober 1821 abgeschafft wurden, machte sich sehr bald ein bedenklicher Abgang der finanziellen Einkünfte bemerkbar. Trotz alledem konnte sich Pálffy nicht entschließen, eine Beschränkung in der szenischen Ausstattung eintreten zu lassen, wodurch dessen Passiven eine solche Höhe erreichten, daß er sich genötigt sah, zurückzutreten. Pálffy beschloß seine Direktion mit einer Vorstellung von „König Ottokars Glück und Ende".

Der Entwurf dieses Briefes enthält weder eine Adresse, noch ist er datiert. Die Schriftzüge weisen in das Jahr 1817 zurück, also in die Zeit der ersten Aufführung der „Ahnfrau". Sieben Jahre früher lag dem Grafen „Blanca von Castilien" vor. Vgl. die Tagebuchstelle Nr. 47.

17. **An Adolf Müllner** [Wien, 1817]. Entwurf im Grillparzerarchiv (besonders im letzten Teile sehr flüchtig geschrieben). Erster Druck: Jahrbuch I, 185.

Der dramatische Dichter **Adolf Müllner**, geb. Langendorf bei Weißenfels 18. Oktober 1774, gest. 11. Juni 1829 in Weißenfels, war auch als Kritiker in den angesehensten deutschen Blättern, u. a. dem Morgenblatt, der Zeitung für die elegante Welt u. s. w., tätig und gab seit 1826 selbständig das Mitternachtsblatt heraus. Als Rezensent war er meist parteiisch, voll Eigendünkel, gehässig gegen seine literarischen Widersacher und gegen jene Schriftsteller, die sich seiner Diktatur nicht unterwerfen wollten. Dies erfuhr auch Grillparzer (vgl. Anmerkung zu 19 und 20), der übrigens dem Talente Müllners die Anerkennung nicht versagte, ihn den „letzten sachkundigen Kritiker Deutschlands" zu nennen.

Joseph Schreyvogel, geb. 1768 in Wien, gest. daselbst 1832, als Schriftsteller unter dem Pseudonym Karl August und Thomas West bekannt, der väterliche Freund Grillparzers, begründete den bedeutenden Ruf der Wiener Hofbühne. Vgl. über das Verhältnis Grillparzers zu Schreyvogel: Sämtl. W. XIX, 61 ff., ferner „Aus Grillparzers Jugendzeit" von Karl Glossy (Städtisches Jahrbuch für 1891, Karl Gerolds Sohn) und die aus dem bisher noch nicht veröffentlichten Tagebuche Schreyvogels gezogenen Stellen im Jahrbuch I, 375 ff., sowie den Aufsatz Theobald Freiherrn v. Rizys „Grillparzer und Schreyvogel", Jahrbuch XI, 1.

Wilhelm Hebenstreit, geb. 24. Mai 1774, gest. 17. April 1854, seit Juni 1816 Redakteur der Wiener Zeitschrift, welche Stelle er im April 1818 zurücklegte. Am 4. April 1818 schreibt hierüber Schreyvogel an Böttiger: „Hebenstreit hat übrigens seine journalistische Laufbahn geendigt. Das heutige Blatt seiner Zeitschrift enthält die Erklärung, daß er die Redaktion abgebe ... Der Plan einer neuen Zeitschrift, die von Julius an erscheinen sollte, und der ich meinen Beistand zusicherte, hat seine Katastrophe beschleunigt ... Der Rabulist macht jetzt den Privatsekretär des Baron Braun." Über die Angriffe Hebenstreits enthält Schreyvogels Tagebuch mehrere Bemerkungen. Auch schreibt dieser am 7. Juli 1817 aus Leipzig an Gr.:

„Die triumphierende Miene des armen Schick" [richtig Schickh, des Herausgebers der Wiener Zeitschrift] „wird gewaltig dumm aussehen, wenn er Müllners Kritik der Ahnfrau erst wirklich liest; denn gewiß hatte er sie noch nicht gesehen, als er Ihnen davon sprach. Sie ist sehr ehrenvoll für Sie, und mit der größten Verachtung für Hebenstreit und Konsorten geschrieben. Müllner wünscht Ihnen gleich am Eingange der Rezension, die durch vier Blätter der eleganten Zeitung (Nr. 105—8) hindurch läuft, zu der Streitigkeit Glück, die Sie veranlaßt haben; und sagt am Schlusse, in Beziehung auf die alberne Verketzerung Ihrer Grundsätze, ‚einem Poeten kann zum Anfange kaum etwas

Besseres begegnen, als, daß er für ruchlos verschrieen werde.
Das giebt ihm Hoffnung, daß seine Werke einst verbrannt
werden, und das sehe ich für den Gipfel des Ruhms an, seitdem
ich in den Zeitungen gelesen habe, daß man in Frankreich an=
fängt, Voltaire's und Rousseau's Schriften dem Feuer zu opfern.'
— ‚Möge sich der Verfasser, heißt es zuvor, durch die Kriti=
kalelei namenloser Journalisten weder mutlos noch irre machen
lassen u. s. f.' Ich würde Ihnen den Abdruck, den Müllner
von seinem Aufsatze eigens für uns machen ließ, mit der Brief=
post senden, wenn ich das schwere Porto nicht scheute, und nicht
vermutete, daß die ersten Blätter des Junius (2.—6.) jetzt ohne=
hin schon in Wien wären. Der Schlüssel zu Schicks alberner
Schadenfreude mag übrigens der sein: Hebenstreit sandte Müll=
nern vor kurzem auch ein Exemplar der Ahnfrau, mit dem wieder=
holten Ersuchen, daß er sich in der Modezeitung gegen dieses
Unwesen erklären möchte; worauf M. ganz lakonisch antwortete,
er habe sich über die Sache bereits in der eleg. Zeit. ausgesprochen.
Zu Hebenstreits Korrespondenznachricht im Morgenblatt hat er,
wie er mir erzählte, nur sein Handzeichen ‚einen Eselskopf' ge=
setzt, und das Blatt damit weiter zirkulieren lassen. Das können
Sie Schicken zu seiner Erbauung wieder sagen."
Vgl. auch Gr.s Selbstbiographie, Sämtl. W. XIX, 60 u. 69.

18. An Karl August Böttiger. Wien, 20. Februar
1818. Die Originale der Briefe an Böttiger befinden sich in
der Königl. Bibliothek zu Dresden und sind zuerst mitgeteilt von
H. A. Lier in der Neuen Freien Presse Nr. 6703 vom 26. April 1883.

Karl August Böttiger, geb. 8. Juni 1760 zu Reichenbach
in Sachsen, seit 1804 Studiendirektor der kurfürstlichen Pagen
in Dresden, seit 1814 Oberinspektor der Königl. Museen; gest.
17. November 1835.

Das erste Schreiben Böttigers, das Gr. mit diesem Briefe
beantwortet hat, ist nicht erhalten. Die weiteren Briefe Böttigers
vom 26. Februar, 16. März, 17. April und 30. April siehe Jahr=
buch I, 188 ff.

„Sappho" wurde im Burgtheater zum ersten Male am 21. April
1818 aufgeführt. „Sie machte" — heißt es in Costenobles Tage=
buch — „durch Sophie Schröder ungeheures Glück. Die Dar=
stellerin der Hauptrolle entzückte mich, ebenso das liebliche Spiel
der Madame Korn als Melitta, Herr Reil dagegen tat als
Rhamnes nur das Notdürftigste. Korn schien den Phaon mit
Widerwillen zu geben ..."
Die darüber in den Wiener Journalen enthaltenen Kritiken
besprach Schreyvogel in der „Wiener Zeitschrift" 1818, Nr. 59
und 61.
Unter dem „Fliegengott des Wiener Moden=Journals" ist
Wilhelm Hebenstreit verstanden.

Am 26. Februar 1818 schrieb Böttiger an Grillparzer:
„Schreyvogel wird Ihnen mitgeteilt haben, was ich ihm
neulich über die Sappho schrieb. Die Dolchszene entscheidet Alles.
Sie ist gewiß im Charakter der gewaltigen Frau motivirt. Aber
diese Waffe gegen eine Sklavin gehört allerdings dem zu,
was Sie selbst das nordische Gespenst nennen. So läßt sich weiter
kritteln. Aber wie wäre aus diesem Stoff auf rein griechischem
Wege ein bei uns aufführbares, ja nur überhaupt sich versinn=
lichendes Trauerspiel geworden? Was war bei der Iphigenie
vorgearbeitet, wie unverwüstlich der Stoff? Und wer sieht Göthe's
hohe Leistung jetzt an? Womit ich, aufrichtig gesprochen, weil
Sie ja die Aufrichtigkeit so ernstlich fordern, am wenigsten zu=
frieden bin, ist die Exposition und der ganze erste Act. Die
schöne Lust, die ganze Handlung auf ein einziges νυχθήμερον zu
beschränken, die in Ihrer Ahnfrau so unglaubliches häufte, hat
Sie doch auch hier verführt. Doch das ist eine Kleinigkeit. Sie
nehmen sich dadurch die Zeit, alles gleich von Anfang gern weit
ergreifender zu motivieren. Es ist hier alles nur Erscheinung.
Als Antiquar müßte ich auch noch manches fragen. Eine Frau
in einem αγων μουσικος (der nur nach Delphi in die Pythischen
Spiele gehört) zu Olympia siegend. Herodot las seine Muse dort
vor. Aber nicht als Kämpfer. Dann im Siegerwagen auf der
Insel Lesbos zu ihrer Heimat einfahrend. Doch das Alles
könnte so gewesen sein. Das kleine Mißbehagen, was ich dabei
empfinde, liegt tiefer in der ganzen Handlung und im ήθος der
Sappho und des Phaon. Doch was läßt sich nicht alles durchs
anatomische Messer herausbringen. Da ist in jeder Brust= und
Gehirnhöhle Wasser. Und nun demonstriert der Prosektor das sei
Krankheitsstoff. Lassen Sie sich durch dergleichen Kritiken von
Eunuchen, die selbst nichts erzeugen können, ja nicht irre machen.
Doch auch Müllner, dessen Potenz wohl niemand in Zweifel zieht,
ist wegen des ersten Akts unbefriedigt. Ich wünsche, was er
fast für unstatthaft hält, die beschleunigte Aufführung. Das ist
die einzige wahre Probe. Ob wir gleich keinen Phaon haben,
wie er sein sollte, so ist man doch fest entschlossen, das Stück
bald nach der Aufführung in Wien auch hier auf die Bühne zu
bringen. Wer sollte von einem so fortgesetzten so endenden Stück
nicht bis zur Begeisterung ergriffen werden?"

19. An Adolf Müllner [1818]. Entwurf im Grill=
parzerarchiv. Erster Druck: Franz Grillparzers Lebensgeschichte
von Heinrich Laube, S. 30.
Vgl. über die Entstehung der „Sappho" Selbstbiogr. XIX,
S. 71 ff.
Müllner hatte sich in einem Schreiben an Gr. sehr lobend
über die „Sappho" ausgesprochen, doch riet er, den ersten Akt
wegzulassen (Selbstbiogr. XIX, 75). Vgl. Anm. zu Nr. 20.

20. **An Böttiger**, Wien, 6. April 1818. Vgl. Nr. 18. Antwort auf ein Schreiben Böttigers vom 16. März 1818, abgedruckt in Jahrbuch I, 188.

Die Proben, die Gr. beschäftigten, waren die Vorbereitungen zur „Sappho".

Kechenäer Landsleute, Gaffer, Maulaffen, mit Anspielung auf Aristophanes, Equites 1262.

Verfasser des „Van Dyck" ist Johann Friedrich Kind, geb. 4. März 1768 zu Leipzig, gest. 25. Juni 1843 zu Dresden, Dichter und Schriftsteller, Mitredakteur der „Dresdener Abendzeitung", bekannt als Verfasser des Operntextes „Der Freischütz". Schreyvogel schrieb am 4. April 1818 an Böttiger: „Herzlichen Dank für Ihre gütige Bemühung mit meinen und Grillparzers Stücken. Dieser wird Ihnen nächstens selbst schreiben. Er ist ganz freudetrunken von der Teilnahme, die seine Sappho findet und achtet besonders unsers Kind beifälliges Urteil sehr hoch. Das Stück ist durch Müllner ohne Zweifel auch schon in Leipzig bekannt, woher er von dem Buchhändler Voß einen Antrag zum Verlag desselben erhielt. Bei uns wird es den 20. gegeben." (Böttigers Nachlaß in der Königl. Bibliothek in Dresden.)

Den Phaon gab Herr Korn, die Melitta dessen Gemahlin, vgl. Selbstbiogr. XIX, 73.

Die Antwort auf den Brief Brockhaus' Nr. 21.

Die Rechtfertigung der „Sappho" f. Brief 19. Über Müllners Verhalten gegen Gr. nach Empfang dieser Rechtfertigung sagt Gr. in der Selbstbiogr. XIX, 75: „Darüber wurde nun der Mann so erbost, daß er in seinem Mitternachtsblatte eine Kritik erscheinen ließ, die über das Stück von Anfang bis zu Ende den Stab brach. Ich hätte nichts gebraucht, als seinen frühern lobenden Brief drucken zu lassen, um ihn durch sich selbst zu widerlegen."

21. **An Friedrich Arnold Brockhaus** [Wien, 6. April 1818]. Original wahrscheinlich im Besitz der Buchhandlung Brockhaus. Erster Druck: „Friedrich Arnold Brockhaus", 1872, I, S. 288 ff.

Friedrich Arnold Brockhaus, der Begründer der Leipziger Verlagsbuchhandlung, geboren in Dortmund am 4. Mai 1772, gest. 20. August 1823 in Leipzig.

Über die rechtlichen Folgen der Drucklegung dramatischer Werke vgl. Anm. zu Nr. 56.

„Sappho" erschien im Verlage Wallishausser 1819. Vgl. hierüber Selbstbiographie, Sämtl. W. XIX, 75, und Jahrbuch I, 199.

Über Wallishausser vgl. Anm. zu Nr. 34. Der nachfolgende Brief Wallishaussers vom 29. Mai 1818 enthält die näheren Modalitäten über Druck und Verlag:

„Ich gebe mir die Ehre Ihnen hier schriftlich die Bedingnisse zu wiederholen, unter welchen wir bereits mündlich wegen Druck

und Verlag des Trauerspiels Sappho, so wie der zweiten Auf=
lage der Ahnfrau übereingekommen sind.

1. Für den Verlag der Sappho ist ein Ehrensold von
Einhundert Dukaten festgesetzt, wovon ich Ihnen die Hälfte sogleich
und den Rest gegen meinen Wechsel, Ziel 3 Monate, entrichte.

2. Sie machen sich verbindlich, mir das zum Druck fertige
und zensurierte Manuskript hiervon bis Ende August d. J. zu
liefern, dagegen verspreche ich ausdrücklich, Ihrer mit der k. k. Hof=
theater=Direktion eingegangenen Verbindlichkeiten wegen vor An=
fangs Jänner 1819 kein Exemplar auszugeben.

3. Die erste Auflage der Sappho soll nur auf eine Anzahl
von 2100, sage zweitausend ein Hundert Exemplarien beschränkt
werden. Über jede neue Auflage werden wir besonders überein=
kommen.

4. Für die zweite Auflage der Ahnfrau, welche auf 1500 Expl.
beschränkt ist, erhalten Sie den bedungenen Ehrensold sogleich mit
fünfzig Dukaten, und dieselbe Summe für jede neue Auflage.

Genehmigen Sie bei dieser Gelegenheit die Versicherung der
aufrichtigsten Verehrung und Freundschaft von Ihrem ergebensten
Diener   Joh. B. Wallishausser."

22. An einen Leipziger Verlagsbuchhändler
(wahrscheinlich Voß, vgl. Anm. zu Nr. 20), Wien, 6. April 1818.
Original unbekannt. Erster Druck: Deutsche Dichtung VI, 63.
Vgl. Anm. zu Nr. 21.

Franz August v. Kurländer, geb. zu Wien 1777, gest.
daselbst 4. September 1836, Beamter der niederösterreichischen
Stände, dramatischer Dichter, seit 1811 Herausgeber eines drama=
tischen Almanachs, der nach Kurländers Tode von Karl Wilhelm
Koch fortgesetzt wurde.

23. An den Grafen Chorinsky, Wien, 4. Mai 1818.
Original: k. k. Hofkammer. Erster Druck: Jahrbuch II, 19.

Ignaz Karl Graf v. Chorinsky, geb. zu Brünn 24. März
1770, gest. 14. April 1823, mehrfach verdienter Staatsmann;
1816 mit Kabinettschreiben des Kaisers Franz vom 21. April zum
Präsidenten der allgemeinen Hofkammer ernannt, bekleidete er
diese Stelle bis zum Jahre 1823. In Ridlers „Darstellung des
Lebens und Wirkens dreier hochgesinnter Männer, Wien 1823"
findet sich über Chorinsky folgende Stelle: „Mild gegen Andere
und strenge gegen sich, mußte Graf Chorinsky in jedem Dienst=
verhältnisse seinen Untergebenen, wie seinen Oberen, mit Liebe und
Vertrauen zugleich Hochachtung einzuflößen. Sein reines, frommes
Gemüt begnügte sich nicht, die Tugend zu lieben und nach ihr
zu streben, er setzte sie auch bei Anderen voraus, daher sein Ver=
trauen sich so gern hingab, wo er ein edles Streben und lobens=
wertes Pflichtgefühl erkannte." Während seiner siebenjährigen
Tätigkeit als Hofkammerpräsident war es dem Grafen Chorinsky,

wie er in seinem Abschiedschreiben vom 11. Februar 1823 (Hofkammerarchiv) bemerkt, „gelungen, manches Gute und Nützliche
zu erreichen oder zu fördern und manchen Samen zu ersprieß-
lichen Einrichtungen und Vorbereitungen zu streuen, der Wurzel
gefaßt und wohltätige Früchte getragen hat". Wie hoch das
Verdienst dieses Staatsmannes schon von den Zeitgenossen ge-
schätzt wurde, geht aus der Antrittsrede seines Nachfolgers, des
Grafen Nabasdy, hervor, die mit den Worten begann: „Ich folge
einem Manne nach, dessen unermübeter Diensteifer stets zum
Muster dienen wird, dessen schätzbare Kenntnisse uns bei mancher
schweren Aufgabe glücklich zum Ziele führten, der immer nur das
Gute redlich wollte, der jeden Lebensgenuß mit Freuden hin-
opferte und nur in dem Bewußtsein streng erfüllter Dienstes-
pflicht sein einziges Glück fand."

Gr. beabsichtigte zum Gebrauche der Kur mit seiner Mutter
nach Baden (bei Wien) zu gehen; vgl. Selbstbiogr. XIX, 77 f.

Grillparzers Vorgesetzter, Hofrat Leicher, befürwortete das
Gesuch folgendermaßen: „Es vereinigen sich alle Rücksichten, dem
Verfasser des mit ungeteiltem Beifalle aufgenommenen Trauerspieles ‚Sappho‘ die nötige Erholung von seinen Anstrengungen
zu gönnen. Das hohe Hoffammer-Präsidium bürfte daher demselben den angesuchten Urlaub gütigst bewilligen."

Die Bewilligung erfolgte am 6. Mai 1818.

Noch während des Urlaubes wurde Gr. durch Vermittlung des
Finanzministers Grafen Stadion in das Department des Claudius
Ritter von Füljob versetzt, dem das Referat über das Kassewesen und die Theaterangelegenheiten zugewiesen war. Vgl. Anm.
zu Brief 33.

24. An Böttiger, Wien, 16. Mai 1818. Vgl. Nr. 18.
Das Schreiben Böttigers vom 30. April 1818 ist abgedruckt:
Jahrbuch I, 192.

Die Schwestern Böhler waren Gr. von Böttiger empfohlen
worden; die ältere, über deren Spiel Gr. urteilt, Karoline Christine
Böhler, vermählte sich später mit Franz Genast, Regisseur des
Weimarer Theaters. Die jüngere, Doris, wurde die Gattin
E. Devrients.

Über Christinens Debüt schrieb Schreyvogel am 13. Mai 1818
(Neue Freie Presse, Nr. 6788) an Böttiger: „Christine Böhler
leistet als Diana für diese Jugend in der Tat sehr viel, aber
die klassische Darstellung der Löwe erreicht sie doch nicht." Über
das Auftreten Böhlers als Prinzessin und Lemms als Antonio
am 12. Mai 1818 vgl. Grillparzers Sämtl. W. XV, 104 und
Schreyvogels Brief an Böttiger (Neue Freie Presse, Nr. 6788):
„Gestern trat die Böhler zum ersten Male als Prinzessin in Tasso
auf, mit Glück. Für mich ist da noch viel zu wünschen übrig."
Am 13. Mai 1818 urteilt ferner Schreyvogel: „Ungeachtet des

Vorurteils, welches die Leipziger für sie haben, glaube ich nicht, daß sie als Sappho befriedigen kann, besonders in der Zusammenstellung mit den zwei andern Hauptpersonen. Ihre Schwester ist alles eher als eine Melitta, und sieht mit ihr verglichen, weder kindlich noch hübsch genug aus. Außerdem hat dieses Mädchen viel Talent" (Neue Freie Presse, Nr. 6788).

Die erste Aufführung der „Sappho" in Dresden fand am 18. Juli 1818 statt.

Friedrich Wilhelm Lemm, geb. 1772, gest. 1837, ein Schüler Ifflands (vgl. Genast, Aus dem Tagebuche eines alten Schauspielers, Leipzig 1862, II, 84). Am 13. Mai 1818 schreibt Schreyvogel an Böttiger: „Lemm hat als Hugo (in Müllners Schuld), Abbé de l'Epée (Drama von Bouilly, übersetzt von Kotzebue) und Antonio in Tasso sehr gefallen; er ist wirklich ein trefflicher Schauspieler" (Neue Freie Presse, Nr. 6788). In einem Briefe an Böttiger vom 3. Juni 1818 bemerkt Schreyvogel, daß Lemms vorzüglichste Leistungen Yngurd, Don Valeros und Narbas in „Merope" seien. Lemm war Gr. in einem Schreiben Böttigers vom 17. April 1818 anempfohlen worden, in dem auch die Sendung aus Weimar angekündigt war (Jahrbuch I, 191).

25. An Joseph Schreyvogel, Baden, 18. Juni 1818. Abschrift im Grillparzerarchiv. Erster Druck: Jahrbuch I, 174.

Baden bei Wien; die Ruinen Rauhenstein und Rauheneck in dessen nächster Umgebung.

Aus Gr.s Tagebuchblättern geht hervor, daß er sich schon 1809 mit dem Gedanken trug, ein historisches Schauspiel „Friedrich der Streitbare" zu verfassen, vgl. Sämtl. W. XI, 261; die Studien und Fragmente des Stückes aus den Jahren 1818 und 1821 in den Sämtl. W. XII, 8.

Über Hofrat Leicher vgl. Anm. zu Nr. 14.

26. An Joseph Schreyvogel, Baden, 2. Juli 1818. Abschrift im Grillparzerarchiv. Erster Druck: Jahrbuch I, 175.

Anna Bandini war von 1822—1850 Mitglied des Burgtheaters.

Vgl. über die Berechtigung zur Aufführung gedruckter Stücke Anm. zu 56. Direktor der Bühne in Baden war damals Karl Friedrich Hensler, geb. 2. Februar 1761 zu Schaffhausen, gest. 24. November 1825, Theaterdichter, von 1803—1813 Direktor des Leopoldstädter Theaters, 1817 des Theaters an der Wien, 1818 der Bühnen zu Preßburg und Baden und zuletzt, 1822, des Josephstädter Theaters in Wien. _______

A. Posonyi besaß einen Brief, Wien, 9. November 1818, worin Grillparzer anzeigt, daß er das Wechselhaus Arnstein ermächtigt habe, das von der K. württembergischen Hoftheaterdirektion

für das Manuskript: Sappho gütigst bestimmte Honorar von
12 Dukaten für ihn zu beheben.

Ein Billett an Karoline Pichler, Wien, 18. Dezember 1818,
ist verloren, vgl. Karoline Pichler an Therese Huber von demselben
Tage (Jahrbuch III, 281): „Nun bekam ich heute endlich ein
kleines Billett von Grillparzer, worin er mir seine warme Achtung
für Ihre Ansichten und zugleich den lebhaftesten Dank für Ihre
gütige Rücksicht auf ihn ausdrückt. Ob er aber gesonnen wäre eine
Antwort gegen jenen Herrn Rezensenten nach Ihrem Anerbieten
einrücken zu lassen, davon sagt er nichts und der Brief trägt
überhaupt den Charakter der Verstimmung und Befangenheit über
die Krankheit seiner Mutter." Gemeint ist die Rezension der
Sappho im Stuttgarter Morgenblatt 1818 Nr. 132, wahrschein=
lich von Wähner.

* * *

**27. An den Grafen Chorinsky, Wien, 13. März
1819.** Original: k. k. Hofkammer. Erster Druck: Jahrbuch II,
21 ff.

Über den Tod der Mutter des Dichters und die Erschütterung
seiner Gesundheit vgl. Selbstbiographie, Sämtl. Werke XIX, 80 ff.

Dem Gesuche lag ein Zeugnis des Dr. Weis bei, womit
dieser am 5. März 1819 bestätigt, daß „Herr v. Grillparzer eine
bedeutende Gemütskrankheit erlitten, und um die Folgen zu heilen,
eine Reise in die südlichen Gegenden notwendig habe".

Nach einem Hofkanzleidekrete vom 21. Januar 1811 durfte
einem Beamten ein Paß zur Reise in das Ausland nur gegen
Vorweisung der schriftlichen Urlaubsbewilligung ausgestellt werden.
Um diese vom Kaiser zu erwirken, unterbreitete Chorinsky bereits
am 16. März einen Vortrag. Darin heißt es unter anderem:
„Wichtige Gründe vereinigen sich um diese Bitte zu unter=
stützen.

Die äußerst schwächliche Gesundheit des Bittstellers wurde
neuerlich durch den unlängst erfolgten schnellen Tod seiner Mutter
heftig erschüttert und zur Heilung der daraus entsprungenen nach=
teiligen Einwirkungen auf seinen Körper findet sein Arzt eine
Reise in südliche Gegenden notwendig, wie dieser in dem bei
dem Gesuche befindlichen Zeugnisse ausdrücklich bekräftiget.

Außerdem machen die schon erworbenen schriftstellerischen Ver=
dienste diesen jungen Mann einer besonderen Rücksicht würdig.

Die bisher von ihm erschienenen dramatischen Werke haben
die allgemeine Aufmerksamkeit im In= und Auslande rege gemacht,
und durch einstimmiges Urteil wurden ihm ausgezeichnete Talente
im Reiche der Dichtung zuerkannt. Die ganze literarische Welt
ist auf sein poetisches Wirken gespannt, und nimmt an seiner
Person lebhaften Anteil.

Unter solchen Verhältnissen würde es äußerst hart sein, dem

Bittsteller die Gewährung seines Wunsches zu versagen, der selbst, wenn er nicht von Krankheitsverhältnissen geboten würde, bei ihm in wissenschaftlicher Beziehung die kräftigste Unterstützung verdiente.

Die große Masse an Kunstschätzen u. Altertümern, die das südliche Italien, die Schule der Künste und Wissenschaften in seinem weiten Schooße birgt, bietet dem Künstler und Gelehrten die reichsten Quellen dar, neue Kenntnisse zu gewinnen und seine Bildung zu vervollkommnen. Es wäre nie zu billigen, einem Manne den Zutritt zu diesen Reichtümern der Vorwelt zu ver=schließen, dessen hoher Kunstsinn erprobt ist und bei dem sich von dem Ausfluge in diese Gegenden, von dem eigenen Anblicke der erhabenen Denkmäler der Alten nur die gelungensten Folgen für seine späteren Werke hoffen lassen.

Da nun auch Hofrat v. Füljob, welchem Grillparzer zu=geteilt ist, in der dem Gesuche beigerückten Erklärung dasselbe zur Bewilligung empfiehlt, so nehme ich mir, da der Wirkungs=kreis der allg. Hoflammer zu solchen Bewilligungen für sich nicht berechtigt, die ehrfurchtsvollste Freiheit Eure Majestät um die a. h. Gestattung dieses 3monatlichen Urlaubes, so wie zugleich um die a. h. Gnade zu bitten, daß Allerhöchstdieselben die huld=reiche Bewilligung allerehestens zu erteilen geruhen wollen, weil dem Bittsteller aus Gesundheits= und ökonomischen Verhältnissen sehr viel daran liegt, seine Reise mit Anfang des nächsten Monates antreten zu können."

Die Genehmigung erfolgte auf Antrag des Staatsrates, der sich einstimmig für die Bewilligung des Urlaubes erklärte. Die Resolution ist auf Allerhöchsten Befehl von Erzherzog Ludwig unterzeichnet. Vgl. Grillparzers Tagebuch auf der Reise nach Italien (Sämtl. W. XIX, 193 ff.), Selbstbiographie (Sämtl. W. XIX, 82 ff.) und Jahrbuch I, 25 ff.

28. An Joseph Sonnleithner, Triest, 28. März 1819. Original im Grillparzerarchiv. Erster Druck: Jahrbuch I, 26.

Adresse: An den Herrn Joseph v. Sonnleithner, k. k. Hof=agenten und n.=ö. Regierungsrat Wohlgeb. in Wien am Graben im Pachnerschen Hause.

Joseph Sonnleithner, geb. 3. März 1766, der älteste Sohn des Christoph Sonnleithner, dessen Name in der Musik=geschichte Wiens von hervorragender Bedeutung ist. Sonnleithner wirkte anfänglich als Beamter im Kabinett des Kaisers, später als Hoftheatersekretär bis 1814, in welchem Jahre sein Jugend=freund Joseph Schreyvogel die Leitung der Theatergeschäfte über=nahm. Auf seine Anregung entstand 1810 die Gesellschaft adeliger Frauen zur Beförderung des Guten und Nützlichen. 1813 ver=einigte er die musikalischen Kräfte Wiens zur Gesellschaft der Musikfreunde, die nach Genehmigung ihrer Statuten im Oktober

1817 ihre Wirksamkeit begann und welcher er bis zu seinem Tode
(1836) angehörte. Seine umfassenden Studien zu einer Geschichte
der Musik hatte er der Gesellschaft der Musikfreunde zum Geschenke
gemacht. Sonnleithner war mehrfach literarisch tätig: er ist der
erste Herausgeber des Taschenbuches Aglaja, deren Redaktion seit
1819 Schreyvogel besorgte, und in der zahlreiche Gedichte Gr.s
erschienen.

Franz Freih. v. Siber, k. k. Hofrat und Polizeidirektor
in Wien.

Über die Hindernisse auf der Reise nach Italien vgl. Selbstbiographie, Sämtl. W. XIX, 82 ff. und 177, und Tagebuch auf
der Reise nach Italien, ebenda S. 199.

Arnstein und Eskeles, Großhandlungshaus in Wien
(gegründet 9. August 1787). Zur Zeit des Wiener Kongresses
der Sammelplatz illustrer Persönlichkeiten. Mittelpunkt des geistigen Lebens in diesem europäischen Welthause war die edelsinnige
und geistig hochbegabte Gattin des Nathan Abam Freiherrn
v. Arnstein, Fanni v. Arnstein, geb. 29. November 1758,
gest. am 8. Juni 1816. Gr. stand ebensowohl zur Familie
Eskeles, wie zur Familie Arnstein in freundschaftlichem Verhältnis, vgl. auch Nr. 38.

Des Dichters Tante war Wilhelmine Sonnleithner,
geb. Mariboe aus Kopenhagen; die „Fräuleins" und die „Fleck-
fieberin" Sonnleithners Töchter.

20. An Joseph v. Wohlgemuth, Triest, am 28. März
1819. Original im Grillparzerarchiv. Erster Druck: Jahrbuch
I, 43.

Durch Verwechslung der Adressen gelangte dieser Brief an
Wallishausser, während Wohlgemuth einen für diesen bestimmten
Brief erhielt. Vgl. Nr. 34.

Joseph v. Wohlgemuth, Freih. v. Malburg, geb. 1792,
gest. 6. November 1840, ein Sohn des Franz Andreas Wohlgemuth, Hofsekretärs bei der Obersten Justizstelle, welchem 1816
in Anerkennung seiner Leistungen im Staatsdienste, dem er seit
1768 angehörte, der Adelstand verliehen wurde. Franz X.
Andreas Wohlgemuth Freih. v. Malburg starb am 12. März
1826. Über das Haus Wohlgemuth siehe Näheres in Grillparzers
Selbstbiographie, Sämtl. W. XIX, 39, 41 ff. Die daselbst S. 41
erwähnte Schwester Xaverl wurde nachmals die Gattin des
russischen Kollegienrates Palassowsky. Im Tagebuch Grillparzers finden sich einige Stellen, welche auf eine Herzensneigung
zu der jüngsten Schwester Wohlgemuths, Therese (verehelichte
v. Seyfried), schließen lassen. Die S. 41 der Selbstbiographie
erwähnte Freundin der Tochter hieß Antonie, für welche
Grillparzers leicht empfängliches Herz in heftiger Leidenschaft
entbrannte, deren er aber bald Meister wurde. — Wohlgemuth

war damals (seit 3. Juli 1816) zweiter Direktor des Einreichungs-
protokolles beim Senate in Verona. Er hatte die erste Einladung Gr.s, ihn auf seiner italienischen Reise zu begleiten, schon
am 18. Februar beantwortet, aber nur bedingt zugesagt (vgl.
Jahrbuch I, 41).

30. An Karoline Pichler, Rom, 9. April 1819.
Abschrift im Grillparzerarchiv. Erster Druck: Jahrbuch I, 373.

Karoline Pichler, Schriftstellerin, geb. Wien 7. September
1769, gest. ebenda 9. Juli 1843, Tochter der Karoline v. Greiner,
ehemals Vorleserin der Kaiserin Maria Theresia. Wie das Haus
Greiner in der josephinischen, bildete jenes ihrer Tochter in der
vormärzlichen Periode den Mittelpunkt des literarischen Lebens
in Wien. Hier verkehrten einheimische wie fremde Literaten; es
herrschte daselbst ein gemütlicher, ungezwungener Ton, und jeder,
der in den Kreis dieser gutmütigen Frau trat, konnte nicht genug
ihre vortrefflichen Eigenschaften rühmen.

„Fräulein Lottchen", Karoline Pichlers Tochter, mit der
Gr. häufig Klavier spielte, vgl. Selbstbiogr. XIX, 97; Karoline
Pichlers Denkwürdigkeiten (III, 127 u. 144); Wiener Grillparzer-
album, Stuttgart 1877 (S. 458 u. 459); Grillparzers Gedicht:
„Frühlingsgedanken" (Sämtl. W. I, 147, zuerst gedruckt in der
Aglaja 1821), „Das Urbild und die Abbilder. An eine Nicht-
dichterin" (Sämtl. W. I, 193; zuerst gedruckt in Beckers Taschen-
buch 1821). In das Haus Pichler wurde Grillparzer nach dem
Erscheinen der Ahnfrau als gerngesehener Gast eingeführt.

Schreyvogel schrieb am 7. Mai 1819 an Grillparzer:

„Im Pichlerischen Hause, das ich seither einige Mal besuchte, sind Sie in warmen Andenken. Ich glaube bemerkt zu
haben, daß Sie da von jemand mit mehr als gewöhnlicher Teilnahme betrachtet werden. Im vollen Ernst, das gefiele mir nicht
übel."

**31. An Joseph Sonnleithner, Neapel, 30. April
1819.** Original im Grillparzerarchiv. Erster Druck: Jahrbuch
I, 26.

Adr.: S. Wohlgeboren dem Herrn Regierungsrat und Hof-
agenten Joseph v. Sonnleithner.

Über den Aufenthalt Gr.s in Neapel vgl. Selbstbiographie,
Sämtl. Werke XIX, 88 ff. und Tagebuch auf der Reise nach
Italien ebenda S. 225 ff.

Ignaz Ebl. v. Sonnleithner, geb. 30. Juli 1770, Sohn
des Christoph Sonnleithner, vielfach tätig als Advokat, Notar,
Professor, Schriftsteller und Gründer der allgemeinen Versorgungs-
anstalt. In seinem Hause gab sich das musikalische Wien ein
Stelldichein. Im gesellschaftlichen Verkehr glänzte er durch schla-
genden Witz. Sonnleithner erhielt 1811 den Titel eines kaiser-

lichen Rates und wurde am 20. April 1828 in den Abelstand
erhoben; er starb, 61 Jahre alt, am 27. November 1831 in Wien.
Ignaz v. Sonnleithner war der Taufpate von Karl, Camillo und
Adolf Grillparzer.

Dr. Friedrich Jäger, berühmter Augenarzt, vgl. Selbstbiographie, Sämtl. W. XIX, 87 und 177 ff.

Franz Graf Deym, k. k. wirkl. Kämmerer und Major, vgl.
Selbstbiographie, Sämtl. W. XIX, 82 und 176 ff.

Gundakar Heinrich Graf Wurmbrand, geb. 1762, gest.
1847, Obersthofmeister der Kaiserin Karolina Augusta, vgl. Selbstbiographie, Sämtl. W. XIX, 87 ff., 177 ff.

Die Besteigung des Vesuvs erfolgte erst am 14. Mai 1819.
Sämtl. W. XIX, 226.

Franz Haselsteiner, Hofsekretär des Hofkriegsrates.

32. An Joseph Schreyvogel, Neapel, 30. April 1819.
Abschrift im Grillparzerarchiv. Erster Druck: Neue Freie Presse
vom 23. Mai 1889.

Über die Erkrankung Gr.s in Rom vgl. Selbstbiographie,
Sämtl. W. XIX, 85 ff.

„Der Elefantenrüssel", eine Pantomime nach dem Französischen von Frederic und Ribin, in der auch gesprochen wurde,
um die in den gewöhnlichen Pantomimen vorkommenden Unwahr-
scheinlichkeiten deutlicher zu persiflieren, wurde am 5. September
1818 im Theater in der Josephstadt aufgeführt.

Frau v. Rottmann, gest. 17. Oktober 1819, war die
Freundin Schreyvogels, ihre Tochter Karoline vermählte sich mit
dem Beamten Becker, der wie Schreyvogel 1832 ein Opfer der
Cholera wurde.

33. An Claudius Ritter v. Füljob, Neapel, 3. Juni
1819. Original im Grillparzerarchiv. Erster Druck: Jahrbuch
I, 200.

Claudius Ritter v. Füljob, Hofrat der allgemeinen Hofkammer, dem Grillparzer 1819 zur Dienstleistung zugewiesen wurde.
Füljob war mit der ökonomischen Leitung der Hoftheater betraut,
die 1817 in die Ärarialverwaltung unter der obersten Leitung
des Grafen Stabion übernommen wurden. In einem Vortrage
des Staats- und Finanzministers Grafen v. Stabion vom 26. Jänner 1817 wird von Füljob gesagt, daß „dieser in allen Zweigen
der Theaterverwaltung auf das genaueste unterrichtet sei und bereits 1815, als Pálffy von Wien abwesend war, das Theater
ausschließlich geleitet, alle Rückstände getilgt und dem Grafen bei
seiner Rückkehr einen bedeutenden Kassenrest abgeführt habe". Füljob war es, welcher 1817, als Pálffy mit finanziellen Schwierigkeiten
zu kämpfen hatte, die Ärarialregie beantragte, die mit 1. April 1817
in Wirksamkeit trat. Kaiser Franz konnte sich zu dieser Wandlung

nur schwer entschließen, er hielt es für unangemessen, in dem Augen=
blicke, wo die Untertanen unter dem Drucke der Steuern seufzten,
große Auslagen zu machen. Stadion war anderer Ansicht. In
einem Berichte vom 18. Mai 1820 (Archiv der Hofkammer) legte der
Minister die Gründe, aus welchen er die Staatsverwaltung für
verpflichtet hielt, die Auslagen für die Hoftheater auf die Staats=
kasse zu überwälzen, mit folgenden Worten dar: „In den Haupt=
städten großer Monarchien, besonders wenn sie zugleich die Re=
sidenz des Monarchen und seines Hofes sind, sind gute und
ausgezeichnete theatralische Vorstellungen in mancher Beziehung
eine notwendige Anstalt. Sowohl die polizeilichen, hier sehr
wichtigen Rücksichten, als die nichts weniger als gleichgiltige
Bildung und Erhaltung des Kunstsinnes und des Anteiles an
Vergnügungen höherer Art für die Bewohner der Hauptstadt und
für die große Zahl der Individuen, die von allen Provinzen
dort zusammenkommen, erfordern nicht nur, daß Schauspiele ge=
geben werden, sondern es ist meines Erachtens eine der Staats=
verwaltung aufliegende Sorge, daß diese Schauspiele von mannig=
faltiger Art seien, um den verschiedenen gesellschaftlichen Klassen
zu entsprechen, und daß sie wenigstens auf dem Grade der Voll=
kommenheit stehen, um dem Zwecke einigermaßen genug zu tun
und, wenn sie auch nicht zur Bildung des Geschmackes beitragen,
wenigstens diese Bildung nicht zu stören und nicht zurückzusetzen.“
Stadion behielt die oberste Leitung der Hoftheater bis zum April
1821, zu welcher Zeit die Verwaltung der Theater dem Oberst=
kämmerer übertragen, und Graf Moriz Dietrichstein zum
Direktor ernannt wurde. Mit Stadion trat auch Füljod ab, der
sechs Jahre später am 9. Mai 1827 starb. Grillparzer hat ihm
in der Selbstbiographie kein gutes Andenken bewahrt; ihm sei
jede Kunstansicht fremd gewesen, er habe vom Technischen nicht
das Geringste verstanden und er sei dabei von so verschmitztem
und niedrigem Charakter gewesen, daß er jede Gelegenheit er=
griffen habe, ihm zu schaden. (Sämtl. W. XIX, 76.)

Die Verständigung, daß Gr.s Urlaub durch den Kaiser
verlängert worden sei, war damals noch nicht nach Wien ge=
langt; erst am 14. Juni 1819 berichtete der Gesandte zu Neapel,
Fürst v. Jablonowski, an die Hof= und Staatskanzlei: „Da
Se. Excellenz, der k. k. Oberstkämmerer, Graf von Wrbna, mir
den allerhöchsten Befehl mitgeteilt hat, vermöge welchem . . .
dem Herrn Hofkammer=Konzepts=Praktikanten Grillparzer, welcher
bei Se. Excellenz dem Herrn Obersthofmeister J. M. der Kaiserin,
Grafen von Wurmbrand, hier in Neapel zurückgeblieben ist,
dessen Paß zum Aufenthalte im Auslande auf die Zeit verlängert
wurde, um welche dessen Verweilen in Neapel aus dieser Ursache
sich weiter erstrecken würde, so gebe ich mir die Ehre, eine hoch=
löbliche geheime Hof= und Staatskanzlei . . mit der Bitte in
hohe Kenntnis zu setzen, hiervon . . dem k. k. Finanzministerium

die betreffende Mitteilung hochgefälligst machen zu wollen." — Die Verständigung an die Hofkammer erfolgte am 6. Juli 1819.

Nachrichten über die Theaterzustände erhielt Füljob auch von Kabinettsbeamten, die sich jeweilig in Italien aufhielten; beispielsweise vermittelte der Kabinettskanzlist Rossi das Aufführungsrecht der Oper „Othello".

Rossinis Oper „Richard und Zoraide" wurde in einer Übersetzung von Grünbaum am 3. Oktober 1819 zum Namensfeste des Kaisers im Kärntnertortheater aufgeführt. Die Wiener Zeitschrift berichtet hierüber: „Die Oper gefiel und wurde besonders bei der zweiten Vorstellung mit dem größten Enthusiasmus applaudiert."

34. An Johann Baptist Wallishausser, Neapel, 5. Juni 1819. Original unbekannt. Erster Druck: Deutsche Dichtung VI. Band, S. 101. Vgl. Nr. 29.

Johann Baptist Wallishausser, geb. 1791, gest. 1831, Buchhändler und Buchdrucker, Verleger von Grillparzers Dramen und des Taschenbuches „Aglaja". Aus einer im Nachlasse des Dichters befindlichen Aufzeichnung geht hervor, daß Wallishausser durch einige Zeit auch mit der Besorgung der häuslichen Angelegenheiten Grillparzers betraut war; es finden sich Ausgaben für Wohnungsmiete, Anschaffung von Holz, Reparatur für die Sackuhr und auch ein Posten für den Klavierstimmer. An Verlagshonorar hat die Wallishaussersche Buchhandlung bezahlt: Ahnfrau, 1. und 2. Auflage je 200 fl., 3. Auflage 50 Dukaten, 4. und 5. Auflage je 100 Dukaten, 6. Auflage 500 fl. Sappho, 1. Auflage 144 Dukaten, 2. Auflage 100 Dukaten, 3. Auflage 100 Dukaten, 4. Auflage 500 fl. Das goldene Vließ: 500 Dukaten und 250 fl. K.-M. König Ottokars Glück und Ende, 1. Auflage 2000 fl., 2. Auflage 2000 fl. Melusine 200 fl. Ein treuer Diener seines Herrn 1000 fl. — Für die Dramen: Des Meeres und der Liebe Wellen, Traum ein Leben und das Lustspiel: Weh' dem, der lügt, welche in je 2000 Exemplaren aufgelegt wurden, erhielt Grillparzer zusammen 2500 fl. Vgl. Glossy: Neue Freie Presse, 1. Februar 1903, Nr. 13806.

Ferdinand Ritter v. Paumgarten, ein Sohn des Dr. Sigismund v. Paumgarten, Advokaten und Hofrichters des Stiftes Schotten, und der Eleonore v. Paumgarten, geb. Sonnleithner, der ältesten Schwester von Grillparzers Mutter. Nach Vollendung seiner Studien betrat Paumgarten die Beamtenlaufbahn als Konzeptspraktikant bei dem Obersthofmeisteramte, wurde 1809 Polizeikommissär, 1816 Sekretär der Kaiserin Karoline Auguste, 1817 geh. Kabinettsoffizial, 1824 Kanzleidirektor des Oberstkämmeramtes, 1829 Hofsekretär im Finanzministerium und starb am 17. Juni 1832.

Das Trauerspiel „Turturell" von Zedlitz wurde im Burg=
theater am 19. April 1819 aufgeführt; Schreyvogel, der Zedlitz
zur Vollendung des Stückes aufgemuntert hatte, benachrichtigte
Grillparzer von dem Mißerfolg. Außer manchen inneren Män=
geln schiebt er vorzüglich der Länge des Stückes und der unaus=
stehlichen Darstellung einiger Rollen die Schuld zu.

„Um doch etwas von Ihnen für die Aglaja zu bekommen"
— schrieb Schreyvogel am 21. Mai 1819 an Grillparzer —, „habe
ich Ihre zurückgelassenen Papiere durchgesehen. Leider findet sich
darunter fast gar nichts fertiges. Einstweilen habe ich die Verse
an Bellinen, und die Nachwehen (oder wie man das Gedicht:
‚Hab' ich mich nicht losgerissen' nennen möchte), gewählt; wenn
das Jahr 1817 vorgesetzt wird, ist keine Beziehung möglich. Was
meinen Sie dazu? — Licht u. Schatten, desgleichen der
Abschied von der Hofbibliothek hätte mir wohlgefallen,
aber beiden mangelt die Vollendung. Schicken Sie mir doch
noch etwas!"

35. An Joseph Schreyvogel, Florenz, 11. Juli 1819.
Abschrift im Grillparzerarchiv. Erster Druck: Jahrbuch I, 185.
.   Antwort auf einen Brief Schreyvogels vom 24. Juni 1818,
worin er seine Freude über Grillparzers Lebensluft ausdrückt und
ihn auffordert, eine Abschrift seiner neuen Gedichte einzusenden.
„Ich bin doch so orthodox nicht" — heißt es in diesem Briefe
— „daß Sie Ihre heidnischen oder ketzerischen Verse auch vor
mir zu verheimlichen brauchten; und wer weiß, ob die Zensur
selbst nicht ein wenig zum Heidentum hinneigt." Eine An=
spielung Schreyvogels auf sich selbst, der damals Zensor war.
Jahrbuch I, 18.

Fouqué hatte ein Gedicht an Grillparzer gerichtet, das in der
Wiener Zeitschrift für Kunst, Literatur, Theater und Musik 1819,
Nr. 62 erschien. Vgl. Sämtl. W. XVI, 32 f.

Im Jahrgange 1820 der „Aglaja" erschienen folgende Ge=
dichte Gr.s: „An Bellinen bei Übersendung einer Spielschuld",
„Erinnerung", „Abschied von Gastein", „Kennst du das Land?",
„Zwischen Gaëta und Capua", „Am Morgen nach einem Sturm".

Nikolaus Heurteur, Hofschauspieler, geb. zu Wien 22. Mai
1781, gest. daselbst 8. März 1844, der erste Darsteller des Jaro=
mir und des Rudolf von Habsburg im „Ottokar".

36. An den Grafen Chorinsky, Wien, 15. November
1819. Original: k. k. Hofkammer. Erster Druck: Jahrbuch II, 24.
Das Rubrum lautet: Seiner Exzellenz dem Herrn Präsidenten
der k. k. allg. Hofkammer. Bitte des Konzeptspraktikanten Franz
Grillparzer um Verleihung eines dreimonatlichen Urlaubs.
Über Grillparzers Stimmung nach der italienischen Reise
vgl. Selbstbiographie (Sämtl. W. XIX, 94 und 96). Auf die
in dieser Zeit erfolgte Zurücksetzung im Amte durch die Ver=

leihung einer Konzipistenstelle an einen Jüngerdienenden beziehen sich das Gedicht „An die Hoffammer", Sämtl. W. III, 95, sowie folgende Verse:

<blockquote>
Rasch beschlossen,
Unanimiter verstoßen,
Miraculum!
Welch' Gremium!
Solch' Einigkeit
Keine Kleinigkeit.
Da wird man inne,
Was Übles der Kopf beginne.
Mehr Köpfe, mehr Sinne
Und so viele Glieder
Einig wie Brüder.
</blockquote>

Das Urlaubsgesuch Gr.s wurde auf dessen Bitte dem Hoffammerpräsidenten Grafen Chorinsky durch den Finanzminister Grafen Stadion übermittelt, der in seinem Begleitschreiben vom 18. November bestätigt, daß Grillparzer sich in einem Zustande von Kränklichkeit und Reizbarkeit befinde, welcher ihm ohne Nachteil für seine Gesundheit nicht gestatten würde, sich ununterbrochen den Dienstgeschäften zu widmen, und daher noch einige Zeit zu seiner gänzlichen Erholung Ruhe und Enthebung von seinen Geschäften nötig habe. „Ich erlaube mir" — schloß Stadion sein Schreiben — „um so mehr seine Bitte zur Gewährung zu empfehlen, als dieser talentvolle junge Mann, der sich im dramatischen Fache bereits rühmlich ausgezeichnet hat, einer nachsichtsvollen Schonung würdig ist ..." Schon am folgenden Tage erhielt Grillparzer den erbetenen dreimonatlichen Urlaub.

Johann Philipp Graf Stadion-Warthausen, geb. am 18. Juni 1763, gest. 14. Mai 1827, einer der hervorragendsten österreichischen Staatsmänner, von 1805—1809 Minister für auswärtige Angelegenheiten, dann von 1815 bis zu seinem Lebensende Finanzminister. Hormayrs „Taschenbuch für vaterländische Geschichte", München 1832, enthält eine ausführliche Biographie, von welcher Grillparzer bemerkt, daß er „viel Gutes" darin gefunden habe, vgl. die Tagebuchstellen Nr. 87 und 179 und die „Kantate an den Finanzminister Graf Stadion", Sämtl. W. I, 240.

87. An den Grafen Sedlnitzky, Wien, 1. Dezember 1819. Original im Archiv des k. k. Ministeriums des Innern in Wien. Erster Druck nach dem Entwurf im Grillparzerarchiv: Werke 1. Auflage Bd. X, S. 220 ff.; nach dem Original: Werke 4. Auflage Bd. XIV, S. 222.

Joseph Graf v. Sedlnitzky, geb. 8. Januar 1778 zu Troplowitz in Schlesien, gest. zu Baden bei Wien 21. Juni 1855, von 1817—1848 Präsident der obersten Polizei- und Zensurhofstelle.

Über die Unannehmlichkeiten, die sich Gr. durch sein Ge=
dicht auf die Ruinen des Campo vaccino (Sämtl. W. I, 133)
zuzog, vgl. Selbstbiogr. XIX, 97 ff. und die Tagebuchstelle
XVIII, 184, sowie Sauer: „Aus dem alten Österreich", wo
(S. 6) der Bericht Sedlnitzkys an den Kaiser Franz und dessen
Entscheidung abgedruckt ist.

38. An Baronin Henriette v. Pereira=Arnstein
[Wien, 15. Juni 1820]. Original unbekannt. Erster Druck:
Forschungen zur neueren Literaturgeschichte. Festgabe für Richard
Heinzel. Weimar 1898, S. 353, wo auch die Datierung gerecht=
fertigt ist. Poststempel: Wien, 15. Juni.

Henriette Baronin Pereira=Arnstein, geb. 29. Nov.
1780, gest. Wien 13. Mai 1859, Tochter der Franziska v. Arnstein
und des Freiherrn Nathan Adam v. Arnstein, schwedischen General=
konsuls und Bankiers. Ihr Gatte, Heinrich Pereira, wurde von
seinem Schwiegervater an Kindesstatt angenommen und der Name
Arnstein sowie die Freiherrnwürde auf ihn übertragen. Vgl.
das Gedicht „Die Viel=Liebchen (Philippchen) der Doppelmandel",
Sämtl. W. III, 13, und „Das elegante Frühstück im Kuhstall",
ebenda II, 210, wo beide Gedichte fälschlich in das Jahr 1823
verlegt sind.

39. An den Grafen Chorinsky, Wien, 10. Juli 1820.
Original: k. k. Hofkammer; der Entwurf im Grillparzerarchiv
zeigt nur wenige textliche Abweichungen. Erster Druck: Jahr=
buch II, 25.

Dr. Joh. Nep. Isfondink, Stabsfeldarzt und Professor der
allg. Pathologie an der Josephinischen Akademie, deren Direktor
er 1822 wurde.

Der „Patriarch von Venedig" war Ladislaus Pyrker, geb.
2. November 1772 zu Langh in Ungarn, gest. 5. Dezember 1847 in
Wien; auch die erste Reise nach Gastein (im Jahre 1818) hatte
Gr. auf Aufforderung und in Begleitung Pyrkers unternommen,
vgl. Selbstbiogr. XIX, 79.

Eine Verlängerung des Urlaubs um 2 Monate wurde am
15. Juli bewilligt, vgl. Jahrbuch II, 27.

40. An den Grafen Chorinsky [Wien, 4. Oktober 1820].
Entwurf im Grillparzerarchiv. Eine Reinschrift ist im Hofkammer=
archiv nicht vorhanden und scheint überhaupt nicht eingebracht
worden zu sein. Erster Druck: Jahrbuch II, 28.

Am 4. Oktober 1820 war Gr. von Graf Chorinsky auf=
gefordert worden, sich wegen der Überschreitung des Urlaubs zu
rechtfertigen und seinen Dienst anzutreten, da sonst die Sperre des
Adjutumgenusses angeordnet werden müßte, vgl. Jahrbuch II, 27.
Über die Bewilligung des Urlaubs und dessen Überschreitung vgl.
auch Selbstbiographie, Sämtl. W. XIX, 95 ff.

Hofkonzipist Karl Esch, 1823 Hofsekretär bei dem Finanzminister Graf Stadion, später Hofrat und 1859 Geheimer Rat.

Das Werk, an dem Gr. damals arbeitete, war „Das goldene Vließ", vgl. darüber Selbstbiographie, Sämtl. W. XIX,
78, 96 ff.

Der „Gastfreund" entstand in der Zeit vom 29. September
bis 5. Oktober 1818; die „Argonauten" wurden am 20. Oktober
desselben Jahres begonnen und bis Anfangs November der dritte
Akt fertig gebracht.

41. An die Hoftheaterdirektion [Wien, 8. November
1820]. Entwurf im Grillparzerarchiv. Erster Druck: Jahrbuch
I, 210.

„Der Gastfreund" und „Die Argonauten" wurden am
26., „Medea" am 27. März 1821 aufgeführt.

Madame Vogel kam 1818 vom Hoftheater in Karlsruhe
nach Wien; sie spielte bei der ersten Aufführung die Amme zur
Zufriedenheit Gr.s, vgl. Selbstbiogr. XIX, 102.

Über das Honorar s. ebenda S. 103.

42. An Georg Altmütter [Frühjahr 1821?]. Original
unbekannt. Nizys Abschrift im Grillparzerarchiv. Erster Druck:
teilweise bei Laube, Franz Grillparzers Lebensgeschichte S. 59 ff.;
teilweise Jahrbuch I, 320 ff.

Georg Altmütter, geb. 6. Oktober 1787, der Älteste an
Jahren unter den Jugendfreunden und Mitschülern Grillparzers.
Altmütter, der Philosophie und die Rechte teils in Wien, teils
in Prag studierte, betrieb mit besonderer Vorliebe Naturwissen-
schaften, wirkte in den Jahren 1813—1815 als Assistent der
Lehrkanzel für Physik an der Theresianischen Ritterakademie und
seit 10. Juni 1816 an der polytechnischen Schule. Als 1816 ein
Konkurs für die Lehrkanzel der empirischen Technologie am polytechnischen Institute stattfand, war es Altmütter, dem die Zen-
soren der Konkursarbeiten die volle Lehrfähigkeit zuerkannten.
Trotz der Anerkennung seiner vorzüglichen Eigenschaften wurde
Altmütter weder von Prechtl, dem Direktor der Anstalt, noch von
der n.-ö. Regierung und der Studienkommission in Vorschlag
gebracht, ein Vorgang, der den Referenten im Staatsrat (Staatsrat Stifft) zu der Bemerkung veranlaßte: „Wie kann man einen
solchen Mann, welcher alle Vorkenntnisse an der Universität sich
beilegte, und die erforderlichen Eigenschaften und Kenntnisse
faktisch nachweist, einem Andern nachsetzen .....?" Mit Entschließung vom 10. Juni 1816 verlieh jedoch Kaiser Franz das
erledigte Lehramt dem Georg Altmütter. Prechtl wurde ange-
wiesen, bei Besetzung von Lehrämtern stets drei Individuen vor-
zuschlagen, und die n.-ö. Regierung wurde beauftragt, die

Konkursfragen für Lehrämter an dem polytechnischen Institute
in Hinkunft auch von den Professoren der philosophischen Fakultät
würdigen zu lassen (Staatsratsakten 3210 aus dem Jahre 1816).
Von Altmütter, der am polytechnischen Institute bis zu seinem
Tode (2. Januar 1858) wirkte, sind viele wissenschaftliche Ab-
handlungen erschienen; die von ihm angeregte Werkzeugsammlung
wird von dem Verfasser seines Nekrologes in den „Verhandlungen
und Mitteilungen des n.-ö. Gewerbevereins" (Februarheft 1858,
S. 112—117) eine wahre Schatzkammer genannt. Vgl. Selbstbiographie, Sämtl. W. XIX, 39 ff.

Der Brief bezieht sich auf Katharina Fröhlich, die zweit-
jüngste Tochter des Matthias Fröhlich und seiner Gattin Barbara, geb. Mayr; sie wurde am 10. Juni 1800 in der Vor-
stadt Wieden geboren, wo ihre Eltern in der Nähe des Freihauses
und später in der Favoritenstraße eine Einschlagfabrik besaßen.
Über Katharina F. vgl. den Vortrag von Sauer: „Grillparzer und
Katharina Fröhlich" im Jahrbuch V, 219. Die älteste Schwester
Anna, geb. 19. September 1793, eine Schülerin Hummels,
übernahm 1819 an der von der Gesellschaft der Musikfreunde
errichteten Gesangschule den Unterricht und leitete ihn bis 1854
mit unermüdetem Eifer. Die zweite Schwester, Barbara, ebenfalls tüchtig musikalisch, widmete sich der Malerei und hat als
Schülerin Daffingers schöne Proben ihres Talentes abgelegt.
Sie wirkte viele Jahre hindurch als Zeichenlehrerin am Offiziers-
töchterinstitute in Hernals; ein Zeugnis vom 25. April 1842
bestätigt, daß sie dem Unterrichte mit vollkommener Geschicklichkeit
und besonderem Fleiße vorgestanden hatte, auch bei jeder Prüfung
deswegen belobt worden sei. Die jüngste Schwester, Josephine,
eine Schülerin des Sängers Siboni, nachmals Direktors des
Konservatoriums zu Kopenhagen, der auch in Wien als dramatischer Sänger wirkte, betrat, nachdem sie ihre weitere Ausbildung
im Konservatorium der Gesellschaft der Musikfreunde erhalten
hatte, die Bühne als Opernsängerin, unternahm hierauf Kunst-
reisen in Deutschland, Dänemark und Italien und widmete sich
später dem Gesangsunterrichte, den sie, erfüllt von dem Adel der
Kunst, einem großen Teile ihrer Zöglinge unentgeltlich erteilte.
Als im Jahre 1831 der neue Saal der Gesellschaft der Musikfreunde eröffnet wurde, wirkte Josephine bei dem Festkonzerte
mit und sang eine Arie aus Rossinis Cenerentola. Unter ihren
Papieren haben sich auch mehrere Liederkompositionen vorgefunden,
desgleichen auch ein Walzer, den sie Grillparzer gewidmet hat.
Dieser lernte Anna, Josephine und Barbara Fröhlich zuerst, Kathi
im Frühjahr 1821 kennen.

Kurze Zeit nachher waren die Fröhlichs von der Wieden
nach der inneren Stadt (Singerstraße) übergesiedelt, wo sie den
ersten Besuch Grillparzers empfingen.

43. An den Grafen Chorinsky, Wien, 23. Juni 1821. Original: k. k. Hoflammerarchiv. Nach dem abweichenden Entwurf im Grillparzerarchiv von Laube und Weilen in die erste Auflage von Grillparzers Sämtlichen Werken X, S. 221 aufgenommen, nach der Reinschrift zuerst gedruckt: Jahrbuch II, 30.

Die Gründung der Akademie der Wissenschaften erfolgte mit dem kaiserlichen Handschreiben vom 30. Mai 1846; aktiviert wurde sie erst mit dem Patente vom 14. Mai 1847.

Wie im Vorjahre hatte auch diesmal Graf Chorinsky ein weiteres Verfahren gegen Grillparzer unterlassen, dessen Rechtfertigung bloß zur Nachricht genommen und den Akten beigelegt wurde.

44. An den Grafen Chorinsky, Wien, 20. Juli 1821. Original im Archiv der k. k. Hoflammer. Erster Druck: Jahrbuch II, 33.

Die Einstellung von Grillparzers Bezügen fand nicht statt, er empfing das Adjutum auch während seines Urlaubes; übrigens kam das Gesuch bei der Hoflammer nicht mehr zur Erledigung, da Grillparzer inzwischen von dem Grafen Stadion zur Dienstleistung bei dem Finanzministerium einberufen wurde. Vgl. Jahrbuch II, 34 und Selbstbiographie, Sämtl. W. XIX, 111.

45. An den Grafen Brühl. Entwurf und Abschrift vom Original im Grillparzerarchiv. Erster Druck: Jahrbuch I, 195.

Karl Graf v. Brühl, geb. 1772 zu Pförten in der Niederlausitz, gest. 1837, Generalintendant der Königl. Schauspiele in Berlin 1815—1822.

Am 16. März 1818 wurde die „Ahnfrau" zum ersten Male am Berliner Hoftheater aufgeführt und erzielte einen ungemein günstigen Erfolg. „Alle darin beschäftigten Mitglieder" — schrieb am 2. April 1818 Brühl an Grillparzer — „waren von dem Feuer der Poesie so belebt, daß das, was sie gaben, entzünden mußte. Es war, wenn ich es würdig bezeichnen soll, ein schönes Streben, Ihnen auch hier Blumen zu Ihrem Dichterkranze zu bringen."

Während der Anwesenheit Brühls in Dresden, wurde ihm von Böttiger das Manuskript der Sappho mitgeteilt. „Ich habe dasselbe gelesen" — schreibt Brühl an Grillparzer — „und bin von dem Inhalte der Dichtung so ergriffen, daß ich beschlossen, es ohne Säumen zur Aufführung zu bringen. Gleichwie in Goethes Iphigenie man den griechischen Tragödiendichter nicht verkennt, habe ich auch in Ihrer Sappho denselben wieder gefunden, und es wird mit zu meiner schönsten Pflicht gehören, dem größeren Publikum recht bald den Hochgenuß bereiten zu können, den ich selbst schon beim Lesen gehabt habe." Brühl wies einen Ehrensold von 50 Dukaten für diese Dichtung an. Für die Ahnfrau hatte Grillparzer von dem Berliner Hoftheater kein Honorar erhalten, weil sie bereits gedruckt war.

Der vorliegende Brief bezieht sich auf „Das goldene Bließ".

Friedrich Karl Sannens, geb. 1751, gest. 1850, Hofschauspieler in Wien, seit 1814 im Ruhestand, war der Kommissionär der Berliner Hofbühne.

Der „Weißenfelser Journalist" ist Adolf Müllner, vgl. Nr. 17.

46. An Kaiser Franz, Wien, 1. Dezember 1821. Original in der Registratur der k. k. Familien-Fideikommiß-Bibliothek. Danach veröffentlicht von J. Schnürer: Neue Freie Presse 19. April 1889, Nr. 8855. Nach dem Entwurf im Grillparzerarchiv auszugsweise mitgeteilt: Neue Freie Presse 16. Januar 1885. Vgl. auch Nr. 47.

In dem Entwurf finden sich als Nachtrag noch folgende Worte: „Liebe für das Fach, dem ich mich zu widmen wünsche, geht wohl aus der Art meiner bisherigen Beschäftigungen von selbst hervor und ich will nur gestehen, daß das Verlangen, in Zukunft den Wissenschaften ausschließlich leben zu können, eine Haupttriebfeder des gegenwärtigen Gesuches ist."

An der Spitze der Privatbibliothek des Kaisers stand damals Peter Thomas Young (geb. 28. Juni 1764 zu Livorno, gest. zu Wien 14. Februar 1829). Young gehörte zu jenen Beamten des Großherzogs Leopold von Toskana, welche, als dieser nach Josephs Tode die Regierung der österreichischen Erbstaaten übernahm, nach Wien berufen wurden. Zuerst im Geheimen Kabinett tätig, wurde er von Kaiser Franz zum Geheimen Sekretär und später zum Vorsteher der kaiserlichen Privatbibliothek ernannt. Ausführliches über sein Wirken in „Österreichs Pantheon", Wien 1831, III, S. 37—46.

Um die erledigte Stelle bewarben sich 12 Kompetenten, darunter auch der seit Oktober 1821 als Hilfsbeamter angestellte Leopold Wilhelm Khloyber, dessen Ernennung über Youngs Vortrag auch erfolgte. 1829 als Nachfolger Youngs berufen, wirkte Khloyber bis 1869 als Vorsteher der Privatbibliothek.

47. An die Kaiserin Karoline Auguste [Wien, im Dezember 1821]. Entwurf im Grillparzerarchiv. Erster Druck: Jahrbuch II, 37. Vgl. Nr. 46.

In der Selbstbiographie, Sämtl. W. XIX, 90, erwähnt Grillparzer des während seines Aufenthaltes in Italien in Wien verbreiteten Gerüchtes, daß er Sekretär der Kaiserin Karoline Auguste geworden sei; auf der ganzen Reise habe er die Kaiserin, „eine der vortrefflichsten und gebildetsten Frauen", nicht ein einziges Mal auch nur gesehen. Er hatte sich sogar veranlaßt gesehen, diesem Gerüchte in einer öffentlichen Erklärung entgegenzutreten, vgl. Sämtl. W. XIX, 181.

Das Mißfallen, auf welches Grillparzer in dem Gesuche hindeutet, bezieht sich unzweifelhaft auf das Gedicht „Die Ruinen des Campo vaccino".

Über den Anteil der Kaiserin an der Freigebung Ottokars von der Zensur vgl. Selbstbiographie, Sämtl. W. XIX, 115.

48. An die k. k. allgemeine Hofkammer, Wien, 8. März 1822. Original im Archiv der Hofkammer. Erster Druck: Wolf, S. 15 f. Vgl. Nr. 49.

49. An den Grafen Stadion, Wien, 8. Mai 1822. Original im Archiv der Hofkammer. Erster Druck: Jahrbuch II, 39.

Graf Stadion befürwortete das Gesuch in einer am 9. Mai 1822 an den Grafen Chorinsky gerichteten Note, vgl. Jahrbuch II, 40. Die Angelegenheit kam bei der Hofkammer am 24. Mai 1822 zur Verhandlung. In dem Vortrage des Hofrates Baron v. Eger findet sich folgende Stelle: „Der Konzeptspraktikant Grillparzer beruft sich auf seine langjährigen Dienste, die er (vom 26. Februar 1813) als Konzeptspraktikant der Hofbibliothek herleitet, von wo er (am 14. Dezember 1814) als Konzeptspraktikant zur n.-ö. Bankalgefällen-Administration übertrat, und in dieser Eigenschaft (am 2. März 1815) bei der Hofkammer aufgenommen worden ist, in dem Departement des Hofrates v. Leicher sich zur vollen Zufriedenheit verwendete und die Versicherung anfügt, daß er durch ungestörten Diensteifer sich der anhoffenden Begünstigung würdig zeigen werde. Es muß hier der unter der Hofzahl $\frac{19303}{1338}$ am 12. d. M. eingelangten Anempfehlung des Herrn Finanzministers erwähnt werden, durch welche der allgemeinen Hofkammer die Versicherung gegeben wird, daß dieselben an dem Grillparzer während seiner Verwendung bei dem Finanzministerium (die sich vom August 1821 herleitet) Gelegenheit hatten, die Talente dieses Mannes bewährt zu finden, die der Hofkammer aus seiner vorausgegangenen Dienstleistung bei ihr bekannt geworden sein dürften, und daß der Herr Minister den beharrlichen Fleiß, den ausgebildeten Verstand dieses im Fache der Wissenschaften durch seine gelieferten Arbeiten ausgezeichneten Mannes, mehrmals erprobt fanden, ihnen auch seine Geschäftskenntnis, sein Eifer für den Dienst und seine Gewandtheit nicht unbemerkt bleiben, und daß sie überhaupt Eigenschaften an ihm beobachten, die ihn einer Aufmunterung in seiner Diensteslaufbahn wert machen.

Referent erlaubt sich hier die Bemerkung vorauszuschicken, daß:

1. bei Besetzung dieser Hofkonzipistenstelle nicht die Frage eintritt, einen für das Zolldepartement ausschließend im Vorzuge gebildeten Hofkonzipisten zu wählen, da das betreffende Departement . . . bereits die ihm notwendige Personalergänzung erhalten hat; es handelt sich also im Allgemeinen um die Besetzung eines Hofkonzipistenplatzes . . . .

2tens daß der Herr Finanzminister in ihrem (sic) Erlasse vom 9. Mai d. J. Hofzahl $\frac{19303}{1338}$ keineswegs die Anerkennung ausdrücken, daß sich Grillparzer zur Erlangung der Hofkonzipisten= stelle gegenwärtig als der Verdienstlichste darstelle, es ist vielmehr aus dem Inhalte der allerdings hochverehrten Anempfehlung Grillparzers deutlich zu entnehmen, daß Seine Excellenz der Herr Finanzminister nur beabsichtigt haben, der allgemeinen Hof= kammer die Deliberazion zu erleichtern, indem Sie derselben Ihre volle Zufriedenheit seiner Dienstleistung ausdrücken, über die Hochderselben seit er dem Finanzministerium zugeteilt ist, am richtigsten abzusprechen vermögen." Eger empfiehlt am Schlusse seines Berichtes die Verleihung der erledigten Stelle an den Konzeptspraktikanten Johann Wagner.

In der Sitzung am 24. Mai 1822 trat für Grillparzer nur Hof= rat Mayer von Gravenegg ein, „für den er sich nach seiner Über= zeugung für die zu besetzende Hofkonzipistenstelle um so mehr erklärte, als derselbe der Hofkammer seit so vielen Jahren als ein äußerst talentvoller Mann bekannt ist, der ihm daher diese Be= förderung und Aufmunterung zu verdienen scheint, die dem Fähigsten gebührt, als der er sich bei dem Finanzminister in einer der wichtigsten Geschäftsabteilung nach der lauten Versicherung des Herrn Finanzministers darstellt, wodurch auch die Mackel ver= wischt sein dürfte, die ihn nach der Angabe des Referenten da= durch trifft, daß er sich während der letztern Zeit bei der all= gemeinen Hofkammer in seiner Dienstleistung lau benommen hat, was wohl nur in Folge seiner durch wissenschaftliche Arbeiten geschwächten Gesundheit gewesen war."

Die Majorität der Hofräte und der Vizepräsident Graf Nábasdy stimmten dem Referenten bei und entschieden gegen Grillparzer.

50. An den Grafen Stadion, Wien, 13. März 1823. Original im Hofkammerarchiv. Der letzte Satz zuerst bei Wolf, S. 18; der ganze Brief: Jahrbuch II, 42.

Auch diesmal wurde Gr.s Gesuch von dem Grafen Stadion durch ein persönliches Schreiben an den Hofkammerpräsidenten Mi= chael Grafen Nábasdy (geb. 6. September 1775, gest. 18. März 1854) unterstützt. Den Vortrag an die Hofkammer erstattete derselbe Referent, der über das unter Nr. 48 abgedruckte Gesuch berichtet hatte. Für die zwei erledigten Stellen hatten sich 29 Bewerber gemeldet, darunter auch Franz Freiherr v. Schlechta, Johann Veith v. Schittlersberg, Karl v. Wiesenthal (den Grillparzer in einem seiner Studienblätter für eine Lustspielfigur aussersehen). Für die erste Stelle wurde Veith v. Schittlersberg vorgeschlagen. Grillparzer wird in der Reihe der Bewerber als 16. angeführt. In der Kompetententabelle findet sich die Anmerkung: „Das Finanzministerium empfiehlt ihn zur vorzüglichen Bedachtnahme

als dienstältesten Konzeptspraktikanten und als ein mit aus=
gezeichneten Fähigkeiten begabtes Individuum." Die zweite er=
ledigte Stelle wurde dem Konzeptspraktikanten Joseph Alois Preiß
verliehen mit der Begründung: „daß, wenn gleich Josef Preiß
dem Franz Grillparzer an literärischer Ausbildung weit nach=
steht, ersterer dennoch während eines Zeitraumes von zehn Jahren
— also fast eben so lang wie Grillparzer und wenn dessen vor=
ausgegangene Konzeptspraxis bei der Hofbibliothek, die mit den
Geschäften bei öffentlichen Behörden nichts gemein hat, nicht ge=
rechnet wird, sogar um ein Jahr länger dient — sich durch eine
anhaltende angestrengte sehr ersprießliche Dienstleistung sehr vor=
teilhaft ausgezeichnet habe, ohne jemals in seinem Eifer, Fleiß
und seinen Leistungen nachgelassen zu haben, wodurch sich auch
das gänzlich aufwiegt, was Grillparzer durch sein lebhafteres
Talent voraus hat . . ."

Über diese wiederholten Zurücksetzungen vgl. Selbstbiogra=
phie, Sämtl. W. XIX, 95 f.

Graf Stadion ergriff die erste Gelegenheit, da eine Konzi=
pistenstelle beim Finanzministerium frei wurde, die er selbst zu
besetzen hatte, um sie Gr. zu verleihen (Dekret vom 7. Juli 1823
im Jahrbuch II, 46). Darauf nahm Hofrat Franz v. Pillers=
dorf, dem Grillparzer in der Selbstbiographie (S. 105) ein un=
vergängliches Denkmal gesetzt hat, Einfluß. In dem Vortrage an
Stadion bemerkt Pillersdorf, daß „Grillparzer eine zehnjährige
Dienstleistung und mehrjährige tabellose Verwendung bei dem
Finanzministerium geltend machen kann, weshalb Hochdieselben
ihn wiederholt der Hofkammer zu einer Beförderung empfohlen
haben, welche ihn jedoch bei der letzten Besetzung der Konzipisten=
stelle neuerdings übergangen hat". Stadion ordnete hierauf an,
„Grillparzer in das Ministerialbureau zu ziehen und ihm die
Geschäfte, welche bisher der Hofsekretär Baron Forstern besorgte,
zu übertragen".

51. An Katharina Fröhlich, Jamnitz, 3. August 1823.
Die Originale der Briefe an die Schwestern Fröhlich befinden sich
mit Ausnahme von Nr. 284 im Grillparzerarchiv. Erster Druck:
Neue Freie Presse, 23. Mai 1889, Nr. 8888.

Adr.: An das wohlehr= und tugendsame Fräulein Katha=
rina Fröhlich.

Jamnitz, Allod.=Herrschaft, welche Johann Philipp
Graf Stadion am 8. März 1815 von Franz Grafen v. Daun
erwarb, gegenwärtig im Besitze des Markgrafen Alexander Palla=
vicini, des Präsidenten der Grillparzergesellschaft. Das Schloß
befindet sich am südwestlichen Ende der Stadt Jamnitz, einer der
ältesten Städte Mährens, unter den Přemysliden der Hauptort
einer danach genannten Provinz, welche der böhmische Herzog
Sobieslaw 1133 seinem Neffen Jaromir verliehen hatte.

Grillparzer verweilte in Jamnitz, als Ministerialkonzipist dem Finanzminister Graf Stadion zugeteilt; über seinen Aufenthalt auf den Gütern des Grafen vgl. Selbstbiographie, Sämtl. W. XIX, 112 ff.

In Jamnitz entstand das Gedicht „Entzauberung", Sämtl. W. I, 151.

52. An Katharina Fröhlich, Jamnitz, 23. September 1823. Vgl. Nr. 51.   Erster Druck: Jahrbuch I, 94.

Adr.: An das Fräulein Katharina v. Fröhlich.

Ludwig Jakob Flury, geb. 1787 zu Solothurn, Erzieher des jungen Grafen Stadion, wurde am 16. Jänner 1824 zum Lehrer der Söhne des Erzherzogs Karl ernannt und als solcher 1829 in den Ruhestand versetzt. Flury, der mit Klemens Hofbauer, Zacharias Werner, Veith und Pilat, dem Sekretär des Fürsten Metternich, verkehrte, war Mitglied einer religiösen Verbindung, an deren Spitze Franz Graf Szechény stand. Mit Grillparzer pflegte F. auch später noch freundschaftlichen Umgang; er lebte nach seiner Pensionierung größtenteils in der Schweiz, später in Graz, wo er am 6. Februar 1833 starb.   Vgl. auch Tagebuchstelle 108 und Selbstbiogr. XIX, 113.

Die „Ungeheuer" sind die Schwestern Fröhlich; „das mittlere" Kathi selbst.

53. An Katharina Fröhlich, Jamnitz, 30. September 1823. Vgl. Nr. 51.   Erster Druck: Jahrbuch I, 95.

Flurys Frau: Elisabeth, geb. Collin.

54. An Katharina Fröhlich, Jamnitz, 4. Oktober 1823. Vgl. Nr. 51.   Erster Druck: Jahrbuch I, 97.

55. An Katharina Fröhlich, Jamnitz, 14. Oktober 1823. Vgl. Nr. 51.   Erster Druck: Jahrbuch I, 97.

Adresse: An Fräulein Katharina Fröhlich, Wien, Singerstraße in einem vierten Stocke.

Kathis Vater, Matthias Fröhlich, geb. 24. August 1756 zu Pottendorf in Niederösterreich, gest. 14. April 1843 zu Wien. Die Annahme, daß Fröhlich kaiserlicher Rat gewesen, ist irrtümlich.   In den Akten des Wiener Magistrates findet sich 1790 folgende Stelle: „Fröhlichen Barbara, Sprachlehrersgattin, bittet um die Erlaubnis alle Gattungen Einschlag verfertigen zu dürfen."   Ein Zeugnis der Pfarre zum heil. Karl auf der Wieden bestätigt, daß der k. k. Armenvater Matthias Fröhlich sich mit unermüdlichem Fleiße und mit dem gewissenhaftesten Eifer habe verwenden lassen und nun schon durch so viele Jahre seiner Verwendung der Armenanstalt wichtige Dienste geleistet habe.   Auch Fürst Schwarzenberg, der Präses der zur Regulierung der Wohltätigkeitsanstalten aufgestellten Hofkommission, bemerkte in einem Schreiben vom 15. Mai 1816, daß er es für seine angenehme Pflicht erachte, „dem Herrn k. k. Armen=Vater Mathias Fröhlich für den edlen Eifer, mit welchem derselbe es sich Mühe, Zeit und mancherlei Aufopferungen kosten ließ, um den, seiner wohltätigen Sorgfalt anvertrauten Armen nützlich zu werden, und dadurch zum Gedeihen der, in ihrer Folge so wohltätigen Anstalten wesent= lich beigetragen hat, zu danken und die besondere Zufriedenheit zu bezeugen." In der gerichtlichen Todesfallsaufnahme aus dem Jahre 1843 wird Matthias Fröhlich als „hiesiger Bürger, ge= wesener Fabriksinhaber und Armenvater" bezeichnet und die Amtshandlung mit den Worten geschlossen: „An Vermögen nichts, und lebte der Verblichene einzig und allein von der Unterstützung seiner Kinder, welche die wenigen Habseligkeiten auf die Leichenkosten verwendet haben."

Ferdinand Bogner, Gatte der Barbara Fröhlich, Kanz= list der allgemeinen Hofkammer und Professor am Konservatorium in Wien, geb. 1786, gest. am 24. Juni 1846.

56. An Joseph Graf v. Sedlnitzky [Wien, Ende 1823]. Entwurf im Grillparzerarchiv. Erster Druck: Werke 1. Aufl. Bd. X, S. 230.

König Ottokars Glück und Ende wurde auf Antrag der Hof= und Staatskanzlei im Januar 1824 verboten, infolge kaiserlicher Anordnung aber zur Aufführung zugelassen, deren erste am 19. Februar 1825 stattfand. Vgl. Selbstbiographie, Sämtl. W. XIX, 114 ff. und Sauer: Aus dem alten Österreich S. 8 ff., da= selbst auch ein Schmähbrief, welcher nach der Aufführung an Grill= parzer gelangte.

In einer anderen Angelegenheit gab Grillparzers Ottokar den Anlaß zu eingehenden Verhandlungen im Staatsrate. Am 23. Fe= bruar 1825 ersuchte die Hoftheaterdirektion die Polizeistelle, die Aufführung des Stückes im Theater an der Wien zu untersagen, weil es von dem Dichter dem Burgtheater überlassen und damals gerade mit vielen Kosten auf die Bühne gebracht worden war. Graf Sedlnitzky sah sich jedoch nicht veranlaßt, dem Ersuchen stattzugeben, weil das Trauerspiel schon vor der Aufführung im Hofburgtheater in Druck gelegt und sohin ein Gemeingut ge= worden war, dessen Benützung keinem Theater verweigert werden könne, sobald dieses sich alle von der Zensur für notwendig er= achteten Abänderungen gefallen lasse. Der Oberstkämmerer er= stattete hierüber an den Kaiser einen Vortrag, der im Staatsrate begutachtet wurde. Die Mitglieder des Staatsrates einigten sich damals in der Ansicht des Freih. v. Kübeck, daß, sobald das Manuskript in Druck gelegt sei, der freie Gebrauch des gedruckten Werkes in jeder Art und jedermann insoferne gestattet sei, als nicht eine Beschränkung durch die Gesetze stattfinde. Diese aber

verbieten nur den Nachdruck der im Inlande aufgelegten Werke
und fordern bei gedruckten dramatischen Werken nur eine noch-
malige Zensurbewilligung vor ihrer Aufführung. Der Kaiser
entschied hierauf, die Polizeihofstelle habe recht getan, indem sie
dem Einspruch keine Folge gegeben habe; wolle sich die Hoftheaterdirektion den ausschließlichen Gebrauch eines Theaterstückes auf
eine bestimmte Zeit sichern, so habe sie mit dem Verfasser ein
Übereinkommen dahin zu treffen, daß sie entweder das Recht der
Drucklegung sich vorbehalte oder den Verfasser verbindlich mache,
von dem Rechte der Drucklegung binnen einer bestimmten Zeit
keinen Gebrauch zu machen (K. und k. Haus-, Hof- und Staatsarchiv, Staatsratsakten). Vgl ferner Glossy: Zur Geschichte des
Trauerspiels „König Ottokars Glück und Ende", Jahrbuch IX,
213—247.

*57. An die Schwestern Fröhlich, Wien, 2. März
1825. Vgl. Nr. 51. Ungedruckt.
Adr.: An die Fräulein Fröhlich z. e. Händen.

58. An den Grafen Nádasdy, Wien, 3. August 1825.
Original im Hofkammerarchiv. Erster Druck: Jahrbuch II, 47.
Da es sich um eine Reise ins Ausland handelte, mußte,
wie dies auch bei der italienischen Reise geschah (vgl. Anm. zu
Nr. 27), über das Gesuch ein Vortrag an den Kaiser erstattet
werden, in welchem Graf Nádasdy bemerkte: „Ich finde mich auf
meinem Standpunkte nicht ermächtigt, dem Bittsteller die Bewilligung zu dieser Reise zu erteilen. Da jedoch die gegenwärtigen Dienstverhältnisse dem angesuchten achtwochentlichen Ur-
laube nicht entgegen sind, und Grillparzer literärische Zwecke
mit seinem Vorhaben verbindet, welche ihm das Wort führen
dürften, so erlaube ich mir Euer Majestät sein Gesuch zur aller-
gnädigsten Willfahrung zu unterlegen."
Der Vortrag gelangte zunächst an den Staatsrat. Bericht-
erstatter war Baron Lederer, dessen Antrag auf Genehmigung die
Staatsräte Mikos und Hauer unterstützten. Die kaiserliche Entschließung erfolgte am 17. August 1825 mit den Worten: „Placet.
Auf Allerhöchsten Befehl Seiner Majestät, Erzherzog Ludwig."
Die Reise gelangte jedoch in diesem Jahre nicht zur Ausführung, vgl. Nr. 59.

59. An den Grafen Nádasdy, Wien, 3. Juni 1826.
Original im Hofkammerarchiv. Erster Druck: Jahrbuch II, 49.
Auch über dieses Gesuch wurde ein Vortrag an den Kaiser
durch den Staatsrat mit dem Bemerken geleitet, daß die von dem
Finanzminister unterstützte Bitte Grillparzers keinem Bedenken
unterliege. Die kaiserliche Genehmigung erfolgte am 25. Juni
1826.

Gr. trat die Reise am 21. August an; vgl. Selbstbiographie, Sämtl. W. XIX, 121 ff. und das „Tagebuch auf der Reise nach Deutschland", Sämtl. W. XX, 14 ff.

60. An Katharina Fröhlich, Wien, 4. Juni 1826. Vgl. Nr. 51. Erster Druck: Jahrbuch I, 99.

Abr.: An Fräulein Katharina Fröhlich, abzugeben bei Frau Therese v. Haas in Prag, Altstadt zum halb goldenen Stern.

Josephine Fröhlich war damals in Begleitung ihres Vaters und ihrer Schwester Katharina auf einer Kunstreise nach den böhmischen Bädern und Deutschland begriffen.

„Wiener in Berlin", eine Anspielung auf Holteis so betiteltes Singspiel.

Zu der Bemerkung über Prag vgl. Nr. 64.

61. An Katharina Fröhlich [Anfangs Juli 1826]. Vgl. Nr. 51. Erster Druck: Jahrbuch I, 100.

Abr.: An Fräulein Katharina Fröhlich, poste restante in Dresden. Poststempel Dresden 8. Juli 1826.

Über die im Briefe erwähnten Empfehlungen von fürstlichen Persönlichkeiten schrieb Barbara Fröhlich am 30. Juni [1826] an ihre Schwestern Katharina und Josephine: „Soeben kommt Netty von der Salmi, welche sie ersuchte, ein gutes Wort bei Grafen Trojer zu reden, damit Du ein Schreiben von Prinz Rudolph bekommst.' Sie sagte: warten Sie, er wird gleich selbst kommen, welches auch geschah; allein er glaubt schwerlich, daß sich der Prinz entschließen wird, weil er Dich nicht gehört und auch selbst Trojer nicht." Auf demselben Blatte setzt Anna Fröhlich fort: „Grillparzer sagte, hätte er es nur um 8 Tage früher gewußt, so hätte er die Pepi dem sächsischen Prinzen, der mit seiner Frau hier war, selbst empfohlen, da er die Ehre hatte, einigemal mit ihm zu sprechen. Er wird euch auch schreiben" ... Am Schlusse des Briefes bemerkt Barbara Fröhlich: „Grillparzer hatte eine rechte Freude, daß die Katti als Sängerin glänzte."

Das Gesuch um Urlaub siehe Nr. 59.

62. An den Grafen Nádasdy, Wien, 15. Juli 1826. Original im Hofkammerarchiv. Erster Druck: Jahrbuch VIII, 256. Gehört nach Nr. 63.

Der in diesem Briefe erwähnte Gehaltsabzug bezieht sich auf eine Hofentschließung vom 5. Jänner 1781, wodurch während des Urlaubs ein Abzug von 10 vom Hundert des Gehaltes angeordnet wurde.

Aus der Erledigung des Gesuches erhellt, daß der von Gr. befürchtete Gehaltsabzug nicht stattfand. Vgl. Jahrbuch VIII, 255 f.

63. An Katharina Fröhlich, [Wien] am 10. Juli 1826. Vgl. Nr. 51. Erster Druck: Jahrbuch I, 102. Gehört vor Nr. 62.

Adr.: An Fräulein Katharina Fröhlich Wohlgeboren, poste restante in Karlsbad.

Vgl. Nr. 62 und 59. Über Grillparzers Beziehungen zu Beethoven f. „Erinnerungen an Beethoven", Sämtl. W. XX, 203 ff., über die Operndichtung „Melusine" ebenda S. 208 und Selbstbiogr. XIX, 154, ferner Jahrbuch VIII, 260 und X, 287.

64. An Katharina Fröhlich, Dresden, 27. August 1826. Vgl. Nr. 51. Erster Druck: Jahrbuch I, 103.

Adr.: An Fräulein Katharina Fröhlich, abzugeben an Herrn Ferdinand Vogner im Expedit der k. k. Hofkammer.

„Kornet" soll wahrscheinlich Comet heißen. Katharina Comet, geb. 8. November 1807 zu Prag, betrat bereits zwölfjährig zum ersten Male die Bühne als Annette in der Oper „Rotkäppchen". 1827 vermählte sie sich mit dem Bariton Matthias Pobhorsky.

Unterm 27. August schildert Grillparzer in seinem Reisetagebuch das unangenehme Gefühl, das ihm der Aufenthalt in Dresden verursachte. Sämtl. W. XX, 21.

***65. An Ludwig Tieck** [Dresden, 28. August 1826]. Original im Ferdinandeum zu Innsbruck, Legat: Joh. Wieser. Ungedruckt.

Ludwig Tieck hatte schon bei seinem Aufenthalte in Wien Gr. besucht, der ihn nun in Dresden den „Kaufmann von Venedig" und „Ödipus auf Kolonos" vorlesen hörte. Gr. urteilt recht hart über ihn: „Trotz seiner mannigfachen Gaben habe ich doch Tieck nie leiden mögen. Im Komisch-Parodischen ist er mitunter vortrefflich, und wenn nicht das Formlose seiner Anlage wäre, er hätte ein guter Lustspieldichter werden können. Alles übrige ist gesucht und gemacht." Vgl. Selbstbiographie, Sämtl. W. XIX, 123 ff. und Tagebuch auf der Reise nach Deutschland, Sämtl. W. XX, 23, ferner die Epigramme: Sämtl. W. III, 90, 104, 111, 128, Studien zur deutschen Literatur XVIII, 81 und die Satire auf Tiecks Novelle „Die Vogelscheuche" XIII, 131.

66. An Katharina Fröhlich, Berlin, 9. September 1826. Vgl. Nr. 51. Erster Druck: Jahrbuch I, 105.

Adr.: An Fräulein Katharina Fröhlich, abzugeben an Herrn Ferd. Vogner im Expedit der k. k. allg. Hofkammer in Wien.

Gr. traf am 6. September 1826 in Berlin ein. — Am 3. Oktober schreibt Hegel an Gans: „Grillparzer war hier, ein recht schlichter, verständiger und eifriger Mann" (Briefe von und an Hegel, Leipzig 1807, 2. Teil, 221).

Henriette Sontag trat damals nach einem vierjährigen Aufenthalte in Wien, dem ein erfolgreiches Gastspiel in verschiedenen Städten folgte, in den Verband des neubegründeten

königstädtischen Theaters in Berlin. 1826 in Paris glänzend
aufgenommen und für das dortige italienische Theater engagiert,
kehrte Sontag Anfangs September nach Berlin zurück, wo sie
am 11. September als Isabella in Rossinis „Italienerin
in Algier" auftrat.

„Der Maurer", Oper in drei Akten von Auber.

67. An Katharina Fröhlich, Koburg, 5. Oktober 1826.
Vgl. Nr. 51. Erster Druck: Jahrbuch I, 106.
Ankunft in Weimar am 29. September 1826, Abreise am
3. Oktober. Über den Aufenthalt in Weimar f. Selbstbiogr. XIX,
133 ff., die Tagebuchstelle 154 und die Erzählung im Gespräche
mit Emil Kuh (Jahresbericht der Wiener Handelsakademie für
1866; Zwei Dichter Österreichs, Pest 1872, S. 73 ff.; dazu
A. Sauer in der „Goethe=Festschrift zum 150. Geburtstag des
Dichters". Herausgegeben von der Lese= und Redehalle der deut=
schen Studenten in Prag, Prag 1899, S. 158). Ferner Goethes
Tagebücher Bd. X, S. 250 ff.: „29. Sept. Abends großer Tee.
Professor von Jakob und Tochter aus Halle. Grillparzer von
Wien; 1. October. Mittag große Gesellschaft. Herr Grillparzer
und an ihm teilnehmende Freunde; 2. October. Herr Grill=
parzer gezeichnet von Schmeller. Gräfin Julie Egloffstein;
3. October. Kanzler von Müller ... einiges wegen Grillparzer
besprechend. Letzterer Abschied nehmend. Man giebt ihm zu
Ehren ein Mittagessen auf dem Schießhause. Mein Sohn wird
auch dabei sein. ... Derselbe [Hofrat Meyer] war Mittags mit
auf dem Schießhaus gewesen; 4. October. Herr Kanzler, das
Weitere über Grillparzer besprechend, auch ein Gedicht von ihm
bringend." — Goethe an Zelter, 11. Oktober 1826 (Briefwechsel
IV, 225): „Grillparzer ist ein angenehmer wohlgefälliger Mann;
ein angebornes poetisches Talent darf man ihm wohl zuschreiben;
wohin es langt und wie es ausreicht, will ich nicht sagen. Daß
er in unserm freien Leben etwas gedrückt erschien, ist natürlich."
— Therese v. Jakob (Talvj) an Kopitar, Halle, 4. November 1826
(Sitzungsberichte der phil.=hist. Klasse der kais. Akademie der Wiss.
in Wien, 103. Bd., 2. Heft): „Interessant war es mir Grillparzer
bei Goethe zu finden. Ich schätze ihn so sehr, daß ich es ihm
gern bezeigt hätte, aber leider scheint seine Gegenwart in unserem
Norden nur äußerst flüchtig gewesen zu sein. Mein Gespräch
mit ihm ward durch Kommende und Vorzustellende unterbrochen,
und ich kann kaum sagen, daß ich ihn kennen gelernt habe", und
in einem anderen undatierten Brief: „Ich lernte ihn vor dem
Jahre bei Goethe flüchtig kennen, und es war so etwas Elegisch=
poetisches in seiner ganzen Erscheinung! Ich weiß nicht ob er
mich kannte — ich glaube kaum, da Fr. v. Goethe mir ihn,
mich aber nicht ihm vorstellte."
Gezeichnet wurde Gr. auf Wunsch Goethes von Schmeller,

außerdem auch von der Gräfin Julie v. Egloffstein, vgl. Goethe=
Jahrbuch I, 347 und Goethes Brief an Kanzler Müller, 2. Oktober
1826, faksimiliert in Dedekinds Memoiren aus Grillparzerkreisen,
5. Heft, Wien 1881.

Am 2. Oktober 1826 speiste Grillparzer mit Kanzler Müller,
Dr. Schütze, Regierungsrat Schmidt und Landesdirektionsrat
Töpfer im Erbprinzen. Darauf bezieht sich ein Gedicht des
Kanzlers „An Goethe", L. Roberts Gedichte, Mannheim 1838,
I, 100, wiederholt von Minor, Ein Wiener Stammbuch, Wien
1898, S. 277 f. Den Abschiedsschmaus am 3. Oktober ver=
anstaltete K. H. Friedrich Peucer. Die „Wiener Zeitschrift für
Kunst, Literatur, Theater und Mode" brachte in Nr. 146 folgende,
wahrscheinlich aus der Feder Schützes stammende Korrespondenz=
nachricht aus Weimar: „Ihr Grillparzer war hier und fand bei
Goethe, wie überhaupt bei den gebildeten Weimarern eine freudige
Aufnahme. Unser Peucer veranstaltete ein Mittagmahl in einem
hiesigen Gasthause, und ehrte den lieben Gast durch ein schönes
Gedicht." Das Gedicht „Scheidegruß der Weimarischen Freunde
an Grillparzer" lautet:

<blockquote>
Hast gesehen, hast empfunden
Meisters Huld und Sachsen=Weise. —
Leichtbeschwingte, goldne Stunden,
Folget Ihm zur Heimatreise!
</blockquote>

3. Octbr. 1826.   P.

Johann Nep. Hummel, Tonkünstler, geb. zu Preßburg
14. November 1778, gest. zu Weimar 1837, Schüler Mozarts,
Albrechtsbergers und Salieris, wurde 1816 als Kapellmeister nach
Stuttgart, 1820 nach Weimar berufen, wo er bis zu seinem Lebens=
ende wirkte. Anna Fröhlich war eine Schülerin Hummels, vgl.
Anmerkung zu Brief 42.

Hummels Frau, geb. Röckel, eine Schwester des Musikers
Joseph August Röckel.

68. An Joseph Schreyvogel, [Wien] 24. Jänner 1828.
Original unbekannt. Erster Druck: Neues Wiener Tagblatt vom
21. Mai 1889.

Die erste Aufführung des „Treuen Dieners" fand am
28. Februar 1828 statt.

Die Besetzung der Hauptrollen erfolgte ganz nach Gr.s
Wunsch, auch die der Nebenrollen zum größten Teil. Den Grafen
Peter gab wirklich Fichtner, die Anführer des königlichen Heeres
wurden nicht von Lembert und Mayerhofer, sondern von Reil
und Schwarz dargestellt, während Mayerhofer der Arzt zugeteilt
wurde. Für den Prinzen Bela hatte man Auguste Anschütz aus=
ersehen, die damals 9 Jahre zählte.

69. An Julie Löwe [Wien, Januar oder Februar 1828].
Der Brief in Abschrift von fremder Hand ist von Freih. v. Rizy

in Grillparzers Nachlaß eingereiht worden mit dem Bemerken: „Ein Schreiben, vielleicht an Mad. Löwe über den Charakter und die Darstellung des Herzogs von Meran im treuen Diener." Erster Druck: Jahrbuch I, 213.

Julie Löwe, geb. 5. Mai 1787 in Dresden, gest. 11. September 1852 zu Wien; die Schwester Ludwig Löwes, in der Geschichte des Burgtheaters hervorragend als Darstellerin von Salondamen. Grillparzer und Schreyvogel waren dieser Künstlerin freundschaftlich zugetan. Als Julie Löwes Tochter Therese 1830 starb, ließ Grillparzer in der „Wiener Zeitschrift für Kunst, Literatur, Theater und Mode" (Nr. 95 vom 10. August 1830) ein Gedicht, betitelt: „Auf die Nachricht von dem Tode der jungen Schauspielerin Dlle. Löwe" einrücken (vgl. Sämtl. W. I, 184).

Ludwig Löwe, geb. 29. Jänner 1795 zu Rinteln in Kurhessen, gest. zu Wien 9. März 1871, wirkte als Heldendarsteller seit 1826 am Hofburgtheater. Otto von Meran gehörte zu seinen besten Rollen. In höherem Alter spielte er mit gleicher Meisterschaft den Banchan.

In den im Nachlasse aufbewahrten „Materialien zu einem künftigen Trauerspiele: ‚Ein treuer Diener seines Herrn'" schrieb Grillparzer: „Otto von Meran. Eigentlich characterlos; aimable roué. Nicht ohne Sinn für Tugend, aber als Aufwallung." ... Mit der Haltung Ottos im vierten Akt stimmt folgende Stelle in den Materialien überein: „Otto's Zustand gemischt aus Stumpfheit und überreiztem Zusammenschrecken (als ob er ein Gespenst sähe)."

70. An den Grafen Sedlnitzky, Wien, 5. März 1828. Original im Archiv des k. k. Ministeriums des Innern. Erster Druck: A. Sauer, Aus dem alten Österreich, Prag 1895, S. 32 f.

Gr. war am 2. März 1828 durch den Hofrat der Polizeihofstelle Anton Ritter von Ohms zu einer „kleinen Unterredung" mit dem Polizeiminister Grafen Sedlnitzky eingeladen worden. Er gibt eine ausführliche Darstellung davon in seiner Selbstbiographie Sämtl. W. XIX, 141, und in der Tagebuchstelle 129.

Das Schreiben Gr.s unterbreitete Sedlnitzky dem Kaiser, der hierauf den Polizeiminister beauftragte, eine freimütige und bestimmte Erklärung zu erstatten, „ob der Inhalt des in Frage stehenden Trauerspiels ihm in irgend einer Beziehung bedenklich zu sein scheine, sohin ob die fernere Aufführung und die Verbreitung desselben im Allgemeinen zulässig sein, besonders aber ob dessen Darstellung auf den Schaubühnen im Königreich Ungarn nicht etwa nachteilige Eindrücke hervorbringen dürfte". In dem am 8. März an den Kaiser erstatteten Vortrag bemerkt Sedlnitzky, daß die Zensurbehörde keinen Anlaß hatte, die Zulassung des Stückes zu beanständen, da „für das erwähnte an und für sich

zu den schwächsten Arbeiten des Verfassers gehörende Trauerspiel
die Betrachtung das Wort führt, daß darin die poetische Gerech=
tigkeit, d. i. die abschreckende Bestrafung des Lasters, welche die
Zulässigkeit eines Theaterstücks immer wesentlich bestimmen soll,
auf eine dem Moral=Prinzip entsprechende Art gehandhabt, und
daß sowohl diesem Prinzip als dem patriotischen Gefühl in meh=
reren wohl gelungenen Stellen gehuldigt wird," und gibt seiner
Überzeugung Ausdruck, „daß weder die fernere Aufführung dieses
Theaterstücks noch dessen Verbreitung durch den Druck einen nach=
teiligen Eindruck hervorzubringen geeignet sei," sowie „daß die
Darstellung des befragten Trauerspiels im Königreich Ungarn
durchaus keinen dem Interesse des Kaisers und der Dynastie
schädlichen, oder sonst nachteiligen Eindruck hervorbringen würde".
Er bittet darum um die Ermächtigung, Gr. bedeuten zu dürfen:
„Euere Majestät hätten seine angelegentlichste Bitte, in der freien
Disposition mit dem von ihm verfaßten Trauerspiele ‚Ein treuer
Diener seines Herrn‘ belassen zu werden, gnädigst in Rücksicht
genommen, sofort in Willfahrung derselben den früher bezielten
Ankauf dieses Trauerspiels für den ausschließenden Besitz des
k. k. Hofburgtheaters aufzugeben beschlossen." Vgl. Anmerkung
zu Nr. 71.

71. An den Grafen Sedlnitzky, Wien, 19. März 1828.
Original im Archiv des k. k. Ministeriums des Innern.   Erster
Druck: A. Sauer, Aus dem alten Österreich, Prag 1895, S. 39.
    Als die Entscheidung des Kaisers über Sedlnitzkys Vortrag
(vgl. Anm. zu 70) längere Zeit ausblieb, ließ dieser durch Ferdi=
nand v. Paumgarten (vgl. Anm. zu 34) Grillparzer zur Abfassung
dieser zweiten Eingabe auffordern. Paumgarten schrieb Gr. am
19. März 1828:
    „Lieber Franz bitte vielleicht heute in einem recht artigen
Schreiben den Herrn Polizeiminister um eine Antwort über Deine
Eingabe wegen des treuen Dieners und führe als Beweggrund
an, daß Du nicht mehr weißt was auf die Anbote, die Dir ge=
macht wurden, namentlich aus Pest, geantwortet werden soll.
    Von der Vorforderung zur Polizei=Oberdirektion wegen Deines
Erscheinens auf der Bühne weiß Graf Sedlnitzky Excellenz Nichts.
Mir tut es leid, daß dieser gute, rechtschaffene, und in allen
seinen Verhältnissen vortreffliche Herr, so oft verkannt wird."
    Auch dieses zweite Schreiben Gr.s wurde von Sedlnitzky
dem Kaiser vorgelegt (am 21. März) und um dessen Entscheidung
gebeten, die endlich am 28. März mit den Worten erfolgte: „Ich
ermächtige Sie, den Franz Grillparzer, Verfasser des Trauerspiels
‚Ein treuer Diener seines Herrn‘ auf die von Ihnen angetragene
Art zu bescheiden." Am folgenden Tage bereits wurde Gr. durch
ein Billett des Zensors Alois Zettler (vgl. Jahrbuch I, 255) zu
Sedlnitzky beschieden, der ihm die Gewährung seines Wunsches

eröffnete. Die diese Angelegenheit berührenden Schriftstücke sind im Wortlaute mitgeteilt bei Sauer: Aus dem alten Österreich, S. 32 ff.

———

Der Autographenkatalog von Leo Liepmannsohn Nr. 26, Berlin 1901, verzeichnet einen Brief Grillparzers, Wien, Mai 1828, an Baron Moritz Trenckler-Tonber in Wien.

Am 7. Juni 1828 erbat sich Gr. einen achtwöchentlichen Urlaub nach Gastein.

Vom 24. September 1828 verwahrt die Autographensammlung Radowitz in der Königl. Bibliothek in Berlin eine Quittung Grillparzers über 12 Dukaten, die er von der Großherzoglich hessischen Hoftheaterdirektion für das zur Aufführung überlassene Trauerspiel „Ein treuer Diener seines Herrn" durch Herrn Baron v. Drachenfels empfangen habe.

———

72. An Josephine Fröhlich [Wien, im Juni 1829]. Vgl. Nr. 51. Erster Druck: Jahrbuch I, 109. Vgl. Nr. 73.

73. An Josephine Fröhlich, Wien, am 4. Juli 1829. Vgl. Nr. 51. Erster Druck: Jahrbuch I, 108.

Adr.: Al signore Berthold, Protocollista della I. R. Marina a Venezia für Fräulein Josephine Frölich.

Josephine bebütierte in Rossinis „Il conte Ory", in welcher Oper sie den Pagen Isoliero sang (Gazzetta privilegiata di Venezia Nr. 140, 26 Giugno).

Therese Gosmar, verehl. Rosenkart, gest. zu Triest am 11. Juli 1845, eine Freundin der Schwestern Fröhlich.

Josephine Fröhlich betrat als Opernsängerin das letzte Mal die Bühne in Mailand; später wirkte sie sowie ihre Schwester Anna als Gesangslehrerin. — Mit Dekret vom 17. Juli 1829 wurde sie zur dänischen Kammersängerin ernannt. Das Dankschreiben, welches sie hierauf an den Obersthofmarschall des Königs von Dänemark, Grafen Hauch, richtete, hat Grillparzer verfaßt. Der Entwurf lautet:

„Durch Euer Excellenz hochverehrten Erlaß vom 17. Juli 1829 in beglückende Kenntnis gesetzt, daß Se. Majestät der König geruht haben, mir den Titel von Höchstdero Kammersängerin zu verleihen, konnte ich nach hierortigen Gesetzen mich früher nicht als im vollen Besitze dieser hohen Gnade betrachten, bis nicht die Zustimmung der österreichischen Regierung mich dazu berechtigte. Gegenwärtig, da diese Regierungsbewilligung vor mir liegt, erneuert sich meine Freude, aber auch mein Schmerz; denn wenn es für ein gut geartetes Gemüt sehr drückend ist, empfangene Wohltaten in keiner Art vergelten zu können, um wie viel

empfindlicher muß es fallen, dafür nicht einmal seinen Dank aus=
sprechen zu dürfen.

Durch Länder und Menschen von dem Besten der Könige
getrennt, fehlt mir die Möglichkeit und das Recht des Geringsten
seiner Untertanen, den Allverehrten anzureden; ja, daß ich es
wage, diese Zeilen an Euer Excellenz zu richten, gränzt schon an
Kühnheit; was würde erst mein Urteil sein, wenn ich mich bis
zur Hoffnung vergäße, daß in einem der kostbaren Augenblicke,
die es Ihnen vergönnt ist, in der Nähe des verehrten Monarchen
zuzubringen, Euer Excellenz geruhen könnten, die Erinnerung an
eine von ihm Hochbegnadete in sein erhabenes Gemüt zurückzu=
rufen, an eine Dankbare, der die Zeit, da sie das Glück hatte, in
der Mitte seiner Untertanen zuzubringen, die schönste ihres Lebens
sein und deren Verehrung und Liebe erst mit dem Dasein ver=
löschen wird.

Mit der Überzeugung der besten Hochachtung Euer Excellenz
gehorsamste Dienerin.“

74. An Theodor Hell, Wien, am 19. September 1829.
Original unbekannt. Erster Druck: Grazer Tagespost vom
23. März 1884.

Karl Winkler mit dem Schriftstellernamen Theodor Hell,
geb. 1775 zu Waldenburg, gest. 1856 zu Dresden, Übersetzer
französischer Bühnenstücke, Redakteur der Abendzeitung, später
Vizedirektor des Hoftheaters in Dresden. In dem Tagebuche auf
der Reise nach Deutschland (Sämtl. W. XX, 25), schreibt Grill=
parzer: „Theodor Hell scheint ein gutmütiger Mensch; er ist als
Familienvater höchst glücklich und ich habe die Fähigkeit, glück=
lich zu sein, immer unter die Tugenden gezählt.“ Schon im
Jahre 1820 hatte Hell mit Gr. korrespondiert und ihn aufgefor=
dert, Beiträge für die Abendzeitung zu liefern; Gr. leistete dieser
Einladung jedoch nicht Folge. Theodor Hell war auch der Mittels=
mann für die Aufführung der „Sappho“ in Hamburg und Riga
(vgl. Jahrbuch I, 206—208). Im Jahre 1827 besuchte er Gr.
in Wien; am 27. Dezember dieses Jahres schreibt Graf Hohen=
thal an den Dichter: „Winkler in Dresden hat seinen dortigen
und hiesigen (Leipziger) Freunden mitgeteilt, daß er Sie in Wien
recht hypochondrisch und verstimmt gefunden habe . . .“

***75. An Frau v. Drechsler, [Wien] 21. September 1829.**
Das Original befindet sich, ebenso wie das Geschenk, ein Gips=
medaillon, im Besitz des Herrn Franz Trau in Wien. Un=
gedruckt.

Frl. Theresia Haas, die Ziehtochter des „k. k. Stiftungen=
Hofbuchhaltungs=Rechnungs=Officials“ Franz Xaver Ritter v. Baden=
feld und seiner Gattin Constantia, vermählte sich am 20. Sep=
tember 1829 mit Joseph Drechsler, Professor der Harmonielehre

bei St. Anna, Kapellmeister bei der Kirche am Hof und an der
Universitätskirche und Kapellmeister am k. k. priv. Leopoldstädter
Theater. Drechsler, der u. a. auch die Musik zu Raimunds
„Diamant des Geisterkönigs" und „Mädchen aus der Feenwelt"
komponierte, war der Lehrer von Joh. Strauß, vgl. Eisenberg,
Strauß, S. 42 f.

76. An Ferdinand Raimund, [Wien] 29. November
1829. Original im Besitze des Herrn Leopold Pointner in Wien.
Erster Druck: Grenzboten, 50. Jahrgang, Nr. 3, S. 141.
Zur Einnahme Raimunds wurde am 4. Dezember 1829 zum
ersten Male dessen „Unheilbringende Zauberkrone" im Leopold=
städter Theater aufgeführt. Gr.s Urteil über Raimund: Studien
zur deutschen Literatur, Sämtl. W. XVIII, 134 ff.

Hier wäre einzureihen das Fragment eines Briefes Grill=
parzers an Otto Jahn, „Geschrieben im Sommer 1830", in Thayers
Beethoven II, Anhang S. 413: „Schenk fand Beethoven noch sehr
unerfahren, wie er sagte."

---

77. An Josephine Fröhlich [Wien, 1830?]. Vgl. Nr. 51.
Erster Druck: Jahrbuch I, 111.
Adr.: An Fräulein Josephine Fröhlich, Spiegelgasse, Kasino
Nr. 1097, Stiege links, 4. Stock, Türe rechts.
Kathi Fröhlich verbrachte den Sommer 1830 in Achau, wo
sich der Verwalter, Kirchstein, für sie interessiert zu haben scheint.
Gr. kam damals bei einem Jagdausfluge nach Achau, besuchte
jedoch Kathi nicht, sondern schickte ihr nur eine Karte. Vgl. Tage=
buchstelle 168 und Jahrbuch IV, 90. Kirchstein wird mehrmals in
den Briefen Katharina Fröhlichs aus Mailand erwähnt, vgl. Anm.
zu Brief 79.

78. An Josephine Fröhlich, [Wien] am 29. September
1830. Vgl. Nr. 51. Erster Druck: Jahrbuch I, 112. Vgl. Tage=
buchstelle 165.
Adr.: An Fräulein Josephine Fröhlich, Spiegelgasse Nr. 1097
im Kasinohause, 4. Stock.

79. An Katharina Fröhlich, [Wien] am 19. Dezember
1830. Vgl. Nr. 51. Erster Druck: Jahrbuch I, 112.
Adr.: A Mademoiselle Katty Fröhlich à l'hôtel garni de
Mr. Reichmann Milano.
Kathi begleitete damals ihre Schwester Josephine, die bei
der Scala engagiert war. Die Briefe der beiden Schwestern
über den Aufenthalt in Mailand und die Bühnenwirksamkeit
Josephinens im Jahrbuch IV, 90 ff. und V, 259 f. Sie geben

auch wichtige Aufschlüsse über das Verhältnis Kathis zu Gr. Am 23. Dezember schreibt sie, ohne den vorliegenden Brief noch erhalten zu haben: „Gr. wird (obschon wir noch nichts von ihm gehört) wieder ein schreiben von mir erhalten. Küße ihn von mir recht herzlich, lieber Wilhelm [Bogner, Kathis kleiner Neffe], und drücke ihn so lange biß er schreit …" Gr. scheint nach dem vorliegenden Briefe noch immer verstimmt gegen Katharina (vgl. Nr. 77 und 78); es war auch lange Zeit das einzige Schreiben, das er an sie richtete. So schreibt Kathi am 19. Jänner 1831:

„Ich wollte an Grillparzer schreiben und für Euch den Zettel beilegen. Aber glaubt mir, ich hatte nicht den Mut; indem ich auf drei Briefe noch keine Antwort erhalten, so erkläre ich es mir, daß es ihm nicht angenehm ist, welche zu erhalten. Liebe Betti. Du hast uns mit Deinem Traum sehr erschreckt. Pepi kam den ganzen Abend nicht mehr zu sich. Auch ich war ganz weg; als mir einfihl, daß ich auch nicht mehr leben sollte. Du wirst Dich noch erinnern, daß vor einigen Jahren mir 3 mahl nacheinander träumte, es hätte mir eine Stimme zu geruffen ich würde das Ende des Jahrs nicht erleben … Auch ich hatte jezt immer schreckliche Träume, aber sie gingen nur immer Grillparzer an; den ich bald krank, als Leiche, oder in sonst einer Gefahr sah; wenn ich dann erwachte, so glaubt ich, [ich] müßt den Morgen die Wahrheit von einem solchen Unglück erfahren, und zitterte wenn die Tür aufging oder [ich] sonst ein Geräusch vernahm. Und so ging es jede Nacht. Ihr werdet am besten wissen, ob etwas davon wahr ist; doch aus Euerem Schreiben erfreut er sich der Gesundheit."

Auch Josephine bemerkt in einem Schreiben vom 25. Jänner 1831: „. . . Ist Grillparzer gut gegen Katti gesinnt, scheint es unverzeihlich, so gar nichts von sich hören zu laßen. Katti hat sich sehr zu ihrem Vorteil geändert. Sie ist wieder hübscher geworden; sei das das wenigste; aber sie ist wirklich gut recht gut nun, um wie viel mehr dürfte sie es mit diesem Murrkopf sein, an welchem sie mit so viel Innigkeit hängt."

Erst am 2. Februar schreibt Josephine aus Triest: „Grillparzer hat Katti geschrieben. Ich antwortete da es meist mich betraf; ich setze ihm die Sache auseinander; und ich zweifle nicht, daß er, wie ich die Umstände schilderte mir recht gab."

In den Erinnerungsblättern von 1830 finden sich Auszüge aus folgenden Werken: Bandellos Novellen; Vaudoncourt: Histoire d'Eugène Napoléon; Khevenhüller: Annalen Ferdinands II.; Moore: Mémoires de Byron; Savary: Mémoires; Hammer-Purgstall, Geschichte des osmanischen Reiches; den historischen Schriften Heerens; Voltaire, Dictionnaire philosophique; dem Schiller-Humboldtschen Briefwechsel; Staël, Delphine, u. a. m.

Hier wäre einzufügen der Brief Grillparzers an Costenoble (Aus dem alten Burgtheater, 1818—1837, II, 48), der aber nur im Auszuge bekannt ist:

[Wien, 11. März 1831.]

„Grillparzer sandte mir heute einen Brief, worin er mir schrieb, daß, so sehr er es indiscret finde, ausgezeichnete und vielbeschäftigte Schauspieler für unbedeutende Rollen zu mißbrauchen, so sehr er es ferner in der Konvenienz eines solchen Schauspielers finde, sich derlei Rollen durch keinen Machtspruch aufbringen zu lassen, so hoffe er doch, daß ich ihm die gewünschte Mitwirkung in seiner neuesten dramatischen Arbeit als eine außergewöhnliche persönliche Gefälligkeit nicht abschlagen werde. Obwohl die Rolle ihrer Ausdehnung nach zu den kleinen gehöre, sei sie doch von der Art, daß sie, ohne dem Ganzen zu schaden nicht von einem untergeordneten Subjekte gegeben werden könne. Er ersuche mich also freundschaftlichst um die Übernahme der Partie von Heros Vater."

---

80. An Katharina Fröhlich, Gastein, am 18. August 1831. Vgl. Nr. 51. Erster Druck: Jahrbuch I, 114. Im Original 1830 verschrieben für 1831.

Adr.: An Fräulein Katharina Fröhlich in Wien, Spiegelgasse 1097 im großen Kasinohause, 4. Stock.

Über Grillparzers Fußreise nach Gastein vgl. Tagebuch Nr. 173, 174. Bauernfeld berichtet hierüber folgendes:

„Im Sommer 1831 machte ich eine Fußreise mit Grillparzer, Karajan und dem jungen Maler Bayer von der Brühl über Mariazell, Aussee bis Ischl. Der tragische Dichter war gleich am ersten Tage der Wanderung mit seinen „Kothurnen" beschäftigt. Der neue Stiefel drückte ihn, behauptete er. Und so wurde die widerspenstige Fußbekleidung wiederholt gewechselt. Bei Regenwetter zog der Dichter der „Ahnfrau" die Kapuze von Wachstaffet schützend über sein Haupt und den detto Regenmantel über den Tornister, wanderte in also phantastischer Gestalt rüstig vorwärts, nur daß er beim Schreiten über etwas steile Anhöhen zuweilen über Schwindel klagte. Von „Weichselboden" aus sollte bemungeachtet der „Hochschwab" erklettert werden. An einem trüben Juli-Abend brachen wir auf. Der Apotheker Hölzel aus Mariazell, eine damals bekannte botanische Größe, hatte sich uns angeschlossen, auch der Jäger Adam, im Dienste des Erzherzogs Johann, ein tüchtiger, von Wildschützen mehrmals angeschossener Bergsteiger und Gemsenjäger. Auch einige Förster und Beamte nahmen teil an der Expedition, und Bauern wurden als Träger mitgenommen. Unter Jauchzen und Jodeln ging es bergan, aber bei den gräßlichen, durch den andauernden Regen fast halsbrecherisch gewordenen Wegen verstummte der Jubel bald, und

als die Nacht vollends einbrach, die Wolken rabenschwarz sich
über unseren Häuptern türmten und ein leises, aber hartnäckiges
Rieseln bis zu unserer Epidermis drang, da war man froh,
zwischen zehn und elf Uhr die Halter- oder Ochsenhütte erreicht
zu haben. Die Keusche, worin dreizehn Menschen unterbucken
sollten, war etwa acht Schritte lang und ebenso breit; Feuer wurde
angemacht, aber wo Feuer, ist leider auch Rauch! Wir Honoratioren
lagerten auf der Streu, wurden halb geselcht. Die Anderen saßen
auf der Erde oder standen herum, die Jäger schütteten frisches
Pulver (am offenen Feuer!) auf die Pfannen der unterwegs ab-
geschossenen Büchsen, und ein Teil der mitgenommenen Speise-
und Weinvorräte wurde aufgezehrt. Ich unterhielt mich mit
Hölzel, dessen gute Laune, mit dem Jäger Adam, dessen Jagd-
Anekdoten unerschöpflich waren. Karajan verhielt sich zuhorchend
und stumm, Bayer klagte über Milzstechen, Grillparzer hörte ich
nur seufzen und von Zeit zu Zeit ein leises: „Sei's!" oder:
„Liebster Jesus!" hervorhauchen — was bei ihm einfache Inter-
jektionen waren, die er sich angewöhnt, ohne weitere Bedeutung.
Gleich anderen nervösen Leuten sprach er wol auch auf einsamen
Spaziergängen mit sich selber oder bewegte die Lippen, wie es
auch des Tragikomikers Raimund Gewohnheit war.

Gegen drei Uhr Morgens erhoben wir uns von unserem
rauchigen Lager, kamen so aus der nächsten Nähe der gefährlichen
Jagdflinten. Draußen war's kalt, finster, neblicht. Zugewartet
bis 4 Uhr. Immer dickerer Nebel, zuletzt auch Regen. Alles
riet umzukehren — von einer Aussicht könne ja ohnehin keine
Rede sein! Hölzel, dem wenig um die schöne Natur zu tun war,
sondern der nur leidenschaftlich nach Pflanzen suchte, sagte uns
Lebewohl, nahm Jagd- und Botanisierbüchse zur Hand und schritt
mit seinem getreuen Jäger Adam unter dem ausgiebigsten Regen-
guß den Hochschwab hinan, wir Weichselboden-abwärts. Aber
den Rückzug mochte sich finden, wer's vermochte und wie es Einer
im Stande war! Von einem Pfade keine Spur mehr übrig —
da galt es: „Sauve qui peut!"

„Frisch, holpert es gleich,
Über Stock und Steine den Trott!" —

Grillparzer hatte des Schwindels völlig vergessen und setzte
mit seinem Alpenstock über Felsenabgründe gleich dem kühnsten
und verwegensten Gemsenjäger! Karajan, obwol schon in früher
Jugend korpulent, war doch leicht beweglich, ein ausdauernder
und gewandter Fußgänger, auch mich schreckten weder Weg noch
Wegstunden und so waren wir Beide nur bemüht, da der „Dichter"
ohnehin für sich selber sorgte, dem Maler über die bedenklichsten
Stellen weiter zu helfen. Der arme Mensch war völlig erschöpft;
wir bemerkten, daß er beständig die eine Hand nach der schmerz-
vollen Seite hielt; nach der Rückkehr nach Weichselboden legte er

sich auch augenblicklich zu Bette. Es stellte sich heraus, daß er sich schon in Wien durch längere Zeit unwohl gefühlt, eine Art Seitenstechen quälte ihn, welchem er durch heftige Bewegung beizukommen glaubte, dadurch aber nur das Übel ärger machte. Er bat mich, ihm einen Wagen nach Hause zu besorgen, und der gute Mensch entschuldigte sich noch, daß er nicht weiter mit uns halten könne. Verstimmt, setzten wir übrigen Drei uns zu einer Tarockpartie. Grillparzer seufzte dabei, und Karajan war um seine Familie in Wien besorgt, welchem sich, laut den Zeitungen, die gefürchtete Cholera in bedrohlicher Weise näherte.

Inzwischen hatte es sich ein wenig ausgeheitert; wir nahmen Abschied von Bayer und fuhren noch gegen Abend, um einen Vorsprung zu gewinnen, nach dem reizenden Wildalpen. Wir hatten gestern, selbdreizehn, in der Ochsenhütte übernachtet. Diejenigen, welche von dieser ominösen Zahl Scheu tragen, mögen nur gleich erfahren, daß der liebenswürdige und talentvolle Maler noch vor Jahr und Tag ihr zum Opfer fiel — ihr oder vielmehr der Tour nach dem Hochschwab, von welchem uns kein Bergzipfel zu Gesicht gekommen! Bayer siechte in Wien dahin, und wir hatten im nächsten Winter den Schmerz, die Leiche unseres Reisegefährten zu begleiten.

In Eisenerz gelangten wir mitten in eine BergknappenHochzeit, auf welcher selbst unser Tragiker, durch den trefflichen „Luttenberger" begeistert, ein wenig mithopste. Tags darauf mit der Post nach Hieflau, nach Tisch zu Fuß durch das „Gesäus". Damals führte noch keine Straße, kaum ein Saumpfad durch die wilde Felsenschlucht. Wir kamen erst Nachts gegen zehn Uhr nach Admont, so sehr ich angetrieben, keine Rast gegönnt hatte, zum Ärger des höchst ermüdeten Grillparzer. Durch das große Ennsthal (wieder per Post) nach Aussee, von da über den Koppen und Hallstädter See nach Ischl, wo wir im Gußregen eintrafen und bei der hohen Saison kaum ein (elendes) Unterkommen finden konnten. So gelangte die Fußreise zu Ende, bei welcher mehr gefahren, als gegangen worden, ganz gegen meine Absicht. Ein leidenschaftlicher Fußgänger, seit meinen Jünglingsjahren an Gebirgstouren gewöhnt, allein unternommen oder im Geleite munterer Gesellen, habe ich noch im Jahre 1856 das Pinzgau nach allen Richtungen als alter Wanderbursche ohne Begleiter durchstreift." (Neue Freie Presse Nr. 1765 vom 28. Juli 1869. Vgl. auch Bauernfelds Werke XII, 131.) — Der Maler Josef Beyer (auch Bayer), geb. zu Wien 1804, starb am 17. November 1831.

Während seines Aufenthaltes in Gastein verkehrte Grillparzer häufig mit Madame Duport und Frau v. Miglitz aus Klagenfurt. Eine Tochter der letzteren, Wilhelmine Pfister, schrieb am 5. Juli 1871 an Grillparzer: „Herr RegierungsRat waren in den 30ger Jahren im Bad Gastein und lernten dort meine Mutter kennen .... Josefine Miglitz aus Klagenfurt; erst in späteren

Jahren wurde mir klar, daß sie einen gerechten Stolz empfinden mußte von einem Grillparzer verehrt worden zu sein. Das Gedicht an Josefine [v. Verhovitz: „Abschied", Sämtl. W. I, 144] hörte ich oft von ihr, und an ihrem Todtenbette übergab sie ihrem Sohn den Bergstock, den Sie ihr damals zur Stütze boten. Sie hat das Andenken an Sie bewahrt und fast möchte ich glauben, es drückte sie ein Vorwurf; denn die Erinnerung an Sie ward mit Wehmut bewahrt. Meine Mutter starb schon im Jahre 1847 in ihrem 40. Lebensjahre. Mit Eitelkeit und Stolz gedenke ich noch stets ihrer Worte, und wol kein Wunder wenn es mir jetzt noch Freude macht, dessen gewiß zu sein, daß Sie einst meine Mutter verehrt." — Die Anwesenheit des Erzherzogs Johann daselbst weckte in Grillparzer den Gedanken, einige Züge seines Charakters bei Ausführung des „Bruderzwistes" auf den Erzherzog Matthias zu übertragen. Vgl. die Tagebuchstelle Nr. 174.

Wilhelm Bogner, Sohn der Barbara Bogner, geb. Fröhlich, geb. 19. August 1826. Als dessen Vater im Jahre 1846 starb, übernahm Grillparzer die Vormundschaft und leitete den Studiengang des jungen Mannes, den er wie ein Vater liebte. Im Mai des Jahres 1848 erkrankte Wilhelm, der sich dem Rechtsstudium gewidmet hatte, und starb am 25. d. M. Während der ganzen Krankheitsdauer war Grillparzer von dem Lager Wilhelms nicht gewichen, und als durch den Tod des Jünglings die Schwestern Fröhlich sich vereinsamt fühlten, entschloß sich Grillparzer, mit denselben die Wohnung in der Spiegelgasse zu teilen. — Wilhelm Bogner begleitete auch seinen Vormund auf der Reise nach Hamburg und Berlin im Jahre 1847 (vgl. Nr. 121) und führte darüber ein Tagebuch, das im Grillparzerarchiv aufbewahrt ist.

81. An die allgemeine Hofkammer, Wien, am 13. November 1831. Original im Hofkammerarchiv. Erster Druck: Wolf S. 20.

Johann Georg Megerle v. Mühlfeld, geb. 22. Juni 1780 zu Wien, gest. 15. September 1831 als eines der ersten Opfer der Cholera. Sein Name gehört der Geschichte der geistigen Bewegung im Vormärz an, denn außer den Arbeiten als Vorsteher des Hofkammerarchives war Mühlfeld auch vielfach literarisch tätig. Einige seiner Werke sind Manuskript geblieben, wie die „Geschichte des k. k. Hofkammerarchives von Maximilian 1. bis zum Jahre 1816"; „Geschichte des Schlosses Ambras in Tirol, 1825"; „Geschichte der k. k. Patrimonialherrschaft Orth" (die beiden letzteren in der kaiserlichen Privatbibliothek aufbewahrt). Bekannt ist Megerle durch die Redaktion des „Archivs für Geschichte, Statistik, Literatur und Kunst", welche er in Gemeinschaft mit dem fürstl. Schwarzenbergschen Bibliothekar Emerich Hohler nach Hormayrs Abgang aus Österreich übernommen hatte.

Er hatte elf Mitbewerber, doch wurde er in dem von Nell

v. Rellenburg (f. u.) verfaßten und von Hofrat Burgermeifter (f. u.)
an die Hoffammer erstatteten Vortrag an erster Stelle vorgeschlagen
und, nachdem die Mehrheit dem Referenten zugestimmt hatte, am
23. Jänner 1832 zum Archivdirektor ernannt. Die auf Grillparzer bezügliche Stelle in diesem Vortrage lautet: „Von der
Ansicht geleitet, daß die Hoffammer-Archiv-Direktorsstelle, wie
schon bei dem Antrage auf von Mühlfeld's Ernennung hervorgehoben wurde, vorzugsweise gründliche vielseitige Sprach- und
historische Kenntnisse, Bekanntschaft mit den Interessen der Staats-
und zunächst der Finanzverwaltung, und eine durch umfassende
wissenschaftliche Ausbildung geübte Urteilskraft erfordert, wodurch die Erreichung der höheren Zwecke des Archivs gesichert,
die Leitung dessen aber, was dabei als einfache leicht aufzufassende
Registraturs-Manipulation erscheint, verbürgt wird, kann Referent
nicht umhin, unter diesen drei Bewerbern dem Hoffonzipiften
Franz Grillparzer den Vorzug einzuräumen. Grillparzer
steht in dem kräftigen Mannesalter von 41 Jahren, er hat die
juridisch-politischen Studien absolviert, und feine Laufbahn im
Februar des Jahres 1813 als Konzeptspraktikant der k. k. Hofbibliothek begonnen. Im Dezember 1813 als Kanzlei- und im
Dezember 1814 als Konzeptspraktikant der N.Ö. Zollgefälls-Ad-
ministration angestellt, wurde er am 2ten März 1815 in gleicher
Eigenschaft zu der allg. Hoffammer berufen, wo ihm am 9ten Juli
1823 die Beförderung zum Hoffonzipiften zu Teil wurde.
Seine ganze Dienstzeit beträgt 18⁸/₁₂ Jahre.
Grillparzer besitzt die vollständige Kenntnis der deutschen,
lateinischen, französischen, italienischen, englischen, spanischen und
griechischen Sprache, und hat seine ausgezeichnete wissenschaftliche
Bildung durch verschiedenartige Leistungen erprobt, deren bleibender
Wert anerkannt ist, und welche eine Zierde der vaterländischen
und der deutschen Literatur überhaupt bilden. Er hat nach seiner
ursprünglichen Neigung seine Dienstleistung bei der Hofbibliothek,
folglich bei einem dem Archiv-Geschäfte in mancher Beziehung
analogen Zweige begonnen, und seine Verwendung bei der Zoll-
gefällen-Administration und bei der allg. Hoffammer haben ihm
durch viele Jahre Gelegenheit dargeboten sich mit den verschiedenen Gegenständen der Finanz-Verwaltung bekannt zu machen.
Dieß war insbesondere während seiner Verwendung bei dem bestandenen Finanz-Ministerium der Fall, wo die ihm anvertraute
Führung des Ministerial-Exhibiten-Protokolls ihm die Einsicht in
die wichtigsten und mannigfaltigsten Geschäftsgegenstände gestattete.
Wenn er gleich an dem eigentlichen administrativen Dienste bisher
keinen besonders tätigen Anteil nahm, so dürfte, da ihn nur
Vorliebe für literarische Beschäftigung und nicht Liebe zur Untätigkeit davon abzog, seine Versicherung Berücksichtigung verdienen, daß die Neigung zu dem Archivsdienste ihm auch jenen
Grad von Emsigkeit und Eifer einflößen werde, welchen er bisher

bei seinen literärischen Arbeiten erprobt zu haben glaube. Das Hoffammerarchiv ist von Mühlfeld in einer musterhaften Ordnung hinterlassen worden, und sein Nachfolger wird kaum mehr zu leisten haben, als dasselbe in Bezug auf das Vorhandene zu erhalten und in Ansehung des Zuwachses fortzusetzen. Für die zweckmäßige Benützung der bereits geordneten Quellen des Archivs bürgen die bewährten Sprach- und historischen Kenntnisse Grillparzers; seine vorzüglichen Talente und in allgemeinen Umrissen erworbenen Geschäftskenntnisse verbürgen ein richtiges Auffassen der an das Archiv zu stellenden Anfragen und der administrativen Interessen, welche demselben zu Grunde liegen. Das Mechanische der Registraturs-Manipulation bei einer bereits bestehenden systematischen Einteilung sich eigen zu machen, kann für einen hellen Kopf keine schwierige Aufgabe bilden, zumal ihm in dieser Beziehung langgediente und vollkommen eingeübte Hilfsarbeiter unter dem Personale des Hoffammer-Archivs zur Seite stehen.

Wenn daher Grillparzer nach seiner Zusicherung die erforderliche Emsigkeit in der von ihm gewünschten Geschäftssphäre sich angelegen sein lassen wird, so dürfte bei den dargestellten Verhältnissen sich wohl von keinem der eingeschrittenen Individuen eine rationellere Leitung und Benützung des Hoffammerarchivs erwarten lassen.

Es scheint zudem angemessen zu sein, einen Mann von Kenntnissen und ausgezeichneten Talenten in jene Sphäre zu versetzen, welche seiner Neigung und Vorliebe entspricht, um den Platz, welchen er auf einem anderen Standpunkte einnimmt, in der Folge von einem mit mehrerem Berufe dazu ausgerüsteten Individuum einnehmen zu lassen. Durch die Ernennung Grillparzers zum Hoffammer-Archivsdirektor könnte übrigens, falls es das hohe Präsidium dienstgemäß fände, sein Hoffonzipisten-gehalt von 1000 fl. sammt Quartiergeld von 200 fl. in Ersparung kommen, weil nach der allh. Entschließung vom 2ten September 1831, von der damals bestandenen Zahl von 51 Hoffonzipisten drei allmälig, ohne daß jedoch bei den nächsten drei Erledigungen in unmittelbarer Aufeinanderfolge angefangen werden müßte, einzuziehen sind, was bisher bereits in Bezug auf eine, nämlich die nach dem eben verstorbenen Hoffonzipisten Heinz erledigte Stelle dieser Kathegorie Statt gefunden hat.

Referent erachtet daher nach den Anforderungen des Dienstes die Ernennung des Hoffonzipisten Franz Grillparzer zum Hoffammer-Archivs-Direktor mit den systemmäßigen Genüssen von 1500 fl. Gehalt und 300 fl. Quartiergeld antragen zu sollen."

Der Verfasser dieses Vortrages, Franz Freiherr Nell v. Nellen-burg, war Mitarbeiter des Hormayrschen Archivs, des Konservations-blattes, der Zeitschrift „Ceres" und der „Vaterländischen Blätter". Eine Tragödie „Herostratus" ist von ihm 1821 bei Gerold erschienen; zwei Bände Novellen folgten 1823 bei Tendler. Nell war damals Hofsekretär im Departement III des Kameralsenates bei Hofrat Franz Burgermeister, welchem auch die Hofkonzipisten: Kunz, Münster, Grillparzer, Schenk und der Konzeptsprakti- kant Moritz Edler v. Sonnleithner (Grillparzers Vetter) zugewiesen waren. Zu dieser Abteilung gehörten folgende Geschäfte:

1. Kassewesen;
2. Einleitungen zur Vervollkommnung der Komptabilität in der öffentlichen Gebarung;
3. alle Angelegenheiten der beiden Hoftheater in Bezug auf deren Dotation, Verpachtung, dann der Kameral= repräsentanz, hierin
4. die Kanzleidirektion der Hofkammer;
5. Evidenzhaltung des Personal= und Besoldungsstatus sämtlicher Hofräte.

In der Kompetententabelle ist die Dienstzeit Grillparzers folgendermaßen angegeben:

26. Februar 1813 Konzeptspraktikant in der Hofbibliothek;
25. Dezember 1813 Kanzleipraktikant bei der Zollgefällen= abministration;
4. Dezember 1814 Konzeptspraktikant daselbst;
2. März 1815 Konzeptspraktikant bei der Hofkammer;
9. Juli 1823 Hofkonzipist.

Außerdem wird bemerkt, daß Grillparzer der lateinischen, französischen, englischen, italienischen und griechischen Sprache mächtig sei.

Dem Hofkammerarchiv gehörten damals an: die Abjunkten Weibel und Sorga, die Registranten Weiß, Wachtberger, Hoffmann, die Akzessisten Douseban und Franz Joseph Gigl. Alexander Gigl, Archivar im Ministerium des Innern, hat in einem Feuilleton der „Neuen Freien Presse" Nr. 2699 auch des Tages gedacht, an welchem Hofrat Burgermeister dem Archivpersonale den neuen Direktor vorstellte. Es heißt daselbst: „Grillparzer stand neben bem Kanzleidirector, den Daumen der einen krampfhaft zusammen= gekniffenen Hand in der Tasche seines Beinkleides und machte bem Personale wiederholt Verbeugungen, wobei er zum Schlusse Einiges murmelte."

Der Entwurf zu Gr.s Ansprache ist in den Werken XIX, 181 abgedruckt.

82. An Karl Gottfried R. v. Leitner, Wien, 21. März 1832. Original in Leitners Nachlaß. Zuerst bruchstückweise ge= druckt bei Goldscheider, Karl Gottfried Ritter v. Leitner, Graz 1880, S. 128 f.; vollständig: Jahrbuch IV, 340.

Der Lyriker und Balladendichter Karl Gottfried v. Leitner, geb. 18. November 1800 zu Graz, gest. daselbst am 20. Juni 1890, stand in mehrfachem persönlichen und schriftlichen Verkehr mit Gr., ben er 1825 durch Hormayr kennen lernte. Der vorliegende Brief bezieht sich auf ein fünfaktiges Trauerspiel Leitners, „König Torbo", das am 15. November 1830 zum ersten Male in Graz aufgeführt wurde; das Manuskript dieses Stückes, das nicht vollständig gedruckt worden ist, befindet sich im literarischen Nachlasse des Dichters. Zu einer Aufführung des „König Torbo" in Wien kam es nicht. Etwa zehn Jahre vor seinem Tode sagte Leitner über Gr.: „Über meine Tragödie ‚König Torbo‘ sprach und schrieb er mir; er fand Lob für Anordnung und Styl derselben; nur meinte er, ich wisse noch nicht, was dem Publikum ‚wohltue‘ — allein das könne man lernen." Vgl. Jahrbuch IV, 339 ff.

83. An die allgemeine Hofkammer, Wien, am 14. April 1833. Reinschrift mit Unterschrift, die also durch eine zweite Reinschrift ersetzt worden sein muß, im Grillparzerarchiv. Erster Druck: Jahrbuch II, 64.

Schon in seinem Bewerbungsgesuche (Nr. 81) hatte Gr. die Bitte ausgesprochen, daß ihm dieselben Bezüge wie seinem Vorgänger zuerkannt würden, aber erst ein Jahr nach seiner Ernennung zum Archivdirektor hatte der damalige Hofkammerpräsident Graf Klebelsberg in einem Vortrag an den Kaiser am 10. Jänner 1833 das Ansuchen Gr.s zur Berücksichtigung empfohlen.

In diesem Vortrage bemerkte Präsident Klebelsberg, „daß Grillparzer den Erwartungen vollkommen entspricht, zu welchen seine vielseitigen Sprach- und geschichtlichen Kenntnisse und seine glücklichen geistigen Anlagen berechtigten. Er hat bereits umfangreiche und verwickelte, dem Archiv gesetzte Aufgaben mit Umsicht und richtiger Beurteilung gelöset und bringt mit seltener Beharrlichkeit in die Zwecke seiner Bestimmung ein ... Grillparzer dient zudem bereits beinahe 20 Jahre, und seine literarischen Leistungen gereichen der österreichischen nicht minder als der deutschen Literatur zur Zierde ... Es ist endlich bekannt, daß Grillparzer, obschon selbst nicht verehlicht, für verwandte Geschwister und deren Familie mit eigener Aufopferung sorget ...".

Über diesen Vortrag finden sich in der Selbstbiographie einige sehr bemerkenswerte Mitteilungen, darunter auch die Schilderung der Audienz in dieser Angelegenheit bei Kaiser Franz und die Vorgänge im Staatsrate, welcher diesen Bericht einer besonderen Sitzung vorbehielt, die am 12. April 1833 in Anwesenheit des Kronprinzen und des Erzherzogs Franz Karl stattfand.

Grillparzers Angaben in der Selbstbiographie stimmen im allgemeinen mit dem vorhandenen urkundlichen Materiale überein; zunächst ist richtig, daß Kaiser Franz über diesen Bericht Zeit seines Lebens nicht mehr entschied. Die Erledigung erfolgte erst zwei Jahre, nachdem der Staatsrat seinen Vorschlag erstattet hatte, am 29. April 1835 mit folgender Resolution des Kaisers Ferdinand: „Ich finde den mit der Archivdirektorstelle verbundenen Gehalt von 1500 fl. auf jährlich 1800 fl. zu erhöhen, welche

Erhöhung am Tage dieser Meiner Entschließung einzutreten hat." Bestimmend für diese Entscheidung des Kaisers war folgendes Gutachten des Staatsrates Lederer:

„Ich würde den Antrag der allgem. Hofkammer, so wie er gestellt ist, nicht für zureichend begründet halten.

Er wird teils mit Grillparzers persönlichen Verhältnissen, teils mit der Wichtigkeit des Geschäftes, zu dessen entsprechender Besorgung ein seltener Verein von Eigenschaften und Kenntnissen gefordert wird, teils mit den von Grillparzer zu erwartenden Leistungen motiviert.

Ich erlaube mir hierüber zu bemerken: Grillparzers Verwendung im Präsidialbureau beschränkte sich, wie ich bestimmt zu wissen glaube, auf die Führung des Präsidial-Scontro — ein rein materielles Geschäft, das ihm Muße genug ließ, seine hervorragenden Talente der Dichtkunst zu weihen, dem er aber die jährliche Remuneration von 400 fl., von der hier die Rede ist, — wie alle übrigen untergeordneten Individuen im Präsidial-Bureau zu verdanken hatte.

Diese an die zeitliche Verwendung Grillparzers geknüpfte Remuneration war, ihrer Natur nach, vorübergehend, und hatte, so wie er in die Dienstleistung zur Hofkammer zurücktrat, aufzuhören.

Es ist also nicht richtig, wenn die Hofkammer anführt, er habe durch seine Beförderung zum Archivs-Direktor nur 100 fl. an Besoldung gewonnen.

Ich gebe ohne Anstand zu, daß die Registraturgeschäfte überhaupt nicht zu den reinen Manipulationsgeschäften gezählet werden dürfen, und daß insbesondere die Leitung nur von einem geübten Geschäftsmann entsprechend besorgt werden kann. Dies gilt daher allerdings auch von der Archiv-Direktorsstelle.

Wenn aber die Hofkammer behauptet, daß dazu ein seltener Verein von Eigenschaften und Kenntnissen gefordert werde, so scheint sie mir das, was zum Bereiche dieser Stelle gehöret, offenbar zu überschätzen.

Die Hauptsache des Direktors ist und wird immer sein, das zu ordnen, was noch nicht geordnet ist, und in so weit die Ordnung schon hergestellet ist, sie aufrecht zu erhalten; endlich, wenn es sich darum handelt, Verhandlungen aus früheren Zeitperioden auszuforschen, die Spuren davon aufzufinden, und bis zu ihrem Ursprunge zu verfolgen.

Zu diesem allerdings nicht unwichtigem Geschäfte wäre ich aber nicht verlegen, viele bei der Hofkammer vollkommen geeignete Individuums zu finden.

Ich bin endlich weit entfernt, in Zweifel zu ziehen, daß Grillparzer der Erwartung, die man bei ihm hegte, vollkommen entsprochen habe, und noch mehr entsprechen werde. Allein damit erfüllt er nur seine Pflicht, und ich würde, bei der kurzen Zeit

seiner Leistungen, letztere für sich allein betrachtet, als kein hin=
reichendes Motiv ansehen, seine Genüsse schon dermal auf 2000 fl.
zu erhöhen.

Eine Betrachtung sei mir jedoch erlaubet, der allerh. Wür=
digung zu unterziehen; der Dienst kann nur dabei gewinnen,
wenn sich um die Direktorsstelle geübte Geschäftsmänner bewerben;
da sie aber mit dieser Stelle die letzte Stufe ihrer ämtlichen Lauf=
bahn erreichen, so scheint es billig, daß sie für die Hoffnungen,
welche sie aufgeben, in einem mit der Direktorsstelle verbundenen
angemessenen Genusse die Entschädigung finden. Aus diesem Ge=
sichtspunkte würden mir daher für die Archiv=Direktorsstelle eben
dieselben Rücksichten zu sprechen scheinen, welche bei der Bemessung
der Gehalte der übrigen Direktoren der Hilfsämter der k. k. Hof=
kammer beachtet wurden, und ich unterziehe Euer Majestät weise=
stem Ermessen, ob Allerhöchst Dieselbe nicht geruhen wollen, den
Gehalt des jeweiligen Archivdirektors jenem der Expedits= und
Protokollsdirektoren gleichzustellen, somit von 1500 fl. auf 1800 fl.
zu erhöhen.

Lederer.

Am 22. Januar 1833." (Staatsratsakten.)
Grillparzer bemerkt, daß er durch diese Gehaltsvermehrung
statt der erbetenen Zulage „200 Gulden jährlich" verlor; ein Ver=
lust, der ihm erst später unter dem Ministerium des Baron Kübeck
gutgemacht wurde.

In dem Vortrage Kübecks, welchen dieser hervorragende
Staatsmann dem Kaiser Ferdinand am 26. Jänner 1844 erstattete,
wird hervorgehoben, daß Grillparzer mit mehr Erfolg als seine
Amtsvorgänger wirke, „zumal er sich unausgesetzt dem gründlichen
Studium der Geschichte, der gesammten klassischen Literatur und
der herrschenden Sprachen widmete und, wie bekannt, nicht nur
im Inlande, sondern auch in der ganzen civilisierten Welt durch
seine Werke einen Ruf sich erwarb, der ihm einen der ersten Plätze
unter den österreichischen Schriftstellern anweiset".

*84. An Karl v. Obermayer. Original in Privatbesitz,
uns durch den Archivar des Goethe= und Schillerarchivs in Wei=
mar, Herrn Dr. Julius Wahle, zugänglich gemacht. Ungedruckt.
Über den Adressaten ist nichts Näheres bekannt.

85. An Anton Prokesch Ritter v. Osten. Original
unbekannt. Erster Druck: Deutsche Dichtung IX, 188.
Anton Ritter Prokesch=Osten, österr. Staatsmann, geb.
10. Dezember 1795 in Graz, gest. 26. Oktober 1876 in Wien, 1845
in den Freiherrn= und bei seinem Rücktritt in den Ruhestand 1871
in den Grafenstand erhoben, auch als Schriftsteller und Numis=
matiker von Bedeutung. Über sein Verhältnis zu Gr. vgl. Anm.
zu Nr. 111.

86. An die Studienhofkommission, Wien, 22. März 1834. Reinschrift im Grillparzerarchiv. Erster Druck: Jahrbuch II, 72. Das Schriftstück wurde nicht abgesandt, sondern durch Nr. 87 ersetzt.

———

Hier wäre einzufügen der Brief an unbekannte Adresse, Wien, 18. April 1834, aus dem der Autographenkatalog von Gilhofer u. Ranschburg in Wien 1898 den Satz mitteilt: „Lieber Freund ... Man hat mir aus Salzburg das nebenliegende Lustspiel zur Aushändigung an die Hoftheaterdirektion übersendet." Er wird an Deinhardstein gerichtet sein.

———

87. An die Studienhofkommission, Wien, am 20. Mai 1834. Das Original, das, durch zahlreiche Bleistift und Rötelstriche entstellt, mit dem abschlägigen Bescheid der Landesregierung versehen, an den Dichter zurückgeleitet wurde, befindet sich im Grillparzerarchiv. Erster Druck: Werke, 1. Auflage, Bd. X, S. 236.

Der Bescheid lautet: „An den Herrn Bittsteller. Se. k. k. Majestät haben laut h. Studien-Hofkommissions-Dekretes vom 26./29. v. M. Z. 601/158 mit a. h. Entschließung vom 23. v. M. die innerwähnte Stelle einem anderen Individuum allergnädigst zu verleihen geruhet. Von der k. k. nö. Landesregierung: Hartenfels. Wien, ben 1. Februar 1838." Auf dieses Gesuch bezieht sich das Epigramm: „Die korrigierte Supplik" (Werke III, 117):

„Mit Strichen und mit Zeichen allerhand,
Wie mein Gesuch ihr ringsbekleckst beschrieben,
Gleicht jetzt es einem grünen Wiesenland,
Durch das man eine Ochsenschar getrieben."

Johann Wilhelm Ridler, geb. 12. April 1772 zu Leitmeritz, war zur Zeit als Grillparzer die Universität besuchte, Professor der Geschichte, deren Lehrkanzel ihm nach dem Tode des Professors v. Mumelter mit kaiserlicher Entschließung vom 17. Juli 1804 verliehen wurde. Im Jahre 1807 zum Erzieher des Erzherzogs Franz Karl berufen, erhielt er 1814 nach Spendous Tode die Stelle eines Vorstehers der Universitätsbibliothek, die er bis zu seinem Ableben (23. Januar 1834) bekleidete. Ridler war auch schriftstellerisch tätig, zunächst als Mitarbeiter an dem „Österr. Beobachter", dann am „Archiv", dessen Redaktion er 1831 übernahm. Einige Aufsätze von ihm finden sich auch in der „Wiener Zeitung", in der „Wiener Mode-Zeitung", im „Taschenbuch für vaterländische Geschichte". Von den vielen Nekrologen österreichischer Staatsmänner, welche Ridler in der „Wiener Zeitung" erscheinen ließ, ist die „Darstellung des Lebens und Wirkens breter hochgesinnter Männer Österreichs: des Grafen v. Wrbna,

k. k. Oberstkämmerers, des Grafen v. Chorinsky, k. k. Staats-
ministers, des Grafen v. Lažansky, k. k. böhmisch-galizischen Hof-
kanzlers", 1823 als Separatabdruck erschienen. Vgl. „Erinnerungen an Johann Wilhelm Ridler" von Karl Veith in Pietžniggs
Mitteilungen aus Wien, Jahrgang 1834.

Zur Besetzung der durch Ridlers Tod erledigten Stelle eines
Vorstehers der Universitätsbibliothek ordnete die Studienhofkommission am 12. April 1834 die Ausschreibung eines Konkurses
an. Kundmachung der n.-ö. Regierung vom 2. Mai 1834 (gez.
Eligius Freiherr v. Münch-Bellinghausen). Für die Bewerbung wurde festgestellt: höhere wissenschaftliche und enzyklopädische
Bildung überhaupt, insbesondere aber ein gründliches und tiefes
Studium der Geschichte, dann genaue Kenntnis der Literaturgeschichte und der Bibliographie, der Diplomatik, einige Kunst-
kenntnisse, ferner eine umfassende gründliche Kenntnis der griechischen und lateinischen, der italienischen und französischen, der
englischen und wenigstens einer der slawischen Sprachen, vorzüglich aber der Nachweis über bereits geleistete Dienste an einer
öffentlichen Bibliothek und die daselbst erworbenen Verdienste.

Graf Klebelsberg befürwortete Grillparzers Gesuch in einer
Eingabe an den obersten Kanzler Anton Friedrich Graf Mitt-
rowsky von Mittrowitz vom 25. Mai 1834 (vgl. Jahrbuch II, 75).
Wie Grillparzer (Selbstbiographie, Sämtl. W. XIX, 96) bemerkt,
hätte Klebelsberg hinzugefügt, daß er auf seiner dermaligen
Stellung als Archivsdirektor der Hofkammer unentbehrlich sei.
Aus dem Wortlaute des Schreibens geht jedoch hervor, daß das
Fürwort keineswegs eingeschränkt worden ist.

Verfasser der Note war der im Vormärz Österreichs als
Dichter bekannte Franz Freiherr Schlechta von Wschehrd
(geb. zu Wien 28. Oktober 1796, gest. 24. März 1875), der damals
dem Hofrate Burgermeister zugeteilt war.

In dem Ternavorschlage, den die Studienhofkommission auf
einen Bericht der niederösterreichischen Landesregierung vom
24. Oktober 1834 an den Kaiser erstattete, wurde Gr. gänzlich
übergangen.

Der Bericht der n.-ö. Landesregierung vom 3. Juli 1834 ist
von dem Regierungsrate Karl Edlen v. Hoffinger verfaßt, der
damals neben dem Studienreferate auch jenes über Approvisio-
nierung führte. Auf diese seltsame Vereinigung zweier so verschiedener Verwaltungszweige bezieht sich Grillparzers Epigramm:

> „Mit Fleischregie betraut und Studien-Referat,
> Vermischt er oft die Fächer, ob nicht gerne,
> Und bracht' in Vorschlag für die Bibliothek
> Jüngst aus Verseh'n drei Ochsen in die Terne."

Wie sehr Grillparzer im Rechte war, die Fähigkeiten dieses Beamten für die Verwaltung des Unterrichtswesens zu bezweifeln,

geht aus einer Zuschrift hervor, welche Graf Mittrowsky an den
Regierungspräsidenten Freiherrn v. Talatzko am 4. Oktober des=
selben Jahres richtete, in welcher er unter anderem bemerkte,
daß „er nach seiner persönlichen Überzeugung und Wahrnehmung
den bei der n. ö. Regierung mit der Führung des Studien=
Referates beauftragten Regierungsrat Hoffinger den Anforde=
rungen dieses wichtigen Referates nicht gewachsen halte, und daß
er ebenso wenig dem überzähligen Regierungs=Sekretär Freiherrn
v. Münch (Halm) die umfassende Erfahrung und die Eigenschaften
zutraue, welche zur vollkommenen entsprechenden Besorgung dieses
schwierigen und wichtigen Referats erforderlich sind". Karl Edler
v. Hoffinger, der 1806 in den Staatsdienst trat, wurde im Juni
1848 in den Ruhestand versetzt.

Gegen Grillparzer speziell richtete sich folgende Stelle in
Hoffingers Bericht: „Hiernach könne von bloßen, wenn auch
noch so ausgezeichneten Gelehrten und Literaten bei Be=
setzung der gegenwärtig erledigten Bibliotheks=Vorstehers=Stelle,
wenn sie anders vollkommen zweckmäßig und den sämmtlichen
Anforderungen des Dienstes entsprechend geschehen soll, nach dem
untertänigsten Erachten des gefertigten Referenten, um so we=
niger eine Rede sein, als diese Klasse der Bewerber eine solche
Stelle in der ganz irrigen, aber leider! ziemlich allgemein ver=
breiteten Voraussetzung gewöhnlich mehr als eine Art von
Ruheposten anzusehen pflegt, wo sie am reichen Quell des
Wissens selbst, in seliger Muße, nur der Wissenschaft
im Allgemeinen leben, und ihren besonderen Forschun=
gen ungestört nachhängen können; wie es der unter
den dermahligen Bewerbern mit aufgetretene, bisherige Archivs=
Direktor Franz Grillparzer in seinem Gesuche nicht unbeut=
lich ausspricht." Auch sonst hob Hoffinger gerade jene Erforder=
nisse als die wichtigsten hervor, die Gr. nicht aufweisen konnte:
„Am auffallendsten" — heißt es in diesem Berichte — „möchte
inzwischen, unter den gestellten Anforderungen, vielleicht die ver=
langte Kenntnis wenigstens Einer slavischen Sprache erscheinen;
allein auch diese Forderung dürfte in nachstehenden unmaßgeb=
lichen Betrachtungen nicht nur ihre Begründung, sondern vielleicht
auch genügende Rechtfertigung finden: daß sich nämlich die große
und reiche Bibliothek, an welcher die Vorsteherstelle gegenwärtig zu
besetzen ist, nicht nur in der Haupt= und Residenz=Stadt der
Österreichischen, wenigstens mit einem Dritteile
ihrer zahlreichen Untertanen aus Slaven verschiedener
Mundarten bestehenden Monarchie befindet, welche hier
aus allen Provinzen und mitunter gerade zur Vollendung oder
mehreren Ausbildung ihrer Studien zusammenströmen; sondern
daß auch die Slavistik, wie es der Kenner wohl kaum in Abrede
stellen dürfte, der vaterländischen Literatur, und insbesondere der
Geschichte des Mittelalters immerhin sehr mannigfaltige, und

gewiß nicht zu verachtende Schätze darbiete. Als ein ganz wesentliches, und daher wohl durchaus nicht zu erlassendes Erfordernis aber erscheinen dem unterthänigst gefertigten Referenten eine schon längere und zwar ununterbrochene, bei ähnlichen öffentlichen Bibliotheken stattgehabte Dienstleistung überhaupt, und wo möglich selbst geführte Oberleitung, also bereits durch den Erfolg bewährte praktische Kenntnis des Bibliotheksdienstes und volle Brauchbarkeit für denselben, besonders bei einer so großen, gerade in der Um- und systematischen Aufstellung begriffenen Bibliothek, welche mehr als jede andere gleich des schnellen und richtigen Überblicks, der ruhigen, unbefangenen, aber auch keinen Augenblick unterbrochenen Fortleitung und mithin des gleich unmittelbaren Eingreifens eines bereits erfahrenen und gewandten Vorstehers bedarf, der nicht erst Zeit und Gelegenheit hat, sich für den Bibliotheksdienst nach und nach auszubilden, oder neue Theorien aufzustellen, und hiernach Zeit und Geld versplitternde, ja vielleicht selbst alles umwälzende und zwar störende Versuche zu machen." Weder Hoffinger noch ein anderes Mitglied der Regierung sowie der Studienhofkommission fand es der Mühe wert, der hervorragenden Eigenschaften Grillparzers zu gedenken. Eine Audienz bei Erzherzog Ludwig, dem Stellvertreter des Kaisers, erweckte bei Grillparzer die besten Hoffnungen, die aber bei dem Mangel einer Unterstützung seitens der Behörden nicht in Erfüllung gingen. „Im Allgemeinen" — schreibt Grillparzer — „herrschte rücksichtlich meiner eine Art Blödsinn, vermöge dessen man glaubte, mit Lob und Wertschätzung mich vollkommen abgefunden zu haben."

Als am 27. Juni 1835 der Vortrag der Studienhofkommission im Staatsrate zur Verhandlung kam, trat der Referent, Staatsrat Jüstel, für Franz Lechner ein. Der Vorschlag, der Ende Juni 1834 an Kaiser Ferdinand gelangte, wurde erst am 23. Januar 1838 durch eine Resolution erledigt, mit welcher die Ernennung des ersten Skriptors der Hofbibliothek, Franz Lechner, zum Vorsteher der Universitätsbibliothek erfolgte.

Franz Lechner, seit 1818 Beamter der Hofbibliothek, war ein Günstling seines Vorgesetzten Mosel, der, wie Grillparzer in der Selbstbiographie, Sämtl. W. XIX, 167, bemerkt, „selbst einer Empfehlung bedurft hätte, um jemanden Anderen zu empfehlen".

88. An Graf v. Klebelsberg, Wien, 20. Mai 1834. Original im Grillparzerarchiv. Erster Druck: Jahrbuch II, 71. Begleitschreiben zu Nr. 87.

————

Vom 29. Mai 1834 ist ein Gesuch Gr.s an die Hofkammer um einen sechswöchentlichen Urlaub datiert, der ihm bewilligt wurde.

————

89. An Joh. Ludwig Deinhardstein [Herbst 1834]. Original unbekannt. Erster Druck: Deutsche Dichtung VI, 102.

Joh. Ludwig Deinhardstein, geb. 21. Juni 1794 in Wien, gest. daselbst 12. Juli 1859, Professor der Ästhetik am Theresianum in Wien, 1830 Redakteur der „Jahrbücher der Literatur", 1832—1841 Vizedirektor des Burgtheaters.

Direktor des Theaters an der Wien war damals Karl Andreas v. Bernbrunn, mit seinem Theaternamen Carl Carl, geb. 7. November 1789 zu Krakau, gest. 14. August 1854 zu Ischl, der Gründer des noch bestehenden Carltheaters in Wien, der die Theaterleitung vornehmlich als Geschäft betrieb und sich weniger von künstlerischen und literarischen Gesichtspunkten, als von der Sucht, Geld zu verdienen, bestimmen ließ.

Deinhardstein hatte die Aufführung, wie K. E. Franzos in dem Aufsatze: „Das Wiener Burgtheater und das deutsche Drama", Deutsche Dichtung III, S. 237 ff., berichtet, sowohl aus Abneigung gegen Grillparzer, wie aus Konnivenz für Raupach verzögert, um nicht ein von diesem eingereichtes entfernt ähnliches Stück „Märchen im Traum" zu Schaden zu bringen. Schon dem Entstehen des Stückes war die Aufführung eines anderen, das ebenfalls das Traummotiv behandelte, zum Hemmnis geworden. Vgl. darüber Selbstbiographie, Sämtl. W. XIX, 77, ferner Sämtl. W. XVIII, 191 f.

90. An Karl La Roche, Wien, 11. Dezember 1834. Original im Besitze des Grafen Viktor Wimpffen. Erster Druck: Jahrbuch II, 298.

Karl La Roche, geb. zu Berlin 17. Oktober 1794, gest. zu Wien 11. März 1884, debütierte bei der Secondaschen Gesellschaft in Dresden, kam 1823 nach Weimar, wo Goethe selbst seine Ausbildung leitete, und wurde 1833 mit lebenslänglichem Kontrakte an das Wiener Hofburgtheater berufen, zu dessen Zierden er zählte.

Die Erklärung erschien in Nr. 218 des Jahrgangs 1834 der Theaterzeitung und lautet:

„Theater-Nachricht. Ich habe in Erfahrung gebracht, daß mehreren deutschen Bühnen diebischer Weise genommene Abschriften von meinem Schauspiele: ‚Der Traum, ein Leben' angeboten worden sind. Ich erkläre demnach, daß derlei Abschriften rechtmäßiger Weise nur von mir, mit meiner Handunterschrift und der ausdrücklichen Benennung der Bühne versehen, für welche das Exemplar bestimmt ist, bezogen werden können. Das Honorar setze ich mit 20 Dukaten für größere Residenz- und Hauptstädte, mit 12 Dukaten für die übrigen fest, gegen deren Erlag oder sichere Anweisung das Manuskript ausgeliefert werden wird. Ob viele oder wenige Direktionen hievon Gebrauch machen wollen, ist mir völlig gleichgiltig. Unbefugte Aufführungen aber werde

ich eben so sehr im Interesse der deutschen Gesammtliteratur, als
in meinem eigenen, durch die jedem k. österr. Untertan offen-
stehenden Mittel, unnachsichtlich, ja mit eigenen Opfern verfolgen.
Wien, am 28. October 1834. Franz Grillparzer."

*91. An Kaiser Franz [1834?]. Entwurf im Grillparzer-
archiv. Ungedruckt.

Das vorliegende Schriftstück ist niemals an den Kaiser ge-
langt; Grillparzer scheint nur die Form einer Eingabe an den
Kaiser gewählt zu haben, um seinem Unmut über die Zensur
Ausdruck zu geben.

92. An Heinrich Börnstein. Original im Grillparzerarchiv. Erster Druck: Jahrbuch I, 221. Vgl. Nr. 90.

Heinrich Börnstein, geb. zu Hamburg 4. November
1805, gest. zu Wien 11. September 1892, 1826 Mitredakteur
der Theaterzeitung und anderer Wiener Zeitschriften, leitete später
die Theater in St. Pölten, Laibach und von 1832 bis 1839 in
Linz a. d. Donau. 1841 verließ er Österreich, wirkte dann als
Journalist in Paris, Amerika und Italien. 1869 kam er nach
Wien zurück und übernahm mit Karl v. Bukovics die Direktion
des Josephstädter Theaters, die er bis 1871 führte. Börnsteins
Theaterbibliothek aus der Zeit seiner Linzer Direktion, darunter
auch eine Handschrift von Gr.s „Traum ein Leben" mit des Dichters eigenhändiger Unterschrift, befindet sich in der Pariser Na-
tionalbibliothek.

Karl Schwarz, Hofschauspieler, gest. 1838. Als Künstler
nicht von Bedeutung, aber viel genannt als Oberhaupt der „Ludlamshöhle". Vgl. über diese die Anmerkungen zu Tagebuchstelle
Nr. 113.

93. An Ottilie v. Goethe, Wien, 10. Oktober 1835.
Original auf der Universitätsbibliothek zu Jena. Erster Druck:
Goethe-Jahrbuch X, 166.

Ottilie v. Goethe, geb. Freiin v. Pogwisch (gest.
1872 zu Weimar) hielt sich in Wien bis in die Mitte der Sech-
zigerjahre auf. Goethes Schwiegertochter sah sich hier umbrängt,
gefeiert. Ihr legte der Adel Österreichs seine Verehrung zu Füßen,
selbst das Kaiserpaar empfing sie in der Hofburg. Ihre Tochter
Alma starb in Wien am 29. September 1844. Das Totenprotokoll (Magistrat) enthält folgende Bemerkung: „29. September 1844:
Der Ottilie v. Goethe, geborenen Freiin von Pogwisch, großherzogl.
sachsen-weimar'schen Kammerherrn- und geheimen Ratswitwe, ihre
Tochter Alma, Sedina, Henriette, Cornelia, evangelisch
A. C., geb. von Weimar, alt 17 Jahre, wohnhaft Stadt, Nr. 86,
Mölkerbastei (O.-Nr. 10) an Nervenfieber." Alma v. Goethe wurde
am Ortsfriedhofe zu Währing begraben, doch am 9. Juni 1885

exhumiert und nach Weimar überführt. (Vgl. über Ottilie und
Alma v. Goethe: Neue Freie Presse Nr. 7134, Grillparzers Ge=
dicht an Alma v. Goethe, Sämtl. W. II, 64, zuerst gedruckt im
„Album für die Überschwemmten in Böhmen" 1845.)

Ottilie v. Goethe schrieb damals an Grillparzer: „... Sie
haben mir durch Ihre Freundlichkeit gegen Alma, als sie noch
mein Dasein schmückte, eine große Freude bereitet, doch was war
es im Vergleich mit dem Gefühle des Dankes, was mein ganzes
Herz ergriff, als Sie ihrem Andenken unvergängliche Zeilen wid=
meten ..." Am 29. September 1860 schrieb sie an Gr.: „... Es
ist heute Almas Todestag und das sagt von Schmerz genug. Sie
haben ihr Worte des Andenkens geweiht, und von dem Augen=
blick, wo ich sie las, war der brennende Wunsch in mir, daß wir
in unserer Familie diese Worte von Ihrer Hand besitzen möchten
als einen Schatz des Doppelandenkens an Sie und Alma. Ich
leugne nicht, es kränkte mich damals, daß Sie Etwas, was mir
Trost und Freude bringen mußte, nicht selbst in meine Hand
legten, daß Sie es dem Zufall überließen, mich damit bekannt
zu machen..."

94. An die allgemeine Hofkammer, Wien, 25. März
1836. Original im k. k. Hofkammerarchiv. Erster Druck: Jahr=
buch II, 101 f.

Gr. hatte diesen Urlaub zum Zwecke einer Reise nach Frank=
reich und England erbeten, die er am 30. März 1836 antrat;
vgl. Selbstbiogr. XIX, 154 und „Tagebuch auf der Reise nach
Frankreich und England 1836", Sämtl. W. XX, 33—146.

Die von Gr. für seinen Stellvertreter entworfene Dienst=
instruktion f. Jahrbuch II, 283.

95. An Katharina Fröhlich, Paris, 10. April 1836.
Vgl. Nr. 51. Erster Druck: Jahrbuch I, 115.

Abr.: A Mademoiselle Cathérine Frölich à Vienne en
Autriche, Spiegelgasse, großes Kasinohaus, 4. Stock.

Hermine Elßler, Cousine der berühmten Tänzerinnen Fanni
und Therese Elßler, die seit 1834 in Paris lebten.

Der Pianist Sigismund Thalberg, geb. zu Genf 7. Jänner
1812, gest. zu Neapel am 27. April 1871, unehelicher Sohn des
Oberstkämmerers Fürsten Dietrichstein und einer Baronin Wetzlar,
Schüler der Wiener Meister Sechter und Hummel, hatte 1835
seine erste Kunstreise angetreten und errang in Paris große Er=
folge. Gr. schätzte ihn sehr; er bemerkt Sämtl. W. XX, 120:
„Th. hat mich für die anderen Klavierspieler verdorben." Vgl.
auch das Epigramm, Sämtl. W. III, 145.

Mit Meyerbeer verkehrte Gr. in Paris öfters, vgl. das
Tagebuch auf der Reise nach Frankreich und England, Sämtl. W.
XX, an verschiedenen Stellen, daselbst auch S. 61 die Schilderung

einer Aufführung der „Hugenotten", zu der Gr. von Meyerbeer eingeladen worden war. Vgl. auch Selbstbiographie, Sämtl. W. XIX, 155 f.

*96. An Theodor v. Karajan, Paris, 13. Mai 1836. Die Originale der beiden Briefe an Karajan befinden sich im Besitze des Herrn Regierungsrates Prof. Dr. M. v. Karajan in Graz. Ungedruckt.

Theodor Georg v. Karajan, geb. zu Wien 22. Jänner 1810, gest. 28. April 1873, war 1832—1841 Untergebener Gr.s im Hofkammerarchiv, trat aber, um seinen historischen und sprachgeschichtlichen Studien obliegen zu können, 1841 in die Hofbibliothek über. Zugleich mit Gr. zum Mitgliede der Akademie der Wissenschaften ernannt, wurde er 1851 deren Vizepräsident, 1866 Präsident und bekleidete zugleich die Stelle eines Kustos, später zweiten Vorstandes der Hofbibliothek.

Über den Verkehr Gr.s mit Alexander Dumas vgl. Selbstbiographie, Sämtl. W. XIX, 154, 156, und Tagebuch auf der Reise nach Frankreich und England, Sämtl. W. XX, 86, 98.

Laura Saint-Martin Permon, geb. 1784, gest. 1838, Schriftstellerin, seit 1800 vermählt mit Junot, der als Generalgouverneur von Portugal von Napoleon zum Herzog von Abrantes erhoben wurde, vornehmlich bekannt durch ihre Memoiren, versammelte in ihrem Salon die hohe Gesellschaft und besonders die literarischen Zelebritäten von Paris. Vgl. über sie: Tagebuch auf der Reise nach Frankreich und England, Sämtl. W. XIX, 89, 98.

Adolf Herz, Prokurist des Bankhauses Eskeles. Seine Schwester, Madame Henriette Neuwall, Bankiersgattin, geb. 12. Dezember 1794, gest. April 1847, empfing Gr. mit größter Liebenswürdigkeit. Ihr Sohn Emanuel, von Gr. in dem Reisetagebuch mit dem Kosenamen Many bezeichnet, war Gr.s beständiger Führer durch Paris. Gr. schreibt bald nach seiner Ankunft in das Tagebuch: „Die Familie gefällt mir sehr wohl." Sämtl. W. XX, 50 und an mehreren anderen Stellen.

Über Schlechta vgl. Anm. zu Nr. 87.

Die erbetene vierwöchentliche Verlängerung des Urlaubes wurde Gr. mit Dekret der Hofkammer vom 27. Mai 1836 bewilligt.

Döbling, damals eine beliebte Sommerfrische in der nächsten Umgebung Wiens, heute ein Teil des 19. Wiener Gemeindebezirkes.

97. An Katharina Fröhlich, London, 21. Mai 1836. Vgl. Nr. 51. Erster Druck: Jahrbuch I, 117.

Grillparzer stieg in Boulogne im Hôtel de l'Univers ab.

In dem Reisetagebuch sind folgende Londoner Adressen vorgemerkt: Mr. Tritmann, Bedford Square, Percy street Nr. 2; golden Square Nr. 6, M. Sounders; Charlotte street, Blooms-

bury square, Nr. 11. Zur Orientierung in London benützte
Grillparzer Cruchleys „New plan of London shewing all
the new and intended improvements to the present time".

Die Hugenotten hat Gr. in Paris am 13. und 29. April
gehört, vgl. Anm. zu Nr. 95; Fidelio und Somnambula mit der
Malibran am 18. und 20. Mai. Die Theaterzettel sind im Nach=
lasse aufbewahrt. Als Nebenpersonen sind angeführt: Miß Forbe,
Mr. Coole, Mr. Durnset, Henry Hughes.

*98. An Theodor v. Karajan, München, 30. Juni 1836.
Vgl. Nr. 96. Ungedruckt.

Die unangenehme Nachricht, die Gr. von Karajan erhalten
hatte, betraf des Dichters Bruder Karl, geb. 1. März 1792, gest.
30. Jänner 1861, damals Zollbeamten in Salzburg, der sich am
13. Mai 1836 eigenmächtig von seinem Amte entfernt und in
einem Anfalle von Sinnesverwirrung sich selbst beim Wiener
Magistrate eines an einem Handwerksburschen begangenen Mordes
bezichtigt hatte.

Karajan erzählt in seinem Tagebuch: „8. Juni 1836. Lange
schon hatt' ich den Wunsch, das Haus der Schwestern Fröhlich
kennen zu lernen; vor 14 Tagen ist es mir endlich gelungen, —
leider aber durch einen Zufall, den ich so gerne ungeschehen
wünschte. Zuerst will ich die Veranlassung festhalten und dann
die Erscheinungen und Eindrücke zu bewahren suchen, die ich in
jenem Kreise erhielt, wenn es auch noch schwerer wäre, die ganze
Eigentümlichkeit jener Umgebung und der daselbst mir mitgeteilten
Details über Grillparzer treffend zu bezeichnen. — Vor beiläufig
zwei Wochen meldete sich beim hiesigen Kriminalgerichte ein ganz
verstört aussehender, hagerer, ziemlich jugendlicher Mann, begehrte
den Vizebürgermeister Hollan zu sprechen, klagte sich bei dem=
selben eines Mordes an einem Handwerksburschen an und nannte
sich einen Bruder Grillparzers. Der erste Eindruck, den die Er=
scheinung hervorbrachte, war der eines Wahnsinnigen. Der Mann
ward daher für jeden Fall festgehalten und mannigfache Verhöre
mit ihm angestellt. Es zeigte sich bald völlige Geisteskrankheit
und dieser Tage (20. Juni 1836) wird er ins Inquisitenspital
übersetzt werden. Ich setzte mich mit den Fröhlichs ins Einver=
nehmen, was da vernünftiger Weise zu tun sei, und machte so
ihre Bekanntschaft." Jahrbuch V, 261.

*99. An das Wiener Kriminalgericht, Wien, im
Juli 1836. Abschrift im Grillparzerarchiv. Ungedruckt.

Karl Gr. wurde auf Grund dieser Darstellung und des Gut=
achtens der Ärzte als mit melancholischem Wahnsinn behaftet von
der obberennsischen Kameralgefällenverwaltung mit dem halben Ge=
halte, d. i. 150 fl. jährlich, quiesziert.

———

Hier wäre einzufügen der Brief vom 26. Dezember 1836 über eine ihm zugesandte Übersetzung des englischen Romans: Marriage in high life (an den Übersetzer oder Verfasser?). Aus einem Auktionskatalog erwähnt: Nachrichten aus dem Buchhandel 1895, Nr. 288.

———

100. An Michael Enk von der Burg, [Wien] 26. Oktober 1837. Original in der Wiener Hofbibliothek. Erster Druck: Jahrbuch II, 299.

Michael Enk von der Burg, Ordenspriester im Stifte Melk, geb. zu Wien 29. Jänner 1788, gest. durch Selbstmord in der Donau bei Melk am 11. Juni 1843, philosophischer Schriftsteller, der als einer der ersten Gr.s Dichtungen in den Wiener „Jahrbüchern der Literatur" kritisch gewürdigt hat.

Der eben verstorbene Abt von Melk war Marian Zwinger (gest. 20. Oktober 1837), sein Nachfolger Wilhelm Eder.

101. An Deinhardstein, [Wien] 13. März 1838. Original unbekannt. Erster Druck: Deutsche Dichtung VI, 102.

Das „berüchtigte Stück", von dem Gr. spricht, ist „Weh' dem, der lügt", das bei seiner ersten Aufführung am 6. März 1838 einen Mißerfolg erlitt. Das Lustspiel wurde nur viermal, zuletzt am 14. März, aufgeführt und erst 1879 wieder ins Repertoire des Burgtheaters aufgenommen.

102. An Otto Prechtler, [Wien] 4. Oktober 1839. Original im Grillparzerarchiv. Erster Druck: Wage, Wiener Wochenschrift, IV (1901), Nr. 40.

Otto Prechtler, geb. 31. Jänner 1813 zu Grieskirchen in Oberösterreich, gest. im August 1881 zu Innsbruck, lyrischer und dramatischer Dichter, war der Amtsnachfolger Grillparzers, der ihm mehrfach fördernd zur Seite stand. Prechtler hat die erste Sammlung seiner Gedichte (1836) Grillparzer gewidmet. Im Nachlasse sind außer den im Grillparzer-Jahrbuche (I, 222 bis 229) gedruckten Briefen Prechtlers noch einige aufbewahrt, deren Inhalt zumeist intime Angelegenheiten des Privatlebens betrifft.

„Jsfendiar", dramatisches Gedicht in vier Akten, wurde vom 1.—7. Juni 1843 dreimal im Burgtheater aufgeführt.

103. An Joseph Paul Király von Barcsfa, Wien, 7. August 1840. Original im Grillparzerarchiv. Erster Druck: Jahrbuch I, 229.

Joseph Paul Király von Barcsfa (geb. 20. Jänner 1810 in Nyiregyháza) widmete sich nach Vollendung seiner Studien dem Lehrstand, hörte 1834—1835 Vorlesungen über Theologie an der Wiener Universität und trat hierauf eine Reise durch einen großen Teil von Europa an. Nach seiner Rückkehr übernahm er eine Erzieherstelle im Hause des Grafen Karl Forgách, wurde später Lehrer, nach zehnjähriger Tätigkeit Rektor am Lyzeum zu Schemnitz und verblieb daselbst bis 1853, in welchem Jahre seine Berufung nach Ödenburg erfolgte. Im Jahre 1869 wurde Király Direktor der von ihm gegründeten Präparandie, an der er bis 1883 wirkte, worauf er in den Ruhestand trat und sich nach Eisenstadt zurückzog, wo er am 26. April 1887 starb. Király traf mit Grillparzer zum ersten Male auf dessen Rückreise von Paris 1836 zusammen und stand mit dem Dichter bis zu dessen Tode in freundschaftlichem Verkehre. Bei einem Besuche Királys bei Grillparzer am 5. Oktober 1871 sagte dieser zu ihm: „Sie gehören zu den Wenigen, die ich aus ganzer Seele achte und liebe." — Király war auch literarisch tätig; in das für Grillparzer bestimmte Exemplar seiner 1866 in Ödenburg erschienenen „Erinnerungen" schrieb Király folgende Worte: „Dem ganzen Manne, dem Wolfram v. Eschenbach des XIX. Jahrhunderts, dem väterlichen Freunde, Herrn Franz Grillparzer mit innigster Hochachtung gewidmet."

104. An Király, Wien, 19. August 1840. Original im Grillparzerarchiv. Erster Druck: Jahrbuch I, 230.

Hier wäre einzureihen folgende eigenhändige Erklärung, deren Original sich in Privatbesitz befindet: „Daß der Unterzeichnete gegen die Herausgabe seines, von Herrn Kriehuber lithographierten Porträt nichts einzuwenden habe, wird hiermit bestättigt. Wien am 16. Februar 1841. F. Grillparzer. Hofkammer=Archivsdirektor."

---

105. An Eduard Freiherrn v. Babenfeld, Wien, 9. Jänner 1842. Das Original war früher im Besitz A. Posonyis in Wien. Erster Druck: Jugend, Münchener Illustrierte Wochenschrift, 1902, Nr. 4.

Adr.: ... Troppau in oest. Schlesien, Pfarrplatz Nr. 194.

Eduard Freiherr v. Babenfeld (Eduard Silesius), geb. 14. August 1800 in Troppau, gest. 6. Dezember 1860, dramatischer und lyrischer Dichter.

Seine Dichtung „Der Kampf um Tyrol" erschien in Bunzlau 1842; sie besteht aus zwei historischen Schauspielen: „Friedrich der Treue" und „Oswald von Wolkenstein".

106. An ? Original in der Wiener Hofbibliothek. Erster Druck: Jahrbuch II, 299.

Die Gesellschaft der Musikfreunde befand sich damals in so mißlicher Lage, daß sie sich genötigt sah, zum Zwecke der Erhaltung des Konservatoriums in einem Majestätsgesuche (vom 19. Mai 1839) einen Staatsbeitrag zu erbitten. Den Erfordernissen von

6880 fl. standen Einkünfte im Betrage von nur 2665 fl. gegen=
über. Doch wurde erst 1843 ein Staatszuschuß von jährlich
3000 fl. bewilligt. Vgl. Pohl, Die Gesellschaft der Musikfreunde,
S. 23.

107. An Katharina Fröhlich, Pest, 30. August 1843.
Vgl. Nr. 51. Erster Druck: Jahrbuch I, 120.

Gr. trat die Reise nach Griechenland am 27. August 1843
an. Vgl. darüber Tagebuch auf der Reise nach Griechenland,
Sämtl. W. XX, 147—184.

Dlle. Axfeld, 1842 Schauspielerin am Josephstädter Theater.

Holbein, seit April 1841 Direktor des Burgtheaters.

Darnaut wirkte 1845 und 1846 am Burgtheater.

Benedikt Randhartinger, Komponist, damals Kapell=
meister am Hofoperntheater, später Hofkapellmeister. Er setzte Gr.s
Gedicht „Erinnerung" in Musik.

Der Ständeversammlung in Preßburg wohnte Gr. am
28. August 1843 an.

Katharina Fröhlich antwortete auf diesen Brief am 2. Sep=
tember:

„Aus Ihren so eben erhaltenen humoristischen Briefe ersehe
ich mit Freude, daß Sie Gott Lob! gesund und mit Ihrer Reise
noch zufrieden sind; nur war ich Anfangs betroffen zur Aufschrift
Fräulein zu lesen und ich glaubte schon eine Verwechslung hätte
statt gefunden, da ich weiter lesend mich aber überzeugte daß er
doch an mich war, so danke ich herzlich für die beruhigende Nach=
richt und bitte als Aufschrift zu setzen: lieber Grillparzer! oder
lieber Alter! oder lieber! Lieber! kurz jedes beliebige dir freund=
liche Wort, so wie auch meine Person ganz demütig bittet um
eine enliche Titulatur. Was mein Leben betrift, so bin ich so
zimlich ohne körperlichen Schmerzen, webe — Socken, spiele zwi=
schen drei und vier Clavier — — war mit den Schwestern und
Leopold in Lucia, wo ich an Erl viel Vergnügen hatte, und
machten gestern, Sonntag eine große Tour, wo ich rechtes Herz=
weh hatte, ich mußte nähmlich bei den schönen Wiesen, herlichen
Aufsichten, und so lieben Aun immer an Dich, lieber Alter denken.
Sonst geth alles seinen alten Gang. Die Schwestern sind zimlich
Beschäftigt, gesund und froh; Wilhelm, fügsam ..... fast immer
bei uns, was mich sehr freut, Bogner sieht [viel besser] aus, und
ist auch viel kräftiger, Betti mit ihren Lau[nen unerträg]lich, geht
fleißig nach Döbling und ist glücklich, daß [aus] ..... raths
Geschichte nichts wird. Das Mädchen jubelt, die ..... zweifelt.
Kamillo war hier, hat uns aber nicht besucht, er war bei Leopold
ihn um eine Gefälligkeit zu ersuchen, worin sein Gesuch bestand
sagte Leopold uns nicht. Haben Sie in Preßburg nicht von
Hagen gehört? er soll von einem kleinen Theater Direktor ge=
wesen sein, hat sich vor einem Jahr mit einer alten Frau ver=

heiratet (vermutlich des Geldes wegen) und soll jetzt, da man ihn eben das Ständische Theater übergeben wollte, mit einer Jungen durchgegangen [sein]. Mit den Neuigkeiten bin ich zu Ende, aber nicht mit der Bitte, mir recht bald zu schreiben, viel, lieb, gut, kurz Alles womit Sie so glücklich machen

Ihre

Katty."

Die punktierten und teilweise ergänzten Stellen sind mit dem Siegel ausgerissen.

108. An Katharina Fröhlich, Küstendsche, 10. September 1843. Vgl. Nr. 51. Erster Druck: Jahrbuch I, 121.

Adr.: A Mademoiselle Cathérine Fröhlich à Vienne en Autriche, Spiegelgasse Nr. 1097, 4. Stock.

Freiherr Ferdinand Mayerhofer von Grünbühel, geb. Wien 16. Mai 1798, gest. 26. März 1869 als Feldmarschall=leutnant, war zu Bachs Zeiten Zivil= und Militärgouverneur in der Wojwodina. Mayerhofer gehörte später der klerikalen Partei an; er war Präsident der Marianischen Kongregation und Mit=glied des Severinusvereins.

Kathi antwortete auf dieses Schreiben am 28. September:

„Lieber Freund!

Ihren lieben Brief den ich gestern erhilt, hat uns alle ver=gnügt, mich ganz glücklich gemacht. Lachen Sie, spotten Sie; er wurde recht abgeherzt und abgedrückt, troz der Gefahr von der Pest angesteckt zu werden. Es war aber hohe Zeit direkte Nach=richt zu erhalten, denn schon wollte der böse Kleinmut mich be=schleichen, daß ich, und meine Sorge vergessen sei. Da kam das sichtbare Zeichen der unsichtbaren Gnade, und so ist wieder auf einige Zeit Ruhe, aber ich fürcht, auf nicht lange. Denken Sie, welche große Freundlichkeit die Hofrätin Schwarzhuber hatte. Sie schickte uns durch Angerer, Montag den 24ten um ½10 Uhr Abends einen Auszug aus einem Schreiben ihres Sohnes, woraus wir sahen, daß Sie den 12ten in Constantinopel angekommen, und den 13ten bei Stürmer speißten; der junge Mann ist von Dir, Du abscheuliger Mensch ganz enzükt. Waren auch Frauen dabei? — nur nicht zu viel Schnetänze machen! — — — Wo werden Sie Ihren Namenstag zubringen? Wo soll ich Dich suchen? — — Auf Ihrer Deutschen Reise fand Sie der Morgen dieses Tages im Thüringer Walde, wo Sie Sich von mir freund=lich begrüßt fühlten, möchten Sie, obwohl Jahre dazwischen liegen, Sich noch von derselben innigen Anhänglichkeit überzeugt fühlen. Ich werde in frohmm feiern.

Unser Leben läuft fort, wie der Zwirn auf einer Haspel, immer das selbe, ja, wie muß man den lieben Gott danken wen keine zu starken Knoten zum Vorschein kommen, phisisch und mo=

ralisch. Khevenhüller hatte den guten Gedanken uns ihre Loge
ins Kärnthnerthor bis zum 12 October zu über laßen, erwarte
ich mir auch kein Vergnügen, so ist es doch eine Zerstreuung.
Ihr Zins ist bezahlt; an Ihren Bruder geschrieben, jedoch ver=
schwig ich Ihre lange Reise, ich hoffe er list die Wiener=Zeitung
nicht, den so eben finde ich Sie im Türkischen Artikel unter den
Angekommenen. Angerer aus Gräz waren hier, sie laßen Sie
freundlich grüßen und hoffen mit Bestimmtheit das Sie während
Ihrer Anwesenheit dort, ihr Gast sein werden; ich mußte ihnen
versprechen ihre Adreße zu schreiben, ich tue es dießmahl, sonst
könnte ich vergeßen. K[l]einem Glasie № 9. sollten Sie die
Adreße verlieren würde man Ihnen dort überal Bescheid sagen,
imdenn Angerers sehr bekanut sind. Mögen Sie auch von Todten=
fällen hören? Nun wohl. Die einst so gefeierte Melita, Custus
Ruß, und Mink sind zu ihren Vätern gegangen, letzterer soll viel
gelithen haben. Die Mädchen werden allein wohnen. Mich dünkt
ich habe den konfusesten Brief geschrieben: Sie, Du; ganz wirre
durcheinander geworfen, das kommt daher weil mein Herz so voll,
und meine Furcht Sie zu ermüden so groß ist. Entschuldigen
Sie daher und erfreun Sie bald mit einem Schreiben Ihre

                                         Kati.

    Grüß dich Gott, behüt dich Gott, denk an mich, schreib
recht viel.

                                        Gnom."
    Der Brief Theodor Schwarzhubers an seine Eltern in der
Anmerkung zum folgenden Brief. Den österreichischen Internuntius
Grafen Stürmer schildert anschaulich Moritz Wagner, Reise nach
Persien I, 1852, 125, bei Vehse XI, 249. — Die Namenstagsfeier
im Thüringer Wald erwähnt der bewegte Dankbrief an Kathi
vom 5. Oktober 1826, in dieser Ausgabe Brief 67, die des Jahres
1843 in der Quarantäne zu Syra das Tagebuch, Werke XX, 179.
— Der Bruder ist Karl Grillparzer, der von Franz regelmäßig
unterstützt wurde. — Bei den Grazer Freunden hielt sich Grill=
parzer auf der Rückreise wirklich auf, wie ein Stammbuchblatt
bezeugt. — Die einst so gefeierte Melitta ist die Hofschauspielerin
Wilhelmine Korn, die Tochter Gottlieb Stephanies (Werke XIX,
73 f.); sie starb zu Hietzing am 13. September. Am 19. starb
der Historienmaler Karl Ruß, erster Kustos an der k. Bilder=
galerie im Belvedere, Hormayrs Zögling in der Pflege vater=
ländischer Kunst, der unzählige Momente aus dem Leben Rudolfs
von Habsburg verherrlicht hatte, auch denjenigen, wie er den
„Geschichtschreiber seiner Taten und seines Stammes belohnte";
auch seinen Friedrich den Streitbaren, seine „Wahl Libussens
zur Königin von Böhmen" dürfen wir hervorheben. — Von der
Verbindung mit der Familie Mink zeugt das Stammbuchblatt
für Fräulein Jda Mink vom 1. März 1841 (Werke III, 54).
Eine Baronin Mink führte den Vater Anzengrubers bei Grill=

parzer ein. — Wie mit den Hexen und Furien Kathis Schwestern gemeint sind, so mit dem (wahrscheinlich einem englischen Roman entstammenden) Cobrington Wilhelm Bogner.

109. An Katharina Fröhlich, Syra, 3. Oktober 1843. Vgl. Nr. 51. Erster Druck: Jahrbuch I, 122.

Grillparzer langte am 12. September 1843 in Konstantinopel an; schon am nächsten Tage wurde er bei dem österreichischen Gesandten zu Tische geladen. Am selben Tage notiert er in sein Tagebuch: „Das Gesandtschaftspersonal besteht aus angenehmen, größtenteils jungen Leuten. Darunter der junge Schwarzhuber, mit dem redlichen Gesichte seines Vaters. Kam mir beinahe sonderbar vor, von Poesie, von meinen Arbeiten zu reden, was ich seit Jahren nicht getan" (Tagebuch, Sämtl. W. XIX, 163 ff.). — Theodor Schwarzhuber schrieb am 13. September 1843 an seine Eltern: „Ich trage Euch nach, daß ich heute den großen Grillparzer gesehen habe. Er speiste bei Stürmer. Ich kannte ihn bisher nur vom Sehen, von der Bastei aus. Wir sind alle entzückt über seine angenehme, natürliche, einfache, und dabei so gehaltreiche Konversation. Es ist wirklich eine Freude einen Mann in der Nähe zu haben, auf den, man kann es sagen, ganz Österreich stolz ist. Ich hoffe Euch nächstens noch mehr von ihm sagen zu können" ... Am 27. desselben Monats berichtet Schwarzhuber seinen Eltern: „Er [Grillparzer] blieb bis gestern, wo er um 4 Uhr Nachmittag nach den Dardanellen abreiste. Dort gedenkt er sich ein paar Tage aufzuhalten, Troja zu besuchen und dann weiter nach Smyrna, Syra, Griechenland und Triest zu gehen. Wir genossen ihn in den letzten Tagen noch ein paar Male. Vor seiner Abreise war er noch so gütig, uns einige Autographe zu geben. Ich trug ein Blatt davon, auf das er die schöne Xenie geschrieben:

Frei in unendlicher Kraft umfasse der Wille das Höchste,
Aber vom Nächsten zunächst greife bedächtlich die Tat.
[Sämtl. W. III, 79.]

...... Mit wahrem Leidwesen sehen wir diesen Mann scheiden, auf den wir mit Recht stolz sind und der uns hier durch seine interessante Konversation so viel Vergnügen verschafft hatte ... Samstag machte ich unter Tags etwas Musik mit Widershauser. Abends kamen Grillparzer und Major Mayerhofer zu Stürmer, nebst vielen andern Reisenden. Widershauser und ich unterhielten uns vorzüglich mit unsern beiden Compatrioten."

110. An Ludwig v. Sztankovits, Syra, 3. Oktober 1843. Das Original besitzt der Sohn des Adressaten. Erster Druck: Neue Freie Presse, 7. Mai 1890.

Über die Unruhen in Griechenland vgl. „Aus dem Nachlaſſe des Grafen Prokeſch=Oſten, Briefwechſel mit Herrn v. Gentz und Fürſten Metternich," Wien 1881.

111. An Katharina Fröhlich, Trieſt, 28. Oktober 1843. Vgl. Nr. 51. Erſter Druck: Jahrbuch I, 124.

Prokeſch war damals bevollmächtigter Miniſter am griechi=ſchen Hofe; er war mit Grillparzer ſchon in den Dreißigerjahren durch Hofrat Kieſewetter in Berührung gekommen, deſſen muſi=kaliſch gebildete Tochter Irene (geb. 27. März 1811), Prokeſchs Gattin, auch mit den Schweſtern Fröhlich im freundſchaftlichen Verkehr ſtand. Aus einem Briefe der Irene Prokeſch an Kathi Fröhlich vom 22. Auguſt 1839 geht hervor, daß Grillparzer ſchon in dieſem Jahre die Abſicht hatte, die Reiſe nach Athen zu unter=nehmen. Irene v. Prokeſch ſchreibt: „Sie müſſen mir erlauben, Ihnen eine Stelle für Grillparzer aus einem, heute von meinem Manne erhaltenen Schreiben mitzuteilen. . . . Grillparzer ſoll nicht nach Athen, wenn wir nicht da ſind. Hintertreibe das, er ſoll mit uns zurückgehen, ſoll bei uns wohnen und ſein. Stelle ihm den Mißgriff einer Reiſe in dieſer Jahreszeit vor. Warum ſoll er nicht den Winter bei uns in Athen bleiben." — Eine freundſchaftliche Verbindung zwiſchen Grillparzer und Prokeſch konnte ſich bei den heterogenen Anſichten beider nicht entwickeln. Vgl. das Epigramm, Sämtl. W. III, 104.

Raphael Kieſewetter, geb. 24. Auguſt 1773, geſt. 1. Januar 1850, Hofrat und Muſikſchriftſteller, deſſen Haus den Mittelpunkt für das muſikaliſche Wien bildete.

Gr. kam in Wien am 7. November 1843 an.

Hippolyt Freiherr v. Sonnleithner, ein Sohn des Ignaz v. Sonnleithner und Vetter Grillparzers, geb. 17. Septem=ber 1814, geſt. zu Wien, 25. Oktober 1897.

112. An Kaiſer Ferdinand [Wien, im April 1844]. Entwurf im Grillparzerarchiv. Erſter Druck: Jahrbuch II, 105.

Ignaz Franz Edler v. Moſel, geb. zu Wien 1772, geſt. 8. April 1844, Vizedirektor des Burgtheaters unter Schreyvogels Ära, auch Kompoſiteur, Muſikſchriftſteller und Überſetzer, ſeit 1829 erſter Kuſtos der Hofbibliothek.

Graf Moritz Dietrichſtein, damals Präfekt der Hof=bibliothek, beantragte am 10. April 1844 in einem Vortrage an das Oberſthofmeiſteramt, die Beſetzung der erledigten Stelle „durch graduelle Vorrückung". Demzufolge wurde mit Dekret des Oberſt=hofmeiſteramtes vom 29. April 1844 auf Grund einer kaiſerlichen Reſolution vom 27. April 1844 der gelehrte Slawiſt Bartholomäus Kopitar zum erſten Kuſtos ernannt.

113. An Eligius Freiherrn v. Münch=Belling=hauſen, [Wien] 19. April 1844. Original in der Wiener Hof=bibliothek. Erſter Druck: Jahrbuch II, 301.

Eligius Freiherr Münch v. Bellinghausen (Friedrich Halm) wurde bald darauf (September 1844) Gr.s Mitbewerber um die Stelle eines ersten Kustos der Hofbibliothek, vgl. Anm. zu Nr. 115. Daß Halm ihm damals vorgezogen wurde, hat Gr. nie verwinden können. Vgl. Brief 118. Als jener starb (22. Mai 1871), schrieb Gr. das Epigramm:

„Du bist mir in allen Beförderungen zuvorgekommen,
Selbst im Tod, den ich für mich in Anspruch genommen."
[Sämtl. W. III, 238.]

Über Halm als Dichter urteilt Gr., daß es ihm an „Richtigkeit der Empfindung, der ersten und notwendigsten Eigenschaft eines Dichters, fehlt". Vgl. Sämtl. W. XVIII, 151.

Karoline Ungher, verehelichte Sabathier, Opern- und Kammersängerin, gest. 1877.

114. An Katharina Fröhlich, Wien, 26. Juni 1844. Vgl. Nr. 51. Erster Druck: Jahrbuch I, 125.

Abr.: An Fräulein Katharina Fröhlich Wohlgeboren in Karlsbad im goldenen Schild.

115. An Kaiser Ferdinand [Wien, 22. September 1844]. Das Original des Gesuchs (ohne Datum, aber mit dem Präsentationsvermerk vom 22. September 1844 und mit der Erledigung vom 28. Dezember 1844) befindet sich im Grillparzerarchiv. Erster Druck: Jahrbuch II, 107.

Vier Monate nach Mosels Tode, am 11. August 1844, starb Bartholomäus Kopitar. Unter den Bewerbern um die erledigte Stelle befanden sich außer Grillparzer noch: der Direktor des k. k. Münz- und Antikenkabinetts Arneth; der Zensor Regierungsrat Deinhardstein; der Vorsteher des Zentralbücherrevisionsamtes Regierungssekretär Heinrich Hölzl und der überzählige k. k. n.-ö. wirkliche Regierungsrat Eligius Freiherr v. Münch-Bellinghausen (Halm), zu dieser Zeit bei der Landesregierung mit Verwaltungsgeschäften betraut.

Der Hofbibliothekspräfekt Graf Moritz v. Dietrichstein brachte in seinem Vortrage den zweiten Kustos Joseph Ritter v. Eichenfeld (Grillparzers Kollegen in der Hofbibliothek) in Vorschlag, der damals im Alter von 62 Jahren stand. Dietrichstein schloß seinen Vortrag mit den Worten: „Ein hochlöbliches k. k. Obersthofmeisteramt erlaube mir endlich auch zu sagen: daß, wenn auch noch so verdienstreiche Personen um die erledigte Stelle eines Hofrates und ersten Custos sich bewerben sollten, selbst viele Kenntnisse im Fache der älteren und neueren Literatur und ein bedeutender Ruf für diesen Platz nicht genügen, wenn sie nicht mit praktisch bewährter bibliothekarischer Erfahrung verbunden sind."

Mit kaiserlicher Entschließung vom 21. und 25. Dezember 1844 wurde die erledigte Stelle eines ersten Kustos mit dem

Range und Charakter eines Hofrates und mit einem Gehalte jährlicher 4000 Gulden und einem Quartiergelde jährlicher 600 Gulden dem überzähligen k. k. n.-ö. wirklichen Regierungsrate Eligius Freiherrn v. Münch-Bellinghausen verliehen, der bereits am 27. Dezember den Diensteid ablegte. Dietrichstein erhielt den Auftrag, Grillparzers Gesuch folgendermaßen zu erledigen: „Seine Majestät haben die bei der k. k. Hofbibliothek erledigte Stelle eines Hofrates und ersten Kustos dem überzähligen n. ö. wirklichen Regierungsrate Eligius Freiherrn v. Münch-Bellinghausen zu verleihen geruhet." Vgl. hiezu Grillparzers Gedicht: „Weihnachten 1844. Bei einer Zurücksetzung im Dienste", Sämtl. W. II, 58 und Brief 118.

***116.** An Johanna v. Schäffer, Wien, 8. Mai 1845. Original in Privatbesitz. Ungedruckt.

Johanna v. Schäffer, geb. Paumgarten, eine Cousine Grillparzers, wohnte damals in Mödling.

Enzersdorf bei Mödling, unweit von Wien, als Sommerfrische beliebt. Vgl. auch Sämtl. W. XIX, 14 ff.

***117.** An Johann Christian Freiherrn v. Zedlitz, [Wien,] 15. Mai 1846. Die Klammern stehen im Druck S. 150 an falscher Stelle. Original in Privatbesitz. Ungedruckt.

Über Zedlitz und sein Verhältnis zu Gr.: Castle: „Der Dichter des Soldatenbüchleins", Jahrbuch VIII, 33—107, Gr.s lobende Kritik von Zedlitz' „Waldfräulein", Sämtl. W. XVIII, 138 ff., und die Epigramme, Sämtl. W. III, 76, 109, 120. Gr. verfaßte 1862 die Grabschrift für Zedlitz, s. Brief 206.

Das dramatische Lebensbild „Die Neuberin", anfänglich unter dem Titel „Karoline Neuber", ist von Emilie v. Binzer, der Freundin Zedlitz', s. Brief 206; es wurde im Burgtheater am 29. Dezember 1846 unter dem Pseudonym Ernst Ritter aufgeführt.

118. An? [Wien, 1847]. Entwurf im Grillparzerarchiv. Erster Druck: Jahrbuch I, 256.

In diesem Entwurfe drückt sich die tiefe Verbitterung des Dichters nach wiederholten abweislichen Erledigungen seines Ansuchens um Verleihung einer Bibliothekarstelle aus. Das ablehnende Schreiben, das Grillparzer als Entwurf aufbewahrt hielt, war hauptsächlich gegen das System jener Staatsmänner gerichtet, die wohl die hervorragende Stellung des deutschen Dichters erkannten, aber nicht Gelegenheit nahmen, dieser Anerkennung öffentlich Ausdruck zu geben. In den literarischen Kreisen Wiens brachte man anfangs der Idee des Fürsten Metternich, einen „festen Punkt" durch die Gründung der Akademie der Wissenschaften zu bilden, einiges Mißtrauen entgegen, da nach der Abficht Metternichs durch die Akademie dem „Schwirren" in der Wissenschaft eine Gegenwirkung geboten werden sollte. Nach der Intention des Kanzlers sollten nur die positiven Wissenschaften in der Akademie zentralisiert werden, Literatur, Poesie ꝛc. aus= geschlossen bleiben. Damit wäre allerdings das vielgefürchtete „Schwirren" beseitigt, aber zugleich auch die Popularität des neuen Institutes ausgeschlossen gewesen. Das Volk kannte nicht die Gelehrten, nicht einmal dem Namen nach, wohl aber die Dichter, oder doch wenigstens ihre Namen. Dem mußte Rech= nung getragen werden, und dieser Erwägung dankt Grill= parzer seine Berufung in die Akademie der Wissenschaften, deren erste Versammlung am 27. Juni 1847 im polytechnischen In= stitute stattfand. Zu anderen Zeiten und unter anderen Ver= hältnissen hätte Grillparzer die Berufung als Dank der Staats= verwaltung angesehen; jetzt, da er still und zurückgezogen die Hoffnung auf eine Würdigung seiner literarischen Dienste auf= gegeben hatte, fühlte er keine Erhebung seines Innern. Auch später verhielt sich Gr. ablehnend gegen die Akademie, vgl. Brief 181.

119. An Joseph Freiherrn v. Hammer=Purgstall, Wien, 29. Mai 1847. Original im Besitze des Fräulein Marie Trau. Erster Druck: Jahrbuch II, 302.

Joseph Freiherr v. Hammer=Purgstall, geb. 1774, gest. 1856, der berühmte Orientalist.

Der Brief bezieht sich wahrscheinlich auf das von Hammer= Purgstall ausgegangene Projekt eines gemeinsamen Vorgehens zum Zwecke der Milderung der Zensur. Vgl. hiezu Erinnerungen aus dem Jahre 1848 (Sämtl. W. XX, 185).

120. An Joseph Freiherrn v. Hammer=Purgstall. Original im Besitz des Freiherrn Heinrich v. Hammer=Purgstall. Erster Druck: Jahrbuch V, 320.

In der Vorrede zu Khlesls Leben (Wien, Kaulfuß Witwe, Prandel & Comp. 1847—1851, 4 Bde.) nennt Hammer=Purgstall Gr. unter denjenigen Persönlichkeiten, denen er sich zu Dank verpflichtet fühlt.

121. An Katharina Fröhlich, Hamburg, 19. September 1847. Vgl. Nr. 51. Erster Druck: Jahrbuch I, 127.

Gr. reiste am 2. September mit Wilhelm Bogner (vgl. An= merkung zu Brief 80) von Wien ab; die Rückkehr erfolgte am 28. desselben Monats.

Die Reise erfolgte über Linz, Gmunden, Salzburg, München, wo Grillparzer am 7. September 1847 anlangte und im „Goldenen Hahn" abstieg. Am 8. Wanderung durch die Stadt, Besichtigung der neuen Residenz, Abends Besuch des Hoftheaters, wo Oberon aufgeführt wurde. 9. September: Pinakothek, Schwanthalers

Atelier, Bavaria. 10. September: Bonifaziuskirche, Englischer
Garten. 11. September: Abreise von München. 12. September,
4 Uhr früh: Ankunft in Regensburg, Besuch der Walhalla.
Abends Abfahrt nach Nürnberg, Ankunft am 13. September,
Besichtigung der Sehenswürdigkeiten; Abends wurde im Theater
„Die Ahnfrau" aufgeführt. Am 15. Ankunft in Leipzig. Am
17. nach Magdeburg, von da auf der Elbe nach Hamburg.

Der Aufenthalt in Hamburg dauerte vom 18. bis 21. September, Grillparzer wohnte im Hotel Streit am Jungfernstieg.
Am 19. Promenade durch die Stadt, Besichtigung des Hafens,
Abends in der Oper Nabuchodonosor von Verdi. Am 20. Fortsetzung der Promenade. Am 21. Abreise nach Berlin. Am 22.
Besuch der Museen und des Königl. Schlosses. Abends im Theater;
es wurde das Lustspiel „Der Weg durch's Fenster" und hierauf
das Ballett „Estrella" gegeben. Am 23. Potsdam, Sanssouci
und Neues Schloß. Abends im Theater „Struensee". Am 24.
anwesend bei einer öffentlichen Gerichtsverhandlung, Abends in
der Oper „Lucia di Lammermoor". Am 25. Grillparzer von
Meyerbeer besucht, der ihn zu Tische ladet, wo er mit Humboldt (vgl. die Tagebuchstelle 227) und Henriette Sontag
zusammentrifft. Abends Abreise. (Aus dem Tagebuche Wilhelm
Bogners.) — In Varnhagens Tagebuch folgende Stelle:
„Donnerstag den 23. September 1847. Froher Besuch von Franz
Grillparzer, der in Hamburg war und zurückkehrt. ‚Das
Herz drängt mich, zu Ihnen zu kommen und zu Niemandem sonst
hier', sagte er. Wie alt und vergrämt sieht er aus! Aber sein
edler Charakter ist unerschüttert, seine Gesinnung rein, sein Gefühl
warm und stark. Er schildert mir seine Verhältnisse, den Druck
und die Einsamkeit, in denen er lebt. Der Fürst von Metternich
vergibt es ihm nicht, daß er sich nicht um seine Gunst beworben,
die angebotene vernachlässigt hat. Über Österreich sieht er klar.
Über Deutschland hat Grillparzer sehr eigentümliche Ansichten;
er behauptet, Deutschland sei im achtzehnten Jahrhundert größer,
kräftiger, einiger gewesen, als es im neunzehnten ist. Über die
Ausartung der Literatur ist er trostlos; er sieht mit Recht großes
Unheil in dem Mangel an Ehrfurcht, der hier eingerissen ist; er
verwirft die Schreier, tadelt aber auch Gervinus, Grimm und
Tieck wegen trüber, unersprießlicher, nachteiliger Bestrebungen.
Wir sprachen von Tauber, Karajan, Zedlitz, Landes-
mann, Auguste Brede, Henriette Pereira. Von unseren
Landständen entzückt. Erfreut durch den Anblick von Hamburg.
Berlin ihm wert."

Die in Wien zurückgelassene „Weisheit" ist Barbara
Bogner.

122. An Katharina Fröhlich, Wien, 25. November
1847. Vgl. Nr. 51. Erster Druck: Jahrbuch I, 129.

Mit der „Zauberin" spielte Grillparzer auf Anna Fröhlich an.

128. An Johann Graf Majláth (?). Entwurf im Grillparzerarchiv. Erster Druck: Jahrbuch I, 232. Der Entwurf gibt keine Adresse an, doch muß nach dem Inhalt des Briefes angenommen werden, daß er an den Grafen Majláth gerichtet ist.

Johann Graf Majláth, Dichter und Geschichtschreiber, geb. zu Pest 5. Oktober 1786, gest. 3. Jänner 1855, vielfach literarisch tätig als Mitarbeiter an Hormayrs „Archiv", der Wiener Zeitschrift, des Stuttgarter Morgenblattes und der meisten Almanache, Verfasser einer „Geschichte des österreichischen Kaiserstaates" (Hamburg 1834) 2c. 2c., gab 1840—1848 das Taschenbuch „Iris" (Pest, Heckenast) heraus, worin im Herbst 1847 Grillparzers „Der arme Spielmann" erschienen ist.

124. An Gräfin Xaverine Dubsky [Wien, 1847]. Original im Grillparzerarchiv. Erster Druck: Jahrbuch VIII, 214 f.

Gräfin Xaverine Dubsky, geb. Gräfin Kolowrat-Krakowsky, geb. 11. November 1808, gest. Zbislawitz 4. September 1869, Sternkreuzordensdame, vierte Gemahlin des Grafen Franz Dubsky, war die Stiefmutter der Baronin Marie Ebner-Eschenbach, auf die sich das vorliegende Urteil Gr.s bezieht.

***125. An Erzherzog Ludwig (?)** [Wien, Ende 1847]. Entwurf im Grillparzerarchiv. Ungedruckt.

126. An Dr. Johann v. Malfatti, [Wien] 21. Jänner 1848. Original in der Wiener Hofbibliothek. Erster Druck: Jahrbuch II, 303.

Johann Malfatti, Edler von Monteregio, 1776 (oder 1775) zu Lucca geb., studierte zu Bologna und kam mit dem berühmten Johann Peter Frank nach Wien. 1810 wurde er hier Leibarzt der Erzherzogin Beatrix von Este. Malfatti war der Gründer der k. k. Gesellschaft der Ärzte in Wien und auch als Fachschriftsteller tätig.

Der Hinweis auf die Beschäftigung mit einem dramatischen Stoffe bezieht sich auf die Vorarbeiten zum „Bruderzwist".

127. An Franz Liszt, [Wien] 13. August 1848. Original im Weimarer Lisztmuseum. Erster Druck: Briefe hervorragender Zeitgenossen an Franz Liszt..., herausgegeben von La Mara, Leipzig 1895, I, 101.

Franz Liszt hielt sich 1848 in Begleitung der Fürstin Karoline von Sayn-Wittgenstein in Wien auf. Die Einladung Liszts, auf die Gr. hier antwortet, fehlt in der Sammlung von Franz Liszts Briefen (herausg. von La Mara); dagegen findet sich dort,

I, 28, eine andere in französischer Sprache, undatiert, mit der
Jahresangabe 1846, zu welcher Zeit Liszt Konzerte in Wien gab.
Sie lautet: „Serez-vous assez bon, mon cher Monsieur, pour
venir dîner sans façon avec plusieurs de vos amis et ad-
mirateurs vendredi prochain à 3 heures (Stadt Frankfort)?
Je serais extrêmement sensible à cette marque de bienveillance
de votre part. M. Bauernfeld, m'a fait espérer que vous ne
me refuseriez pas. Permettez-moi de croire qu'il ne se sera
pas trompé, et veuillez bien agréer de nouveau l'expression
de ma plus haute considération et de ma sincère admiration.
      Mardi matin [1846].

F. Liszt."

Aus dem Jahre 1844 rührt Gr.s Gedicht „Liszt" her,
Sämtl. W. II, 67. Vgl. auch die Epigramme III, 58, 118, 145.

128. An den Feldmarschall Heinrich Freiherrn
v. Heß, Wien, 6. Oktober — 5. November 1848.

Der erste Teil des Briefes ist als Entwurf im Grillparzerarchiv erhalten, die Reinschrift mit der Ergänzung vom 5. November ist im Besitze der Frau Therese v. Kammerlacher in Wien.
Erster Druck: Jahrbuch I, 276, 353.

Der Brief ist die Antwort auf das folgende Schreiben des
Feldzeugmeisters Heinrich Freiherrn v. Heß (geb. 17. März 1788,
gest. 13. April 1870):

„Mailand den 19. September 1848.
Hochwohlgeborner, hochgeehrtester Herr Archiv-Direktor!

Ein Minister mit dem Schwert erhält von seinem Feldherrn und Meister den ehrenvollen Auftrag, Euer Hochwohlgeboren
beifolgende drei Exemplare — unseren Italienischen Feldzug betreffend — als geringe Gegengabe für das herrliche Gedicht zu
senden, was unserem verehrten Führer auch die poetische Weihe gab.

Von diesem Augenblicke an sah die Armee Hochdieselben als
den ‚Ihrigen' an und somit müssen Sie uns auch erlauben,
Sie als solchen zu behandeln, und Ihnen die Beschreibung unserer
Kriegs-Unternehmungen als ein Zeichen unserer hohen Verehrung
im Namen unseres Feldherrn zu überreichen.
Mit diesen Gesinnungen geharrend
Euer Hochwohlgeboren
ergebenster Diener

Heß."

Das Gedicht „Feldmarschall Radetzky" in den Sämtl. W. II,
136, vgl. auch Brief Nr. 165. Radetzky schrieb am 15. Juni 1848
von Verona aus an Grillparzer:

„Lieber Freund! Es ist ein herrlicher Gesang in meine
Hand gekommen, der meinen Namen und Ihre Unterschrift trägt. —
Ich danke Ihnen herzlich dafür, es ist der wahre und begeisterte
Ausdruck eines warmen Vaterlandsfreundes, eingegeben durch

ben schmerzlichen Anblick unseres einst so mächtigen und glück=
lichen, nun durch eigene Schuld so tief gebeugten Österreichs.

Fahre fort, so zu singen, edler Barde, Deine Gesänge werden
die Herzen ergreifen, zu Kraft, Energie und Vaterlandsliebe fort=
reißen. Es ist ja ein Vorrecht des begeisterten Sängers, daß
die Töne seiner Leier oft glänzendere Siege erfechten, als das
Schwert des Kriegers, denn sie bringen zum Herzen und führen
zurück auf den Pfad der Tugend und Ehre. Ohne den geweihten
Sänger ist der Krieger Nichts, das wußten sie wohl, die Helden
der alten klassischen Zeit. Wirken Sie im Vaterlande, während
ich in der Fremde kämpfe. Leier und Schwert mit einander ver=
bunden, sind eine große Macht. Ihr ergebenster Radetzky."

Das von Heß übermittelte Werk „Kriegsbegebenheiten bei
der k. k. österr. Armee in Italien", Mailand 1848, 3 Abschnitte,
befindet sich in der im Wiener städtischen Museum aufbewahrten
Bibliothek Grillparzers, dort auch zwei Schriften von Heß, betitelt:
„Die finanzielle Zukunft Cisleithaniens, von einem Mitgliede
der Reichsvertretung," Wien 1865, mit handschriftlicher Widmung:
„Seinem Freunde Grillparzer, Heß, Wien, den 30. April 1866",
ferner „Die österreichische Armee der Zukunft", Wien 1868, mit
folgender Widmung: „Seinem Freunde Grillparzer, Heß, FM.,
Wien, den 30. April 1868."

129. An Gustav Heckenast [Wien, 19. Dezember 1848].
Original unbekannt. Erster Druck: Deutsche Dichtung XIX, Heft 6.

„Der arme Spielmann" war im Jahrgange 1848 der „Iris",
S. 1—54, erschienen. Der Jahrgang 1849 gelangte nicht zur
Ausgabe.

130. An den Justizminister Dr. Alexander Bach,
[Wien] am 26. Dezember 1848. Original unbekannt. Erster
Druck: Wiener allg. Zeitung vom 13. Dezember 1887.

Dr. Alexander Bach, seit 1854 in den Freiherrnstand er=
hoben, hatte schon im Ministerium Doblhoff=Wessenberg (18. Juli
1848) das Portefeuille der Justiz inne und behielt es auch unter
dem Ministerium Schwarzenberg=Stadion (seit 21. November 1848)
bis zu Stadions Ausscheiden im Mai 1849, worauf Bach das
Ministerium des Innern übernahm. In den „Erinnerungen aus
dem Jahre 1848", Sämtl. W. XX, 199, sagt Gr. von Bach, der
an dem Wiener Adressensturm im März 1848 beteiligt war:
„Vielleicht hat sich der jetzige Minister Bach von allen Märzleuten
nur darum in der höchsten Gunst erhalten, weil er damals der
entrepreneur des révolutions im Auftrage gewisser Hofpersonen
war."

Camillo Gr. wurde als Gerichtskanzlist in Korneuburg
angestellt, vgl. Anm. zu Brief 11.

131. An den Feldmarschall Heß, Wien, 15. Jänner 1849. Dieser Brief, mit der Adresse an Heß versehen, ist nach einer im Grillparzerarchiv aufbewahrten Reinschrift abgedruckt. Am selben Tage fertigte Grillparzer eine zweite Reinschrift mit wenigen Änderungen an, welche der Adressat am 21. Jänner 1849 erhielt. Vgl. Nr. 128. Erster Druck: Jahrbuch I, 276.

132. An Feldmarschall Radetzky, [Frühjahr 1849]. Entwurf im Besitze des Grafen Viktor Wimpffen. Erster Druck: Austria, österreichischer Universal=Kalender für 1851. Mit Bei= trägen von Dr. Joseph Salomon und J. P. Kaltenbaeck. Wien, Verlag von Ignaz Klang, S. LXXVI.

Bereits im August 1848 hatte die Stadt Wien dem Grafen Radetzky das Ehrenbürgerrecht verliehen. Den Text des Diploms hatte Grillparzer verfaßt.

In freudiger Stimmung über die Nachricht vom Siege bei Custozza beschloß der Verwaltungsrat der Nationalgarde Wiens dem Feldmarschall einen Ehrensäbel zu widmen. Van der Null wurde mit der Zeichnung, Kittner mit der Herstellung beauf= tragt. Die Vollendung dieser künstlerisch ausgeführten Waffe er= folgte erst im April 1849, die Überreichung derselben an Radetzky am 19. Mai desselben Jahres in Mailand durch die hiezu ab= geordneten Herren: Dr. Klucky, Spitzhütl und Freiherr Emanuel du Beine. Am 19. April 1849 beschloß der ehe= malige Verwaltungsrat, den Säbel mit einer Adresse zu über= reichen und wegen Abfassung des Textes sich an den vaterländi= schen Dichter Grillparzer zu wenden, der dem Ersuchen auch Folge leistete.

Das Dankschreiben der Nationalgarde an Grillparzer für die Verfassung der hier abgedruckten Adresse, deren Konzept Grill= parzer mit seinem Namen gefertigt hatte, im Jahrbuch I, 278.

133. An Henriette Freiin v. Pereira=Arnstein [Wien, im September 1849]. Original in der Wiener Hofbibliothek. Erster Druck: Jahrbuch II, 308.

Über den Besuch Grillparzers bei Radetzky vgl. Tagebuchstelle Nr. 231.

134. An Feldmarschall Radetzky [Wien, Anfang Mai 1850]. Entwurf im Grillparzerarchiv. Auf demselben Blatte stehen zwei Fassungen dieses Schreibens; die erste weicht von der hier abgedruckten nur unwesentlich ab. Erster Druck: Jahrbuch I, 272.

Am 5. Mai 1850 wurde dem Dichter durch den Minister= präsidenten FML. Fürsten Schwarzenberg und den General= stabsquartiermeister FZM. Freiherrn v. Heß das Ehrengeschenk der Armee, ein Pokal von vergoldetem Silber, überreicht. Seine

untere Wölbung ist mit Emblemen des Krieges und der Dicht=
kunst geschmückt, die vier Seitenwände tragen auf der Vorderseite
ein Basrelief, die Austria darstellend, der von Minerva und
Melpomene Kränze dargereicht werden. Auf der Rückseite steht
die Jahreszahl 1849, die beiden Seitenmedaillons enthalten
die Inschrift: „Dem Barden Grillparzer die dankbare Armee in
Italien." Der Pokaldeckel ist von einem Lorbeerkranze umschlungen,
aus dem eine Kugel in blauem Email mit dem geflügelten Pegasus
sich erhebt.

Mit dem Pokal überbrachte die Deputation zugleich folgen=
des Schreiben Radetzkys:

„Verona, den 25. April 1850.

Euer Hochwolgeboren!

Es ist schon seit längerer Zeit, daß die mir untergebene
Armee den Dichtern, welche ihre Taten besungen, sie in schwerer
Zeit zum ausharrenden Kampfe gegen äußere und innere Feinde
ermuntert, ein Andenken ihrer Gesinnungs=Verbrüderung — ein
Andenken ihrer nie versiegenden Dankbarkeit — verehren wollte.
Allein leider ist des Bildners Werk nicht wie der Gedanke des
Dichters ein Geschöpf des Augenblicks und so geschah es, daß die
Sendung, welche diesen Worten beiliegt, Ihnen, hochverehrter
Freund! statt im Jahre 1849 erst im Anfange desjenigen, das
die Mitte unseres denkwürdigen Jahrhunderts bezeichnet, zu=
kömmt. — Nehmen Sie selbe nichtsdestoweniger freundlich auf und
empfangen Sie zugleich aus dem Munde des Führers dieser
braven Truppen die herzlichsten Wünsche für eine heitere, glück=
liche Zukunft Ihres uns allen so teuern Lebens.

In hoher Achtung verbleibend

Ihr ergebenster Diener

Graf Radetzky."

In seinem Testamente vom 29. Mai 1863 hat Fr. Grill=
parzer folgende Anordnung getroffen: „Den [so!] silbernen und
vergoldeten Becher, den mir die italienische Armee im J. 1849 oder
50 zum Geschenke gemacht hat, soll wieder an die Armee zurück=
gelangen, und, wenn man's der Mühe wert findet, nach Bestim=
mung des hohen Armee=Oberkommandos, irgendwo, nicht zur
Erinnerung an mich, sondern an jenes glorreiche Kriegsjahr,
allenfalls im Arsenale zu Wien aufgestellt werden." In Erfüllung
dieses letzten Willens hatte Katharina Fröhlich in einem Maje=
stätsgesuche die Bitte gestellt, dieses Ehrengeschenk der Armee zu
übernehmen; sie bemerkt in diesem Gesuche unter anderem: „Ge=
rührt durch den sprechenden Beweis der Anerkennung seiner
patriotischen Gesinnungen, denen er in jenem Gedichte Ausdruck
gab, hatte Grillparzer den Wunsch ausgesprochen, daß nach seinem
Tode dieses Ehrengeschenk der Armee wieder zurückgegeben werde,
damit sie es bewahre als ein Blatt ihrer ruhmvollen Geschichte."

135. An Adolf Foglar, Wien, 6. Mai 1850. Fakſimile bei Foglar: Grillparzers Anſichten über Natur, Bühne und Leben. Wien 1872.

Adolf Foglar, geb. zu Wien 7. März 1822, machte nach vollendeten Rechtsſtudien als Freiwilliger des 3. ſteierm. Schützen=bataillons 1848—1849 die Belagerung von Venedig mit und trat Anfangs 1850 in den Militärdienſt. Die Prophezeiung Gr.s, der ihm in ſeinem Berufe eine glänzende Laufbahn vorausſagt, er=füllte ſich nicht; denn Foglar ſchied ſchon 1854 aus der Armee, um ſich dem Richterſtande zu widmen. Vgl. Nr. 182, 201 und 204. Foglar, der auch dichteriſch tätig war, ſtand mit Gr. in perſön=lichem Verkehr und veröffentlichte: „Grillparzers Anſichten über Literatur, Bühne und Leben", Wien, Verlag von Ed. Hügel, 1872; 2. vermehrte Auflage: Stuttgart, Göſchen, 1891. Er ſtarb als k. k. Oberlandesgerichtsrat i. P. zu Iglau am 27. Juli 1900.

136. An Erzherzog Maximilian [Wien, im Mai 1850]. Entwurf im Grillparzerarchiv. Erſter Druck: Neue Freie Preſſe, 23. Mai 1889, Nr. 8888.

Erzherzog Ferdinand Maximilian (nachmals Kaiſer Maximilian I. von Mexiko) ſandte am 7. Mai 1850 an Grillparzer einen Lorbeerzweig mit folgendem Gedichte:

An den Barden Grillparzer.

Heil Dir, ruhmgekrönter Dichter,
   Öſt'reichs erſter Muſenſohn!
Deiner Größe wahrer Richter
   Iſt die Welt zu Deinem Lohn.

Du beſangſt die kühnen Siege
   Auſtria's mit freiem Mut,
Lobteſt ihre tapfern Kriege
   Trotz der Radikalen Wut.

Und vom gähen Abgrundsrande
   Rettet uns der Waffen Schaft;
Fried' iſt wieder in dem Lande,
   Denn es herrſcht des Rechtes Kraft.

Auſtria verteilt nun Blätter
   Aus dem friſchen Lorbeerkranz,
Ein's dem Vaterlandes=Retter
   Im bewährten Siegesglanz.

Ein's dem lieben Heldengreiſe
   Der uns ſchützte ohne Raſt;
Dem Beherrſcher ſtark und weiſe
   Einen ewiggrünen Aſt.

> Auch dem treugeblieb'nen Bürger,
>   Und dem Bauer auf dem Land,
> Die nicht mit dem roten Würger
>   Treulos gingen Hand in Hand.
>
> Doch des Lorbeers hehre Blüte
>   Wird dem Musensohn zu Teil,
> Der für's Vaterland erglühte,
>   Stolz besang sein neues Heil.

Der Lorbeerzweig ist im Grillparzerzimmer des Wiener städtischen Museums aufbewahrt.

137. An Maximilian Korn, [Wien] 7. Jänner 1851. Original in der Hofbibliothek. Erster Druck: Jahrbuch II, 304.

Maximilian Korn, Hofschauspieler, geb. zu Wien 12. Oktober 1782, gest. daselbst 23. Jänner 1854.

Am 27. März 1850 schrieb die Direktion des Hofburgtheaters einen Preis für Lustspiele aus. Preisrichter waren: Grillparzer, Korn, Kuranda, Freiherr Münch v. Bellinghausen, Wolf. Es langten 300 Manuskripte ein. Den ersten Preis (200 Dukaten) erhielt Bauernfelds „Kategorischer Imperativ". Vgl. Sämtl. W. XVIII, 107—122.

138. An Karl v. Holtei, Wien, 18. Jänner 1851. Nach dem Original in Holteis Besitz zuerst gedruckt: 300 Briefe aus zwei Jahrhunderten, herausgegeben von Holtei, I, 153.

Holtei ist mit Grillparzer bereits im Jahre 1823 bekannt geworden; in nähere Berührung kam er mit dem Dichter erst in den Vierzigerjahren. Auf einem im Nachlasse des Theobald Frh. v. Rizy aufbewahrten Blatte findet sich folgende Bemerkung: „Ich selbst habe beide, sowohl bei der Baronin Mink und wohl auch sonst in Gesellschaft getroffen, ohne daß sich eine besondere Freude Grillparzers an dem leichtlebigen Gesellen hätte wahrnehmen lassen, wie denn auch ein Epigramm auf Holbein und Holtei, und das scharfe Spottgedicht auf die Vierzig Jahre des Vagabunden deutlich zeigt ..." (Sämtl. W. III, 134 und II, 194.)

Der Brief ist bei Holtei falsch (1850) datiert, da die von Laube besorgte Bearbeitung von Heinrich IV. erst am 16. Jänner 1851 im Burgtheater aufgeführt wurde.

Schon Gottlieb Moritz Saphir hatte in den Vierzigerjahren einen Plan zur Errichtung einer Schauspielerschule entworfen, wahrscheinlich in der Absicht, sich dadurch eine feste Stellung zu gründen. Die Regierung hatte aber Saphirs Plan nicht angenommen.

Unterrichtsminister war damals Graf Leo Thun.

Braun v. Braunthal, geb. Eger 1802, gest. Wien, 26. November 1866, Schriftsteller.

139. An Mathilde Baronin Kapri=Gurerzky, Wien, 28. April 1851. Das Original besitzt der Sohn der Adressatin. Erster Druck: Jahrbuch V, 322.

Mathilde Gurerzky, verehelichte Baronin Kapri, geb. am 5. Februar 1836 zu Neapel, gest. am 4. Oktober 1888 zu Wien, wo sie den größten Teil ihres Lebens verbrachte. Als Schrift= stellerin hat sie besonders im Roman Bemerkenswertes geleistet.

***140.** An Dr. Georg Preyß, [Wien] 8. Juli 1851. Original im Besitz von Frl. Elise v. König=Warthausen in Stutt= gart. Ungedruckt.

Dr. Georg Preyß, geb. 7. Juni 1810 zu Rannersdorf in Niederösterreich, gest. 8. April 1884 zu Wien, der langjährige Arzt und Freund Grillparzers. Eine ausführliche Biographie von Dr. J. R. v. Schneller in den „Mittheilungen des Wiener medicinischen Doktoren=Collegium" X, Beilage Nr. 2. Daselbst auch (S. 28) ein poetischer Glückwunsch an Preyß von Marie Eugenie delle Grazie: „Dem letzten Freunde Grillparzers zu seinem 50jährigen Doctor=Jubiläum."

Szliacs, Badeort in Ungarn.

141. An Katharina Fröhlich, Szliacs, 16. Juli 1851. Vgl. Nr. 51. Erster Druck: Jahrbuch I, 131.

Seit dem Jahre 1851 unternahm Grillparzer alljährlich eine Badereise.

Neutra, Hauptort des Neutratales, Stadt.

Garamszeg, im Bezirke Neusohl.

Exzellenz nennt Gr. Elisabeth v. Froloff=Bagrejew, geb. Gräfin Speranski, geb. zu Petersburg, Tochter des russischen Ministers Grafen Michael Speranski. Sie hielt sich bereits in den Vierzigerjahren in Wien auf, wo sich in ihrem Salon Gelehrte, Künstler und andere hervorragende Persönlichkeiten der Residenz versammelten. Unter den ständigen Gästen waren Grillparzer, eingeführt durch Dr. Preyß, Zedlitz, Bauernfeld, Betti Paoli. Von der russischen Regierung aufgefordert, nach Rußland zurückzukehren, erwirkte sie durch die Vermittlung des Fürsten Gortschakoff die Erlaubnis zum weiteren Aufenthalte in Wien, der durch mehrfache Reisen unterbrochen wurde. 1853 veröffent= lichte sie in Wien ein Werk, betitelt: Méditations chrétiennes, 1854 schrieb sie in Baden bei Wien in deutscher Sprache das Drama „Ein Kosaken=Zar", welches nur einmal, und zwar in Graz, aufgeführt wurde und 1855 im Druck erschienen ist. In diesem Jahre vollendete Bagrejew drei Lustspiele: „Die Über= spannten", „Der verliebte Greis" und „Tischrücken", sämtlich un= gedruckt geblieben; 1856 von einer Reise nach Paris zurückgekehrt, schrieb sie im Winter desselben Jahres das Trauerspiel „Der erste Romanoff". Bagrejew starb nach kurzer Krankheit am

4. April 1857 in Wien, wo ihre Beerdigung am 7. April am
St. Marxer Friedhofe stattfand. Vgl. Duret, Un portrait russe.
L'oeuvre et „Le livre d'une femme" de M. Bagréeff-Spéranski,
Leipzig 1867, und Ges. Werke von J. Ph. Fallmerayer, Leipzig
1861, III, 457 ff.). Im Nachlasse Grillparzers haben sich keine
Aufzeichnungen über Bagrejew vorgefunden; vereinzelte Notizen
soll das Tagebuch Anna Fröhlichs enthalten haben, welches nach
ihrem Tode verbrannt wurde. Unter den spärlichen Aufzeichnungen,
welche Rizy daraus gezogen hatte, finden sich über Bagrejew vier
Bemerkungen aus den Jahren 1850, 1851, 1854 und 1855, zu=
meist über Einladungen, welche an Grillparzer und die Schwestern
Fröhlich ergangen sind. In den Fünfzigerjahren traf Bagrejew
wiederholt mit Grillparzer auf der Besitzung des Dr. Preyß in
Garamszeg zusammen. Ein Exemplar der Méditations chrétiennes
in Grillparzers Bibliothek ist mit folgender eigenhändiger Wid=
mung versehen: Monsieur Grillparzer le poète. Témoignage de
la respectueuse amitié et la sincère admiration de l'auteur.
Am unteren Rande: Pour être lu à Sliacs.

*142. An Anton Ritter v. Schmerling, Szliacs, Juli
oder August 1851. Entwurf im Grillparzerarchiv. Ungedruckt.
Anton R. v. Schmerling — der erste Minister der kon=
stitutionellen Ära in Österreich — gehörte zu den wärmsten Be=
wunderern Gr.s. Als der Gemeinderat der Stadt Wien Gr. 1864
zum Ehrenbürger ernannte, beglückwünschte ihn Schmerling, dem
diese Ehrung schon 1861 zu teil geworden war, mit den Worten:
„Seit heute hat mein Ehrenbürgerdiplom für mich einen
großen Wert, da es mich zu Euer Hochwohlgeboren in nähere
Beziehung bringt. Die Stadt Wien hat sich geehrt, indem sie
unserm ersten Dichter, dem patriotischen Kämpfer für Wahrheit
und Recht, ihre Huldigung dargebracht; sie machte jeden ihrer
Bürger stolz, es zu sein, weil Grillparzer in dem Buche der
Bürger Wiens zählt.
Ich bitte mir, den Sie so oft durch Worte der Anerkennung
ausgezeichnet haben, zu gestatten, es auszusprechen, was ich heute
empfinde; und wie lebhaft ich wünsche: der Himmel möge es
uns noch lange gönnen, Ihnen unsere Verehrung darzubringen."
Joseph v. Herrl, Justizbeamter, langjähriger Freund des
Dichters. Herrl war auch ein Freund Theodor Körners.

143. An Katharina Fröhlich, Szliacs, 20. August 1851.
Vgl. Nr. 51. Erster Druck: Jahrbuch I, 132.
Dr. Karl Reinwald, Regimentsarzt beim Ulanenregiment
Graf Clam=Gallas Nr. 10.

144. An Katharina Fröhlich, Tatzmannsdorf, 16. Juli
[1852]. Vgl. Nr. 51. Erster Druck: Jahrbuch I, 133.

Tatmannsdorf im Eisenburger Komitate mit alkalisch=
muriatischen Quellen.

145. An Josephine Fröhlich, Tatmannsdorf, 21. Juli
1852. Vgl. Nr. 51. Erster Druck: Jahrbuch I, 134.
Der Neffe, von dem Gr. in diesem Briefe spricht, und der
ihm auch in der Folge oft zur Last fiel, nach dem Dichter, der
sein Taufpate war, Franz genannt, war ein Sohn Karl Gr.s;
er wurde 6. Juli 1827 zu Steyr geboren, wo sein Vater als
Zollaufseher lebte. Mit 15 Jahren trat er in das Erziehungshaus
des 59. Infanterieregiments, später in die Grazer Kabetten=
kompanie, die er als Unteroffizier verließ; er scheint in dieser
Eigenschaft die Feldzüge 1848 und 1849 mitgemacht zu haben.
Gr. verwendete sich für ihn beim Banus von Kroatien, Grafen
Jellačič (vgl. Brief 151), der dem jungen Manne eine Kabetten=
stelle beim 1. Banalregimente zusagte, sowie beim Kommandanten
dieses Regiments (vgl. die Briefe 151, 152 und 155) und erlangte
endlich 1854 dessen Ernennung zum Kabetten, dann zum Leut=
nant. Vgl. über Franz Grillparzers weitere Schicksale Anm.
zu Brief 212. Wie aus den Briefen an Wickerhauser (Nr. 149
und 150) hervorgeht, war Gr.s Neffe leichtsinnig und machte
Schulden, die bei den ärmlichen Verhältnissen seines Vaters der
Oheim zu zahlen genötigt war, um die Zukunft des jungen
Mannes und die Ehre des Namens zu retten.
Katharina Fröhlich befand sich damals zur Kur in Baden.

***146.** An Josephine Fröhlich, Tatmannsdorf, 22. Juli
1852. Vgl. Nr. 51. Ungedruckt.
Die hier berührte Angelegenheit betraf Grillparzers Bruder
Karl.

147. An Katharina Fröhlich, [Tatmannsdorf] am
31. Juli 1852. Vgl. Nr. 51. Erster Druck: Jahrbuch I, 135.
„20. b. M." verschrieben für „20. l. M.".

148. An Katharina Fröhlich, Tatmannsdorf, 10. [August
1852]. Vgl. Nr. 51. Teilweise gedruckt: Jahrbuch I, 136.
Ankunft in Wien am 16. August 1852. Über Ungarn vgl.
die Tagebuchstelle Nr. 236.

***149.** An Emil Wickerhauser, Wien, am 29. September
1852. Die Originale von Nr. 149 und 150, von dem Abressaten
später an Grillparzer zurückgesandt, befinden sich im Grillparzer=
archiv. Ungedruckt.
Emil Wickerhauser, geb. in Wien 1823, absolvierte die
orientalische Akademie, trat 1846 in den Staatsdienst bei der k. k.
diplomatischen Agentie (dem späteren Generalkonsulat) in Jassy,

kam November 1847 als orientalischer Dolmetsch zum k. k. Generalkommando in Peterwardein, Oktober 1849 in derselben Eigenschaft nach Temesvar, 1852 nach Agram, wo er bis an sein Lebensende blieb. 1869 erhielt er den Titel und Charakter als k. k. Regierungsrat bei der k. k. kroatisch-slawonischen Grenzlandesbehörde. Er starb am 26. April 1900. Mit Grillparzer wurde er Januar 1843 durch Király bekannt und blieb mit ihm in freundschaftlicher Verbindung. Seine Gedichte sind niemals im Druck erschienen: die handschriftliche Sammlung, welche Grillparzer vorlag, befindet sich noch, mit anderen Zeugnissen des Verkehrs, im Besitz der Familie.

Über Gr.s Neffen vgl. Anm. zu Nr. 145 und 212.

***150. An Emil Widerhauser, Wien, 3. November 1852.** Vgl. Nr. 149. Ungedruckt.

151. An Andreas Ritter v. Ettingshausen, Wien, 22. November 1852. Original unbekannt. Erster Druck: Wiener Zeitung, 8. Juli 1900, Nr. 154.

Andreas Freiherr v. Ettingshausen, geb. 25. November 1796 zu Heidelberg, gest. 25. Mai 1878, Professor der Mathematik und Physik an der Wiener Universität und an der Ingenieurakademie, seit 1847 Mitglied der mathematisch-naturwissenschaftlichen Klasse der Akademie der Wissenschaften, kurz darauf zum Generalsekretär der Akademie ernannt.

152. An Siegmund Ritter v. Ettingshausen, Wien, 1. Dezember 1852. Original unbekannt. Erster Druck: Wiener Zeitung, 8. Juli 1900, Nr. 154.

Siegmund v. Ettingshausen, geb. zu Esseg 1805, gest. zu Theresienstadt 10. März 1855, als Generalmajor. Er hatte den italienischen Feldzug 1848 und die Erstürmung Wiens im Oktober 1848 mitgemacht und wurde 1850 zum Obersten des ersten Banalregiments ernannt.

Kaiser-Ebersdorf, Ort unweit von Wien, heute ein Teil des XI. Gemeindebezirks.

153. An Dr. Franz Lorenz, [Wien] 2. April 1853. Original in der Stiftsbibliothek zu Heiligenkreuz. Erster Druck: Euphorion, Zeitschrift für Literaturgeschichte, 3. Ergänzungsheft 1897, S. 217.

Franz Lorenz, geb. 1803 in Stein bei Krems an der Donau, war ein Zögling der Wiener medizinischen Schule, hatte sich durch Studien und Reisen eine umfassende Bildung angeeignet, fand aber in rührender Bescheidenheit sein ganzes Lebensglück darin, im engsten Kreise geräuschlos zu wirken. Er hatte Sinn für das Kleinleben der Natur wie Stifter und ging wie dieser auf Ent-

deckungen in der eigenen heißgeliebten Heimat aus; er entwarf
topographische Schilderungen für die Jugend; er besaß ein feines
Musikverständnis, war strenger Mozartianer wie Grillparzer und
griff zuerst für seinen Liebling zur Feder; später lieferte er eine
Reihe feinsinniger musikgeschichtlicher Aufsätze; ein Werk über
Kirchenkompositionen hat bleibenden Wert.   In seinen Novellen
und autobiographischen Skizzen treffen wir ihn auf den Spuren
Schreyvogels; seine Epigramme zeigen ihn wieder als Landsmann
und Sinnesverwandten Grillparzers und Bauernfelds.   Ernst und
Tiefe zeichnet alle seine Schriften aus.   Hochangesehen als Arzt
und Menschenfreund, ist er vier Tage nach seinem achtzigsten
Geburtstage am 8. April 1883 in Wiener Neustadt gestorben.
Vgl. F. Schnürer, Blätter des Vereins für Landeskunde von
Niederösterreich 1887.

Aloys Fuchs, von dessen Autographensammlung der Brief
handelt, war ein bekannter Musiker und Sammler.   Er ist nach
Wurzbach IV, 390 am 24. Juni 1799 zu Raase in Österreichisch-
Schlesien geboren und 1853 in Wien gestorben.   Seine wertvolle
Autographensammlung erstreckte sich auf die hervorragendsten
Komponisten aller Zeiten und Völker, enthielt aber als wert-
vollsten Bestandteil Partituren, Skizzen und Briefe von Mozart.
Daneben besaß er in 200 Halbfranzbänden eine Sammlung aller
Werke Mozarts, alle Textbücher zu seinen Opern, alle ihn betref-
fenden Biographien, Nekrologe, Gedichte, Theaterstücke, Theater-
zettel; alles, was über Mozart geschrieben worden war; ferner
Porträts, Büsten und Statuetten, Münzen und mehrere Reliquien.
Vgl. das Verzeichnis der Sammlung in F. Gräffers Wiener Dosen-
stücken (2. Ausgabe, Wien 1852) I, 29 ff. — Die Sammlung ist
nicht, wie Wurzbach meint, vom preußischen Staate angekauft,
sondern leider zerstreut worden.

Die hohe Wertschätzung, die Grillparzer Mozart gegenüber
sein ganzes Leben bekundete, kommt am großartigsten in seinem Gedichte „Zu Mozarts Feier" (Sämtl. W. II, 59) zum Ausdruck.

Über Beethoven vgl. besonders Werke XV, 125 (Beethovens
nachteilige Wirkungen auf die Kunstwelt) und XX, 203 ff.

Über Felix Mendelssohn vgl. das Epigramm III, 191.
Auf ihn und nicht etwa auf Ignaz Moscheles bezieht sich aber auch
der satirische Komödienzettel III, 137: „Antigona Opera seria. Text
von Sophokles, Musik von Moscheles, Choragus: Mephistopheles";
danach ist auch das „Moses" in unserem Briefe kaum ein Schreib-
fehler.

Über Berlioz vgl. II, 196: Chor der Wiener Musiker beim
Berliozfeste.

Über Richard Wagner vgl. die Epigramme III, 213,
228, 239, 240 und die Satire XIII, 184.

Die Geldnöte des „Musikvereins" (das heißt der Gesellschaft
der Musikfreunde) haben Grillparzer früher einmal die Feder zu

einem Aufruf in die Hand gedrückt (Werke XV, 140). Vgl. auch
Brief Nr. 106.

Mit dem projektierten Kirchenbau ist die nach dem Attentat
auf den Kaiser Franz Joseph im Jahre 1853 aus öffentlichen
Sammlungen errichtete Votivkirche gemeint. (Vgl. Perthalers
Schriften I, 70, 280.)

*154. An? [Wien] am 31. Mai 1853. Original im Besitz
des Herrn Franz Trau in Wien. Ungedruckt. Am Rande des
Quartblattes steht von anderer Hand: am 1. Juni abgelehnt wegen
äußern.

*155. An Siegmund Ritter v. Ettingshausen,
[Wien, Ende Juni 1853]. Entwurf im Grillparzerarchiv. Vgl.
Nr. 152. Ungedruckt.

156. An Katharina Fröhlich, Szliacs, am 6. Juli
1853. Vgl. Nr. 51. Erster Druck: Jahrbuch I, 157.
Abreise von Wien am 3. Juli 1853.
Nana, Station der österr.-ungar. Staatseisenbahn.

*157. An Katharina Fröhlich, Szliacs, 28. Juli 1853.
Vgl. Nr. 51. Ungedruckt.

158. An Katharina Fröhlich, Szliacs, am 5. August
1853. Vgl. Nr. 51. Erster Druck: Jahrbuch I, 139.

159. An? [Anfang 1854?]. Entwurf im Grillparzerarchiv.
Erster Druck: Jahrbuch I, 232.
Über dieses Schreiben bemerkt Freih. v. Rizy:
„Den Versuch, das für den Kaiser Franz von Haschka
gedichtete Volkslied mit Beibehaltung der Haydn'schen Melodie
für den Kaiser Franz Josef umzudichten, hatte Grillparzer
schon unmittelbar nach dem Regierungsantritte des Letzteren über
Aufforderung des Fürsten Schwarzenberg angestellt. Das Zustande-
kommen eines neuen Volksliedes wurde aber erst aus Anlaß der
bevorstehenden Vermählung des Kaisers ernstlich betrieben, und
da scheint nun aus der Staatskanzlei eine etwas brüske Aufforderung zur Beteiligung an der Kreirung in Dekretform ergangen zu sein. ... Dennoch überreichte er den vorlängst verfaßten, von ihm selbst als mißlungen bezeichneten Versuch mit
dem vorliegenden, wahrscheinlich an den Obersthofmeister gerichteten
Schreiben."
Außer Gr. wurden damals auch Zedlitz und Johann Gabriel
Seidl eingeladen, einen Text vorzulegen. Die Wahl fiel auf die
Dichtung Seidls, die heute noch als offizielle Hymne in Kraft ist.
Nachdem die Aufforderung an Zedlitz und Seidl von Minister

Bach ausgegangen war, so dürfte es auch dieser gewesen sein, der sich an Gr. gewandt hatte, und der vorliegende Brief war daher wahrscheinlich an ihn gerichtet. Gr.s Entwurf f. Sämtl. W. II, 142. Zu bemerken ist, daß der Dichter schon zum Regierungs= antritte des Kaisers Ferdinand 1835 eine Variation der Volks= hymne verfaßt hatte (Sämtl. W. II, 121); damals wurde von Fürst Metternich eine Dichtung Holteis aus den eingereichten Entwürfen ausgewählt, später aber, als diese nicht populär werden wollte, ein von Zedlitz verfaßter Text zum offiziellen bestimmt.

160. An Johann Gebhart, [Wien] 5. März 1854. Original im Grillparzerarchiv. Erster Druck: Jahrbuch X, 292.

Johann Gebhart, geb. 23. November 1826 zu Zistersdorf (Niederösterreich), gest. zu Wien 20. Dezember 1895, Professor an der Realschule in Pest, seit 1861 an der Kommunaloberrealschule in Wien, ein Jugendfreund Robert Hamerlings (vgl. dessen „Stationen meiner Lebenspilgerschaft" S. 207) war als Schriftsteller besonders auf dem Gebiete der Sagenforschung tätig. Seine dramatischen Werke sind weder im Druck erschienen, noch aufgeführt worden. Das Originalmanuskript des hier erwähnten dramatischen Gedichtes „Der Sängerkrieg auf der Wartburg" befindet sich im Besitze der Wiener Stadtbibliothek. Vgl. Jahrbuch X, 292. Über Gr.s ähnlichen Plan vgl. Sämtl. W. XII, 191 f.

161. An König Max II. von Bayern. Original un= bekannt. Erster Druck: Der Sammler 1886, Nr. 142.

Gr. war der am 28. November 1853 gegründete Kgl. bayrische Maximiliansorden verliehen worden. Die Zuschrift des Kgl. bay= rischen Ministers Ludwig Freiherrn von der Pfordten im Jahrbuch I, 280. — Wenige Monate vorher, am 30. Juni 1853, war dem Dichter das Ritterkreuz des Kgl. Verdienstordens vom heil. Michael verliehen worden.

162. An Siegmund Ritter von Ettingshausen [Wien, 5. März 1854]. Original unbekannt. Erster Druck: Wiener Zeitung, 8. Juli 1900, Nr. 154. Die genaue Datierung ergibt sich aus Ettingshausens Antwort vom 13. März 1854.

Über Gr.s Neffen und den Erfolg der Bitte Gr.s vgl. Anm. zu Brief 145.

Die Beförderung v. Ettingshausens zum Generalmajor und Brigadier des 1. Armeekorps erfolgte am 1. März 1854.

***163.** An Katharina Fröhlich, Baden, 27. August 1854. Vgl. Nr. 51. Ungedruckt.

164. An Wilhelm Braumüller, Baden, 27. August 1854. Original im Besitz von Prof. Alex. Ritter v. Weilen in Wien. Erster Druck: Jahrbuch I, 233.

Wilhelm Braumüller, Verlagsbuchhändler in Wien, in der Geschichte des Wiener Buchhandels bedeutend als einer der ersten, welche für die künstlerische und typographische Ausstattung der Verlagswerke bemüht waren. (Vgl. Dr. Anton Mayer: Wiens Buchdruckergeschichte, Wien 1887, 2. Band, S. 385.)

Joseph Weil Ritter v. Weilen, geb. Tetin 28. Dezember 1830, gest. 3. Juli 1889, Dichter, damals Oberleutnant und Professor der Geschichte an der Genieakademie zu Znaim, hatte bereits 1853 einen Band Gedichte, betitelt: „Phantasien und Lieder", erscheinen lassen. Der Zyklus der Soldatenlieder: „Männer vom Schwert, Heldenbilder aus Österreich", erschien 1855 bei Wallishausser.

165. An Ignaz Klang, Wien, 4. Dezember 1854. Original im Besitze des Herrn Klang-Egger in Wien. Erster Druck: Neue Freie Presse Nr. 8887, 22. Mai 1889.

Ignaz Klang, Buchhändler und Antiquar, Herausgeber der „Donau", in deren erster Nummer Grillparzers Gedicht „Mein Vaterland" erschien, ließ das Gedicht an Radetzky gegen den Willen des Dichters in der Nummer der Donau-Zeitung vom 8. Juni 1848 erscheinen. Wenige Tage darauf sendete Klang 50 000 Separatabdrücke des Gedichtes, das großes Aufsehen und einen tiefen Eindruck gemacht hatte, an den Feldmarschall Grafen Radetzky nach Italien und ebensoviele an Erzherzog Johann nach Tirol. Grillparzer war anfänglich über diese Eigenmächtigkeit sehr ungehalten, ließ sich aber durch die laute Anerkennung, die ihm von allen Seiten, auch von dem Marschall selbst, zu teil wurde, besänftigen.

166. An den Schillerverein in Leipzig [Wien, Mai 1855]. Entwurf im Grillparzerarchiv. Erster Druck, bruchstückweise: Sämtl. W. 1. Auflage IX, 230 f. Vollständig: Jahrbuch I, 281.

Der Schillerverein in Leipzig wählte Gr. am 50. Todestage Schillers zum Ehrenmitgliede. Das ihm darüber zugegangene Schreiben (Jahrbuch I, 280) ist von dem Historiker Dr. Heinrich Wuttke unterzeichnet.

167. An Katharina Fröhlich, Sauerbrunn bei Rohitsch, 21. Juni 1855. Vgl. Nr. 51. Erster Druck: Jahrbuch I, 140.

Abreise von Wien am 20. Juni.

Der „rothe Stadel" zwischen Kalksburg und Breitenfurt unfern von Wien gelegen, ein beliebter Ausflugsort.

Neuhaus, Badeort nächst Cilli, zum Bezirke Gröbming gehörig.

Joseph Rabba, Ritter v. Boskowstein, geb. 1798, gest. 1869, seit 1847 Hofrat bei der allgemeinen Hofkammer. Außer seiner amtlichen Tätigkeit wirkte Rabba noch als Gemeinderat

der Stadt Wien und leitete einige Zeit das k. k. Hofoperntheater;
er schrieb in seiner Jugend für mehrere Almanache lyrische
Beiträge.

168. An Katharina Fröhlich, Sauerbrunn bei Rohitsch,
2. Juli 1855. Vgl. Nr. 51. Erster Druck: Jahrbuch I, 141.
Rückkehr von Neuhaus am 14. August 1855.

*169. An Josephine Fröhlich, Neuhaus, 10. August
1855. Vgl. Nr. 51. Ungedruckt.
Adr.: An Fräulein Josephine Fröhlich, k. dänische Kammersängerin, Wohlgeboren in Wien, Stadt, Spiegelgasse Nr. 1097.
Über einen Choleraanfall, den Gr. im Jahre 1831 erlitten,
vgl. die Tagebuchstelle Nr. 176.

———

Hier wäre einzureihen ein Brief vom 9. Februar 1856 an
L. v. Sztankovits, eine Anstellung für dessen Sohn bei der
Nationalbank betreffend. Vgl. Neue Freie Presse 7. Mai 1890.

———

170. An Kaiser Franz Joseph, Wien, 26. März 1856.
Entwurf im Grillparzerarchiv, Reinschrift im Finanzministerium.
Erster Druck: Wolf S. 77 ff.
Im Entwurf dem vorletzten Absatz hinzugefügt: „ein Ge-
schenk, das ihm der verewigte Minister-Präsident Fürst Schwarzen-
berg in Begleitung des Feldzeugmeisters Baron Heß in seine
Wohnung brachten."
Das Gesuch erhielt schon am 29. März, also am dritten Tage
nach der Überreichung, die allerhöchste Signatur. Vgl. Nr. 171.

171. An den Finanzminister Karl Freiherrn
v. Bruck, [Ende März 1856]. Entwurf im Grillparzerarchiv.
Erster Druck: Jahrbuch II, 109 ff.
Karl Freiherr v. Bruck, geb. 18. Oktober 1798 zu Elber-
feld, gest. 23. April 1860, der Gründer des „Österreichischen
Lloyd". 1848 nach der Oktoberrevolution ins Ministerium berufen, übernahm er das Departement des Handels, kehrte aber
1851 wieder nach Triest in seine frühere Eigenschaft als Direktor
des „Lloyd" zurück. 1855 neuerlich in das Kabinett berufen,
wirkte er daselbst bis zu seinem durch Selbstmord erfolgten tragischen Ende als geistvoller und schöpferischer Staatsmann, dem
Österreich wichtige Reformen verdankt.
Brucks Vortrag an den Kaiser enthält folgende bemerkenswerte Stellen:
„So wie er als Staatsbeamter stets eine vorzügliche Haltung beobachtete, eben so hat er seine Anhänglichkeit an Thron
und Vaterland insbesondere durch die Veröffentlichung seines in

ber bedenklichsten Zeit des Jahres 1848 erschienenen Gedichtes
an den Feldmarschall Grafen Radetzky auf eine glänzende Art
bewährt.

Es ist eine bekannte Tatsache, daß dieses Gedicht auf die
Armee eine begeisternde und nachhaltige Wirkung übte, und es
mag vielleicht in dieser patriotischen und verdienstvollen Tat
Grillparzers die nächste Veranlassung gelegen gewesen sein, daß
Euer Majestät sich allergnädigst bewogen fanden, mit Allerhöchstem
Kabinettschreiben vom 13. März 1849 ihn durch die allergnädigste
Verleihung des Ritterkreuzes Allerhöchst Ihres Leopold=Ordens
auszuzeichnen.

Ich glaube endlich vorzugsweise auch des Umstandes ehr=
erbietigst Erwähnung tun zu dürfen, daß Grillparzer als Schrift=
steller namentlich im Fache des höheren Dramas nicht bloß in
der österreichischen Monarchie und in Deutschland den hervor=
ragendsten Platz unter den lebenden deutschen Dichtern einnimmt,
sondern daß ihm auch von ausländischen Meistern seines Faches
die rühmlichsten Aussprüche über den Wert seiner Schöpfungen
zu Teil geworden sind, und daß sein literarischer Ruhm als ein
europäischer bezeichnet werden kann.

Es dürfte daher in mehrfacher Beziehung von der besten
und zugleich aufmunterndsten Wirkung sein, wenn dem aus dem
Staatsdienste scheidenden, in mehr als einer Rücksicht verdienten
und seltenen Manne, bei diesem Anlasse die Allerhöchste Gnade
und Anerkennung Euerer Majestät in besonderer Weise betätiget
würde."

Die kaiserliche Entschließung, welche am 17. April 1856 er=
folgte, lautet:

„Ich bewillige dem Archivdirektor im Finanzministerium,
Franz Grillparzer, bei der von ihm angesuchten Versetzung in den
Ruhestand nebst der normalmäßig entfallenden Pension die Bei=
belassung des Quartiergeldes und der Personalzulage im Gesammt=
betrage von sechshundert Gulden als Pensionszulage. Zugleich
verleihe Ich demselben aus diesem Anlasse in Anerkennung seiner
langjährigen und treuen Dienstleistung, und insbesondere der als
Schriftsteller erworbenen Verdienste den Titel eines Hofrates
taxfrei."

Wien, 17. April 1856.

Franz Joseph.

*172. An Katharina Fröhlich, Sauerbrunn bei Rohitsch,
22. Juni 1856. Vgl. Nr. 51. Ungedruckt.

Dr. Sock war Badearzt in Sauerbrunn.

Leopold v. Sonnleithner, der Vetter Grillparzers.

*173. An Anna Fröhlich, Sauerbrunn bei Rohitsch,
30. Juni 1856. Vgl. Nr. 51. Ungedruckt.

Die Abreise von Wien nach Sauerbrunn geschah am 21. Juni 1856.

174. An Katharina Fröhlich, Sauerbrunn bei Rohitsch, 14. Juli 1856. Vgl. Nr. 51. Erster Druck: Jahrbuch I, 142.
Die Prinzessin, deren Geburtsfest gefeiert wurde, war Erzherzogin Gisela, geb. 12. Juli 1856.
Unterzeichnung des Konkorbates am 18. August 1855.
Ignaz Franz Castelli, geb. 1781, gest. 5. Februar 1862, Schriftsteller, der im vormärzlichen Wien auch durch seine Schnurren eine gesellschaftliche Rolle spielte.

*175. An Josephine Fröhlich, Neuhaus bei Cilli, 30. Juli 1856. Vgl. Nr. 51. Ungedruckt.

*176. An Katharina Fröhlich, Graz, 6. August 1856. Vgl. Nr. 51. Ungedruckt.
Holtei lebte nach 1850 mehrere Jahre hindurch in Graz.

177. An ?, Wien, 13. Juni 1857. Original unbekannt. Erster Druck: Berliner Tageblatt Nr. 175, 6. April 1888.
Vgl. Brief Nr. 63 und Anmerkung hiezu.

*178. An Katharina Fröhlich, Sauerbrunn bei Rohitsch, 22. Juni 1857. Vgl. Nr. 51. Ungedruckt.
Abreise von Wien nach Rohitsch am 20. Juni 1857.

179. An Katharina Fröhlich, Neuhaus, 15. Juli 1857. Vgl. Nr. 51. Erster Druck: Jahrbuch I, 144.

180. An Katharina Fröhlich, Neuhaus bei Cilli, 4. August 1857. Vgl. Nr. 51. Erster Druck: Jahrbuch I, 145.

181. An die Akademie der Wissenschaften in Wien, Wien, 6. September 1857. Original im Archiv der Akademie. Erster Druck: Jahrbuch XI, 282.
Vgl. Anmerkung zu Nr. 118. — Der im Grillparzerarchiv befindliche Entwurf lautet:
„Hochlöbliche
Auf das Schreiben vom   habe ich die Ehre folgendes zu erwiedern: Ich erinnere mich sehr wohl, daß vor ungefähr 8 Monaten eine hochgestellte Persönlichkeit mich aufgefordert hat, die Übersiedlung der Akademie mit einem Gedichte zu feiern. Es ist aber ein Gedächtnißfehler, wenn er glaubt, daß ich es zugesagt hätte. Ich war nie gesonnen, dieses Ereignis zu besingen — und bin es auch jetzt nicht. Einmal schreibe ich seit einigen Jahren keine Verse mehr und möchte nicht ein alterndes Talent auf eine zu harte Probe setzen. Dann war es nie meine Gewohnheit, mich bei öffentlichen Anlässen hören zu lassen, aus-

genommen bei großen Kalamitäten, dem Erfreulichen hat es nie
an Zungen gefehlt. Auch wüßte [ich] nicht den Ton zu treffen,
den man in solchen Fällen zu hören gewohnt ist. Etwas hypo-
chondrischer Natur, üben die Befürchtungen auf mich eine stärkere
Gewalt, als die Hoffnungen. Ich bitte daher mich für entschuldigt zu halten."

182. An Adolf Foglar, Wien, am 22. März 1858.
Nach dem Faksimile in Foglars Schrift: Grillparzers Ansichten...,
Wien 1872.
Foglar (vgl. Brief 175 und Anmerkung hiezu) war damals
Komitatsgerichtsrat in Trentschin. Worin die Schwierigkeiten der
damaligen Lage Foglars bestanden, geht aus dessen Büchlein über
Gr. nicht hervor. Wie bereitwillig der Dichter sich seiner annahm,
erweisen die Briefe 201 und 204.

183. An Katharina Fröhlich, Römerbad Tüffer,
12. Juni 1858. Vgl. Nr. 51. Erster Druck: Jahrbuch I, 147.
Abreise von Wien am 10. Juni, Rückkehr am 3. Juli 1858.
„Schlampete Nettigkeit", scherzhafte Anspielung auf Anna
[Netti] Fröhlich.

*184. An Katharina Fröhlich, Römerbad Tüffer,
30. Juni 1858. Vgl. Nr. 51. Ungedruckt.

*185. An Katharina Fröhlich, Baden, 18. Juli 1858.
Vgl. Nr. 51. Ungedruckt.

186. An Karl La Roche, [Wien] 7. Februar 1859.
Original im Besitze des Grafen Wimpffen. Erster Druck: Jahr-
buch II, 305.
Vgl. die Epigramme über Vischers Ästhetik in Sämtl. W.
III, 213.

187. An Joseph Weil Ritter v. Weilen, Wien,
19. April 1859. Original im Besitz von Prof. Dr. Alexander
Ritter v. Weilen. Erster Druck: Jahrbuch I, 234.
Tristan. Romantische Tragödie in fünf Aufzügen von Joseph Weilen. Breslau 1860. Exemplar mit folgender Widmung
in Grillparzers Bibliothek: „Dem Dichter Franz Grillparzer wid-
met diesen ersten dramatischen Versuch in Dankbarkeit und Verehrung der Verfasser."

188. An Katharina Fröhlich, Römerbad, 11. Juni
1859. Vgl. Nr. 51. Erster Druck: Jahrbuch I, 148.
Abreise von Wien am 9. Juni 1859.
Ein General Jann erscheint im Militärschematismus für 1859
und 1860 nicht, wohl aber ein Dr. Jann, Regimentsfeldarzt.

189. An Katharina Fröhlich, Römerbad, 1. Juli 1859. Vgl. Nr. 51. Erster Druck: Jahrbuch I, 149.

Schlacht bei Magenta am 4. und 5. Juni, bei Solferino am 24. Juni 1859.

190. An den Dekan der philosophischen Fakultät in Leipzig, Prof. Dr. Wilhelm Roscher [Wien, November 1859]. Entwurf im Grillparzerarchiv. Erster Druck: Jahrbuch I, 282.

Am 10. November 1859 hielt Heinrich Wuttke namens der Leipziger Universität in der Aula die Festrede zum Jubiläum Schillers und teilte der Versammlung den einstimmigen Beschluß der philosophischen Fakultät mit, nach welchem zu Ehrendoktoren ernannt wurden: Ernst Julius Hähnel, Ludwig Richter, Julius Riz und Franz Grillparzer, dem — wie der Redner bemerkte — „die Nachwelt eine vollere Gerechtigkeit gewähren wird als bisher die Mitwelt". Nach dem Diplom ist Grillparzer der Dichter, „qui ex epigonis praestantissimorum aureae literarum nostrarum aetatis poetarum scenicorum vestigiis ingredientibus facile primas [laudes] tulit, de quo sperare licet fore ut aequalibus rectius aliquanto existiment olim posteri."

191. An Moritz August v. Bethmann-Hollweg [Wien, Ende 1859]. Entwurf im Grillparzerarchiv. Erster Druck: Jahrbuch I, 238.

Moritz August v. Bethmann-Hollweg, geb. 10. April 1795 zu Frankfurt a. M., berühmter Rechtsgelehrter, von 1858 bis 1862 preußischer Minister für geistliche, Unterrichts- und Medizinalangelegenheiten, hatte Grillparzer am 28. Dezember 1859 eröffnet, daß der Prinzregent aus Veranlassung der hundertjährigen Geburtstagsfeier Schillers einen von drei zu drei Jahren zu erteilenden Preis von 1000 Talern Gold nebst einer goldenen Denkmünze zum Werte von 100 Talern Gold für das beste in diesem Zeitraum hervorgetretene Werk der deutschen dramatischen Dichtung ausgesetzt habe. Mit der Preiserteilung sei eine Kommission von neun Personen betraut worden. Als Mitglieder dieser Kommission werden genannt: der Generalintendant der Königl. Schauspiele in Berlin v. Hülsen, die Professoren Boeckh, Raumer, Ranke, Droysen, Hotho in Berlin, Gervinus in Heidelberg und der Direktor des Karlsruher Hoftheaters Eduard Devrient. Bethmann ersuchte Grillparzer, in diese Kommission einzutreten.

192. An Adalbert Stifter, Wien, am 17. Januar 1860. Nach dem Original in Stifters Nachlaß zuerst gedruckt: Österreichische Rundschau 1883, S. 621 f.

Stifter hatte Grillparzer am 15. Jänner 1860 — um ein Jahr zu früh — in einem schönen Briefe zu seinem 70. Geburts-

tag beglückwünscht (Jahrbuch I, 412 ff.). Das gemeinsame Un-
glück ist der Krieg mit Italien. Die häuslichen Unglücksfälle
Stifters sind der Tod zweier Nichten seiner Gattin und seiner
Ziehtochter.

**193. An Katharina Fröhlich, Römerbad, 11. Juni
1860. Vgl. Nr. 51. Erster Druck: Jahrbuch I, 151.**
Schlacht bei Montebello am 20. Mai 1859.

**194. An Katharina Fröhlich, Römerbad, 29. Juni
1860. Vgl. Nr. 51. Erster Druck: Jahrbuch I, 152.**
Ankunft in Wien am 2. Juli. Vom 11. Juli bis 16. August
nahm Gr. in Baden Aufenthalt.

**195. An Katharina Fröhlich, Baden, 13. August 1860.
Vgl. Nr. 51. Erster Druck: Jahrbuch I, 153.**
Susanne Kirsch, Magd bei den Schwestern Fröhlich.
Vgl. Debelinds Memoiren aus Grillparzerkreisen. 8. Heft.
Vorwort.

***196. An die Steueradministration für Wien,
Wien, 16. November 1860. Abschrift vom Original im Besitz
von Prof. Dr. Alexander Ritter v. Weilen in Wien. Ungedruckt.**

**197. An Joseph Paul Király v. Barcsfa, Wien,
25. Jänner 1861. Original im Grillparzerarchiv. Erster Druck:
Jahrbuch I, 231.**
Király war damals Direktor des Lyzeums in Odenburg,
vgl. Anm. zu Nr. 103.

198. An Wilhelm Schäfer, Wien, 12. Februar 1861.
Von Wilhelm Schäfer in Frankfurt a. M. nach dem Original im
Jahrbuch V, 325 mitgeteilt.
Schäfer hatte Grillparzer zwei Sonette überschickt, worin er
dem Dichter huldigte.

***199. An Kaiser Franz Joseph [Wien, 1861]. Nicht
abgesandter Entwurf im Grillparzerarchiv. Ungedruckt.**
Grillparzer befand sich unter den ersten Mitgliedern des
durch das Februarpatent 1861 neubegründeten österreichischen
Herrenhauses. Im Mai trat das Haus zusammen.

200. An Elvira v. Tiefenbacher, Wien, 9. April 1861.
Nach dem Original gedruckt: Deutsche Revue 1891, II, S. 351.
Elvire Tiefenbacher, geb. v. Büschel, geb. 13. Februar
1842, gest. 13. Februar 1866, ein frühreifes dichterisches Talent,
von dem jedoch nur einige Gedichte zerstreut in Zeitungen erschienen
sind. Näheres über sie berichtet Berta v. Suttner: „Eine deutsche
Sappho" in der Deutschen Revue 1891, II S. 232 u. 341. Da-

selbst auch eine Auslese aus ihrem Stammbuch, worin u. a. die Verse, von denen Gr. im vorliegenden Briefe spricht. Sie lauten:

„Der Dichter liegt seit lang begraben,
Der Mensch lebt freilich, denn erst jetzt
Erinnerung an Deine schöne Gaben
Hat mich in frühere Zeit zurückversetzt.
Wien, am 8. April 1861. Franz Grillparzer."

201. An Adolf Foglar, Wien, 7. Juni 1861. Nach dem Faksimile bei Foglar, Grillparzers Ansichten..., Wien 1872.

Im Jahre 1860 mußten infolge des Oktoberdiploms, das die ungarische Verfassung von 1848 wieder herstellte, sämtliche deutsche Beamte Ungarn verlassen. Dies Schicksal traf auch Foglar, der Gr. um seine Fürsprache zur Erlangung einer Stelle in Cisleithanien bat.

***202.** An Katharina Fröhlich, Römerbad, 11. Juni 1861. Vgl. Nr. 51. Ungedruckt.

Abreise nach Römerbad am 9. Juni, Rückkehr am 5. Juli, dann vom 12. Juli bis 14. August in Baden.

***203.** An Katharina Fröhlich, Römerbad, 1. Juli 1861. Vgl. Nr. 51. Ungedruckt.

204. An Adolf Foglar, Wien, 29. November 1861. Nach dem Original gedruckt: Deutsche Dichtung VI, 104. Vgl. Nr. 201.

Graf Franz Seraphin Nabásby, geb. zu Wien 1. April 1801, gest. daselbst 1. November 1883, der Sohn jenes Grafen Michael Nabásby, der als Hofkammerpräsident im Jahre 1823 Gr.s Vorgesetzter war, leitete das ungarische Justizministerium von 1857 bis 1860.

205. An Wilhelm Schäfer, Wien, 2. Dezember 1861. Nach dem Original gedruckt: Jahrbuch V, 325.

Schäfer hatte Gr. Stellen aus seinem Trauerspiel „Hippodamia" zur Beurteilung vorgelegt, vgl. Jahrbuch V, 324.

206. An Emilie v. Binzer, Wien, 29. März 1862. Nach dem Original zuerst gedruckt: Bellona, 1. Jahrg. 1890, S. 373 f.

Emilie v. Binzer, geb. Gerschau, Schriftstellerin, die Gattin August v. Binzers, des Dichters des Liedes: „Wir hatten gebauet ein stattliches Haus." Mit Grillparzer kam Binzer durch Zedlitz in Verbindung, dessen treue Pflegerin sie in seiner letzten Krankheit gewesen ist. Emilie v. Binzer hatte der ersten Aufführung der Ahnfrau als Mädchen von 16 Jahren angewohnt.

Die schließliche Fassung der Grabschrift Gr.s für Zedlitz lautet: „Er hat für Österreich gekämpft, gelebt und gesungen — doch sein Name geht weit über Österreichs Gränzen."

207. An Katharina Fröhlich, Römerbad, 13. Juni 1862. Vgl. Nr. 51. Erster Druck: Jahrbuch I, 155.

Rückkehr nach Wien am 5. Juli, dann vom 15. Juli bis 11. August in Baden.

***208.** An Katharina Fröhlich, Römerbad, 30. Juni 1862. Vgl. Nr. 51. Ungedruckt.

209. An Wilhelm Schäfer, Wien, 25. August 1862. Nach dem Original gedruckt: Jahrbuch V, 326.

Wiener Hofschauspieler brachten am 5. Juli 1862 „Des Meeres und der Liebe Wellen" zum ersten Male in Frankfurt zur Aufführung. Zerline Gabillon gab die Hero, Förster den Oberpriester, Sonnenthal den Leander, Gabillon den Naukleros. Ein Augenzeuge der Vorstellung, Anton Bing, bestätigt, daß die Vorstellung vor leerem Hause stattfand, wozu die ungünstige Jahreszeit, sowie das eben stattfindende große Schützenfest bei= trugen. Erst unter der Leitung Emil Claars nahm die Frank= furter Bühne das Stück wieder auf (18. Jänner 1881) und brachte es seither öfters zur Darstellung.

210. An Katharina Fröhlich, Kalifornien, 25. No= vember 1862. Vgl. Nr. 51. Jahrbuch I, 156.

Am unteren Rande des Briefes von fremder Hand folgende Bemerkung: „Leopold Sonnleithner pflegte den Fräuleins Fröh= lich an gewissen Erinnerungstagen alljährlich kleine Geschenke zu machen. Im Jahre 1862 befand er sich gerade in Ägypten, als der Namenstag Katharina Fröhlich's fiel. Grillparzer vertrat seine Stelle und schrieb den obigen humoristisch gefärbten Brief an Katharina, den er aus Scherz auch mit dem Namen Sonn= leithners unterfertigte."

211. An Emilie v. Ringseis, Wien, 20. Dezember 1862. Entwurf im Grillparzerarchiv. Erster Druck: Jahrbuch I, 241.

Emilie v. Ringseis, Schriftstellerin, geb. 15. November 1831 zu München, Tochter des Geheimrates und Professors Dr. Johann Nep. Ringseis, der sich 1860 gelegentlich der Eröffnung der Bahnstrecke München=Wien in Wien aufhielt, und, wie aus einem Briefe an seine Familie hervorgeht, damals die Absicht trug, Grillparzer zu besuchen.

„Die Getreue", Märchenspiel in fünf Aufzügen von Emilie Ringseis, nach dem Volksmärchen vom „Singenden springenden Löweneckerchen" (Lerchlein), in der Sammlung der Gebrüder Grimm. Den Bühnen gegenüber Manuskript. Münchener liter.=

artist. Anstalt der J. G. Cotta'schen Buchhandlung, 1862. Durch
Josephine v. Knorr aufgemuntert, hatte Emilie v. Ringseis
dieses Stück an Grillparzer gesendet, der ihr am 19. Dezember
1867 in ein Exemplar von Annette Drostes „Letzte Gaben"
folgende Verse schrieb (Sämtl. W. III, 229):

> „Von unseren Kunstrichtern die bestgenannten
> Sind gegen mich gar strenge Richter,
> Sie protestieren eben als Protestanten,
> Ich aber bin ein katholischer Dichter."

212. An das Finanzministerium [1862]. Original
im Archiv des k. k. Finanzministeriums. Erster Druck: Jahrbuch
X, 298 f.

Grillparzers Neffe Franz, der seinem Oheim schon in früheren
Jahren viele Sorgen bereitet hatte (vgl. Nr. 145, 149—152, 155,
162, 175 u. 176) machte als Oberleutnant des 68. Infanterie-
regimentes, dessen Inhaber Baron Steininger war, den Feldzug
des Jahres 1859 mit, nahm an den Treffen von Palestro und
Magenta teil und erhielt für seine Tapferkeit in letzterer Schlacht
die allerhöchste belobende Anerkennung. Im Jahre 1861 ließ er
sich jedoch ein Vergehen zu Schulden kommen, indem er eine
widerrechtliche Arretierung vornahm. Das Kriegsgericht Triest
verurteilte ihn zu sechswöchentlichem Profosenarrest und Ent-
lassung aus dem Militärdienste. Da sein Vater, der übrigens
selbst in zu niedriger Stellung war, als daß er ihm hätte helfen
können, bereits gestorben war, blieb die Sorge dem Oheim allein,
der auch ihn im Finanzdienste, dem er selbst als Beamter angehört hatte, unterzubringen sich bestrebte.

Das vorliegende Gesuch wurde sogleich bewilligt und Gr.s
Neffe als Oberaufseher der Finanzlandesdirektionsabteilung Preß-
burg zugewiesen, die ihn nach Neustadtl a. d. Waag versetzte.
Vgl. Nr. 216 und Bancsa: Ein Neffe Grillparzers, im Jahrbuch
X, 297 ff.

213. An Emil Wickerhauser, Wien, 6. Mai 1863.
Original in der Sammlung Wieser im Ferdinandeum zu Innsbruck. Erster Druck: Jugend, Münchener illustrierte Wochenschrift 1902, Nr. 4 (dort ist als Adressat fälschlich Theodor
Wickerhauser angegeben).

Über Wickerhausers Gedichte vgl. Anmerkung zu Nr. 149.

***214.** An Katharina Fröhlich, Römerbad, 2. Juni 1863.
Vgl. Nr. 51. Ungedruckt.

215. An das Präsidium des Herrenhauses, Wien,
9. Oktober 1863. Entwurf im Besitze der Frau Raab in Wien.
Erster Druck: Jahrbuch II, 306.

Während seines Aufenthaltes im Römerbad Tüffer, im Jahre 1863, hatte Grillparzer das Unglück, von einer Stiege herabzustürzen und sich derart zu verletzen, daß eine Gefahr für das Leben des Dichters zu befürchten war. Die erste Nachricht traf in Wien durch ein Telegramm der Gräfin Schönfeld ein. Unmittelbar vor seiner Abreise hatte Grillparzer ein Testament errichtet und zu einem Freunde, der ihm die Behebung seines Gehaltes besorgte, sich geäußert: „Halten Sie es dies eine Mal noch wie gewöhnlich, es wird so ohnedies das letzte Jahr sein." Katharina und Josephine Fröhlich eilten sogleich aus Wien herbei, um die Pflege des Kranken zu übernehmen. Auch die Gräfin Schönfeld (vgl. Nr. 217) nahm sich seiner mit großer Teilnahme an.

***216. An das Finanzministerium, [Wien, Ende 1863].** Entwurf im Grillparzerarchiv. Ungedruckt. Vgl. Nr. 212.

Auch diese Bitte des Dichters wurde bewilligt und sein Neffe 1864 dem Steueramte in Freystadtl zum Kanzleidienste zugeteilt. Späterhin blieb Gr. ohne jede Nachricht von dessen Verhalten, weshalb er sich 1867 an den Ministerialsekretär Zimmermann um Auskunft wendete. Er erhielt darauf die Anzeige, daß sein Neffe am 20. April 1865 im Militärspitale zu Tirnau einem Lungenleiden erlegen sei. Vgl. Vancsa: Ein Neffe Grillparzers, im Jahrbuch X, 297 ff.

217. An Gräfin Luise Schönfeld-Neumann, [Wien, am 30. Dezember 1863]. Original im Besitz der Gräfin. Erster Druck: Stammbuch für Glossy, S. 319. Vgl. Nr. 215.

Luise Neumann, von 1839—1857 Mitglied des Burgtheaters, seit 14. Jänner 1857 mit Graf Karl Schönfeld vermählt. Vgl. Sämtl. W. III, 64: „In das Stammbuch des Grafen Schönfeld."

218. An Hilarius Vogl, [Wien, 25. Januar 1864]. Die Briefe an Vogl hat der Adressat aus der Erinnerung aufgezeichnet. Der erste Druck in der Wiener Hausfrauenzeitung war bisher nicht aufzufinden.

Das Werk H. Vogls, über das Grillparzer hier urteilt, ist wohl „Aspern. Eine vaterländische Rhapsodie" (Brünn 1863).

219. An Frau Karoline v. Kalovška, [Wien, 22. Februar 1864]. Original im Grillparzerarchiv. Erster Druck: Jahrbuch VIII, 256.

220. An das Freie deutsche Hochstift in Frankfurt, [Wien, 13. März 1864]. Original im Besitze des Hochstifts. Erster Druck nach dem Entwurf im Grillparzerarchiv: Jahrbuch I, 288.

Das Freie deutsche Hochstift in Frankfurt hatte Gr. zum Ehrenmitglied und Meister ernannt und ihn hievon am 21. Februar 1864 in Kenntnis gesetzt.

222. An **Hilarius Vogl**, Wien, März 1864. Vgl. Nr. 218.

221. An **Katharina Fröhlich**, Römerbad, 2. Juni 1864. Vgl. Nr. 51. Erster Druck: Jahrbuch I, 157.
Vgl. Nr. 215.

223. An **Katharina Fröhlich**, Römerbad, 20. Juni 1864. Vgl. Nr. 51. Erster Druck: Jahrbuch I, 158.
Ankunft in Wien am 24. Juni, dann Aufenthalt in Baden vom 4. Juli bis 26. August 1864.
„Tante Florentin" war eine Schwester von Marianne Grillparzer und jüngste Tochter des Christoph Sonnleithner, geb. 1778, vermählt mit Dr. Florentin, welcher nach Wenzel Grillparzers Tod dessen Kanzlei übernommen hatte. Tante Florentin starb im Jahre 1816.

224. An das **Freie deutsche Hochstift**, [Wien, im Oktober 1864]. Entwurf im Grillparzerarchiv. Im Original, das sich im Besitze des Hochstiftes befindet, lautet der Schluß: „ . . . und es braucht oft Jahrhunderte, bis ein Fortschritt stattfindet, der auch ein Vorschritt genannt werden kann. Mit Hochachtung Franz Grillparzer." Erster Druck: Jahrbuch I, 289.
Trotz des ablehnenden Schreibens Gr.s auf die Nachricht von seiner Ernennung zum Ehrenmitglied hatte er am 22. Juli 1864 die Urkunde über seine Aufnahme in das Freie deutsche Hochstift erhalten (Jahrbuch I, 289).

*225. An **Joseph Pollhammer**, Wien, 27. November 1864. Die Briefe an Pollhammer wurden uns von dem Adressaten in genauen Abschriften gütigst mitgeteilt. Ungedruckt.
Joseph Pollhammer, geb. zu Aussee am 20. Februar 1832, Dichter, damals Notar in Gföhl, derzeit Notar in Krems an der Donau, einer der wenigen Freunde Grillparzers aus späterer Zeit. Pollhammers 1863 erschienene Gedichte sind Franz Grillparzer gewidmet.
Die Dichtung „Kolumbus" besteht aus Romanzen verschiedenen Versmaßes.
Am 24. November 1864 schrieb Pollhammer an Grillparzer: „Sie würden lachen, wenn Sie mich mit den Bauern des Waldviertels, von denen meine Kanzlei öfter im wahren Sinne wimmelt, würden verhandeln sehen, besonders wenn mir junge und alte Bräute nach Abschluß der Ehepakte ihren Rosmarin auf den

Schreibtisch legen. So opfert man dem Gott des Rechtes in poetischer Weise, obwohl ich das prosaische Opfer der Fünf= und Zehngulbennoten vorziehe."

226. An Anastasius Grün, [Wien] 29. November 1864. Original in Grüns Nachlaß. Erster Druck: Jahrbuch IV, 342.

Die Ernennung Grillparzers zum Ehrenbürger von Wien erfolgte einstimmig in der Sitzung vom 5. Jänner 1864 auf An= trag der Gemeinderäte Dr. Helm und Frankl. Das Diplom überreichte am 15. Jänner eine Deputation, geführt von dem Bürgermeister Dr. Zelinka, der die Widmung vorlas. Bei einer Stelle, die Grillparzers Vaterlandsliebe hervorhebt, unter= brach der Dichter den Vorlesenden mit den Worten: „Das ist Wahrheit." Am Schlusse bemerkte Grillparzer: „Was meine literarischen Leistungen betrifft, mein Gott! — wir leben in einer so geistig revolutionären Zeit, daß man kaum von zehn zu zehn Jahren den Wert eines literarischen Wirkens zu beur= teilen im stande ist. Deutschland ist uns an Bildung gewiß voran, eines jedoch hat der Österreicher voraus, die Natürlichkeit, und daß man in Österreich keine Überzeugung macht! In diesem Sinne bin ich ein wahrer Wiener, ein wahrer Österreicher, und bin stolz darauf, es zu sein, und deßhalb freut mich die Aus= zeichnung, das Ehrenbürgerrecht der Stadt Wien erhalten zu haben." Das Ehrenbürgerdiplom (siehe den Wortlaut im Jahr= buch I, 384), aufbewahrt im Nachlasse Grillparzers, ist mit einer sinnigen, in Farben ausgeführten Randzeichnung des Professors Karl Geiger, deren Motiv die Verherrlichung der Poesie und Treue bildet, geschmückt. Die Enveloppe besteht aus blauem Samt mit aufgelegter brauner Lederverzierung. Die Mitte der Vorderseite nimmt auf ovalem, vergoldetem Schilde der städtische Wappenengel in metallener Modellierung ein. Die Umrahmung des Wappenengels besteht aus einem zarten Perlenornamente, das in bestimmten Zwischenräumen von kleinen Malachiten unterbrochen ist. Nach außen zu wird der ovale Schild von dünnen, durchbrochenen und auf blauem Samt aufliegenden Metallornamenten umgeben, auf denen größere Malachite in durchbrochener Elfenbeinfassung befestigt sind. Oberhalb des Schildes ist auf einem kleinen runden Knopfe die Jahreszahl 1791 und unterhalb des Schildes in derselben Anordnung die Jahres= zahl 1864 zu lesen. Ähnliche durchbrochene Metallornamente auf blauem Samtgrunde wie bei dem Mittelschilde schmücken auch die Ecken der Vorderseite.

Anastasius Grün wurde am 18. April 1864 zum Ehren= bürger ernannt.

Am 29. November, also am selben Tage, von dem der vor= liegende Brief Gr.s datiert ist, richtete Grün ein Dankschreiben an den Wiener Gemeinderat.

227. An Marie Baronin Ebner-Eschenbach, geb. Gräfin Dubsky, [Wien] 22. Dezember 1864. Original im Grillparzerarchiv. Erster Druck: Jahrbuch VIII, 257.

Unter dem „Manuskript" ist Freytags Roman „Die verlorene Handschrift" verstanden, der damals (1864) erschienen war; das frühere Werk des Verfassers, von dem Gr. spricht, ist „Soll und Haben".

Das Drama „Edda" von Weilen war am 10. Dezember 1864 im Burgtheater aufgeführt worden.

*228. An Joseph Pollhammer, Wien, 12. März 1865. Vgl. Nr. 225. Ungedruckt.

Die scherzhaften Bemerkungen über die Braut beziehen sich auf die Schwägerin Pollhammers, vgl. Nr. 229.

*229. An Joseph Pollhammer [Wien, 10. April 1865]. Vgl. Nr. 225. Ungedruckt.

*230. An die Schwestern Fröhlich, Teplitz, 4. Juni 1865. Vgl. Nr. 51. Ungedruckt.

Grillparzer hatte sich am 3. Juni 1865 nach Teplitz begeben, von wo er am 6. Juli d. J. nach Wien zurückkehrte.

231. An Katharina Fröhlich, Teplitz, 6. Juni 1865. Vgl. Nr. 51. Jahrbuch I, 159.

232. An Katharina Fröhlich, Teplitz, 17. Juni 1865. Vgl. Nr. 51. Erster Druck: Jahrbuch I, 161.

*233. An Katharina Fröhlich, Teplitz, 3. Juli 1865. Vgl. Nr. 51. Ungedruckt.

Ankunft in Wien am 6. Juli, dann Aufenthalt in Baden vom 15. Juli bis 2. August 1865.

Die Ministerkalamitäten, von denen Gr. spricht, beziehen sich auf den Rücktritt Schmerlings und die Berufung des Ministeriums Belcredi.

234. An Dr. Georg Preyß, Wien, 8. Juli 1865. Original im Grillparzerarchiv. Erster Druck: Jahrbuch VIII, 258.

Hier wäre ein früher in Posonyis Besitz gewesener Brief vom 10. Juli 1865 an Weilen einzureihen, den er um Lesematerial bittet, da er im Bade bei dem anhaltend schlechten Wetter alles aufgelesen habe. Bis auf Lope de Vega sendet er alles Geliehene zurück.

*235. An Joseph Pollhammer, Wien, 3. September 1865. Vgl. Nr. 225. Ungedruckt.

236. An Kaiser Maximilian von Mexiko, Wien, 23. September 1865. Entwurf im Grillparzerarchiv. Erster Druck: Neue Freie Presse, 23. Mai 1889, Nr. 8888.

Am 10. August 1865 schrieb Kaiser Maximilian aus Chapultepek: „Lieber Grillparzer! In dem Wunsche hervorragenden Männern einen Beweis Meiner Anerkennung und Bewunderung zu geben, sind Sie, der Erste unter den lebenden Dichtern Deutschlands, auch einer der Ersten deren Ich Mich erinnere, indem Ich Ihnen das Großkreuz Meines Guadelupe-Ordens verleihe."

Im Grillparzerarchiv sind zwei Entwürfe dieses Dankschreibens aufbewahrt, von welchen der zweite hier abgedruckt ist; der erste Entwurf ist größtenteils mit Bleistift geschrieben. Außerdem ist noch eine Abschrift von fremder Hand mit folgenden Schlußzeilen vorhanden: „Gott segne Sie und Ihre verehrte Gemahlin, eine wahre Kaiserin, die bei aller ehelichen Liebe gern den Platz in dem Herzen ihres Gemahles mit dem Volke teilt, das keine Zuflucht hat als dieses Herz. In ehrfurchtsvoller Zuneigung Euer Majestät ergebenster..."

Über den Lorbeerzweig, den Kaiser Maximilian, damals noch Erzherzog, dem Dichter gesandt hatte, vgl. Nr. 136.

Einige Monate nach erfolgter Auszeichnung, am 22. Dezember 1865, schrieb Emilie v. Binzer an den Kaiser Maximilian: „Während meines letzten Besuches in Wien war ich natürlich auch bei Grillparzer, den Ew. Majestät eben mit einem Orden ausgezeichnet haben.... Er sah trüb in die Zukunft und segnete die Toten, aber auf Sie blickte er freudig hin. Er fragte mich, ob ich Ew. Majestät schreibe, ich erwiderte, daß ich es gleich nach meiner Rückkehr tun werde — ‚dann sagen Sie ihm,' fuhr er fort, ‚was ich von ihm denke; sagen Sie ihm, daß ich ihn bewundere und verehre; und wenn er sein Unternehmen nicht durchführen kann — denn er ist kein Gott und kann die Begebenheiten nicht lenken — so hat er sich dennoch einen Namen in der Geschichte gemacht, denn er hat das Zweckmäßigste getan, und die weisesten Maßregeln ergriffen, die zu ergreifen waren. Muß er zurückkehren, so werden viele niedrig gesinnte Menschen ihn verspotten, schon weil er ein österreichischer Prinz ist, und weil sie einem solchen keinen Erfolg gönnen, aber alle Menschen von Einsicht werden eingestehen, daß er würdig war, einen geordneten Staat zu verwalten, sagen Sie ihm das Alles von einem alten Manne, der am Rande des Grabes steht.' Ich tue es hiemit, und weiß, daß Ew. Majestät diese Worte von ihm ein Schatz sein werden. Stifter war eben bei mir, von einer schweren Krankheit befallen, und ich erzählte ihm, was Grillparzer von Ihnen gesagt hatte; ein Freudenstrahl leuchtete aus seinen guten Augen, und er erwiderte: ‚Ich kenne die dortigen Verhältnisse zu wenig und war zu krank, um mich darüber zu unterrichten, aber was Grillparzer sagt, ist von einem Gewicht,

als wenn es tausend Zungen sprächen.'" — Der Kaiser erwiderte
darauf: „Ihre Mitteilungen über unseren Freund Grillparzer
und seine schönen Worte haben mich ungemein gefreut; solche Aner=
kennungen haben für mich einen tiefen Wert, und sind die einzigen,
die mir wirklich wohl tun; sie sind mir zugleich ein Sporn für
die Zukunft und geben mir neue Kraft zur Ausdauer. Grill=
parzer ahnt gewiß nicht die große Freude und den Trost, den er
mir gegeben hat."

237. An die Stadtvertretung von Baden, Wien,
20. Oktober 1865. Nach dem Original abgedruckt in mehreren
österreichischen Zeitungen des Jahres 1865, z. B. in der Wiener
Vorstadtzeitung, in der Grazer Zeitung Nr. 252.

***238.** An Joseph Pollhammer, Wien, 1. November
1865. Vgl. Nr. 225. Ungedruckt.
Das Ketzergedicht ist Pollhammers epische Erzählung „Die
Protestanten von Salzburg", erschienen in Wien bei Gerold 1890.

239. An Auguste v. Littrow=Bischoff, Wien, 30. Jänner
1866. Die Briefe an Frau v. Littrow ließ diese selbst nach den
Originalen abdrucken in ihrem Buche: „Aus dem persönlichen
Verkehre mit Franz Grillparzer", Wien 1873, S. 38 f. Vgl. den
Nekrolog in der „Neuen Freien Presse" vom 24. Juni 1890.
Dr. Robert Zimmermann, Professor der Philosophie
an der Universität in Wien (gest. 31. August 1898). Der Auf=
satz ist in der Österr. Revue 1864 erschienen und ist betitelt:
„Von Ayrenhoff bis Grillparzer. Zur Geschichte des Dramas
in Österreich."
„Furioso", Novelle von Müller v. Königswinter.

240. An die Lese= und Redehalle der deutschen
Studenten in Prag, Wien, 16. Februar 1866. Mit dem
Original im Besitz der Lese= und Redehalle neu verglichen. Der
Brief ging im Jahre 1866 durch die Prager und Wiener Zei=
tungen und rief heftigen Widerspruch hervor. Auch im Jahres=
bericht der Lese= und Redehalle 1887, S. 29 gedruckt.

***241.** An Joseph Pollhammer, Wien, 22. März 1866.
Vgl. Nr. 225. Ungedruckt.

***242.** An Joseph Pollhammer, Wien, 22. Mai 1866.
Vgl. Nr. 225. Ungedruckt.

***243.** An Katharina Fröhlich, Hall, 14. (?) Juni
1866. Vgl. Nr. 51. Ungedruckt.
Abreise von Wien 11. Juni 1866.

244. An Katharina Fröhlich, Hall, 21. Juni 1866.
Vgl. Nr. 51. Erster Druck: Jahrbuch I, 162.

Kremsmünster, berühmte Benediktinerabtei in Oberösterreich.

245. An Katharina Fröhlich, Hall, 3. Juli 1866.
Vgl. Nr. 51. Teilweise gedruckt: Jahrbuch I, 164.

*246. An Katharina Fröhlich, Hall, 9. Juli 1866.
Vgl. Nr. 51. Ungedruckt.

*247. An die Schwestern Fröhlich, Hall, 14. Juli
1866. Vgl. Nr. 51. Ungedruckt.
Ankunft in Wien am 17. Juli 1866.

248. An Ferdinand Raab, Wien, 20. August 1866.
Original im Besitze von Frau Raab. Erster Druck: Jahrbuch II, 306.

Ferdinand Raab, Beamter der Hofbibliothek.

Weilen war während seines Sommeraufenthaltes in Znaim
von der preußischen Besatzung zurückgehalten worden; der Ausdruck „Kriegsgefangenschaft" ist also scherzhaft zu verstehen.

Mémoires d'une contemporaine, ou souvenirs d'une femme
sur les principaux personnages de la république, du con-
sulat, de l'empire etc. Paris, Ladvocat 1827—1828, 8 vol.
Die anonyme Verfasserin ist Ida Saint-Elme.

*249. An Joseph Pollhammer, Wien, 26. Oktober
1866. Ungedruckt.

*250. An ?, Wien, 28. November 1866. Original im
Grillparzerarchiv. Ungedruckt.

*251. An Joseph Pollhammer, Wien, 21. Dezember
1866. Vgl. Nr. 225. Ungedruckt.
Es handelte sich hier um die Einzahlung in die Witwensozietät, deren Vorsitzender Dr. Leopold v. Sonnleithner war.

252. An Auguste v. Littrow-Bischoff, Wien, 25. Dezember 1866. Vgl. Nr. 239. Erster Druck: Aus dem persönlichen
Verkehre mit Franz Grillparzer, S. 89.
Der Gemahl der Auguste v. Littrow war Karl Ludwig
v. Littrow, geb. 18. Juli 1811 in Kasan, gest. 16. November
1877 in Wien, Astronom, nach seines Vaters, des Astronomen
Joseph Johann v. Littrow, Tode 1842 Direktor der Wiener
Sternwarte.
Der im Brief erwähnte Kalender ist der von Littrow heraus-
gegebene, schon von dessen Vater begründete „Kalender für die
gebildeten Stände", der bei Gerold in Wien erschien.

253. An König Ludwig II. von Bayern, [Wien, im Januar 1867]. Entwurf im Grillparzerarchiv. Erster Druck: Jahrbuch I, 267.

Antwort auf ein Telegramm König Ludwigs, das folgenden Wortlaut hat:

„Zum heutigen Geburtstag drücke ich Ihnen als Verehrer Ihrer genialen und ergreifenden Dichtungen meine aufrichtigen Glücks= und Segenswünsche aus. Ludwig."

Auf demselben Blatte des Konzepts stehen die Verse:

„Ein hoher Fürst wünscht einem Dichter Glück ..."

(Sämtl. W. III, 70).

254. An Karl La Roche, Wien, 31. Jänner 1867. Original im Besitze des Grafen Viktor Wimpffen. Erster Druck: Jahrbuch II, 307.

Der junge Dichter, über dessen Lebensschicksale nichts Näheres bekannt ist, war später Beamter der Kreditanstalt in Wien.

255. An Auguste v. Littrow=Bischoff, Wien, 2. März 1867. Vgl. Nr. 239. Erster Druck: Aus dem persönlichen Verkehre mit Franz Grillparzer, S. 120.

256. An Joseph v. Weilen, [Wien] 24. April 1867. Original im Besitz von Prof. Alexander Ritter v. Weilen. Erster Druck: Jahrbuch I, 235.

Das genannte Lustspiel von Leopold Feldmann wurde unter dem Titel „Die Schicksalsbrüder" am 24. Mai 1867 im Burgtheater aufgeführt und erlebte nur drei Wiederholungen.

***257.** An Katharina Fröhlich und Dr. Georg Preyß, Baden, 14. Juli 1867. Ungedruckt.

Ludwig Grillparzer, ein Großneffe des Dichters, natürlicher Sohn einer Tochter Karl Grillparzers, endete durch Selbstmord unter Umständen, die auf Geistesstörung hindeuteten.

***258.** An Katharina Fröhlich, Baden, Montag [1. August 1867]. Vgl. Nr. 51. Ungedruckt.

Kaiser Max von Mexiko war am 15. Mai 1867 in die Gewalt des republikanischen Generals Escobedo gefallen.

***259.** An Katharina Fröhlich, Baden, 6. August 1867. Vgl. Nr. 51. Ungedruckt.

***260.** An Joseph Pollhammer, [Wien] 16. Oktober 1867. Vgl. Nr. 225. Ungedruckt.

Vgl. Brief 238 und Anmerkung hiezu.

***261.** An Joseph Pollhammer, Wien, 16. Dezember 1867. Vgl. Nr. 225. Ungedruckt.

Ende September 1867 war Heinrich Laube von der Direktion des Burgtheaters geschieden, nachdem durch ein kaiserliches Handschreiben vom 11. Juli 1867 die Oberleitung der beiden Hoftheater dem Präfekten der Hofbibliothek Eligius Freiherrn v. Münch-Bellinghausen (Friedrich Halm) als Generalintendanten übertragen und zugleich dessen Unterordnung unter den Obersthofmeister, damals Prinz Konstantin zu Hohenlohe-Schillingsfürst, verfügt worden war. Einige Wochen darauf wurde der Regisseur des Mannheimer Theaters, August Wolff, Direktor des Burgtheaters, jedoch 3 Jahre später dieser Stelle enthoben. Vgl. Laube: Das Burgtheater, S. 478 ff.

262. An Auguste v. Littrow-Bischoff, [Wien] 26. Dezember 1867. Vgl. Nr. 239. Erster Druck: Aus dem persönlichen Verkehre mit Franz Grillparzer, S. 140 f.

Die Töchter Auguste Littrows: Ella, verehelichte v. Lang und Dorothea, verehelichte Freiin v. Doblhoff. Das Merkzeichen ist im Nachlasse Grillparzers aufbewahrt.

***263.** An den Olmützer Stadtrat, Wien, 13. April 1868. Original in Privatbesitz. Ungedruckt.

Die Direktionsstelle, um die L. v. Sztankowics (Pseud.: L. v. Selar) kompetierte, erhielt er nicht. Im Theateralmanach des Jahres 1869 erscheint als Direktor der Olmützer Bühne Czernits, Louis v. Selar dagegen als Direktor des Innsbrucker Theaters.

264. An Joseph v. Weilen (?), [Wien] 21. April 1868. Nach dem Original abgedruckt: Deutsche Dichtung IX. Bd., 7. Heft, S. 188. Könnte auch an Ferdinand Raab gerichtet sein.

265. An Louis v. Sztankowics, Wien, 3. Juni 1868. In Holteis 300 Briefen I, 155 f., zuerst gedruckt mit der Überschrift: „Grillparzer an Herrn L. v. St. in Wien" und mit der Anmerkung: „Diesen habe ich ersucht, Grillparzer für mich um obige Verse zu bitten, die ich für einen Aufsatz über Weimar zu haben wünschte."

Das zitierte Gedicht an Goethe in den Sämtl. W. III, 81, mit der Abweichung:

> „Der Schlafrock steht nur denen wohl,
> Die früher den Harnisch getragen."

Nach dem Wortlaut des Briefes wäre das Gedicht noch bei Lebzeiten Goethes geschrieben; das Erinnerungsblatt 144 des Grillparzerarchives, welches das Original enthält, wird von Nizn nach einem auf demselben Blatte geschriebenen Stammbuchvers ins Jahr 1834 versetzt.

*266. An Joseph Pollhammer [Wien, 14. November 1868]. Ungedruckt.

267. An Karl Goedeke, Wien, 19. November 1868. Der Brief wurde von dem Adressaten im Paragraph Grillparzer des „Grundrisses zur Geschichte der deutschen Dichtung" verwertet und dann vollständig mitgeteilt: Allgem. Ztg. 1872, 3. März, Beilage Nr. 63. Er ist die Antwort auf folgenden Brief Goedekes:

„Verehrtester Herr!

Ich weiß, sogar aus eigner Erfahrung, daß Sie nicht leicht auf Briefe eines Schriftstellers Antwort geben, wenn es sich um Ihre Dichtungen und Ihre Person handelt. Wenn ich dennoch den Versuch mache, einige Zeilen von Ihnen zu erhalten, so geschieht es, weil ich keine andre Quelle kenne, aus der ich schöpfen könnte.

Seit Jahren hatte ich die Fortsetzung meines Grundrisses der Geschichte der deutschen Dichtung ruhen lassen und mich andern Arbeiten zugewandt. Jetzt nehme ich dies Buch wieder auf, um es wo möglich zu Ende zu führen. Dabei stehe ich nun gerade vor jener Periode, in welche Ihre Jugend fiel und die mich, der Anlage meiner Arbeit nach, nötigt auch in die neuere und neueste Zeit schon da herabzugehen, wo ich eines Dichters zuerst zu gedenken habe. Es versteht sich, daß ich, was von selbstän=
digen einzeln erschienenen Dichtungen von Ihnen vorhanden ist, kenne und berücksichtige. Wie letzteres geschehen muß, dürfen Sie schon daraus folgern, daß ich mich an Sie unmittelbar selbst wende. Mich bindet die Tradition in der Literaturgeschichte nicht; ich sehe die Erscheinungen selbst an und suche die Gesetze in ihnen selbst zu erkennen, nicht um sie irgend einem mitgebrachten Be=
griff unterzuordnen, sondern aus ihnen die Geschichte zu ent=
wickeln. Meine Darstellung kann daher nicht von Einzelnheiten abhängen, sondern muß aus der Gesamtheit entstehen. Es bleibt mir also die in den Büchern herkömmliche Ungerechtigkeit fremd, aus den ersten oder aus willkürlich gewählten Schöpfungen die übrigen anzusehen und den auf seiner Höhe stehenden Dichter nach seinen Jugendwerken zu beurteilen; ich suche im Gegen=
teil schon den Dichter der Jungfrau von Orleans in den Räu=
bern auf. Dazu bedarf ich aber umfassender Kenntnis und einer ausgedehnteren, als mir bei Ihren veröffentlichten Dich=
tungen leider zu Gebote steht. Mich entschuldigt dabei vielleicht der Abstand der Zeit und die Entlegenheit meiner Heimat von der Ihrigen.

In einem Blatte lese ich, daß von Ihnen Szenen aus einem Scipio und aus einer Libussa veröffentlicht sind. Es ist nicht hinzugefügt, wo diese Veröffentlichung stattgefunden, und vergebens habe ich mich bemüht, zu erfahren, welcher Almanach oder welche Zeitschrift diese Proben gebracht. Meine Bitte an Sie ist, mir einen Nachweis darüber zu geben, damit ich mich mit diesen Fragmenten bekannt machen kann. Eine weitere Bitte würde ich hinzufügen, die, mir zu sagen, ob die Stücke Fragment geblieben oder ganz ausgearbeitet sind. Beide Bitten mögen Ihnen sagen, daß ich meine Aufgabe nicht leicht nehme und in der Lösung derselben gewissenhafter zu Werke gehe, als es heutzutage Brauch ist.

Einigen Zeilen von Ihnen balbgefälligst entgegensehend, habe ich die Ehre mich Ihnen mit vollkommener Hochachtung zu empfehlen ganz ergebenst

Göttingen (Hannover), 17. November 1868.

K. Goedeke."

Der erste Akt der „Libussa" ist in dem von Joseph Wache, Wien 1841, herausgegebenen „Album der Wohlthätigkeit durch Beiträge der vorzüglichsten Dichter und Künstler" enthalten.

„Hannibal" war in Witthauers Album zum Besten der Verunglückten in Pest und Ofen, Wien 1838, erschienen.

268. An Gustav Heckenast [Wien 1868]. Nach dem Original aus Heckenasts Nachlaß gedruckt: Eblingers Österreichische Rundschau 1883, S. 621.

Über den Brief Stifters an Grillparzer vgl. die Anm. zu Nr. 192.

Die Briefe Stifters erschienen, von Johannes Aprent herausgegeben, in C. F. Amelangs Verlag in Leipzig.

269. An Karl Goedeke, Wien, 27. März 1869. Nach dem Original von dem Empfänger mitgeteilt: Allg. Ztg. 1872, 3. März, Beilage Nr. 63.

Goedeke sandte am 6. März 1869 das Manuskript seines Grillparzer behandelnden Artikels des „Grundrisses", um zu erfahren, ob der Dichter mit seiner Auffassung und Beurteilung zufrieden sei. Er teilte auch die Absicht mit, eine größere selbständige Arbeit über Gr.s dramatische Werke zu unternehmen. Als er keine Antwort erhielt, schrieb er abermals am 25. März, worauf Gr. in dem vorliegenden Schreiben antwortete. Die Briefe Goedekes im Jahrbuch I, 244 f.

Das Originalmanuskript des Artikels „Grillparzer" im „Grundriß" wurde von der Witwe Goedekes 1891 dem Grillparzerarchiv gewidmet.

270. An Joseph v. Herrl, [Wien] 10. Mai 1869. Original im Grillparzerarchiv. Erster Druck: Jahrbuch XI, 284.

Die (Prosa=)Übersetzung von Dantes Göttlicher Komödie von J. B. Hörwarter und K. v. Enk erschien in Innsbruck 1830—31 (3 Bde.), eine 2. Auflage Wien 1877.

Mit Dante hatte sich Gr. schon in den Jahren 1845—46 beschäftigt, vgl. Sämtl. W. XVI, 109 f.

*271. An Katharina Fröhlich [Baden, 13. August 1869].
Vgl. Nr. 51. Ungedruckt. Das Datum nach dem Poststempel.

272. An Auguste v. Littrow=Bischoff, Wien, am
27. Dezember 1869. Vgl. Nr. 239. Erster Druck: Jahrbuch I, 87.
Der Entwurf zu dem vertilgten Schreiben hat sich im Grill=
parzerarchiv erhalten und lautet:
„Ich habe Ihrem eigenen Christbaum beigewohnt, im Abbild
nämlich, und zwar taub, blind und stumm, und daher nur um
so ähnlicher. Das war aber doch keine Unhöflichkeit [über: Auf=
bringlichkeit]. Nun kommt aber von Ihnen ein Christbaum für
mich, der so reich er ausgestattet war, doch nur den Geschmacks=
sinn in Anspruch nahm, als wollten Sie andeuten, daß das der
einzige Sinn sei, der mir übrig geblieben. Sogar die erhabene
Malerin hat sich bis zur Kuchenbäckerin erniedrigt. Doch halt!
Die gute Dora hat durch ihre schönen Lesemerkzeichen etwas
Höheres im Sinne gehabt. Und dann in Form eines Briefes
Verse, die mich bedauern lassen, mit Versen nicht mehr umgehen zu
können, um sie würdig zu beantworten. Es ist für alles gesorgt.
Sorgen Sie für sich, für Ihre Gesundheit nämlich. Ich habe
nicht mehr so viel Freunde oder Freundinnen in der Welt, daß
ich Eine davon entbehren könnte.“

273. An Frau Oberst v. Schwarzbeck, [Wien] 10. Mai
1870. Aus: Julius Schwering, „Franz Grillparzers hellenische
Trauerspiele“, Paderborn 1891, S. 1. Herr Prof. Schwering
konnte die ihm mitgeteilte Abschrift des Briefes leider jetzt nicht
mehr auffinden.
Nach Schwering ist Frau Oberst v. Schwarzbeck zu Graz
eine Verwandte Gr.s.
Seinen Besuch in Thorwaldsens Atelier, 1819, beschreibt Gr.
im Tagebuch auf der Reise nach Italien. Sämtl. W. XIX,
S. 216 ff. Persönlich ist Gr. mit Thorwaldsen, der am 12. Juli
1819 Rom verlassen hatte, nicht bekannt geworden. Vgl. hiezu
Sauers Rezension über Schwerings Schrift „Franz Grillparzers
hellenische Trauerspiele“ in der Zeitschrift für deutsches Alter=
tum und Literatur, herausgegeben von Schroeder und Roethe,
Bd. XXVII, S. 308.

274. An Paul Heyse, Baden, 16. Juni 1870. Nach dem
Original in Bettelheims Biographischen Blättern I, 113, mit=
geteilt von Max Kalbeck.
Das Schreiben Heyses, das Gr. durch diesen Brief beant=
wortet, ist im Grillparzerarchiv nicht vorhanden, hingegen ein
späteres vom 11. Juni 1871 (veröffentlicht im Jahrbuch I, 246 f.),
in dem Heyse neuerdings den „Spielmann“ für den von ihm
herausgegebenen „Deutschen Novellenschatz“ erbittet und worin er

betont, daß ihm gerade diese Novelle zuerst den Gedanken seiner Novellensammlung eingab, da sie so wenigen zugänglich war. Auch in der Einleitung zum „Novellenschatz" (I, S. XXI) führt Heyse unter den Motiven, die ihn zur Herausgabe bestimmten, an: „... die nicht seltenen Fälle, daß Lyriker oder Dramatiker, von einem bedeutenden Motiv angeregt, sich auch einmal in der Novelle versucht und Eigentümliches geleistet haben, das im Schatten ihrer berühmteren Werke als gelegentlicher Nebenschößling unbeachtet blieb. Wir erwähnen statt anderer Beispiele hier nur jener fein empfundenen und ergreifend dargestellten Novelle Grillparzers ‚der arme Spielmann', die seit ihrem Erscheinen in dem Taschenbuch ‚Iris' von 1848 nie wieder gedruckt und außerhalb Österreichs so gut wie unbekannt geblieben ist."

Die von Gr. beabsichtigte Ausgabe des „Spielmanns" im Vereine mit „Esther" (zuerst gedruckt in Emil Kuhs Dichterbuch aus Österreich, Wien 1863) und einer anderen Almanachsnovelle („Das Kloster bei Sendomir") kam nicht zur Ausführung, dagegen erschien Gr.s Novelle im 5. Bande des „Deutschen Novellenschatzes", mit einem Vorworte Heyses, das eine warm empfundene treffende Charakteristik des Werkes enthält. Die Bewunderung, die Heyse dem Dichter zollte, spricht sich in dem schönen Gedichte „An Grillparzer" (Heyses Gesammelte Werke I, 194) aus, das er zum 80. Geburtstage an ihn richtete.

275. An Katharina Fröhlich, Baden, 1. August 1870. Vgl. Nr. 51. Erster Druck: Neue Freie Presse, 23. Mai 1889, Nr. 8888.

276. An Auguste v. Littrow-Bischoff, Wien, 25. Dezember 1870. Vgl. Nr. 239. Erster Druck: Jahrbuch I, 87.

277. An die Kaiserin Augusta [Wien, im Januar 1871]. Entwurf im Grillparzerarchiv. Erster Druck: Jahrbuch I, 266.
Der Glückwunsch der Kaiserin Augusta zum 80. Geburtstage Grillparzers hat folgenden Wortlaut:
„Ich kann es als Freundin deutscher Dichtkunst und als Tochter Weimars nicht unterlassen, Ihnen Meine aufrichtigen Glückwünsche zu Ihrem 80ten Geburtstage auszusprechen und Mich den vielen Freunden Ihrer Muse anzuschließen, welche Ihnen zu dieser seltenen Feier ihre Huldigung dargebracht haben. Möge noch manches Jahr ruhigen Lebensgenusses dem Dichter beschieden sein, der es verstanden hat, die Gemüter seiner Nation in ganz besonderer Weise zu heben und zu bewegen.   Augusta."
Im Herbst 1871 schickte die Kaiserin durch Auguste v. Littrow-Bischoff, der sie in Baden-Baden eine Audienz gewährt hatte, ihre Photographie an Grillparzer, mit der Aufschrift des einzigen Wortes „Weimar".

278. An König Ludwig II. von Bayern [Wien, im Januar 1871]. Entwurf im Grillparzerarchiv. Erster Druck: Jahrbuch I, 268.

Das Glückwunschtelegramm König Ludwigs von Bayern hatte folgenden Wortlaut:

„Dem Nestor und Heros der deutschen Dichter, sende Ich zur achtzigsten Feier seines Geburtsfestes meinen besten und freundlichsten Gruß. Mit Stolz gedenkt die Mitwelt Ihrer unsterblichen Werke, welche auch Mich mit hoher Bewunderung erfüllen.

Ludwig, König von Baiern."

Auch zum 81. Geburtstage lief eine telegraphische Gratulation des Königs, datiert von Hohenschwangau, ein.

279. Dankschreiben an seine Verehrer [Wien, im Januar 1871]. Nach dem Entwurf im Grillparzerarchiv. In den Wiener Blättern vom 20. Jänner 1871 mit geringen Abweichungen gedruckt.

280. An v. Eisenhart, Wien, 18. Februar 1871. Entwurf im Grillparzerarchiv. Erster Druck: Jahrbuch I, 293.

Antwort auf ein im Auftrage des Königs Ludwig II. von Bayern von dessen Sekretär v. Eisenhart an den Dichter gerichtetes Schreiben, in dem es heißt:

„Seine Majestät dankt Ihnen einen neuen Genuß durch die Lectüre Ihrer ‚Esther‘, welche, obwohl nur Fragment, auf Seine Majestät einen gewaltigen Eindruck übte. Zugleich beklagen jedoch Allerhöchstdieselben, daß diese großartige Dichtung gewissermaßen nur Skizze geblieben und wären hocherfreut, wenn Euer Hochwohlgeboren durch Vollendung des Werkes der deutschen Literatur ein Drama geben würden, welches sich den vorzüglichsten, die wir besitzen, würdig zur Seite stellt.

Die Frische Ihres Geistes und Ihr reicher dichterischer Born sind für meinen Königlichen Herrn eine sichere Gewähr, daß Sie trotz Ihrer Jahre die hohe Aufgabe in vollendeter Weise zu lösen vermöchten."

Anhang.

Undatierte Briefe.

281. An N. Karhan. Nach dem Faksimile bei Foglar: Grillparzers Ansichten über Literatur, Bühne und Leben, Wien 1872.

Über den Adressaten, einen frühverstorbenen Dichter, waren nähere Angaben nicht zu finden. Die Namensform Kachan in der ersten Auflage der Foglarschen Schrift beruht auf einem Druckfehler.

***282.** An Josephine Fröhlich, Mittwoch den 11. Juli. Vgl. Nr. 51. Ungedruckt.

***283.** An Katharina Fröhlich, Baden, 7. Juli. Vgl. Nr. 51. Ungedruckt.

284. An Katharina Fröhlich, Baden, 12. Juli. Original in Privatbesitz. Erster Druck: Euphorion, Zeitschrift für Literaturgeschichte VII, 316.

Nicht zu datieren ist auch Grillparzers Abschiedsbillett an die Künstlergesellschaft „Soupiritum" in Alex. Baumanns Wohnung im Passauerhofe (der „Baumannshöhle"): „Arm, alt, halb taub und blind, passe ich nicht mehr unter fremde Menschen." Vgl. Schöchtner, Aus Alexander Baumanns Freundesmappe: Die Zeit XVI, 138.

II. Tagebücher.

1808.

2. Von Blanka von Kastilien sind im Nachlasse drei Manuskripte vorhanden. Die erste Fassung stammt aus dem Jahre 1807. Die Reinschrift (212 Seiten) ist von Grillparzer (1. und 5. Akt), Wohlgemuth (2. und 3. Akt) und Altmütter (4. Akt) besorgt. Sämtl. W. X, 7 ff.

3. Die Schreibfeder, Schauspiel in einem Aufzuge. Sämtl. W. X, 201. Im Nachlasse zwei Manuskripte; auf dem einen die Bemerkung: „24. November 1807 angefangen — 11. Juni 1808 in crudis vollendet." Die zweite Fassung wurde am 20. Jänner 1809 vollendet. — Während der philosophischen Studien in den Jahren 1805—1806 schrieb Grillparzer das Lustspiel: „Die unglücklichen Liebhaber", dem er das Motto: Mutato nomine de te fabula narratur vorsetzte. In den darin auftretenden sieben Justizräten hat Grillparzer seine Professoren karikiert.

4. Dieser Gesellschaft zur gegenseitigen Bildung gehörten als Mitglieder an: Georg Altmütter, Joseph Wohlgemuth, Franz Kerschbaumer, Ignaz Joseph Mailler, Ferdinand v. Paumgarten und Franz Grillparzer. Einige Vorträge, die Grillparzer für diese Vereinigung verfaßt hatte, sind in seinem Nachlasse aufbewahrt: „Zerstreute Gedanken über das Wesen der Parodie", vorgetragen den 20. Mai 1808, ferner „Rede zum Lobe Rudolfs von Habsburg" und „Rede über den Vorteil der Reden".

Mailler vgl. Anm. zu Brief 2.

Paumgarten vgl. Anm. zu Brief 34.

Altmütter vgl. Anm. zu Brief 42.

Die im Hause Wohlgemuth versammelten Jugendfreunde stifteten, wie Grillparzer in der Selbstbiographie erzählt, „eine Akademie der Wissenschaften", in der allwöchentlich Versammlungen gehalten und Aufsätze vorgelesen wurden. Die zu diesem Zwecke entworfenen Statuten sind gedruckt Jahrbuch I, 366 f.

6. **Therese Wohlgemuth,** die jüngere Schwester von Gr.s Freund.

Antonie, eine Freundin der Schwestern Wohlgemuth, spielte im Haustheater bei Wohlgemuth mit; sie wurde wegen ihres Verkehrs „Stubenmädel" genannt (Selbstbiographie, Sämtl. W. XIX, 41).

Unter den Gedichten aus der Jugendzeit (vgl. Anm. zu Nr. 18) auch einige an Therese, Antonie und Caroline. In Carolinens Stammbuch hat Grillparzer am 5. Februar 1807 nachstehendes Gedicht in französischer Sprache eingetragen:

> Rempli d'épines est, chère amie,
> Le chemin de notre courte vie,
> Et le malheur poursuit nos pas.
> Mais aux malheurs et aux épines
> De tendres roses sont voisines:
> La vie a aussi des appas.
>
> Jouissons de ses rares délices
> En évitant ses précipices,
> Et le sentiment le plus beau,
> L'amitié tendre, nous soulage,
> Dans les malheurs nous encourage,
> Et nous guide jusqu'au tombeau.

An Antonie ist folgendes Gedicht gerichtet:

den 31. December 1806.

A l'amour.   (Antoinette)

> Amour, amour, tes douces charmes
> Vainquent, enflamment tous les coeurs
> A toi, potent, coulent des larmes
> De joie et souvent de douleur.
>
> A ton gouvernement personne
> Resiste, et le gueux et le roi,
> Et tous les mortels s'abandonnent
> Aux flèches de ton preux carquoi.
>
> Seulment la belle Antoinette
> Ferme à tes charmes ses yeux
> Et mes soupirs tendres rejette.
> Vainque la belle, bon Dieu!

Ein Gedicht vom 2. April 1806: „Der Kampf der Leidenschaften" bezieht sich auf seine Liebe zu Therese.

7. **Joh. Kaufmann** (geb. 1788 zu Gilgenberg in Niederösterreich), der zwischen 1806—1810 in Wien Jus studierte, wurde Professor der Rechte und fachwissenschaftlicher Schriftsteller;

Kerſchbaumer wandte ſich dem Lehramte zu und wurde Pro=
feſſor der Statiſtik.

8. Robert von der Normandie, Trauerſpiel in 5 Akten,
Sämtl. W. XI, 51. Manuſkript im Nachlaſſe. Auf dem erſten
Blatte oberhalb des Titels: „den 31. Mai 1808.“

10. Die punktierten Stellen im Originalmanuſkript aus=
geriſſen.

11. Dieſe Stelle bezieht ſich auf Altmütter. Die punktierte
Stelle im Originalmanuſkript ausgeriſſen.

12. Thereſe Sonnleithner, geb. 1774, geſt. 1829, zu
welcher Joſeph Schreyvogel in ſeiner Jugendzeit in inniger Herzens=
beziehung ſtand.

14. Die punktierte Stelle im Originalmanuſkript ausgeriſſen.

16. Wie Gr. in der Selbſtbiographie, Sämtl. W. XIX, 42,
erzählt, wurde Antonie „in die projektierte Heirat hineingejagt“.

18. In der Selbſtbiographie äußert ſich Grillparzer über
den Verluſt ſeiner Gedichthefte aus der Jugendzeit. Freiherr
v. Rizy bemerkt im „Wiener Grillparzer=Album“ 1877, S. 426,
daß gegenwärtig nur noch „Das Grab im Walde“ (eine Ballade
in nicht weniger als 37 Strophen), außerdem aber nebſt einigen
nicht genannten Verſuchen eine Ode an Ovid vorhanden ſei, welche
Grillparzer erſt in ſpäteſter Zeit aus altem Papierkram hervor=
holte. In der Tat dürften ſämtliche Jugendverſuche im Nachlaſſe
erhalten geblieben ſein, wo ſich vier Hefte mit folgenden Gedichten
vorgefunden haben:

I. Heft (20 Seiten).

Auf zwei Vettern   . . . .   14. Mai 1804.
                                        (Sämtl. W. III, 87.)

An die Sonne   16. Juni 1804.
                                        (Sämtl. W. II, 77.)

Elegie eines Schiffbrüchigen auf
   den Tod ſeines Hundes auf einer
   wüſten Inſel . . . .   24. Juni 1804.
Der Räuber und der Wolf . . . .   16. November 1805.
Das Rechte und Schlechte . . . .   2. Januar 1806.
                                        (Sämtl. W. I, 176.)

Das Zauberſchwert . . . .   5. Februar 1806.
Der Genius der Zukunft . . . .   21. März 1806.
Der Kampf der Leidenſchaften
   (Thereſe) . . . .   2. April 1806.
Der wahre Glaube. . . . . . .   4. April 1806.
Die wahre Glückſeligkeit. (Nach den gegebenen Endreimen
   verfertigt.) Am Rande die Bemerkung: Für Mailler.

II. Heft (21 Seiten).

III. Heft (20 Seiten).

IV. Heft (mit der Aufſchrift: Poetiſche Verſuche S[eraphicus]
K[lodius] G. 1808).

In der Selbſtbiographie (XIX, 29) teilt Grillparzer Näheres
über die Entſtehung ſeines erſten Gedichtes mit. Über die Entſtehung des Gedichtes an den Mond vgl. Sämtl. W. XVIII, 165.

19. Betti Roose, Tochter des Schauspielers Koch, geb. zu Hamburg 20. Oktober 1778, gest. zu Wien 24. Oktober 1808, wurde 1798 von Kotzebue nach Wien berufen und betrat die Bühne des Burgtheaters zum ersten Male am 28. September 1798 als Margarete in Jfflands „Hagestolzen". Im selben Jahre vermählte sie sich mit dem Hofschauspieler Friedrich Roose. Zum letzten Male erschien sie vor dem Publikum am 19. September 1808 als Pauline in Jfflands „Testament des Onkels". Der Tod dieser vortrefflichen Schauspielerin wurde allgemein betrauert; ihrem Sarge folgten zahlreiche Leidtragende in nahezu 150 Wagen. Am Grabe (Hundsturmer Friedhof, Grab Nr. 191) wurden Gedichte verteilt, darunter auch eines von Collin, der als letzter die Ruhestätte verließ.

1809.

23. Am 10. Mai 1809 erschienen die Franzosen vor den Toren Wiens. Am nächstfolgenden Tage (Christi Himmelfahrt) begann der Feind das Bombardement, das bis gegen 3 Uhr Morgens dauerte; am 12. Mai erfolgte die Kapitulation und Tags darauf der Einmarsch der Franzosen, die bis zum 20. November die Stadt besetzt hielten.

25. Grillparzer besuchte das Gymnasium zu St. Anna von 1801—1804. Es bestanden damals in Wien für die sogenannte „studia humaniora" drei Gymnasien: bei St. Anna, das Universitätsgymnasium und in der Josephstadt (bei den Piaristen). Das Gymnasium zu St. Anna wurde, nachdem 1773 das Jesuitengymnasium am Hof mit der Aufhebung des Ordens aufgehört hatte, von Maria Theresia gegründet und am 3. November 1775 eröffnet; es bestand bis zum 14. September 1807. Vgl. auch Anm. zu Brief 1.

Die Legende der Heiligen von P. Martin Kochem.

27. Die Stelle über Sterne bei Lichtenberg in dessen Vermischten Schriften (herausgegeben von Ludwig Christian Lichtenberg und Friedrich Kruß, Göttingen 1800) II. Bd., S. 171—175. Ein Exemplar dieser Ausgabe in Grillparzers Bibliothek.

31. Vergleiche hiezu die folgende Stelle aus Schreyvogels Sonntagsblatt I, Nr. 8 vom 5. April 1807, S. 121: „Reizende Potenz kann alles werden, was auf die Erregbarkeit wirkt, folglich auch alle Kunstwerke, und in wiefern sie die Erregbarkeit erschöpfen, oder zu wenig aufregen, erhalten sie ihre Stelle in der Materia medica, so gut wie andere in den Apotheken vorhandene Mittel. So wirkt z. B. eine Musik von Händel wie Opium, eine von Mozart wie China, eine von Gyrowetz wie Bockshörndlsaft, oder wie Camillentee."

32. Es scheint, daß sich dieses Bekenntniß nur auf die Stellen bezieht, die das Verhältnis zu seinen Jugendfreunden betreffen, vornehmlich die Bemerkungen über Altmütter und Wohlgemuth.

33. Ein Gedicht Gr.s „Die Musik" vom 29. November 1812 in Sämtl. W. II, 7.

1810.

36. In Zusammenhang mit dieser Stelle steht Grillparzers Mitteilung über seine Studien an der philosophischen Fakultät (Selbstbiogr. XIX, 31 f.). Wie wenig Begeisterung schon in früherer Zeit das Studium der Philosophie bei den Wiener Dichtern gefunden, läßt sich einem Briefe Forbergs, des Schülers und Freundes Reinholds, entnehmen, der 1791 in persönlichem Verkehr mit den Wiener Literaten stand. In einem Schreiben vom 14. Mai 1791 an Reinhold teilt er mit, daß die Wiener Dichter „die Philosophie als müssige Grübeleien finsterer Stubengelehrter verspotten". (Keil, Wiener Freunde 1784—1808, Wien 1883, S. 25.) Kant fand bei den Wiener Dichtern kein Verständnis, und Haschka rühmt sich in einem Briefe an Reinhold (20. Februar 1803) der erste gewesen zu sein, der in Wien Kants Kritik der reinen Vernunft gekauft, gelesen und empfohlen habe. (Keil S. 74.) Abt Reyberger von Melk († 1819) war der erste, der Österreich mit der Kantschen Philosophie bekannt machte; sein Lehrbuch der Moral war lange unter den verbotenen Büchern.

42. Das Sonntagsblatt oder Unterhaltungen von Thomas West. 1807—1809. Selbstbiogr. XIX, 61.

Ein Nachdruck von Goethes Werken in 14 Bänden erschien 1809 bei Geistinger, von Erichson „aufs schändlichste redigirt, ohne Sinn", wie Varnhagen aus Wien am 10. Januar 1810 an die Redaktion des Morgenblattes schreibt (Morgenblatt 1810, Nr. 33); auch Doll besorgte 1809 einen Nachdruck von Schillers und 1810 einen von Goethes Werken. Gleichzeitig veranstaltete der Buchhändler Pichler eine Schillerausgabe, wovon die ersten drei Bände am 23. August 1809 erschienen sind. Die vielfachen Beschwerden, die damals gegen den Nachdruck erhoben wurden, blieben ohne Erfolg. Die Behörden erklärten, einen Grund für ein solches Verbot weder in den Begriffen des Rechtes, noch in den Grundsätzen der Staatskunst zu finden. Der Gedanke des Autors möge immerhin als sein literarisches Eigentum angesehen werden, niemand werde ihm dasselbe anfechten, solange er ihn für sich zu verwahren im stande sei. Sobald er ihn aber durch den Druck zur Kenntnis aller bringe, könne es der Eigentümer nicht mehr hindern, daß ihn jeder andere auffasse, aufzeichne, weiter verkündige und nach seiner Weise benütze. Man berief sich auch darauf, daß Österreich keines gegenseitigen Verfahrens eines anderen Staates sich rühmen könne ... Zu alledem kam noch der schlechte Geldkurs in Betracht, der den Bezug ausländischer Schriften sehr verteuerte und daher den Nachdruck fast notwendig machte. Unter solchen Umständen war es ein fruchtloser Versuch, den Cotta 1809 unternahm, als er um ein privilegium impressorium auf das neueste Werk Goethes „Die Wahlverwandtschaften" einschritt, eine Bitte, die mit der Begründung zurückgewiesen wurde, daß die Staatsverwaltung keinen Beruf habe, einen auswärtigen Verleger auf Kosten der inländischen Betriebsamkeit zu begünstigen.

44. Wenige Monate später, am 12. Sepember 1810, wurde von der Polizeihofstelle die neue Zensurordnung publiziert, die mit den Worten beginnt: „Kein Lichtstrahl, er komme, woher er wolle, soll in Zukunft unbeachtet und unerkannt in der Monarchie bleiben, oder seiner möglichen Wirksamkeit entzogen werden." Zur praktischen Anwendung dieser Worte kam es jedoch in der vormärzlichen Zeit niemals, vielmehr zu einer weit strengeren Handhabung der Zensur, die jede freiere Regung des Geisteslebens schon im Keime erstickte. Mußten doch vor der Drucklegung selbst Landkarten und Rechenbücher zur behördlichen Prüfung vorgelegt werden.

Für Otaheiti war Gr. durch die Lektüre von Cooks Weltumseglung eingenommen, vgl. Selbstbiographie, Sämtl. W. XIX, 25.

Georg = Altmütter.

45. Charlotte Jeßer. P. ist wohl Ferdinand v. Paumgarten, Gr.s Jugendfreund (vgl. Anmerkung zu Brief 34), der Charlotte Jeßer am 15. Jänner 1818 heiratete. Gr. widmete Charlotten am Hochzeitstage das Gedicht „In das Stammbuch einer Neuvermählten". Sämtl. W. III, 41. „Damals," sagt Theobald Frhr. v. Rizy, des Dichters Vetter, „ahnte er wohl nicht, daß das jugendliche Wesen, welches nunmehr in den Kreis seiner nächsten Freunde eintrat, dazu bestimmt sein sollte, einen entscheidenden Einfluß auf sein Leben zu nehmen. Allein die Bewunderung, welche die enthusiastische Frau den Werken des Dichters zuwendete, lenkte unwillkürlich seine Aufmerksamkeit auf sie; und das Interesse, das er einer so warmen und liebenswürdigen Verehrerin seiner Poesien zuzuwenden nicht umhin konnte, ging nur allzubald in eine zur Leidenschaft sich steigernde Neigung über, die sein ohnehin überreiztes Gemüt durch mehrere Jahre den heftigsten Aufregungen preisgab. — Es waren dies die für ihn so entscheidenden Jahre, während welcher die an sich große und durch Störungen aller Art ungeheuer erschwerte Arbeit der Trilogie auf seinem Geiste lastete und das dunkle Bild der

‚Medea‘ seine Phantasie in steter Spannung erhielt. Beinahe alle aus jener Zeit stammenden Gedichte Gr.s zeigen die Spuren des unablässigen Ringens mit der von ihm selbst als unselig erkannten Leidenschaft für die Frau des Freundes, welche auf höchst eigentümliche Weise die Muse seiner Medea geworden war; und den völligen Abschluß dieses aufreibenden Kampfes entnehmen wir erst aus dem Inhalte eines an dieselbe zu Ende des Jahres 1821 oder Anfangs 1822 gerichteten Widmungsblattes, welches einem Druckexemplar des ‚Goldenen Vließes‘ angeschlossen zu werden bestimmt war." (Gr.-Album S. 459.) Vgl. Nr. 122 u. 123.

47. Grillparzers Oheim Joseph Sonnleithner war damals Hoftheatersekretär. Vgl. Anm. zu Brief 28.
Über Pálffy vgl. die Anm. zu Brief Nr. 16.

49. Vgl. Nr. 47. Gr. muß schon damals die spanische Sprache betrieben haben.

50. Vgl. Nr. 59.

51. Hiezu die Stelle in den „Beiträgen zur Selbstbiographie", XIX, 182. — Giovanni Battista Velluti, der letzte berühmte Kastrat, geb. 1781 zu Monterone, gest. 1861, trat in Wien zum ersten Male am 26. Mai 1810 auf als Trajan in der Oper „Trajan in Dazien", Musik von Nicolini. (Kritik im Sammler 1810, Nr. 71: „Seine Stimme hat den beträchtlichen Umfang vom eingestrichenen a unter den Linien bis zum zweigestrichenen b ober den Linien.") — Die erste Aufführung der Oper Ginevra di Scozia, Musik von S. Mayr, erfolgte am 23. Juni 1810. Im nächsten Jahre (1811) kam Velluti wieder als Gast nach Wien. Den Beifall, der diesem Sänger besonders von Frauenhänden reichlich zu teil wurde, geißeln satirisch die „Briefe des jungen Eipeldauers an seinen Herrn Vettern in Kakran." Jahrgang 1811, IX. Heft, S. 27.
Mit Velluti trat 1810 auch Giuseppe Siboni auf, nachmals Operndirektor und Leiter des Konservatoriums in Kopenhagen, dessen Schülerin Josephine Fröhlich war. Seinem Sohne, dem Pianisten Eric Siboni schrieb Gr. 20. April 1853 einige Verse ins Stammbuch, vgl. Werke III, 63.

1811.

56. Karpes Leitfaden erschien 1802—1803 unter dem Titel: „Darstellung der Philosophie ohne Beinamen in einem Lehrbegriffe als Leitfaden bei der Anleitung zum liberalen Philosophieren. Wien, C. S. Wappler." 6 Teile in 2 Bänden. Band I: Prolegomena und Lehrbegriff der theoretischen Philo-

sophie (3 Teile). Band II: Lehrbegriff der praktischen Philo-
sophie (3 Teile). Dieses wunderliche Werk, worin Karpe, ein
Feind des kritischen Idealismus, versuchte, den Widerstreit des
Idealismus mit dem Realismus dadurch zu heben, daß er seiner
Philosophie die ältere Schule zu Grunde legte und von den neuen
Lehren nur das aufnahm, was seinen praktischen Zwecken entsprach,
ist ausführlich besprochen in den Österr. Annalen für Litt. 1807,
Februar-Intell.-Bl. S. 60.

Franz Samuel Karpe begann sein Lehramt 1774 als
Lehrer der Logik und Metaphysik an der Universität in Olmütz; er
verlegte sich auf die Leibniz-Wolffische Philosophie und hielt seine
Vorlesungen nach den Werken von Alex. Baumgarten, Georg Fried-
rich Meier und der damaligen Eklektiker Baumeister, Feder und
Ulrich. Mit kaiserlicher Entschließung vom 5. Dezember 1786 wurde
Karpe als Lehrer der Philosophie an die Wiener Universität berufen.
Nach einer 32jährigen Dienstzeit trat er 1806 in den Ruhestand,
den er jedoch nur kurze Zeit genossen hat, da er, in seiner Gesundheit gänzlich zerrüttet, noch im selben Jahre starb.

1812.

57. Die Studie „Über die Ursache von Egiptens früher
Kultur" befindet sich im Nachlasse. Grillparzer führt darin aus,
man glaube die Ursachen gewöhnlich darin gefunden zu haben,
„daß man die Egipter für das älteste Volk hält und sagt,
eine lange Reihe von Jahren, die sie vor den übrigen
Völkern voraus hatten, hätten ihnen einen so mächtigen Vorsprung verschafft; eine Behauptung, von deren Unwahrheit ich
vollkommen überzeugt bin; derselbe Grund, der wie ich glaube
Egipten so hoch gebracht hat, machte es zu einem der später be-
völkerten Lande. Ich glaube nämlich den Grund all dieser Erscheinung in einer Eigenheit von Egiptens physischer Beschaffen-
heit gefunden zu haben und zwar in dem periodischen Austretten
des Nils." Im Verlaufe dieser Studie stellt er Untersuchungen
an über die ersten Ankömmlinge, die beim ersten Austreten des
Nils ihre Unerfahrenheit mit dem Verlust des Lebens oder ihrer
Herde gebüßt haben, bespricht hierauf den Kampf, den die
Menschen mit der Natur zu bestehen hatten, die stellenweise Erhebung des Bodens, den Bau von Hütten und die Umwandlung
der Nomaden in Fleckenbewohner, die eine gänzliche Umwälzung
in der Lebensart, der Beschäftigung und dem Charakter zur Folge
hatte. Aus der Teilung der Bevölkerung in zwei Klassen, der
Ackerbauer und Hirten, habe sich der Tauschverkehr entwickelt,
der zur Erfindung der Schiffahrt und diese zum Seehandel
führte. Hierauf wendet sich Gr. gegen die Annahme, als seien
die Hirten auf den Feldern Mesopotamiens die ersten rohen
Erfinder der Astronomie gewesen. Der Aufsatz schließt mit den

Worten: „Man muß über den Menschen gar nicht nachgedacht haben, um das zu glauben. Dem rohen Hirten, der keine Idee von dem unermeßlichen Abstande und also auch nicht von der Größe dieser Himmelskörper hat, fällt gar nicht ein, diese Lichter, die er für geringer als sein Küchenfeuer hält, sogar nur zu bewundern, er wird ihnen kaum eine geringe Aufmerksamkeit schenken, sowie es noch heute unser Bauer tut, der sich trotz seiner Roheit doch so unendlich von diesen Wilden unterscheidet. Die Sterne haben für den Hirten gar kein Interesse, denn sie stehen mit dem, was er ißt und trinkt, in gar keinem schein= baren Zusammenhang.‟

59. Vgl. Nr. 50.

60. **Johannes v. Müller** trat 1792 in den österreichischen Staatsdienst als Hofrat und geheimer Staatsoffizial bei der Haus=, Hof= und Staatskanzlei ein und wurde 1800 an Denis' Stelle erster Kustos an der k. k. Hofbibliothek. Da ihm 1803 nach van Swietens Tode die Leitung der Bibliothek wegen seines protestantischen Glaubens nicht übertragen wurde, resignierte er auf seine Stelle und begab sich 1804 nach Berlin.

1819.

67. **A. G. Müllners** Rezension der „Ahnfrau‟ in den „Vermischten Schriften‟, Stuttgart und Tübingen 1826, II, 369 bis 388. Vgl. Anm. zu Brief 14. In einem am 22. April 1817 begonnenen Tagebuchhefte Gr.'s findet sich folgender

Auszug
aus einem Schreiben des Doktor Müllner an
Schreyvogel.

Weißenfels am 6. Mai 1817.

Nun freilich, so wie sie gedruckt ist, konnte die Ahnfrau nicht aufgeführt werden; aber sie hätte auch nicht so gedruckt werden sollen. Mit Streichen war hier der Kasse, aber nicht der tragischen Kunst zu helfen. Umgeschmolzen mußte werden, und der Kopf des Dichters mußte der Schmelztiegel sein.

Junger Freund, hätte ich zu ihm gesprochen, was Sie da ge= macht haben, ist das Werk der Einbildungskraft und des Empfin= dungsvermögens. Diese beiden Seelenkräfte, deren Blüte das schöne Eigentum der Jugend ist, haben Sie hingerissen, eine Tragödie zu schreiben, ehe noch in der Vernunft die Grundidee reif geworden war, und die Urteilskraft die Mittel ihrer Aus= führung geprüft hatte. Die moralische Erbkrankheit, die in ver= brecherisch entstandenen Stämmen sich fortpflanzt, das ist eine vor= treffliche Grundidee. Sie liegt mehr als einer Tragödie der Alten

zu Grunde, sie ist unter andern in der Fabel von den thebanischen
Königen Lajus, Ödipus, Eteokles und Polyneukes herrlich aus-
geführet, und Sie konnten sie füglich in der Ahnfrau abermals
ausführen. Das haben Sie auch gewollt; aber wie haben Sie
es angefangen? Die Ahnfrau ist eine Ehebrecherin und das Ge-
schlecht der Borotin aus verbrecherischem Saamen erzeugt. Hac-
tenus bene, obwohl es zum Anfange eines so groben Verbrechens
eben nicht beburft hätte. Sophokles und Euripides reichen mit
weniger aus: Lajus erzürnt den Zeus blos dadurch, daß er im
Rausch seiner Frau beiwohnt, welches der Gott verboten hatte.
Das ist genug: denn wir wollen ja die Sünde nicht sofort groß,
als Baum vor uns sehen, sondern als Keim, der in dem
Stammbaume zum Baume heranwächst. Lajus tat, was wir
alle wohl leicht hätten zu tun versucht werden können. Ödip
tat schon mehr, er erschlug einen Menschen im Zorn. Seine
Söhne noch mehr, sie begingen wissentlich Brudermord. Wir
sehen den Baum wachsen und so muß es sein, wenn wir daran
glauben sollen, daß es der Baum aus jenem Keime sei. Inzwischen Sie haben den Baum der Sünde nicht aus dem Kern
ziehen, sondern gleich einen tüchtigen Setzling pflanzen wollen.
Auch gut, aber warum lassen Sie uns nicht wahrnehmen, wie der
Sünden-Gärtner Satanas ihn größer und größer zieht? Jaromir
zwar tut des Bösen eben zu Genügen, aber sein Vater scheint
doch eine recht brave, ehrliche Haut, wir erfahren nicht, daß je
in ihm der sündige Saamen Frucht gebracht hätte, und von
seinen Ascendenten, durch welche er mit der Ahnfrau zusammen-
hängen mag, wird gar nichts gemeldet. Die antike Grundidee,
die hier modern ausgeführt werden sollte, kommt daher gar nicht
zur lebendigen Anschauung, und, genau genommen, ist sie blos
in der Vorrede berührt, aber nicht im Stück enthalten.

Doch hatten Sie vielleicht eine andere? Wollten Sie zeigen,
daß eine Ehebrecherin, obschon von der Rächerfaust des beleidigten
Gatten getroffen, auch noch im Grabe nicht rasten kann, bis der
Stamm, der ihrem befleckten Schooße entsproß, untergegangen ist
mit Stumpf und Stiel? Dann sind Sie allerdings mit der
Ausführung Ihres praktischen Willens ein wenig weiter gekommen. Aber diese Grundidee ist, mit Aristoteles zu reden, ein
μιαρov, sie stößt zurück, sie wurzelt nicht in der menschlichen
Vernunft, die auch die übersinnliche Weltordnung vernünftig
haben will, da sie es eigentlich ist, welche sie macht i. e. denkt.
Dies Gebrechen könnten Sie kaum dadurch heilen, daß Sie den
untergehenden Stamm mit Schuld belüden, und seinen Unter-
gang als verdient darstellten; denn dann würde uns wieder die
gespenstische Ehebrecherin wenig kümmern, und zu nichts dienen,
als die Kinder im Theater zu fürchten zu machen — ein Ding,
welches sich zu dem wahren tragischen Schrecken nicht viel besser
verhält, als ein Popanz zu den Schlangen des Laokoon.

Es ist mithin hier kein anderer Rat, als daß Sie Ihre Grundidee von neuem in der innern Werkstatt bearbeiten, und zwar so lange, bis sie Ihre Vernunft und Ihr moralisches Gefühl befriedigt. Alsdann, mein Freund, führen Sie sie anderweit aus, und da Sie sonder allen Zweifel der Mann sind, der auf dem Pegasus zum Ziel reiten kann, sobald Sie nur erst recht eigentlich wissen, wo sie hin wollen, so wird auch gewiß eine ganz andere Ahnfrau hervor treten. Es werden darin Charaktere zur An= schauung kommen, woran es jetzt so ziemlich fehlt, sintemalen die des Alten, der Bertha, des Boleslav u. s. f. = 0 und der des Jaromir eine psychologische Irrationalgröße ist. Und sobald Sie die Charaktere haben, d. h. sobald sie in ihrem Innern leben, als ob Sie die Leute gekannt und mit ihnen gelebt hätten, so wird sich auch der Dialog finden, wovon hier auch nicht gar viel zu spüren ist, inmaaßen die Leute fast mehr Empfindungen aussingen, als Gedanken aussprechen, welches unter andern S. 72 an dem musikalischen bis oder da capo abzunehmen ist, so angenehm es auch klingen mag.

1821.

75. Die Stelle aus Manfred (II. Akt, 2. Szene) bezieht sich auf Katharina Fröhlich.

Da die Bemerkung Gr.s nicht im Original, sondern nur in einer Abschrift vorliegt, so kann sie auch einer etwas späteren Zeit angehören.

1822.

76. Mit Rousseau hatte sich Gr. schon frühzeitig beschäftigt. Ungefähr aus dem Jahre 1808 stammt eine Übersetzung des Contrat social, die in Grillparzers Nachlasse aufbewahrt ist. In seiner Bibliothek fand sich auch die von Musset=Pathay 1823 bis 1826 besorgte Ausgabe von Rousseaus Werken.

77. Rousseau: Confessions, part. II, livre VIII; in der Ausgabe von Musset=Pathay: Bd. XV, S. 122.

79. Joseph Hormayr zu Hortenburg, geb. Innsbruck 1782, gest. München 1848, Geschichtsforscher, Herausgeber des Österr. Plutarchs, des Archivs für Geschichte, des Taschenbuchs für vater= ländische Geschichte, bis 1828 im österreichischen, dann im bayrischen Staatsdienste. Vgl. Glossy: Hormayr und Karoline Pichler im Jahrbuch XII, 212—243.

87. Vgl. Anm. zu Brief 46 u. 49.

89. Gemeint ist Kathi Fröhlich.

91. Leopold Dorotheus Henning, genannt v. Schönhoff, geb. Gotha am 4. Oktober 1791, gest. Berlin am 5. Oktober 1866, seit 1818 in Berlin und 1820 auf Wunsch Hegels als öffentlicher Repetent der Hegelschen Philosophie angestellt, beschäftigte sich besonders mit Goethes Farbenlehre, wozu ihm an der Universität ein eigenes Laboratorium eingerichtet wurde. 1822 erschien von ihm „Einleitung zu öffentlichen Vorlesungen über Goethes Farbenlehre".

92. Bezieht sich auf Katharina Fröhlich.

1824.

103. Gewiß auf seine bevorstehende Verheiratung mit Katharina Fröhlich zu beziehen.

1825.

104. Bezieht sich auf Katharina Fröhlich.

105. Über die Aufnahme „König Ottokars" bei seiner ersten Aufführung vgl. Selbstbiographie, Sämtl. W. XIX, 116 ff.

1826.

106. Nr. 106—139, 145—156, 158, 159, 163—172, 174 bis 199, 201—207 liegen nicht im Original, sondern nur in einer von Rizy veranlaßten Abschrift vor. Die Tagebuchhefte selbst befinden sich wahrscheinlich in dem versiegelten Teil des Nachlasses.

107. Über die Ludlamshöhle vgl. Nr. 113.

108. Über die Zensurkämpfe vor der Aufführung des Ottokar vgl. Brief 56 und Anmerkung hiezu.

Der Miniaturmaler Moritz Michael Daffinger wurde im November 1825 von der k. k. gemeinschaftlichen Militär- und Zivilkommission wegen Beschimpfung der Militärpolizeiwache, die er sich im Gasthause zum Erzherzog Karl in der Kärntnerstraße hatte zu Schulden kommen lassen, zu dreitägigem Polizeiarrest verurteilt. Zu den Tischgenossen Daffingers, die beschuldigt wurden, seine „frechen Äußerungen" beifällig aufgenommen, ja „selbst bei dieser Gelegenheit schlechte Gesinnungen ausgesprochen zu haben", zählte auch Grillparzer. Die Polizeidirektion erhielt den Auftrag, Grillparzer zu bedeuten, „daß wenn noch einmal eine, wie immer geartete ähnliche Klage gegen ihn zur Sprache kommen sollte, man ohne Schonung den Herrn Finanzminister davon unterrichten und auf ein so ahndungswürdiges bei einem k. k. Beamten doppelt sträfliches Benehmen aufmerksam machen werde". Daffingers Strafe wurde auf sein Bittgesuch hin auf einen „48stündigen, in der zweiten Hälfte durch Fasten verschärften Polizeihausarrest" herabgesetzt. Vgl. auch die Anmerkung zu Nr. 113. Die diese Angelegenheit betreffenden Polizeiakten sind im Wortlaute mitgeteilt bei Sauer: Aus dem alten Österreich, S. 25 ff.

Lucie = Kosenamen für Katharina Fröhlich. Vgl. zu dieser Tagebuchstelle auch Nr. 112 und 128.

110. Die Verse mit Abweichungen auch Sämtl. W. I, 152.

111. Die Verse auch Sämtl. W. II, 33.

112. Vgl. Nr. 108 u. 128.

113. Die „Ludlamshöhle" war eine gesellige Verbindung von Schriftstellern, Künstlern 2c., die sich abwechselnd im „Haibvogelschen (später Reisenleithnerschen) Gasthause" im Schlossergäßchen und in der Wohnung des Großhändlers Biedermann versammelte. Als Mitglieder dieses Künstlerklubs werden in einem Verzeichnisse aus dem Jahre 1826 angeführt: Karl Schwarz, Ignaz Castelli, Ignaz Zeitteles, Ästhetiker, Wenzel Lembert, Hofschauspieler, Joseph Christian Freiherr v. Zedlitz, Adalbert Gyrowetz, Kapellmeister, Friedrich Nauwerk, Handlungsreisender, Franz v. Stubenrauch, Franz Freiherr v. Schlechta, Labhelberger, Georg Kettel, Ludwig Wallbach, Franz Fibler, Kaufmann, Dr. Felix Joel, Samuel und Joseph Biedermann, Großhändler, Heinrich Sichrowsky, später Generalsekretär der Nordbahn, Karl Rosenbaum, Privatier, Gemahl der Sängerin Gaßmann, Salomon Semler, Kaufmann, Joseph Aßmayer, Hofkapellmeister, Heinrich Anschütz, Hofschauspieler, Salomon Czerkowitz, Geschäftsführer, Angelo Marx, Johann Huber, Ludwig Titze, Aloys Fuchs, Franz Hassaurek, Großhändler und Schriftsteller, Wenzel Würfel, Franz Grillparzer, Joseph Blahetka, Friedrich Krug v. Nidda, Joseph Fischhof, Moritz Daffinger, Leopold Haibvogel, Ignaz Steier. Ausführliche Mitteilungen über die Ludlam bei Castelli, „Memoiren meines Lebens", Bd. II, S. 180 ff.; Bauernfeld im Deutschen Museum von Prutz, 2. Jahrgang, unter dem Titel „Aus der guten alten Wiener Zeit"; Holtei, Vierzig Jahre, Berlin 1844, S. 97; Anschütz, Erinnerungen, Wien 1866; Handschriftliche Notizen in Rosenbaums Tagebuch (k. k. Hofbibliothek), darunter folgende Stellen: „22. März 1826, Mittwoch. Ludlam bei Joseph Biedermann. Schwarz, Lembert, Zedlitz, Stubenrauch, Tendler, Castelli, Gyrowetz, Lannoy, Krug, Hassaurek, Schlechta, Grillparzer, Anschütz, Wallbach, Titze, Grill, Fuchs, Huber, Sichrowsky, Max Bischof. — Castelli las mit Begleitung

des Chores ‚Stockfisch und Unsinn‘. 10 Uhr Souper. Die Mutter Lublam mit Schwert und Gesetzbuch stand im Fenster roth und schwarz costumirt — auf der Tafel Büsten von Gelehrten — Alles war roth und schwarz, selbst die Büsten.“

Gr. erzählt in seiner Selbstbiographie, Sämtl. W. XIX, 145 ff., wie er Mitglied der Gesellschaft geworden ist, die übrigens schon 6—8 Wochen nach seinem Beitritt aufgelöst wurde; er vermutet sogar, daß sein und Zedlitz's Beitritt das behördliche Einschreiten beschleunigt habe. Zum Vortrage brachte er in der Gesellschaft nur das Gedicht „Vision“, das er aus Anlaß der Genesung des Kaisers verfaßt hatte. Vgl. Nr. 115.

Schon im Jahre 1822 war die Gesellschaft, wie aus einem Polizeiberichte hervorgeht, der bei Sauer: „Aus dem alten Österreich“, S. 24 f. mitgeteilt ist, überwacht worden; der Behörde waren alle Mitglieder, der Inhalt der Gespräche, der Ton des Verkehrs u. s. w. genau bekannt.

Die Auflösung dieser Gesellschaft, durch ihren harmlosen Scherz stadtbekannt, war eines der merkwürdigsten Kunststückchen der vormärzlichen Wiener Polizei, oder besser gesagt ihres Chefs, des Hofrates Persa, der 1829 sich selbst den Tod gab. In der Nacht vom 26. auf den 27. April wurde das Lokal der Lublam gewaltsam eröffnet, alle Schriften, Porträte ꝛc. wurden konfisziert und gegen die Mitglieder wegen staatsgefährlicher Verbindung die Untersuchung eingeleitet. Rosenbaum bemerkt in seinem Tagebuch: „Begegnete Stubenrauch, hörte die Hiobskunde, daß Kommissäre in der Nacht 3 Uhr die Lublam öffnen ließen, daß Früh 1/27 Uhr Polizei zu Zedlitz, Eichrowsky, Fischhof, Schlechta kamen, bis Abends alles untersuchten und Protokolle aufnahmen. Zedlitz schrieb an Sedlnitzky, beschwerte sich. Alles war nur Frohsinn und Scherz; am meisten scheint es Zedlitz, Grillparzer, Castelli und Schlechta zu gelten, hatten auch den ganzen Tag Hausarrest. Der kaiserl. Rath Pieringer hat die Untersuchung. Alles findet, daß es nur Scherz sei, frohe Menschen in einem Staate unschädlich sind. Am Samstag den 22. April kam um 1/27 Uhr der Praktikant Nilius, ein sehr artiger junger Mann, kündigte den Adolf Pieringer bei mir an, untersuchten meinen Schreibkasten, betrugen sich belikat.“

Die Ursache der Auflösung gibt Gr. (a. a. O. S. 146) folgendermaßen an: „Es war damals ein Polizeidirektor in Wien, den ich wohl einen Schurken nennen darf, da er wenig später wegen Geldunterschlagung sich selbst den Tod gegeben hat. Er hatte damals eine Beförderung im Sinn, und da er den Widerwillen, um nicht zu sagen die Furcht des Kaisers vor allem Geheimen kannte, so beschloß er, um sich ein Verdienst zu machen, die Lublamshöhle als geheime Gesellschaft zu behandeln und als solche aufzuheben.“

Hormayr dagegen weiß in den „Anemonen“ II, 62 gelegent-

lich der Aufhebung der Lublamshöhle von einer persönlichen
Gereiztheit des Polizeidirektors Persa gegen Daffinger zu be=
richten, über deſſen „Polizeigeſchichte" Anm. zu Nr. 107 die
Rede iſt: „Zu der an jenem letzten Tage der Lublam in ihre
Stübchen konfignierten Dichterwelt Wiens kam auch der berühmte
Porträtmaler Moritz D[affinger]. Er war zwar niemals Lub=
lamite, allein er war dem zweiten Polizei=Direktor P[erſa] in
einer Liebſchaft hinderlich geweſen. In dieſem Punkte ſollen die
Polizeiherren beſonders kitzlich und rachgierig ſein." Iſt dies
richtig, ſo dürfen wir auch die Schwarzmalerei der vorliegenden
Berichte als einen Ausfluß von Perſas privatem Groll anſehen
und die durch die Aufhebung der Lublamshöhle veranlaßte Er=
bitterung Grillparzers gegen den „Allbelau'rer" (Werke II, 169;
vgl. auch III, 97—99; XIII, 130) entbehrte nicht einer perſön=
lichen Spitze. Wie dem auch ſei, jedenfalls waren ſolche Vorfälle
ſehr geeignet, die Rückſichtsloſigkeit der Polizei gegen hervor=
ragende Künſtler zu befördern und das gewaltſame Vorgehen
bei der Aufhebung der Lublamshöhle als geboten erſcheinen zu
laſſen.

Ein Entwurf zu einer Verteidigungsſchrift in dieſer An=
gelegenheit ſteht in den Sämtl. W. XIV, 182.

Es kam, trotzdem die Polizeidirektion einſah, daß ſie einen
Mißgriff getan hatte, zum Urteilsſpruche, der für jene Mitglieder
der Geſellſchaft, die Staatsbeamte waren wie Gr., ſehr nachteilige
Folgen gehabt hätte. Doch hob die Oberbehörde das Urteil auf.
Immerhin aber blieb, wie Gr. bemerkt, „für die Angſtlichen und
Schwarzſeher ein Makel auf denjenigen kleben, die der Geſellſchaft
angehört hatten". So wurde Gr.s Anerbieten, in amtlicher Eigen=
ſchaft nach Brüſſel zu reiſen, um Staatspapiere dorthin zu über=
bringen, vom Finanzminiſter Grafen Nabásdy darum abgelehnt,
weil er ein Mitglied der „Lublam" geweſen ſei.

Die Unterſuchung gegen die Geſellſchaft war kaum beendet,
als bereits, im Laufe des September 1826, neue Anzeigen ein=
liefen, daß ſich einige der ehemaligen Lublamiten neuerdings bei
Roſenbaum oder im Bierhauſe des Haidvogel, und zwar hier
regelmäßig, verſammelten. Ein Polizeibericht vom 15. März 1827
meldet ſogar, daß nicht eine Nacht ohne eine ſolche Zuſammen=
kunft vergehe. Als Teilnehmer werden genannt die Hofſchauſpieler
Anſchütz und Schwarz, dieſer noch immer als Präſident, Zedlitz,
Caſtelli, Biedermann. Dagegen wird ausdrücklich hervorgehoben,
daß der Baron v. Schlechta und Grillparzer unter den ſich aufs
neue Verſammelnden ſeither nicht bemerkt wurden.

114. Bezieht ſich auf Katharina Fröhlich.

115. Das Gedicht auf des Kaiſers Geneſung, „Viſion", in
den Sämtl. W. I, 181.

118. Karl Maria von Weber starb am 5. Juni in London. Denselben Gedanken über Webers musikalische Begabung führt Gr. in seiner Kritik der „Euryanthe" aus, Sämtl. W. XV, 130. Vgl. auch die Satiren auf Weber, Sämtl. W. XIII, 107 u. 150, und unten die Tagebuchstelle Nr. 150.

1827.

122. Charlotte von Paumgarten. Vgl. Nr. 45 u. 123.

123. Auf demselben Blatt das Gedicht „Verwandlungen", Sämtl. W. I, 216.

Charlotte von Paumgarten hinterließ vier Kinder.

1828.

129. Vgl. hiezu Selbstbiographie, Sämtl. W. XIX, 143 f., ferner Brief Nr. 71 und die Anmerkung dazu.

132. Regens chori an der Pfarrkirche am Hof war damals Joseph Drechsler. Vgl. die Anmerkung zu Brief Nr. 75.

133. K. = Katharina Fröhlich.

135. Der Titel des Stückes fehlt in Rizys Abschrift.

136. Vgl. zu dieser Stelle Nr. 109.

In Rizys Abschrift unrichtig: Kühne. Der Name Khüeny erscheint wiederholt in dem Briefwechsel zwischen K. Enk von der Burg und W. Heinzel (Ein Briefwechsel zweier altösterreichischer Schulmänner ...... herausgegeben von Ludwig und Richard Heinzel) dort als Khyeny. — Raphael Khüeny, geb. 1788 zu Bludenz, Sohn des dortigen Wundarztes Aloys Khüeny, studierte in Wien Philologie, wirkte hier als Privatlehrer und erhielt zufolge kaiserlicher Entschließung vom 19. April 1818 das Humanitäts= lehramt am Gymnasium zu Innsbruck. Einer von seinen Schülern war der später als Theolog und Schriftsteller bekannte A. Flir. Über seine Lehrtätigkeit in Innsbruck ist nichts Näheres bekannt. 1822 überreichte er seine Resignation und begab sich nach Wien, wo er als Privatlehrer und Schriftsteller wirkte. In späteren Jahren strebte er wieder ein öffentliches Lehramt an, doch blieb sein und seiner Freunde Bemühen erfolglos. Enk schreibt über ihn an Heinzel am 19. Juli 1835 (a. a. O. S. 30): „Ich gestehe seine Weise ist oft abstoßend und beleidigend für den, der ihn und sein redliches Herz nicht schon länger kennt. Ich machte mir nie etwas aus seinen beißenden Angriffen auf einen Satz von mir; er kann einmal nicht anders, und er würde nicht mehr Kh. sein, machte er's nicht so ..." An einer anderen Stelle (21. Oktober a. a. O. S. 34) be= merkt Enk, daß es Kh. gewesen sei, der ihn „mit einer Abneigung

gegen das trockene Gelehrtenwesen des Nordens" erfüllt habe —
ebenso 29. November 1835: er danke es „Reinecken" (Khüenn)
daß er ihn vor der einseitigen Schreibsucht und dem vom Leben
abgewendeten Gelehrtenwesen bewahrt habe. Ein Brief Heinzels
an Enk (15. Juli 1836 a. a. O. S. 81) gibt uns über Khüenns letzte
Lebenstage Aufschluß; er starb an der Cholera am 30. Juni 1836.
Im magistratischen Totenprotokolle findet sich folgender Vermerk:
„30. Juni 1836: Raphael Kühnn, ledig, Professor der griechischen
Sprache, aus Bludenz in Tyrol gebürtig, Stadt Nr. 668, gest.
am Durchfall, alt 48 Jahre." —

    Mit Grillparzer scheint Khüenn durch Flury, den ehemaligen
Hofmeister bei dem Grafen Seilern, befreundet worden zu sein.
Im Nachlasse Grillparzers sind drei Briefe Khüenns aus den
Jahren 1828 und 1829 vorhanden; aus einem geht hervor, daß
Khüenn sich auch um eine Anstellung in Bayern bewarb, wozu
ihm Grillparzer den Weg geebnet hatte. 1829 zeigt er an, daß
er sich wieder vorgenommen habe, seinen Aufenthalt in Wien zu
nehmen. In dem ersten der noch vorhandenen Briefe (Bludenz,
8. April 1828), worin Kh. mitteilt, daß er mit einer Abhandlung
über das Zölibat beschäftigt sei, fährt er folgendermaßen fort:
„Aber überdies hatte ich schon früher mich mit dem Syrischen
bekannt zu machen begonnen, um das Leben jener Umgebung, in
welcher Christus auftrat, in der möglichst nächsten Wahrheit in
mein Gefühl aufzunehmen, und während meiner Arbeit konnte ich
die syrisch gelesene Bibel des neuen Testaments recht gut be-
nutzen; freilich mußten alle jene Anstände, welche Anfängern beim
Eindringen in den Geist und das Wesen der Sprachen aufstoßen,
zugleich überwunden werden. Und wenn ich mich von dem Eifer,
das Christentum in seiner ganzen Lebendigkeit und Wahrheit
aufzufassen bis zum Studium des hebräischen Isaias treiben ließ,
um im Zusammenwirken der großartigen Idealität dieses jüdischen
Messiasboten mit der einfachen Erhabenheit der evangelischen
Erzähler meinen Sinn und mein Gefühl gehörig zu stimmen und
zu stärken; was? werden Sie gar etwa denken, ich habe diesen
Winter in mein Leben einen Gegensatz zu meinem vorigen Treiben
und Wesen einschleichen lassen? Wenn ich Sie für jenen Sicheren
hielte, hätte ich mich freilich gehütet so etwas Ihnen zu über-
schreiben, in der Erwartung, daß Sie mir's nicht nur verzeihen,
oder einer gutmütigen Beschränktheit zu gut halten würden,
sondern daß Sie es als einen ganz natürlichen Fortschritt in
meiner inneren Bildung ansehen werden, wenn ich vom innigst-
natürlichen des Griechischen ins Christliche hinüber gegleitet bin,
oder vielmehr Beide, das Griechische und Christliche in Einem
des Göttlichen zusammengefaßt habe. Oder soll ich an der Richtung
Ihres Geistes zum Höchsten, zum Göttlichen, zweifeln, da es Ihre
Werke so entschieden beurkunden? Denn gibt sich nicht selbst im
gräßlichsten Ihrer Werke durch die schauerliche und empörende

Hülle eines heidnischen, eisernen Schicksals hindurch
der Drang Ihres Innern kund, die unbeugsamen Forderungen
einer geahnten ewigen Gerechtigkeit in der vollesten Un-
begreiflichkeit an den Opfern derselben darzustellen? Der
Geist der ächten Kunst hatte über dem angehäuften Schöpfungs-
materiale zu wirken begonnen und die Scheidung der Elemente
war bereits eingetretten und an der Sappho kame schon Licht zum
Vorschein. Denn der Glanznimbus der Kunst, in welchen die
tiefste Leidenschaftlichkeit hinaufgehoben wurde, zeigt wieder, daß
Ihre Kunst bis an das Auserste der Natürlichkeit gedrungen war,
daß sie dort schon die Annäherung der Gottheit so fühlte, um das
Erhellte für das Erhellende zu nehmen. Nun der gelungene Versuch die gräßlichsten Verirrungen eines riesenhaften weiblichen
Gemütes aus der heidnischen Darstellung eines Euripides heraus-
zuheben und dem reinen Sinn und heiligen Gefühle der christ-
lichen Nachwelt nahe zu bringen, damit anstatt der Gefühls-Er-
starrung, welche den Zuschauer vor der Größe befällt, welche das
menschliche Verbrechen erreichen kann, eine innige Befriedigung
bei der Ausgleichung von Untat und Vergeltung ausgemittelt
werde; dieser Versuch ist er nicht das merkliche Übergehen aus der
stärksten Natur-Kraft ins eble und heilige Kunstelement des Christen-
tums? Ich weiß nicht, ob Sie sich dieser Steigerung Ihrer Kunst
bis zum Höchsten in der Überlegung des Verstandes bewußt wurden;
glücklich, wenn Sie auf diese Weise des Genusses Ihrer eigenen
Vortrefflichkeit teilhaftig geworden; aber noch glücklicher, wenn
der Überdrang Ihres Gefühles jeder Überlegung zuvorkame, indem
Sie von dem Überschwenglichen Ihrer Anschauungen immer angezogen nach der ganzen Tiefe ihres Lebens auch Ihre Schöpfungen
von sich zu geben genötigt wurden. Denn so kündigt sich jener
Geist der ächten Seher, wenn er in die Seele des Erwählten
niederfahrend ihren völligen Grund aufwühlt, und was darin
sich befindet, heraustreibt! Freilich dürften manche Kunstrichter
des Nordens einer anderen Meinung über den Wert Ihrer
Werke sein; doch welch sinniger Mann wird sich an das Urteil
von Leuten kehren, denen noch nie im Leben aufgegangen, was
Kunst ist. . . . . . .
    So seis denn; es mögen Ihre Schöpfungen von den Kunst-
richtern des Tages, wie sie es verdienen, erkannt oder mißkannt
werden; was an ihnen ist, bleibt, und wird einzig in seiner Art
bastehen durch die Zeiten und Geschlechter hinab vieler Vorzüge
halber und jenes vor allen, daß Sie das Bedürfnis der Zeit nach
dem Ibealen, nach der Weisung desjenigen zu befriedigen suchen
was in der erhabensten Wirklichkeit vorliegt, und zu dessen
Befriedigung führt. . . . . . ."

143. Ebenfalls ein Zitat aus Diberots Entretiens.

1829.

145. Martina, berüchtigte Giftmischerin, Freundin der Plancina, der Gemahlin des Cnejus Piso. Tacit. Annal. II, 74, ihr plötzlicher Tod ebend. III, 7.

146. La mal casada. Komödie in drei Akten von Lope de Vega. Caballero Don Juan und der Rechtsgelehrte Lisardo werben um die schöne, aber vermögenslose Lucrecia, die Don Juan bevorzugt. Durch ihre Mutter überredet, heiratet sie jedoch einen reichen Mailänder, Don Julio, der nach dreijähriger Ehe stirbt und der Gattin sein Vermögen unter der Bedingung vermacht, daß sie die Frau seines Neffen Fabricio werde. Lucrecia, abermals von ihrer Mutter überredet, heiratet den lahmen und einäugigen Fabricio, will sich aber von diesem wegen Impotenz scheiden lassen. Die Prozeßführung wird von der Mutter dem Advokaten Lisardo mit dem Versprechen übertragen, ihm bei glücklichem Ausgange die Hand ihrer Tochter zu geben. Fabricio läßt sich aber inzwischen durch eine List Don Juans mit 3000 Dukaten abfinden, und auch Lisardo geht auf den Vorschlag ein, die Mutter Lucrecias unter der Bedingung zu heiraten, daß ihnen die Hälfte des Vermögens zufalle. Lucrecia wird hierauf Don Juans Gattin. Schäffer A., Geschichte des spanischen Nationaldramas, Leipzig 1890, I, 153.

Gr. hatte sich zu Daffingers Frau Marie, geb. v. Smollenitz, schon 1825 hingezogen gefühlt, als er im Hause Nr. 931 (Ballgasse) der Familie v. Smollenitz gegenüber wohnte, vgl. das Gedicht „Allmacht ist deine Macht, o Schönheit . . .", Sämtl. W. III, 97. Marie Daffinger schwebte dem Dichter bei der Gestaltung der Hero vor; er sagt von ihr in seiner Selbstbiographie Sämtl. W. XIX, 167: „Eine wunderschöne Frau reizte mich, ihre Gestalt, wenn auch nicht ihr Wesen durch alle diese Wechselfälle durchzuführen."

148. Aubers Oper, die Gr. an diesem Abende hörte, war „Das Pilgerhaus" („Fiorella"), zum ersten Male aufgeführt am 19. Februar 1829 im Theater an der Wien. (Bäuerles Theaterzeitung 1829, Nr. 29.)

149. El Loco en la Penitencia y Tirano mas improprio de un Ingenio de esta Corte. Das fünfte Stück im XI. Bande der Comedias nuevas escogidas de los mejores Ingenios de España. Madrid 1859. Schäffer (a. a. O. II, 275) bemerkt, daß dieses Drama, wie „Roberto el diablo" von Viceno eine nicht ungeschickte Bearbeitung der Legende von Robert dem Teufel sei.

„Der kleine Wilhelm" ist Wilhelm Bogner, der Sohn der Barbara Fröhlich. Vgl. über ihn Anm. zu Brief Nr. 80.

Johann Franz Kasimir Delavigne, geb. 4. April 1793 im Havre, gest. 11. Dezember 1843. Das Lustspiel „La princesse Aurélie" wurde zum ersten Male aufgeführt im Théâtre Français am 6. März 1828. Eine Kritik Grillparzers über Delavignes erstes dramatisches Werk: „Les vêpres siciliennes" in den Sämtl. W. XV, 141. Joseph Graf Villèle, gegen den das Stück gerichtet ist (geb. 14. August 1773 zu Toulouse, gest. daselbst 13. März 1854), war Minister seit 1820, und seit 4. September 1822 Ministerpräsident. Er machte sich bald durch seine reaktionären Maßregeln verhaßt und verließ seinen Posten 1827.

150. Das Haus Geymüller war eines der größten Bankgeschäfte von Wien. Die beiden Brüder Geymüller, Johann Heinrich und Johann Jakob, aus Basel stammend, hatten es 1781 von dem früheren Besitzer Peter Ochs übernommen und sich mit ihrem Neffen Johann Heinrich Fallner, der den mütterlichen Namen Geymüller angenommen hatte, assoziiert. Das Haus florierte durch die Teilnahme an allen öffentlichen Geld- und Kreditgeschäften, die sich in den Kriegsjahren seit 1797 häufig ergaben. Wegen ihrer öffentlichen Verdienste wurden die drei Inhaber der Firma in den Freiherrnstand erhoben. In den Salons der Familie Geymüller verkehrte die vornehme Gesellschaft Wiens, sowie die Größen der Kunst und Wissenschaft.

Die erste Aufführung des „Oberon" fand am 15. Februar 1829 im k. k. Hoftheater nächst dem Kärntnertor statt, nachdem er zuerst in Prag mit Beifall aufgeführt worden war. In Wien wurde er „zwar mit Anerkennung des Verdienstes des Tonsatzes, aber mit geringer Wirksamkeit" gegeben (Wiener Zeitschrift für Kunst, Literatur, Theater ꝛc. 1829, Nr. 26).

151. Die Pasta sang an diesem Abend eine Arie aus „Tibaldo ed Isolina", dann die Cavatine: Di tanti palpiti aus Rossinis „Tancredi". Hierauf folgte die Gartenszene des zweiten Aktes und die Gruftszene aus Zingarellis „Giulietta e Romeo". Mit Grillparzers Urteil stimmt auch jenes der Wiener Kritik überein. Die Wiener Zeitschrift (1829, Nr. 27) schreibt: „Als eigentliche dramatische musikalische Darstellerin steht Mad. Pasta unerreicht und einzig vor unserm Blick. So erkannte sie auch Frankreich und England, und reichte ihr den Lorbeer als Schöpferin einer neuen Gattung von Darstellungsweise, wie sie dem weiblichen Teile italienischer Gesangskünstler bisher fremd war."

Am 14. März 1829 trat Mad. Pasta in einer Szene der Simon Mayrschen Oper „Medea" auf. „Euripides ... selbst würde Mad. Pasta als die würdigste Repräsentantin dieses tragischen Charakters anerkannt haben ... Wer wäre kalt geblieben bei dem entsetzlichen Kampfe jener, selbst von der tobendsten Leidenschaft nie ganz erstickten Mutterliebe mit den Dämonen der

glühendſten Rache! Eine Reihe von Bildern entfaltete ſich in
dieſer kurzen und doch ſo ergreifenden Szene, deren Wechſel das
Gemüt tief erſchütterte; die Zärtlichkeit, womit Medea Jaſon's
Kinder an das hochklopfende Mutterherz drückt, das innige Gefühl, womit ſie an ihren Lippen hängt, den ſanften Hauch der
kleinen ſorgloſen Geſchöpfe einſaugend, dann wieder das Erwachen
des grimmen Zornes, welcher dieſelben weit von ihr ſcheucht,
alles dieſes wäre unmöglich mit mehr Korrektheit und Adel der
Gruppe, mehr Lebendigkeit des Ausbrucks darzuſtellen, als es
durch die treffliche Künſtlerin geſchah...." (Wiener Zeitſchrift
1829, Nr. 42.)

154. Friedrich Ludwig Schmidt kam am 27. Mai 1829
nach Wien, begann ſein Gaſtſpiel am Burgtheater am 4. Juni
als Rat Wallmann in Jfflands „Ausſteuer" und beendete es am
17. Juni. In ſeiner Autobiographie erwähnt er des Beſuches
bei Grillparzer nicht. (Uhde: Denkwürdigkeiten des Schauſpielers,
Schauſpieldichters und Schauſpieldirektors F. L. Schmidt. Stuttgart, Cotta 1878.)

155. Die Aufführung des Oratoriums Samſon fand zum
Beſten des Penſionsinſtitutes für Witwen und Waiſen der Ton-
künſtler im Burgtheater ſtatt.

Grillparzers Tragödienplan Samſon, zu dem ſich der Dichter
durch dieſe Aufführung angeregt fühlte, ſteht in den Sämtl. W.
XII, 117 ff.

156. Tante Thereſe = Thereſe Sonnleithner. Über Charlotte vgl. Anm. zu Nr. 45 u. 123.

157. Der Roman „Adolphe", den Benjamin Conſtant in
Weimar geſchrieben hatte, erſchien zuerſt 1816 und ſeither in
wiederholten Auflagen.

1830.

168. Franz X. Freiherr Schlechta v. Wſchehrd, geb. zu Wien
20. Oktober 1796, geſt. daſelbſt 24. März 1875, Dichter, Verfaſſer
des Schauſpieles: „Der Grünmantel von Venedig", diente mit
Grillparzer zugleich bei der Allg. Hofkammer. Vgl. Anmerkung
zu Brief Nr. 87.

Reiſenberg, Markt in Niederöſterreich, nahe der ungariſchen
Grenze; er gehört zu den älteſten Ortſchaften Öſterreichs und
wurde von der Gemahlin des Kaiſers Friedrich IV. ſamt Scharfen-
egg dem Grafen Cavriani geſchenkt.

Luzie iſt Katharina Fröhlich (ſiehe auch Tagebuchſtelle 108).
Vgl. Brief Nr. 77 und Anmerkung hiezu.

169. Monimia = Katharina Fröhlich. — μόνιμος = treu
ausharrend. Monimia iſt der Name der Heldin von Thomas
Otways Trauerſpiel „The Orphan".

170. Der Herzog von Orleans (nachmals König Louis
Philipp) erließ am 31. Juli 1830, am Tage, als er in der Eigen=
schaft eines „Generallieutenants" in Paris erschien, eine Prokla=
mation, die mit den Worten schloß: „Die Charte wird in Zu=
kunft Wahrheit sein."

1831.

172. In der Selbstbiographie, Sämtl. W. XIX, 167, erwähnt
Gr. die Erstaufführung des Stückes nur mit wenigen Worten.

173. Vgl. die folgende Stelle des Tagebuches und Anm.
zu Brief Nr. 80.

174. Erzherzog Johann, geb. 20. Januar 1782 in
Florenz, gest. 11. Mai 1859 in Graz, lebte damals zurückgezogen
in Graz.
Karl Wilhelm Freiherr v. Heideck, auch Heibegger,
bekannt als Landschaftsmaler, trat 1805 in die bayrische Armee
und ging 1826 als Oberstleutnant nach Griechenland, wo er
1828 zum Militärgouverneur von Argos ernannt wurde. 1830
kehrte er nach München aus Gesundheitsrücksichten zurück. Später,
als Prinz Otto von Bayern auf den griechischen Thron erhoben
wurde, begab sich Heideck wieder nach Griechenland, wo er, da
der König noch minderjährig war, zum Mitglied der Regentschaft
ernannt wurde. Nach München wieder zurückgekehrt und zum
Generalleutnant ernannt, starb er dort am 21. Februar 1861.
Karl Balbamus, geb. 14. Oktober 1784 zu Roßla, gest.
13. Dezember 1853 zu Wien, Schriftsteller. Balbamus kam mit
seiner Gattin im November 1834 nach Bern mit Empfehlungs=
briefen von Siebenpfeiffer, Snell u. a. und verkehrte daselbst
mit den Häuptern der politischen Bewegung, die ihm aber wenig
Vertrauen entgegenbrachten. Er gab sich für einen Gegner Öster=
reichs aus, der nach Bern gekommen sei, um von dort aus die
Politik Österreichs zu beleuchten. Ein Züricher Blatt schrieb zu
dieser Zeit: „Als die Franzosen das Königreich Westphalen er=
richteten, ließ sich Balbamus von ihnen als Mouchard gebrauchen,
dafür wurde er nach dem Sturze der Fremdenherrschaft 1815 in
der Citadelle zu Dömitz nach Verdienst belohnt. Später lebte er
als Advokat in Lüneburg und fing an zu schriftstellern. Er kam
1825 nach Leipzig und wurde katholisch, ging dann nach Wien
und pochte an der Staatskanzlei an, aber sie blieb ihm ver=
schlossen. Dagegen soll es der selige Ritter Gentz mit ihm ver=
sucht und ihn eine Zeit lang als Sekretär gehalten, aber un=
brauchbar gefunden haben." (Die bayerische Landbotin 1835,
Nr. 112.) Vgl. über ihn Glossy: Aus dem Vormärz, Jahr=
buch X, 333.

176. Das Tagebuch eines Wiener Magistratsbeamten (Stadt=
bibliothek, Handschriftenabteilung) berichtet über die Cholera in
Wien 1831 folgendes:

„Am 15. September ist nach einem anhaltenden starken
Regenwetter von wenigen Tagen die Cholera und zuerst in der
Stadt selbst ausgebrochen, wiewohl schon seit 15. August sich in
der Stadt und den Vorstädten einzelne Fälle ereigneten, die, wie
es hieß, bloß mit der sporadischen Cholera befallen gewesen waren.
Der erste Fall war in der Stadt im tiefen Graben im Todten=
beschreibamte, wo ein Diener der Nannersdorfer Papiermühle
plötzlich erkrankt und gestorben ist ... Der ganze k. k. Hof hatte
während der Cholerabauer hier in Wien, im Lustschlosse Schön=
brunn, seinen Aufenthalt. Die äußeren eisernen Gitter an den
Eingangstüren und die hier und da zwischen den Mauerpfeilern
angebrachten Eisengitter wurden mit Brettern verschlagen ...
Auf gleiche Weise war das Belvedere versichert. Im letzteren
sowie in Schönbrunn war ein Bataillon Militär verlegt, teils,
damit es in den Kasernen nicht so gedrängt wohnen mußte, teils
aber auch, weil man im allgemeinen Unruh' und Bewegungen
besorgte, wenn mit Ausbruch der Krankheit aller Verkehr ab=
gesperrt werden sollte. Es geschah letzteres auch wirklich. Wie
die Krankheit in Ungarn sich immer mehr ausbreitete, fing der
Verkehr zu stocken an. Die meisten Fabriken wurden geschlossen
und von den Professionisten die Gesellen entlassen ... Wiewohl
von Seite der Polizei und von Seite des Magistrates eine be=
deutende Menge arbeitsloser Menschen von hier weg und in ihre
Heimat geschafft wurde, so gab es doch eine bedeutende Zahl, die
hieher zuständig war und arbeitslos wurde ... Um diese Leute
zu beschäftigen, wurde der Bau des schon seit mehreren Jahren
im Antrag gewesenen Haupt=Unratskanals längst dem rechten
Wienflußufer begonnen und hiebei gegen 5000 Menschen Arbeit
verschafft. Fast zu gleicher Zeit, also im Sommer 1831 wurde
aus gleicher Ursache das Schießstättengebäude zusammengerissen
und der Bau zu dem neuen Kriminalgerichtshause angefangen;
auch bei Nußdorf wurde ein Damm aufgeführt. Am 17. November
1831, ist der k. k. Hofstatt von Schönbrunn in die k. k. Burg
hereingezogen. Vormittags um 9 Uhr fuhren Se. Majestät bei
der Mariahilferlinie herein über die Mariahilferhauptstraße, wo
die Bürgermiliz bis in die Burg Spalier machte. Gleich bei
der Linie empfing Ihre Majestäten die Schottenfelder Geistlich=
keit mit dem Kreuze, auch bei der Mariahilfer Kirche empfing
Hochdieselben die Pfarrgeistlichkeit, bei der Stiftskirche die Armenier.
In allen Kirchen der Stadt und der Vorstädte wurde um die
neunte Stunde mit allen Glocken geläutet. Auch die Schuljugend
machte Spalier von der Linie bis in die Burg. Ende Februar
1832 hörte die Cholera in Wien gänzlich auf, und am 27. März
1832 wurden in allen Kirchen für die daran Verstorbenen Requiem

und am 18. darauf für die Abwendung dieser Krankheit Dank=
ämter gehalten."

Johann Götz, Hof= und Gerichtsadvokat, gest. am 15. Sep=
tember 1831.

178. Allgemeine Geschichte der Musik von Johann Nikolaus
Forkel, Doktor der Philosophie und Musikdirektor in Göttingen.
2 Bde. Leipzig 1788—1801. Die erhaltenen Aufzeichnungen in
Grillparzers Nachlaß beziehen sich auf das zweite Kapitel: Ge=
schichte der Musik bei den Ägyptern (§ 6, 7) und beginnen mit
einem Zitat aus Diodor. Sic. Bd. I, S. 33, 34, über die Verachtung
der Musik bei den Ägyptern und der gegenteiligen Stelle aus
Plato, worauf die Bemerkung folgt, daß die Ägypter zwischen
den Klängen ihrer Tonleiter und der Ordnung der Planeten, den
Tagen der Woche und den Stunden des Tages eine gewisse Über=
einstimmung gefunden haben. Eingeklammert schließt sich auf
Grillparzers Studienblatt folgende Bemerkung an: „Der Grund,
warum man in früherer Zeit die Tonleiter nur durch ein Hexa=
chord fortführte, und statt der siebenten Stufe lieber zum Subsemi=
tonium und dem Grundtone zurückkehrte, mag wohl darin liegen,
daß die siebente Stufe als große Sept etwas ungemein hartes
hat, da die Natur die kleine Sept fordert, die dem Grundton als
fünfte Stufe seiner eigenen Unter=Dominante zukommt und als
solche nebst der Terz, Quint und Octave in der geschwungenen
Saite mitklingt. Das Subsemitonium erscheint aber nicht mehr
als große Sept der Tonika, sondern als große Terz der Dominante,
die sich in den Grundton auflöst, und befriedigt als solche."
Das Studienblatt schließt nach einer Notiz über Lyra und Harfe
mit einem Zitat aus dem 2. Buche der Könige, Kap. 3, Nr. 15
und 16 (Forkel, III. Kapitel, Geschichte der Musik bei den
Hebräern, § 18).

179. Die Biographie Stadions im Jahrgang 1832 von
Hormayrs Taschenbuch für die vaterländische Geschichte, S. 383 ff.
August Gottlieb Hornbostel, geb. zu Wien 17. September
1786, gest. daselbst 26. Juli 1838, Doktor der Medizin und Arzt
in der k. k. Ingenieurakademie, ein Bruder des Christian Georg
Hornbostel und Oheim des Friedrich Theodor Ritter v. Hornbostel,
der im Jahre 1848 Handelsminister war. Als Schriftsteller wirkte
er unter dem Pseudonym O. Ernst Bohl; er war langjähriger
Mitarbeiter an der Wiener Zeitschrift in Witthauers Redaktions=
periode. Von seinen dramatischen Werken sind im Burgtheater
aufgeführt worden: „Marie, oder die Pest in Leon", Trauerspiel
in drei Aufzügen (z. e. M. 27. September 1833) und „Die Heim=
berufenen", Trauerspiel in fünf Aufzügen (z. e. M. 14. Februar
1835). In seinem Nachlasse sind noch folgende Dramen handschrift=
lich vorhanden: 1. „Die Normannen", Trauerspiel in fünf Auf=

zügen. 2. „Das stille Volk", Dramatisches Märchen in drei Abteilungen von O. Ernst Bohl. 3. „Manneswort", Romantisches
Schauspiel in fünf Aufzügen von O. Ernst Bohl. 4. „Die Zweifel",
Lustspiel in zwei Aufzügen. Gedichtet in Alexandrinern von Albert.
1811. 5. „Der Reiber", Ein Lustspiel in einem Akt von August
Hornbostel. 1806. 6. „Die schönste Stätte". Ein Märchenspiel
von Albert. 1816.

Hornbostel schrieb auch zwei Operntexte: „Helene, Prinzessin
von Severn", historisch-romantische Oper in drei Aufzügen und
„Reinhold", eine komische Oper in zwei Aufzügen.

Von seinen Erzählungen, Novellen und Märchen sind nur
folgende Manuskripte vorhanden: „Agathe, oder die Opfer." —
„Angioletta", Eine Novelle. — „Das Angebenken oder des
Sängers Fahrt durchs Land", Ein Märlein von Albert. 1814. —
„Der Becher", Poetische Erzählung in sechs Gesängen. 1827. —
„Der Silberschild", Rittermärchen in fünfzehn Gesängen von
O. Ernst Bohl. — „Ein Sommer im Hochgebirge", Erzählung von
O. Ernst Bohl. — Von lyrischen Gedichten war im Nachlasse
nichts zu finden; auf einem Blatte daselbst sind zwei Hefte (eines
mit 217 Seiten, das zweite mit 55 Seiten) verzeichnet, die
am 27. April 1840, also nach Hornbostels Tode, an Witthauer
übergeben wurden.

180. Frau Litomisly, die Tochter des Hofschauspielers
Schwarz, eröffnete am 16. Dezember 1831 ihr Gastspiel am
Burgtheater als Isabella in „Braut von Messina".

Erste Aufführung der „Fürsten Chavansky" am 24. Oktober
1819, die letzte am 20. Januar 1836.

(Pückler-Muskau) Briefe eines Verstorbenen. Ein fragmen-
tarisches Tagebuch aus Deutschland, Holland und England, geschrieben in den Jahren 1826, 1827 und 1828. III. Teil, 3. Brief,
London, den 5. Oktober 1826. (S. 66.)

181. „Vengada antes de ofendida", das vierte Stück im
XII. Bande der Sammlung: „Comedias nuevas escogidas" 2c. . . . .
— über „Vengada" 2c. bemerkt Schäffer (a. a. O. II, 258), daß
es ein höchst schwulstiges Stück sei, dessen Katastrophe darin bestehe,
daß eine Dame den Fürsten niederschießt, der sich zum Räuber
ihrer Ehre aufwerfen will.

1832.

183. Vgl. Brief 81 und Anmerkung hiezu.

184. Das Zitat aus Dantes Göttlicher Komödie, I. Teil,
3. Gesang, Vers 61.

187. Alfred Viktor Graf v. Vigny (geb. zu Loches 27. März
1799, gest. Paris 17. September 1863), „Cinq-Mars ou une

conjuration sous Louis XIII.", ein historischer Roman, der zuerst 1826 und seither in wiederholten Auflagen erschienen ist. Eine deutsche Übersetzung kam 1869 in Leipzig heraus.

188. Portefeuille de 1813, ou tableau politique et militaire renfermant, avec le récit des événements de cette époque, un choix de la Correspondance inédite de l'Empereur Napoléon, et de celle de plusieurs Personnages distingués, soit Français, soit Etrangers, pendant la première Campagne de Saxe, l'Armistice de Plesswitz, le Congrès de Prague et la seconde Campagne de Saxe; par M. de Norvins. Paris 1825. 2 Bde. in 8°. — Jacques Marquet v. Montbreton, Baron v. Norvins, geb. 18. Juni 1769 in Paris, gest. 30. Juli 1854. Seine „Histoire de Napoléon" erschien 1827 (4 Bde. in 8°) und erlebte viele Auflagen.

189. Die erste Versammlung der Naturforscher fand unter dem Vorsitze des Präsidenten Freiherrn v. Jacquin am 18. im großen Universitätssaale, die zweite am 22., die dritte und letzte am 26. September statt. Am 22. September waren sämtliche Mitglieder zu einer Soiree beim Fürsten Metternich geladen, am 23. wurden sie von der Stadt Baden und für den 25. September wurden sie zu einem Hofdiner in Laxenburg geladen, bei welchem in Vertretung des Kaisers dessen Obersthofmeister den Vorsitz führte. Grillparzers Trinksprüche haben sich nicht erhalten; dagegen ein Epigramm, Sämtl. W. III, 101.

Joseph Eichhoff war Vizepräsident, Graf Franz Klebelsberg Präsident der Hofkammer.

Über die wiederholte Bitte um Gehaltsvermehrung vgl. Brief 81 und 83 und die Anmerkungen hiezu.

Der Glückwunsch für Wilhelm [Bogner] zu des Großvaters Namenstag vielleicht das Gedichtchen „Vater meiner Mutter..." in Sämtl. W. I, 263.

191. Jean Baptist Alphonse Karr, geb. 24. November 1808 zu Paris, gest. St. Raphael bei Nizza 30. September 1890, Journalist und Romanschriftsteller. Sein erster Roman: „Sous les tilleuls" erschien 1832.

Die erste Aufführung des „Letzten Abenteuers" von Bauernfeld fand am 4. Oktober 1832 statt.

193. „Die Zwillingsschwestern". Trauerspiel in vier Aufzügen von Johann Grafen Mailath. Erste Aufführung am 10. Oktober 1832 im Burgtheater. Den Durchfall bestätigt auch C. F. Weidmanns Kritik in der Theaterzeitung 1832, Nr. 205.

195. Antonie Fournier kam im September 1832 von Berlin nach Wien und trat am 8. Oktober als Julie in „Romeo und Julie" auf. In einem Briefe an Julie Gley (Rettich) tadelt

Tieck die Wiener, die an einer Fournier Geschmack finden (Coste=
nobles Tagebuch, 9. Dezember 1832).

Sarrans, Lafayette et la révolution de 1830, Paris 1832.
Eine deutsche Übersetzung erschien noch im selben Jahre bei Hoff=
mann & Campe. Im Nachlasse Grillparzers zwei Blätter mit
Auszügen und folgender Bemerkung am Schlusse: „Der Verfasser
gibt selbst zu, daß Lafayette zu wenig Notiz davon genommen
habe, was für Personen die Ratgeber des neuen Königs bildeten.
Lafayette, à qui l'autorité pesa toujours, et pour qui les
affaires courantes n'eurent jamais d'attrais.

Statt dieser nächsten, wichtigsten Sorge beschäftigt ihn vor
allen die Anerkennung der Rechte der freien farbigen Menschen
in den Colonien."

196. Simon Sechter, Tonsetzer und ausgezeichneter
Kontrapunktist, geb. 11. Oktober 1788, gest. zu Wien 10. Septem=
ber 1867.

Simon Molitor, Musikhistoriker und Tonsetzer, geb. zu
Neckarsulm 1766, gest. zu Wien 21. Februar 1848, veranstaltete
in seinem Hause Quartettabende, an welchen sich hervorragende
Musiker beteiligten; er sammelte auch mit besonderem Fleiße
Materialien zur Geschichte der Musik in Wien.

Luigi Boccherini, geb. 1743 zu Lucca, gest. 1805 in
Madrid. Statt Roselli lies Rosetti.

Melchior Friedrich Soulié, geb. 23. Dezember 1800, gest.
23. September 1847, fruchtbarer Dramenbichter und Romancier.
Der Roman: „Les deux cadavres" erschien 1832 (2 Bde. in 8°).

Johann Karl Emanuel Nodier, geb. 29. April 1780 in
Besançon, gest. Paris 27. Jänner 1844, einer der hervorragend=
sten Vertreter der französischen Romantik. „La fée aux miettes,
roman imaginaire", erschien 1832 (in 12°).

Die „Revue de Paris", gegründet im Jahre 1829, war eine
vorwiegend literarische Zeitschrift und gab namentlich jungen
Schriftstellern Gelegenheit, in die Öffentlichkeit zu treten. Nach
den Stürmen der Revolution des Jahres 1848 und dem Staats=
streiche im Oktober 1851 erneuert, wurde sie das politische Organ
der Oppositionspartei. 1858, nach dem Bombenattentat Orsinis,
das die innere Politik des Kaiserreiches so sehr beeinflußte, wurde
sie gewaltsam unterbrückt.

1833.

197. Vgl. die folgende Stelle und Selbstbiographie, Sämtl.
W. XIX, 150 f.

Leopold Graf Meraviglia, damals Rittmeister im
6. Husarenregiment.

198. „Auf die Genesung Ferdinands des Gütigen" (1832).
Sämtl. W. I, 111 und Selbstbiographie, Sämtl. W. XIX, 148 ff.

Martin Perfetta, Rechnungsrat der Hofkriegsbuchhaltung.

Friedrich Witthauer, geb. 1793 in Bremen, gest. 1846 in Meran, Redakteur, hervorragender Theaterkritiker.

Johann Schick, geb. 1770, gest. 1835, gründete 1816 die „Wiener Zeitschrift für Kunst, Literatur, Theater und Mode", deren Redaktion 1816—1818 Hebenstreit führte.

Baron Br.....lb, ein damals sehr bekannter Staatskanzleirat, der auch korrespondierendes Mitglied mehrerer gelehrter Gesellschaften war.

Rupprechts Gassenhauer, betitelt: „An den Verfasser des Gedichtes: ‚Als der Thronfolger die Gesundheit wieder erlangte'." Die erste Strophe lautet:

„Bist Du vernünftig denn? Will nichts mehr frommen?
   Es trauern alle Freund um Dich herum,
Der Klugheit wegen, die Dir ganz genommen,
   Der Zukunft bang, denn Du bist dumm."

Von diesem Machwerk liegt noch eine andere Fassung vor, die an Derbheiten ebenfalls reich ist. Grillparzer hat es an scharfen Bemerkungen über Rupprecht nicht fehlen lassen. Vgl. Selbstbiographie, Sämtl. W. XIX, 150.

Über das Ansuchen Grillparzers um Gehaltserhöhung vgl. Anmerkung zu Brief 83.

1834.

202. Über die historischen Konzerte im Salon des Hofrates Kiesewetter, deren Beginn in das Jahr 1816 fällt, vgl. Allg. Wiener Musikzeitung 1841, Nr. 51, wo die Mitwirkung der Schwestern Fröhlich rühmend hervorgehoben und bemerkt wird: „Überhaupt dürften die vier Schwestern Fröhlich für die Kunst, namentlich für den Gesang mehr gewirkt haben als so manche Europa-berühmte Amazone von der Kehle, und wurden in dankbarer Anerkennung ihrer regen Teilnahme, ihrer unermüdlichen Bestrebungen für diese klassischen Konzerte von allen Mitgliedern dieses Kunstvereines als die Stützen derselben betrachtet und bewundert."

Über das Ansuchen um die Stelle des Direktors der Universitätsbibliothek vgl. Briefe 86—88 und Anmerkungen hiezu.

203. Händels „Judas Makkabäus" wurde am zweitnächsten Tage vom Singverein aufgeführt; vgl. Nr. 205.

Marie = Marie Daffinger.

205. Das Oratorium „Judas Makkabäus" wurde in Lindpaintners Bearbeitung am 16. März 1834 im vierten Gesellschaftskonzerte aufgeführt. Titze sang den Judas Makkabäus, Josephine Fröhlich die Partie der zweiten Jüdin (Konzertprogramm im Archiv der Gesellschaft der Musikfreunde).

Ludwig Titze, geb. 1798, gest. 11. Januar 1850, k. k. Hof=
kapellensänger und Mitglied der Direktion der Concerts spirituels.

206. Marie = Marie Daffinger, vgl. Anmerkung zu Nr. 146.

207. Jessika nennt Grillparzer Anna v. Kurzrock, geb.
Schlauker, in deren Hause er, sowie auch Bauernfeld und
Franz Schubert wiederholt verkehrten. Schubert fand in Kurz=
rock und deren Gatten, welcher damals Kreiskommissär war, auf=
richtige und sorgsame Freunde. Seit das Ehepaar 1838 nach
Graz übergesiedelt war, fanden sich dort Grillparzer und Bauern=
feld öfters als Besucher ein. Bei seinem Aufenthalte in Graz
im November 1843 schrieb Grillparzer in das Stammbuch der
Kurzrock jene Verse, die in den Sämtl. W. III, 55 abgedruckt
sind. Auch Bauernfeld gedenkt der „quondam schönen Jessika
aus Schuberts Zeiten" und der frohen Tage in dem gastlichen
Heim in der Steiermark. Anna v. Kurzrock starb hochbetagt.
Eine Tochter von ihr, Marie, vermählte sich 1850 mit dem k. k.
Oberst Hermann Peters v. Pittersen.

1836.

209. Dieselbe Anekdote erzählt Gr. in der Selbstbiographie,
Sämtl. W. XIX, 161.

210. „Der Traum, ein Leben" wurde in Graz während
eines Gastspiels des Ehepaares Rettich aufgeführt; er spielte den
Rustan, sie die Gülnare. Ein Korrespondent der Theaterzeitung
(1836, Nr. 170) berichtete über die kühle Aufnahme in Graz.

Gr. war mit dem Großhändler Gustav Figdor (geb. in
Kittsee bei Preßburg 11. April 1816, gest. Wien 26. April 1879),
dessen Vater und Schwester in London bekannt geworden, wo
Gustav Figdor ihn aufgesucht hatte, um ihm seine freundschaftliche
Dienstleistung anzubieten. Vgl. Selbstbiographie, Sämtl. W.
XIX, 162 f.

Die Jägerzeile, heute Praterstraße, sehr frequente Verkehrs=
ader des zweiten Bezirkes von Wien.

Das Gasthaus „zum Blumenstöckl" in der inneren Stadt,
Ballgasse, damals eines der beliebtesten Bierlokale Wiens.

211 und 212. Bilbao, Stadt am Biskayischen Meerbusen
und Hauptort einer der baskischen Provinzen, welche in den spa=
nischen Bürgerkriegen den festen Rückhalt der Partei des Königs
Ferdinand VII. und seiner Gemahlin Marie Christine von Neapel
bildeten, war bereits 1835 von dem Anführer der Karlisten,
Zumalacárregui, vergeblich belagert worden und wurde im Oktober
1836 neuerdings von Villareal und Eguia eingeschlossen. Die
Stadt leistete Widerstand und ließ zugleich dem königlichen Ober=
befehlshaber Esquartero die Bitte zukommen, zu ihrer Befreiung

herauszurücken. Dieser aber, welcher von dem Kriegsminister Nobil ben Auftrag erhalten hatte, nicht früher zum Angriffe vorzugehen, als bis man ben in Andalusien befindlichen Karlistenführer Gomez unschädlich gemacht habe, wagte es nicht, die Belagerungsarmee anzugreifen. Erst am 27. November begann er ben Kampf gegen die Karlisten, welcher sich aber unerwarteterweise in die Länge zog, während die Not in der belagerten Stadt stieg und die Bevölkerung bereits ben Mut verlor. Endlich, nach zwei Monaten der sehnsüchtigsten Erwartung, gelang am 24. Dezember die Befreiung, welche eine um so allgemeinere Freude erregte, als man die Stadt schon als verloren betrachtete.

1844.

223. Franz Freiherr v. Löhr, Hofrat unb Kanzleibirektor des Obersthofmeisteramtes.

Joseph Ritter v. Floch, Hofrat bei der allgemeinen Hofkammer.

225. Hygini fabulae, eine Sammlung von 277 Fabeln aus der Mythologie. In Grillparzers Bibliothek: Mythographi latini, emendavit Thomas Muncker, Amsterbam 1681, 2 Bbe.

1847.

227. Die Zusammenkunft mit Humboldt erfolgte am 25. September 1847 bei Meyerbeer, wo Grillparzer auch Henriette Sontag traf. Vgl. Anmerkung zu Brief 121.

1849.

231. Vgl. Briefe 128, 131, 134 unb Anmerkungen hiezu.

1851.

234. Grillparzer zitiert nach der Cottaschen breißigbänbigen neugeordneten Ausgabe vom Jahre 1850.

236. In Szliacs geschrieben, vgl. Anmerkung zu Brief 141.

1852.

238. Vgl. die Bemerkung über Ungarn in Brief 148.

240. Oberschützen (Felsö=Lö), Dorf im Komitate Vas, Bezirk Felsö=Ör.

1855.

243. Die gleiche Erinnerung aus der? Jugendzeit erzählt Grillparzer auch in der Selbstbiographie, Sämtl. W. XIX, 15.

1862.

250. Joseph Baron Eötvös, ungarischer Staatsmann und Schriftsteller, geb. in Ofen 13. September 1813, gest. 3. Februar 1871. Seine Kulturromane, die die ungarischen Verhältnisse mit Treue schildern, sind ebensowohl durch die Schönheit der Sprache wie durch die sozialpolitische Tendenz von Bedeutung; sie erregten bei ihrem Erscheinen die allgemeine Aufmerksamkeit auch außerhalb Ungarns und wurden sämtlich ins Deutsche übertragen. 1848 und 1867 war Eötvös Kultus- und Unterrichtsminister und seit 1856 Präsident der von ihm neugegründeten ungarischen Akademie.

1865.

252. Grillparzer übergeht in seiner Aufzeichnung unter den Pensionären der Schillerstiftung den Dramaturgen Rötscher und den Historiker Burkhardt, unter den periodischen Gewährungen den Literarhistoriker Hermann Kurz.

Register.

————

Franz Grillparzers

Sämtliche Werke

Herausgegeben und mit Einleitungen versehen von

August Sauer

Oktav-Ausgabe in 20 Bänden

20 Einzelbände (Cotta'sche Bibliothek der Weltlitteratur)
zu je Mark 1.—

10 Doppelbände in Leinen Mk. 20.—, in Halbfranz Mk. 30.—

Inhalt:

Grillparzers Werke:

Oktav-Ausgabe in 8 Bänden

Mit Einleitung von August Sauer nebst der Einleitung und den Nachworten von Heinrich Laube. Oktav-Ausgabe in 8 Bänden

4 Doppelbände in Leinen M. 8.—, in Halbfranz M. 12.—

Inhalt: Band 1. Einleitung von August Sauer. Einleitung zur ersten Ausgabe von Grillparzers Werken von Heinrich Laube. Ausgewählte Gedichte. Band 2. Die Ahnfrau. Sappho. Band 3. Das goldene Vließ. (I. Der Gastfreund. II. Die Argonauten. III. Medea.) Des Meeres und der Liebe Wellen. Band 4. König Ottokars Glück und Ende. Ein Bruderzwist in Habsburg. Band 5. Ein treuer Diener seines Herrn. Libussa. Die Jüdin von Toledo. Band 6. Der Traum, ein Leben. Melusina. Weh dem, der lügt! Dramatische Fragmente: Esther. Hannibal und Scipio. Psyche. Band 7. Erzählungen (Das Kloster bei Sendomir. Der arme Spielmann). Ausgewählte vermischte Schriften. Band 8. Autobiographische Schriften

Volks-Ausgabe in 8 Bänden

Klein-Oktav. Mit Einleitung und Nachworten von Heinrich Laube

4 Doppelbände M. 4.— oder 8 Einzelbände zu je 50 Pf.

Inhalt wie in vorstehender Ausgabe

Dramen

Oktav-Ausgabe in 6 Bänden

Mit Einleitung und Nachworten von Heinrich Laube. Herausgegeben von August Sauer

3 Doppelbände in Leinen M. 6.—, in Halbfranz M. 9.—

Inhalt: Band 1. Einleitung von Heinrich Laube. Die Ahnfrau. Sappho. Band 2. Das goldene Vließ. (I. Der Gastfreund. II. Die Argonauten. III. Medea.) Band 3. König Ottokars Glück und Ende. Ein treuer Diener seines Herrn. Band 4. Des Meeres und der Liebe Wellen. Der Traum, ein Leben. Melusina. Band 5. Weh dem, der lügt! Libussa. Esther. Band 6. Ein Bruderzwist in Habsburg. Die Jüdin von Toledo

Dramatische Meisterwerke

Groß-Oktav-Ausgabe in 1 Band

In Leinen geb. M. 3.—. In Halbfranz geb. M. 4.—

Inhalt: Die Ahnfrau. Sappho. Medea. König Ottokars Glück und Ende. Des Meeres und der Liebe Wellen. Der Traum, ein Leben. Weh dem, der lügt!

Vgl. auch die Anzeige Cotta'sche Handbibliothek am Schlusse dieses Bandes